Emil Julius Gumbel

VIER JAHRE POLITISCHER MORD

und

DENKSCHRIFT DES REICHS-JUSTIZMINISTERS ZU «VIER JAHRE POLITISCHER MORD»

Mit einem Vorwort von Hans Thill

Verlag Das Wunderhorn

© 1980 by

Verlag Das Wunderhorn, Ladenburgerstraße 82, 6900 Heidelberg

1. Auflage

Umschlag: Rolf Bleymehl
Titelfoto aus: Kunstamt Kreuzberg (Hrsg.), „Weimarer Republik",
Berlin, Hamburg (Elefanten Press) 1977
Foto S. 18 mit freundlicher Genehmigung der Akademie der Künste, Berlin

Satz des Vorwortes: Rundschau-Satz, Heidelberg
Druck: Fuldaer Verlagsanstalt GmbH, Fulda

ISBN 3-88423-011-5

Reprint
Titel der Originalausgaben:
„Vier Jahre politischer Mord"
Verlag der neuen Gesellschaft, Berlin-Fichtenau 1922
„Die Denkschrift des Reichsjustizministers über ‚Vier Jahre politscher Mord' "
Der Malik-Verlag, Berlin 1924

GUMBEL/HEIDELBERG/REPUBLIK

I

Es ist heutzutage völlig in Ordnung, daß die Universität Heidelberg dem Doktor E.J. Gumbel ans Leder will. Wir schreiben 1924; hier ist ein Mensch, dem die Wahrheit, die sittlich machende, heilende und sokratische Wahrheit heiliger als sein persönliches Wohl ist; und ein Mensch, der in die Kloake des deutschen Niedergangs mit dem deutsch geschriebenen Worte einzudringen wagt; was hat er, um aller blutigen Leichname willen, auf einer deutschen Hochschule zu schaffen? Weg mit ihm, unentwegt! Aber, meine Lieben, nicht mit so löcherigem Schamkleid. Lieber nackt, meine Braven, als mit so zerfetztem Feigenblatt — so will es der Anstand vor sich selbst. Der Anstand vor sich selbst verlangt von euch dieses Eingeständnis:

nicht einiger weniger Worte wegen, gesprochen in der tiefen Erregung einer großen Kundgebung gegen den Krieg, wollt Ihr den Doktor Gumbel vom Lehramt entfernen,

sondern weil er drei Bücher der deutschen Oeffentlichkeit zugeführt hat, die in den Blutkeller der deutschen Reaktion — eurer geheiligten, gehätschelten Mörderreaktion — hineinleuchten. Weil er (für den Malik-Verlag) ,Vier Jahre Mord', ,Die Denkschrift des Reichjustizministeriums' und (vor allem) ,Verschwörer' geschrieben hat, unwiderlegliche Dokumente mit klugem, sachlichem, warmherzigen Kommentar; weil er ein Wächter der Republik, ein Mahner zur Einkehr ist,

darum hat er an einer deutschen Hochschule nichts mehr zu lehren.

Es gibt drei Arten von Lügen, sagt Kipling irgendwo: gemeine Lügen, Notlügen und Statistik. Gumbel, Privatdozent für Statistik, war ein Lehrer der Statistik als moralischer Wahrheit. Es mag sein, daß das keine deutsche Angelegenheit mehr ist, an einer Universität überdies; aber das war er.

Arnold Zweig schrieb das zum „Fall Gumbel" in der „Weltbühne" vom 18. August 1924. [1]

Seit Anfang des Jahres lehrte Gumbel als Privatdozent für Statistik an der Universität Heidelberg. Am 26. Juni hatte er auf einer Kundgebung mit dem Motto „Nie wieder Krieg" gesagt, er bitte die Anwesenden, sich zur Ehre der Toten, „die, — ich will nicht sagen auf dem Felde der Unehre gefallen sind" zu erheben, und damit eine Welle deutschnationaler Empörung ausgelöst.

1) Arnold Zweig, „Gumbel/Heidelberg/Republik", in „Weltbühne" Bd. 20 S. 318/319

Erst am 16.5.1925, die Kampagne gegen Gumbel hatte sich auf Reichsebene ausgebreitet, immer mehr „Taktlosigkeiten" Gumbels wurden in dem mit der Untersuchung beauftragten engeren Senat der Universität erörtert, faßte die Philosophische Fakultät den Beschluß, den Antrag auf Entziehung der venia legendi nicht zu stellen.

Das bedeutet nicht, daß sie sich auf die Seite Gumbels stellte. In der Argumentation geht es um das Prinzip der freien Lehre, für dessen Verletzung die „Vergehen" Gumbels noch nicht ausreichten:

> So unerfreulich ihr (der Fakultät, d.Verf.) Persönlichkeit und Gesinnung Dr. Gumbels sind, sie glaubt eher ein solches Mitglied ertragen zu können, als Gefahr laufen zu dürfen, eine nicht von jeder Seite her unangreifbare Ausschließung eines ihrer Mitglieder vorzunehmen. [3]

Vorher langt der als Broschüre veröffentlichte Beschluß [4] allerdings tüchtig zu − und bestätigt damit Zweigs Polemik:

Zwei Gutachten werden zitiert, das erste will sich gleich gar nicht auf die Frage nach der wissenschaftlichen Qualifikation einlassen:

> Aus dem Gutachten des Untersuchungsausschusses:
> „Der Eindruck, den die Persönlichkeit Dr. Gumbels bei den Vernehmungen gewährte, und den die Lektüre seiner politischen Schriften bestätigt, ist der einer ausgesprochenen Demagogennatur. Es muß dahingestellt bleiben, inwieweit er daneben auch über diejenigen Gaben verfügt, welche die Voraussetzung fruchtbringender wissenschaftlicher Arbeit bilden; so viel ist aber gewiß, daß in seiner politischen Tätigkeit auch nicht der leiseste Einfluß wissenschaflicher Qualitäten zu spüren ist. Vielmehr ist hier neben einem erheblichen Tiefstand des geistigen Niveaus in sachlicher und stilistischer Hinsicht ein vollkommener Mangel an Objektivität der hervorstechendste Zug. [5]

Das zweite Gutachten läßt erkennen, was mit „Demagogennatur" und den „Tiefstand geistigen Niveaus" gemeint war. Etwas differenzierter wird festgestellt:

---

2) Das passt natürlich nicht zu der immer noch gepflegten Legende vom „liberalen Geist" der Heidelberger Universität in der Weimarer Zeit. Erst vor kurzem wurde diese Legende von Christa Dericum in ihrer Einleitung zu: Alfred Weber, „Haben wir Deutschen seit 1945 versagt?", München (Piper), 1979 S. 24, wieder aufgewärmt. − Siehe auch Karin Buselmeiers Vorwort zur Neuauflage von Gumbels „Verschwörer. Zur Geschichte und Soziologie der deutschen nationalistischen Geheimbünde 1818-1924", Heidelberg (Verlag das Wunderhorn), 1979. Karin Buselmeier beschreibt darin ausführlich die Kampagnen gegen Gumbel in Heidelberg. Meine Darstellung der Biographie Gumbels basiert auf diesem Vorwort.

3) „Beschluß der philosophischen Fakultät Heidelberg vom 16. Mai 1925 in der Angelegenheit des Privatdozenten Dr. Gumbel" S. 8; wiederabgedruckt im Anhang der Neuauflage von „Verschwörer".

4) Buch- und Kunstdruckerei Braus, Heidelberg, ohne Jahresangabe

5) ebenda S. 3

Auf den ersten Blick ist Gumbel ein fanatischer Idealist. Er glaubt an seine Sache, den Pazifismus, und an seine Mission darin. Leidenschaftlich und voll Haß steht er allem gegenüber, was ihm Gewalt, Nationalismus, Tendenz zu zukünftigem Kriege scheint. Wo dieser Idealismus in Frage kommt, hat er Mut, nicht nur die Zivilcourage, zu sagen, was er denkt, sondern den Mut zum Wagnis seines Lebens. [6]

Die Würdigung der politischen Inhalte fällt dann schon etwas deutlicher aus:

Man sieht in seiner politischen Betätigung das typische Ganze aus Idee, anmaßlichem Selbstbewußtsein, persönlicher Affektivität (Ressentiment, Haß), Sensationslust und Demagogie. [7]

Immerhin erwähnt das zweite Gutachten Gumbels fachliche Kompetenz. Und:

Parteimenschentum und Gelehrtennatur scheinen also getrennt voneinander bei ihm zu existieren. Es ist nicht bekannt geworden und niemals ihm vorgeworfen, daß er in seinen Vorlesungen politische Tendenzen verfolge. [8]

II

Wie kam nun dieser Statistiker dazu, sich so „in den Vordergrund zu spielen"?

1914 zog Gumbel, 23 jährig, als Freiwilliger in den Krieg, doch schon 1915 war er Mitglied im pazifistischen „Bund Neues Vaterland", der späteren „Liga für Menschenrechte". „Der Krieg brachte mich zu den Unabhängigen Sozialdemokraten" schrieb er später. [9]

Gumbel war nicht der einzige, dem der vaterländische Betrug des ancien regime ziemlich bald an der Front aufging. Die Mehrheitssozialdemokratie lief jedoch weiterhin wacker mit, bis zum Zusammenbruch der Westfront und der Regierung vom 3. Oktober 1918, in der, unter dem Vorsitz Max v. Badens, Zentrum und MSPD mit einer Verfassungsreform zu retten versuchten, was zu retten war. Man dachte in der MSPD darüber nach, daß der Kriegskaiser abdanken und die Krone einem der Thronfolger überlassen sollte.

Aber da war nicht mehr viel zu retten. An Monarchie war nach den

---

6) ebenda S. 5

7) ebenda

8) ebenda S. 8

9) E.J. Gumbel, „Freie Wissenschaft", Straßburg (S.Brant-Verlag), 1938, zit. aus Karin Buselmeier S. VIII

Streiks und dem Matrosenaufstand Ende Oktober nicht mehr zu denken. In allen Zentren des Reiches hatten sich Arbeiter- und Soldatenräte gebildet, unter starker Beteiligung der MSPD-Basis.

Am 8. November rief der Vollzugsausschuß der Arbeiter- und Soldatenräte wegen der Verhaftung Liebknechts und Däumigs (beide USPD) zum Generalstreik auf, der am 9. November ganz Berlin lahmlegte. Bewaffnete Arbeiter demonstrieren für die „freie und sozialistische Republik". Der Kaiser war zurückgetreten, Ebert zum Reichskanzler ernannt. Vor dem Schloß sprach Liebknecht zu den Massen für die „freie und sozialistische Republik". [10]

Gerufen von Sozialdemokratischen Arbeitern stellte sich Scheidemann an ein gegenüberliegendes Fenster und rief die Republik aus.

Etwas anders verlief die Entwicklung in Bayern. Nach einer Friedensdemonstration am 7. November wurde Kurt Eisner (USPD) zum ersten Vorsitzenden des Münchner Arbeiter- und Soldatenrats gewählt. Am 8. November rief Eisner die „freie und soziale Republik Bayern" aus, der „provisorische Nationalrat des Volksstaates Bayern" wählte ein allsozialistisches Kabinett mit Eisner als Ministerpräsident und dem Mehrheitssozialdemokraten Auer als Innenminister.

Auch im Reich kam ein Bündnis aus MSPD und USPD zustande. Noch am 9. November bildete sich als provisorische Regierung der „Rat der Volksbeauftragten". In ihm waren paritätisch MSPD (Scheidemann, Ebert, Landsberg) und USPD (Haase, Dittmann, Barth) vertreten.

Am 10. November wurde der Rat der Volksbeauftragten von der Versammlung der Arbeiter- und Soldatenräte im Zirkus Busch bestätigt. Die Positionen von MSPD und Spartakusbund in der Frage der Räte waren klar: die MSPD arbeitete auf die Verwirklichung der parlamentarischen Reform vom 26. Oktober hin, der Spartakusbund propagierte die Diktatur der Räte unter seiner Führung. Demgegenüber war die Position des rechten Flügels der USPD eher unentschieden. Kautskys Kompromiß, „sowohl Räte, als auch Nationalversammlung" (das ist

---

10) Zur Revolution 1918/1919 im Reich siehe:
Karl Dietrich Erdmann, „Die Weimarer Republik", in: Gebhard, „Handbuch der deutschen Geschichte" Bd. 19, München (DTV), 1980 S. 28-80
Kunstamt Kreuzberg (Hrsg.), „Weimarer Republik", Berlin, Hamburg (Elefantenpresse), 1977 S. 104-167
Reinhard Rürup, „Probleme der Revolution in Deutschland 1918/19", Wiesbaden (Franz Steiner Verlag), 1968;
zur Revolution in Bayern:
Ulrich Linse. „Gustav Landauer und die Revolutionszeit 1918-1919", Berlin (Kramer), 1974
Erich Mühsam, „Von Eisner bis Levine", Berlin (MaD Verlag), 1976
Ernst Toller, „Eine Jugend in Deutschland", Reinbek (rororo), 1963 S. 78-144

Eisners Parole „Die halbe Macht den Räten") wurde eher halbherzig angenommen, mangels einer echten Alternative.

III

Ich spreche hier für die Nationalversammlung und gegen die Diktatur des Proletariats, obwohl dies schwer ist, ohne zu verschiedenen Mißverständnissen Anlaß zu geben. Denn, wenn man Liebknecht widerspricht, so könnte es scheinen, als wolle man das Verdienst dieses Mannes verkleinern, der für die Revolution Alles getan hat. Dies kann nicht meine Absicht sein. Ferner könnte meine Stellungnahme ausgelegt werden als eine Unterstützung der Regierungssozialisten. Nichts liegt mir ferner. Ich weiß, wie sie die Schuld der herrschenden Klassen am Krieg zu vertuschen suchten, wie sie das Durchhalten predigten, wie sie den Frieden von Brest-Litowsk und das Zwangsdienstgesetz unterstützten. Noch einem dritten Mißverständnis muß ich vorbeugen, nämlich als wenn ich gewisse zweideutige Maßnahmen der heutigen Regierung unterstützen wollte. Als wenn ich es für richtig hielte, daß die Offiziere bereits wieder ihr hochmütiges Gebahren zeigen dürfen, daß sie geschmückt mit den Symbolen der alten Tradition herumlaufen, daß man politisch unzuverlässige Leute ohne hinreichende Kontrolle in wichtigen Stellen läßt, undsoweiter. Auch verkenne ich durchaus nicht die Aufgabe der Gruppe Spartakus: durch schärfste Kontrolle die Revolution vorwärtszutreiben und ihre Verbürgerlichung, die identisch ist mit der Gegenrevolution, zu verhindern.

Der Anfang einer Rede Gumbels, gehalten auf der ersten öffentlichen Versammlung des Spartakusbundes, am 21. November 1918. [11]
Im Folgenden setzt sich Gumbel mit der spartakischen Hoffnung auf eine Revolution in den Ländern der Entente auseinander. „Die Menschen sind Erfolgsanbeter. Das siegreiche Heer fragt nicht nach der Schuld des Imperialismus; . . . " [12]

Es sind die Argumente der Mehrheitssozialisten, mit denen Gumbel für die Nationalversammlung plädiert [13]:

Für den Wiederaufbau der Wirtschaft brauche man die technischen Kräfte des Alten Regimes, „übereilte Maßnahmen würden die Gefahr der Gegenrevolution verstärken . . . Die industriell zurückgebliebenen Gegenden mit geringer Arbeiterbevölkerung würden einfach nicht mit-

11) E.J. Gumbel, „Rede an Spartakus", „Weltbühne" Bd. 14 S. 570-572
12) ebenda S. 569
13) s. „Weimarer Republik" S. 659

IX

tun . . . Es gilt die politische Demokratie durchzuführen." [14)]

Auf der anderen Seite die Distanz zur MSPD, die moralische Ablehnung ihrer Führer:

> Man beseitige endlich alle die Männer, die sich durch ihre Hilfe beim alten Regime befleckt und in die neue Zeit hinübergeschmuggelt haben. Das Ausland hat noch immer Recht zum Mißtrauen, solange Erzberger, David, Scheidemann und der Solf des afrikanischen Annektionsprogramms in der Regierung sitzen. [15)]

Die Zwischenposition des Kautsky'schen Kompromisses also, für die Gumbel spricht. Und von Demagogie keine Spur. Aufbau und Stil dieser Rede stechen deutlich ab von dem seiner revolutionären Zeitgenossen. Verglichen mit dem agitatorischen Ton von Rosa Luxemburg, Karl Liebknecht oder Erich Mühsam, dem missionarischen Pathos von Kurt Eisner, Ernst Toller oder Gustav Landauer argumentiert Gumbel pragmatisch. Der revolutionäre Enthusiasmus ist nicht seine Sache, aber da ist diese moralische Verurteilung des ancien regime, die etwas Aufrechtes hat. Programmatisch für Gumbels spätere politische Veröffentlichungen, seine Überzeugung von der agitatorischen Kraft von Aufklärung gegen Ende der Rede:

> Vorangehen muß eine intensive Preß-Propaganda. Denn erst, wenn die öffentliche Meinung genügend über die Schuld des ancien regime aufgeklärt, erst, wenn das ganze Volk wirklich weiß, wie es belogen und betrogen worden ist, wird sich in der Konstituante eine große sozialistische Mehrheit finden. [16)]

1919 veröffentlichte Gumbel dann auch seine erste politische Dokumentation, eine Aufarbeitung seiner Kriegserlebnisse. „4 Jahre Lüge" erschien im „Verlag Neues Vaterland". Und er kam mit dem Dokumentieren gar nicht mehr nach, 1920 im selben Verlag „2 Jahre Mord", der dokumentarische Kern von „4 Jahre politischer Mord".

Der Rätekongreß vom 16.-21. Dezember 1918 wurde begleitet von militanten Demonstrationen für die Diktatur des Proletariats. Die zum Schutz der Regierung angeforderte Volksmarinedivision wurde wegen „Unzuverlässigkeit" vom Berliner Stadtkommandanten Wels aufgelöst, nachdem sich in Ostdeutschland die ersten Freicorps gebildet hatten. Teile der Division widersetzten sich der Auflösung und wurden auf Befehl Eberts von der Potsdamer Gardetruppe mit Feldhaubitzen beschossen. Die USPD trat daraufhin aus dem Rat der Volksbeauftragten aus, Noske und Wissele rückten nach.

Im Januar entwickelte sich aus Demonstrationen gegen die Entlassung des Berliner Polizeipräsidenten Eichhorn, der sich nur vor dem

---

14) „Weltbühne" S. 570
15) ebenda
16) ebenda S. 571

Zentralrat der Arbeiter- und Soldatenräte verantwortet hatte, ein spontaner Aufstand. Die Aufständischen besetzten das Vorwärtsgebäude, auf Vermittlung der USPD begannen Verhandlungen. Nach deren Scheitern, die Aufständischen hatten sich geweigert ihre Waffen abzugeben, ließ der Rat der Volksbeauftragten Berlin räumen. Die Truppen, derer sich die Regierung dabei bediente, waren Freicorps, [17] gebildet aus heimkehrenden Frontsoldaten, konterrevolutionären Studenten und Bürgern, die, gedeckt durch Noskes Schießbefehl, den Aufstand blutig niederschlugen. [18] Als Mitglied des Bundes Neues Vaterland war auch Gumbel gefährdet, in seinem Vorwort zu „2 Jahre Mord" schreibt G.F. Nicolai: „Der Verfasser mag mehr als andere zu dieser Sammlung getrieben worden sein, ist er doch selbst dem Schicksal, von einer Patrouille ermordet zu werden, nur durch Zufall entgangen". [19]

In München war die Position der USPD stärker gewesen. Eisner war hier bei der Arbeiterschaft wegen seines pazifistischen Engagements während des Krieges sehr angesehen. Dem Mord an Eisner am 21. Februar 1919 folgte am gleichen Tag ein Attentat auf den Innenminister Auer, den man, seiner Propaganda gegen Eisner wegen, für den Anstifter hielt, der Landtag lief auseinander. Ein neu gebildeter Zentralrat der bayrischen Räte übernahm die Macht, lehnte aber am 28. Februar den Antrag Mühsams auf Ausrufung der Räterepublik ab und wählte am 1. März ein provisorisches Kabinett aus Vertretern der MSPD, USPD, des Bayrischen Bauernbundes und der DDP. Am 18. März trat der Landtag zusammen und wählte ein Kabinett unter dem Mehrheitssozialisten Hoffmann. Dieses Kabinett scheiterte am 5. April an der Versorgungsfrage. Unterstützt vom Regensburger Arbeiterrat forderten Mitglieder von MSPD, USPD und Bauernbund die Räterepublik. Am 7. April wurde von einigen Mitgliedern des Zentralrats die Räterepublik Bayern ausgerufen, nachdem die MSPD ihre Unterstützung zurückgezogen hatte. Gleichzeitig erschien ein Manifest der Regierung Hoffmann, in dem sie erklärte, weiterhin die einzig rechtmäßige Regierung Bayerns zu sein, sie habe nur ihren Sitz nach Nürnberg verlegt. Am 13. April mißlang der „Palmsonntagputsch" der Hoffmannregierung, während die Führer der Räterepublik noch verhaftet waren, übernahm die KPD, die bisher jede Mitarbeit abgelehnt hatte, unter

---

17) Zu den Freicorps und den aus ihnen hervorgegangenen Geheimorganisationen siehe „Vier Jahre politischer Mord" S. 124-142; ausführlicher: „Verschwörer"
18) siehe „Vier Jahre politscher Mord" S. 9-26; „Denkschrift" S. 11-26
19) a.a.O. S.5

Eugen Levine die Macht. Am 14. April beschloß die Nürnberger Regierung die Großoffensive auf München, am 3. Mai war München in den Händen der Freicorps. Bei der Einnahme Münchens wüteten die an der Front geschlagenen Truppen unter der Zivilbevölkerung. [20]

Die Revolution war besiegt, und so befahl Reichswehrminister Noske auf Drängen der Alliierten am 29.2.1920 die Auflösung der Freicorps Erhardt und Loewenfeld. General v. Lüttwitz weigerte sich die Auflösung durchzuführen. Am 13. März besetzten Truppen des Generals v. Lüttwitz das Berliner Regierungsviertel und setzten den Generallandschaftsdirektor Kapp als Reichskanzler ein. [21] Ein Generalstreik der Gewerkschaften ließ den Putsch nach 4 Tagen scheitern, Kapp floh nach Schweden. Der Generalstreik ging weiter, die Gewerkschaften forderten Sozialisierung der Großbetriebe, Reinigung des Behörden- und Militärapparats von antirepublikanischen Elementen, Bestrafung der Putschisten und den Rücktritt Noskes, des „Intellektuellen Urhebers" der blutigen Niederwerfung der Aufstände Anfang 1919. [22] Nach dem Rücktritt Noskes und dem Versprechen der beiden sozialistischen Parteien, für die Forderungen einzutreten, wurde am 23. März die Arbeit wieder aufgenommen.

Im Ruhrgebiet hatte sich aus dem Generalstreik eine Rote Armee gebildet, die wesentlich weitgehendere Forderungen aufstellte, als der Allgemeine Deutsche Gewerkschaftsbund. Als sich Teile der Roten Armee trotz des Bielefelder Abkommens, bei dem den Aufständischen eine Arbeiterregierung versprochen worden war, der Auflösung widersetzten, wurde der Aufstand mit den selben Truppen niedergeschlagen, die 10 Tage zuvor noch geputscht hatten. [23]

Auf „2 Jahre Mord" hatte Gumbel eine Reaktion der Regierung erwartet.

> Ich hatte darin unter anderem die Behauptung aufgestellt, daß die deutsche Justiz über 300 politische Morde ungestraft läßt und hatte erwartet, daß dies nur zwei Wirkungen haben könne. Entweder die Justiz glaubt, daß ich die Wahrheit sage, dann werden die Mörder bestraft. Oder sie glaubt, daß ich lüge, dann werde ich als Verleumder bestraft. Tatsächlich ist etwas Drittes, völlig unvorhergesehenes geschehen,

schreibt er im Vorwort zu „4 Jahre politischer Mord". [24]

---

20) s. „Vier Jahre politscher Mord" S. 27-51; „Denkschrift" S. 69-99

21) s. „Vier Jahre politischer Mord" S. 96-98; ausführlicher: „Verschwörer" S. 13-43

22) So Gumbel in „Zwei Jahre Mord" S. 2

23) s. „Vier Jahre politischer Mord" S. 51-64; „Denkschrift" S. 155-163

24) S. 6

Denn Gumbel rechnete in Tabellen die Morde von links gegen die von rechts begangenen gegeneinander auf; sowie das Verhältnis der Strafen zueinander. Sein Ergebnis — 22 Morde von links standen 332 von rechts gegenüber — das Mißverhältnis der Bestrafung — Dauer der Einsperrung pro Mord, 15 Jahre für die Morde von links, 4 Monate für die Morde von rechts — verdeutlicht, welche Art von Republik hier geschützt wurde. [25]

Das dritte Unerwartete war nun, daß Gumbels Zahlen zwar nicht unbeachtet blieben, jedoch kein einziger Mörder bestraft wurde.

Sehr spät, Gumbel hatte 1922 die 4. Auflage von „2 Jahre Mord", den vorliegenden Band „4 Jahre politischer Mord" veröffentlicht, gab es eine Reaktion von Seiten der Regierung: die „Denkschrift des Reichsjustizministers zu 2 Jahre Mord". Gumbel mußte sie selbst herausgeben, da eine Drucklegung „Wegen der gebotenen Sparsamkeit" unterblieb. [26]

Ich halte es für eine Selbstverständlichkeit, daß jeder politisch Interessierte diese Denkschrift gründlich liest, so gründlich, daß er, sollte er vorher noch gezweifelt haben, nachher über Eins im Klaren ist: Auf der Anklagebank saßen und sitzen nicht die unerzogenen und ungehemmten völkischen Bengels — auf der Anklagebank sitzt die bürgerliche Gesellschaft und ihre Justiz. Die amtliche Bestätigung dieser Tatsache ist das wichtigste Ergebnis der Denkschrift. Man braucht psychologisch nicht besonders geschult zu sein, um zwischen den Zeilen die hohe Befriedigung, das Lob und die Freude zu spüren, daß die bürgerliche Gesellschaft so schneidige Verteidiger besitzt. Sie schlugen über die Stränge, mehr noch: sie mußten das Opfer der Uebertretung des formalen Rechts auf sich nehmen, um mit dem revolutionären „Pack", das die gottgewollte, kapitalistische Gesellschaftsordnung bedroht, fertig zu werden

schreibt Friedrich Schwag in einer Rezension der Denkschrift in der Weltbühne vom 24. Juli 1924. [27]

Gumbels Angaben wurden in der „Denkschrift" bis in die meisten Einzelheiten bestätigt. Gumbel war nicht zu widerlegen. Das liegt an seiner wissenschaftlichen Arbeitsweise, er führt jeden Fall auf, namentlich, er benennt seine Quellen, definiert genau, welche Fälle aufgenommen, welche ausgeschlossen werden. [28]

Dennoch, auch nach der Denkschrift, keine Reaktion. Gumbel legte 1924 mit „Verschwörer" eine genaue Beschreibung der Mordorgani-

---

25) s. die Tabellen in „Vier Jahre politischer Mord" S. 73-81 und den Abschnitt „Zur Soziologie der politischen Morde" S. 87-108

26) s. „Entstehung der Denkschrift" in „Denkschrift" S. 6-8

27) Friedrich Schwag, „Die Denkschrift des Reichsjustizministeriums", „Weltbühne" Bd. 20 S. 125-126

28) s. „Vier Jahre Mord" S. 5-6

sationen vor, ihrer Verbindungen untereinander, nennt ihre Führer und dokumentiert die Unterstützung durch die Bayrische Regierung, zeigt die enge Verbindung zwischen schwarzer Reichswehr und den Mordorganisationen. Dennoch, auch nach Verschwörer, keine Reaktion der Reichsregierung. Dafür wurden 1924 gegen ihn gleich 3 Verfahren wegen Landesverrats eingeleitet. Zwei wegen verschiedener Veröffentlichungen über die schwarze Reichswehr in der „Weltbühne", eines, von der Bayrischen Landesregierung wegen seines Buches „Verschwörer".[29]

IV

Gumbels Dokumentationen haben nie dazu geführt, daß sich etwas an der Rechtslastigkeit des amtlichen Weimar änderte. Dennoch veröffentlichte er immer wieder über die Weimarer Justiz, politische Morde, schwarze Reichswehr. Und immer wieder war es die selbe Vorgehensweise Gumbels, seine wissenschaftliche Genauigkeit, die seine Dokumentationen unwiderlegbar machte.

Auch sein Stil ist immer wieder der gleiche. Die Dokumentation verbunden mit der moralischen Anklage, wie schon die Titel seiner politischen Bücher zeigen. Gumbels Glauben an die Zahlen entspricht sein Glaube an die Kraft von Aufklärung, die schon in seiner „Rede an Spartakus" festzustellen war. Am Schluß seines alle Dokumentationen zusammenfassenden Buches „Verräter verfallen der Feme" stellt er fest, daß die schwarze Reichswehr aufgelöst, die Feme verschwunden ist. „Der Kapitalismus hat sich konsolidiert, der Mohr hat seine Schuldigkeit getan." Gumbel schließt:

> Und die Arbeiterschaft möge wissen: Wenn der jetzige Siegeszug des Kapitalismus zum Stocken kommt und wenn die Demokratie nicht mehr zum Schutz der herrschenden Klasse genügt, werden Schwarze Reichswehr und Fememorde wieder auferstehen. Wenn diese Zeit sich an unsere Arbeit er-

29) Landesverrat, das war die Reaktion der Weimarer Justiz auf die Veröffentlichung von Dokumentationen über illegale Rüstung und schwarze Reichswehr in der pazifistischen Presse. Man ging dabei so vor, daß man die veröffentlichten Dokumente einfach unter die zu schützenden Staatsgeheimnisse subsumierte, die durch die Veröffentlichung an den Feind, die Entente (!) verraten worden seien. – s. E.J. Gumbel, „Landesverrat begangen durch die Presse", in „Justiz" Bd. 2 S. 75-92; siehe auch: Heinrich Hannover, Elisabeth Hannover-Drück, „Politische Justiz 1918-1933", Hamburg (Attica), 1977 i.B. S. 176-200

innert, so ist sie nicht vergebens gewesen. [30]

Seinen Kampf mit den Tabellen hat Gumbel nie politisch im Sinne der Zugehörigkeit zu einer Fraktion der Weimarer Linken geführt. Er war nach dem Übertritt der USPD-Reste in die SPD 1922 selbst Mitglied, trat jedoch zweimal wieder aus. [31] Er veröffentlichte unter anderem in der „Weltbühne", der „Justiz" des Republikanischen Richterbundes, aber auch im anarchosyndikalistischen „Syndikalist" von Rudolf Rocker. Er setzte sich für eine Amnestierung der politischen Gefangenen ein, in einer Artikelserie über „Strafvollzugsstatistik" [32] für eine umfassende Strafvollzugsreform, in der „Liga für Menschenrechte" für die Verständigung mit Frankreich.

V

Eine andere Reaktion auf Gumbels Veröffentlichungen, Arnold Zweig sagte es schon, war der „Fall Gumbel". Um Gumbel war es zwar ruhiger geworden, die Landesverratsverfahren gegen ihn eingestellt, aber Gumbel hatte seine Nachfolger.

Ähnlich gelagert war der „Fall Lessing". Lessing war Professor für Philosophie an der TH Hannover. Wegen eines Anti-Hindenburg Artikels von 1925 (d.h. noch vor dessen Reichspräsidentschaft!) wurde Lessing von nationalistischen Studenten bedroht, von der „nationalen" Presse diffamiert. [33]

Gumbel ließ sich für zwei Semester beurlauben. Während des Wintersemesters 1925/26 überarbeitete er auf Einladung des Marx/Engels Instituts in Moskau die mathematischen Notizen von Marx und Engels. 1927 erschien der Bericht seines Rußland-Aufenthaltes „Vom Rußland der Gegenwart", in dem er sich um eine differenzierte Sicht des

30) E.J. Gumbel, „Verräter verfallen der Feme. Opfer/Mörder/Richter/ 1919-1929. Unter Mitwirkung von Berthold Jacob und Ernst Falck", Berlin (Malik-Verlag), 1929 S. 383

31) s. Karin Buselmeier S. VIII, Anm.4

32) E.J. Gumbel, „Strafvollzugsstatistik", in „Justiz" Bd. 5 S. 690-703, S.738-758; Bd. 6 S. 21-42

33) s. Hugo Sinzheimer, Ernst Fraenkel, „Die Justiz in der Weimarer Republik", Neuwied (Luchterhand), 1968 S. 79/S. 408 — Walter Laqueur berichtet in „Weimar. Die Kultur der Republik", dtsch Frankfurt (Ullstein), 1976 S. 244 zusätzlich von einem „Fall Dehm" in Halle. Gunther Karl Dehm sei für den Pazifismus eingetreten. Jedoch ohne Angabe des Jahres und der näheren Umstände.

russischen Sozialismus bemühte. Die Einleitung erinnert an seine „Rede an Spartakus", wenn er sich, die Sowjetunion kritisierend, gegen die Anti-Sowjetische Propaganda in der deutschen Presse wendet. Am 4. August 1930 wurde Gumbel zum außerordentlichen Professor der Universität Heidelberg ernannt. Vorausgegangen war ein Schreiben des badischen Kultusministers vom Februar 1929 an die philosophische Fakultät, in dem Gumbels Ernennung vorgeschlagen worden war. Die Fakultät äußerte sich ablehnend. Sondervoten der Professoren Jaspers, Lederer, Weber und Radbruch befürworteten Gumbels Ernennung.

Im Wintersemester 1930/31 folgte eine Kampagne des ASTA gegen Gumbel. Protestversammlungen, Volksbegehren, der ASTA wurde aufgelöst, als er sich weigerte, weiterhin an Universitätsfeierlichkeiten teilzunehmen. Der Vorstand des Verbandes der deutschen Hochschulen erklärte sich mit der nationalistischen Studentenschaft und ihrem Kampf gegen Gumbel solidarisch.

Auf einer Veranstaltung am 22. Mai 1932 soll Gumbel gesagt haben, das Denkmal des Krieges sei für ihn nicht eine leichtbekleidete Jungfrau, sondern eher eine Kohlrübe. Wieder die große Empörung, ein Untersuchungausschuß wurde eingerichtet, das Verfahren endete diesmal mit dem Entzug der venia legendi am 5. August 1932.

Gumbel in seinem Schlußwort vor dem Untersuchungsausschuß:

Diese Verhandlung ist die längste persönliche Beziehung, die ich bisher zu maßgebenden Persönlichkeiten der Universität haben durfte. [34]

Bei der nationalsozialistischen Machtergreifung ein knappes Jahr später, war Gumbel schon in Paris, seit Juli 1932 hielt er dort Gastvorlesungen. Im „Sammelbuch aus der deutschen Emigration", „Freie Wissenschaft", herausgegeben von Gumbel in einem Straßburger Exilverlag, beschreibt er die Voraussetzungen der republikfeindlichen Stimmung der meisten deutschen Wissenschaftler. Und:

Ich empfinde es als große Ehre, daß ich wegen meiner Veröffentlichungen über die schwarze Reichswehr und die politischen Morde bereits auf die erste Ausbürgerungsliste kam. [35]

Ab 1940 lebte Gumbel in den USA. Er veröffentlichte weiterhin sowohl wissenschaftliche Werke, als auch politische Artikel vorwiegend in der deutschen Exilpresse.

Im Nachkriegsdeutschland der 50er und 60er Jahre war Gumbel nur als Wissenschaftler bekannt. Bei Gastvorlesungen in Berlin und Hamburg galt das Interesse seiner Zuhörer ausschließlich seinen wissenschaftlichen Forschungen.

---

34) zit. aus: Karin Buselmeier, S. 21
35) S. 268

XVI

„Als er 1966 in New-York starb, war keine bundesdeutsche Zeitung oder Zeitschrift — nicht einmal der Vorwärts — bereit, einen Nachruf zu veröffentlichen". [36]

Heidelberg, Juni 1980   Hans Thill

36) Heinrich Hannover, „Reprint eines vergessenen Kämpfers", in „die Tageszeitung" vom 21.5.79

Amnestiekundgebung des „Klubs 1926" in der Piscatorbühne mit
Erich Mühsam, Alexander Granach, E.J. Gumbel, Heinrich Mann,
Victor Fraenkl und Dr. Freymuth (v.l.n.r.)

E. J. GUMBEL
VIER JAHRE
POLITISCHER MORD

Fünfte Auflage von
ZWEI JAHRE MORD
(13. bis 18. Tausend)

E · J · GUMBEL

VIER JAHRE POLITISCHER MORD

VERLAG DER NEUEN GESELLSCHAFT
BERLIN=FICHTENAU
1922

„Ich überreiche dem Herrn Reichsjustizminister dieses Buch mit der formellen und
öffentlichen Aufforderung, den einzelnen Fällen nachzugehen und uns über das Ergebnis
seiner Untersuchungen Auskunft zu geben."

*Reichsjustizminister Radbruch
als Abgeordneter im Reichstag, 5. Juli 1921*

Die folgenden Zeilen berichten über die politischen Morde, die seit dem 9. November 1918 in Deutschland vorgekommen sind. Dabei sind gleichmäßig die von Links und die von Rechts begangenen Morde dargestellt. Ein Fall wurde aufgenommen, falls es sich dabei um eine vorbedachte, gesetzwidrige, durch innerpolitische Motive verursachte Tötung eines namentlich bekannten Deutschen durch einen anderen Deutschen handelte, wobei der Vorgang sich nicht als Massenhandlung sondern als individuelle Tat qualifizierte. Ich habe nur solche Fälle aufgenommen, wo die erschießende Partei nicht behauptet hat, daß sie von der Menge angegriffen wurde, und wo es sich nicht um eine Lynchung durch eine namenlose Menge oder andersgeartete Massenhandlungen, sondern um ganz bestimmte Täter handelte.

In der Auswahl der Fälle bin ich bei den Morden von Rechts viel vorsichtiger verfahren als bei denen von Links. Ich habe daher mehrere Fälle von Links mitaufgenommen, die mehr den Charakter von Tumulten als von politischen Morden hatten.

Auf die Exaktheit der Angaben habe ich in jedem einzelnen Falle die größtmögliche Sorgfalt verwendet und versucht, überall aktenmäßige Genauigkeit zu erreichen. Ich habe mich gestützt auf Gerichtsakten, Urteile, Entscheidungen über Einstellung des Verfahrens, Zeugenaussagen, Mitteilungen von Rechtsanwälten, von Hinterbliebenen, endlich Zeitungsnotizen. Die Prozeßberichte habe ich hauptsächlich in den rechtsstehenden Zeitungen studiert. In allen Fällen, wo das Material nicht genau war, wurde an die Angehörigen und Berichterstatter geschrieben. Blieben die Nachrichten unvollständig, so blieben die betreffenden Fälle weg. Ich kann somit jede hier vorgebrachte Behauptung einwandfrei belegen. Prinzipiell wurden nur solche Fälle aufgenommen, in denen der Name des Opfers mir bekannt wurde. Wo sich im Text auch anonyme Fälle finden, dienen sie nur zur Veranschaulichung der betreffenden Vorgänge. Nur an zwei Stellen bin ich von diesem Prinzip abgewichen. (Seite 18 und 32.)

Der jeweilige Stand des Verfahrens war am schwierigsten zu ermitteln. Es ist daher möglich, daß in Fällen, wo mir kein Verfahren bekannt wurde, ein solches tatsächlich schwebt oder das Verfahren bereits eingestellt wurde. Dagegen glaube ich, daß die Zahl der von mir angeführten Bestrafungen vollständig ist.

Das Buch kann keinen Anspruch darauf erheben, alle politischen Morde darzustellen, die in den letzten Jahren in Deutschland vorgekommen sind. Ich bitte daher alle Leser, welche weitere Fälle wissen, hierüber an den Verlag der Neuen Gesellschaft, Berlin-Fichtenau, zu schreiben.

Das vorliegende Buch ist eine Fortsetzung und Erweiterung meiner Broschüre „Zwei Jahre Mord." Ich hatte darin unter anderm die Behauptung aufgestellt, daß die deutsche Justiz über 300 politische Morde unbestraft läßt und hatte erwartet, daß dies nur zwei Wirkungen haben könne. Entweder die Justiz glaubt, daß ich die Wahrheit sage, dann werden die Mörder bestraft. Oder sie glaubt, daß ich lüge, dann werde ich als Verleumder bestraft. Tatsächlich ist etwas Drittes, völlig unvorhergesehenes eingetreten:

Obwohl die Broschüre keineswegs unbeachtet blieb, ist von behördlicher Seite kein einziger Versuch gemacht worden, die Richtigkeit meiner Behauptungen zu bestreiten. Im Gegenteil, die höchste zuständige Stelle, der Reichsjustizminister, hat meine Behauptungen mehrmals ausdrücklich bestätigt. Trotzdem ist nicht ein einziger Mörder bestraft worden.

Berlin, 16. Oktober 1922.

VIER JAHRE MORD

DIE MORDE BIS ZUM MÄRZ 1919

Die Vorwärtsparlamentäre

Im Januar 1919 hatten revolutionäre Arbeiter sich des Vorwärtsgebäudes bemächtigt. Die Regierungstruppen belagerten das Haus. Die Vorwärtsbesatzung schickte am 11. Januar frühmorgens als Parlamentäre, durch entsprechende Abzeichen kenntlich und natürlich unbewaffnet, folgende Leute:

Redakteur Wolfgang *Fernbach*, Walter *Heise*, Werner *Möller*, Karl *Grubusch*, Erich *Kluge*, Arthur *Schötler*, *Wackermann*.

Fernbach gehörte nicht zur Besatzung. Er war erst am Nachmittag des 10. in das Gebäude gegangen, um jemand zu besuchen, und konnte wegen der Absperrung nicht mehr heraus. Die sieben Parlamentäre wurden in die Dragonerkaserne in der Belle-Alliance-Straße 6 abgeführt und morgens 10 Uhr erschossen. Nach der Meldung des Oberlts. v. Carnap an den Vater des erschossenen Fernbach wurden sie von eingedrungenen Soldaten gelyncht, obwohl sie waffenlos waren, ohne daß v. Carnap und der gleichfalls anwesende Major *Franz v. Stephani* irgend etwas dagegen machen konnten. Major von Stephani dagegen schrieb an Frau Fernbach:

„Fernbach hat sich mit unter den Spartakus-Anhängern befunden, die mit der Waffe in der Hand aus dem Vorwärts herausgeholt wurden und bei denen Dumdumgeschosse vorgefunden wurden. Sie hatten demgemäß während der Kampfhandlung ihr Leben verwirkt und der Tod hat durch Erschießen stattgefunden."

Auch diese Behauptungen entsprechen nicht den Tatsachen. Im Ledebourprozeß hat Graf Westarp, der die Belagerung leitete, am 23. Mai 1919 als Zeuge vernommen, ausdrücklich erklärt, daß die sieben als Parlamentäre kenntlich waren, nicht mit der Waffe in der Hand ergriffen wurden und natürlich auch keine Dumdumgeschosse gehabt hatten. Auch Major von Stephani hat seine Behauptungen selbst später vor dem ersten Gardedivisionsgericht zurückgezogen (Erklärung des Kriegsgerichtsrates Hierholzer). Der wirkliche Vorgang war nach den übereinstimmenden, bei den Gerichtsakten befindlichen Aussagen des Soldaten Wilhelm Helms, des Soldaten Georg Schickram, der der ganzen Erschießung beiwohnte, des Sanitätsgefreiten Hans Stettin und des Soldaten Willi Köhn, schließlich den eigenen Aussagen v. Stephanis im Untersuchungsausschuß der preuß. Landesversammlung vom 3. Juni 1919 (vgl. den amtlichen Bericht, Seite 48 und 49), daß Stephani selbst den Befehl zur Erschießung gegeben hat. Er berief sich dabei auf einen angeblichen Regierungsbefehl, der jedoch von der Regierung dementiert wurde (Aussage des Kriegsgerichtsrats Hierholzer vor dem Gericht der 1. Garde-Division, Reichswehrbrigade 3, Potsdam). Sogar die Namen von zwei der exekutierenden Soldaten, Wachtmeister Otto *Weber*, Feldkolonne 40, Staffelstab 10, Hannover, und Gefreiter Erich *Selzer*, Infanterieregiment 21 in Rudolstadt sind bekannt. Den sieben Toten waren die Schuhe und Kopfbedeckungen gestohlen (Bekundungen von Fernbach senior). Die Leiche des Möller wies (Bekundung der Frau Möller) zwei Bajonettstiche auf. Außerdem war ihm die linke Gesichtshälfte eingeschlagen. Auf eine Eingabe von Fernbach sen. vom 29. Januar 1919 erklärte die Staatsanwaltschaft, die Angelegenheit sei erledigt. Fernbachs Vater stellte am 26. März 1919 Strafantrag gegen Stephani wegen Mordes. Erst am 31. Januar 1920 teilte ihm das Gericht der Garde-Kav.-Div. in Potsdam mit, daß das Verfahren gegen Stephani wegen Ueberschreitung der Dienstgewalt demnächst stattfinden werde. Dies geschah aber nicht. Infolge Aufhebung der Militärgerichtsbarkeit kamen die Akten am 10. Oktober 1920 an die Staatsanwaltschaft Berlin. Der Staatsanwaltschaftsrat vom Landgericht II, Dr. Ortmann, lehnte den Erlaß eines Haftbefehls gegen v. Stephani ab. Stephani wurde sogar weiter im Dienst verwendet und war bei den Kämpfen um München dabei (Sitzung des Untersuchungsausschusses der Landesversammlung vom 6. Mai 1919). Am 14. Juli 1921 hat das Landgericht II, gez. Hartmann, Siemens, Dr. Fränkel, die Beschuldigten v. Stephani, Weber und Seltzer „aus dem tatsächlichen Grunde mangelnden Beweises außer Verfolgung gesetzt." Die Privatklage Fernbachs gegen v. Stephani wurde am 20. Dezember 1920 abgewiesen. Im März 1922 wurde sein Anspruch auf Schadenersatz gegen den Kriegsminister vom Landgericht I dem Grunde nach als berechtigt anerkannt. Bei den Klagen von fünf andern Hinterbliebenen verlangt der Fiskus den Identitätsnachweis. (Abschriften der Aussagen und Akten sind in meinem Besitz.)

Karl Liebknecht und Rosa Luxemburg

Bei einer Haussuchung am 15. Januar 1919 wurden *Karl Liebknecht* und *Rosa Luxemburg* in Wilmersdorf, ohne Haftbefehl, durch die Einwohnerwehr verhaftet und nach dem Edenhotel, dem Quartier der Gardekavallerie-Schützendivision, gebracht. Nach der amtlichen Darstellung vom 16. Januar wurde Liebknecht auf der Flucht erschossen, Rosa Luxemburg durch eine große Menge gelyncht. „Die Transportführer traf kein Verschulden." Nach den Aussagen im Prozeß spielte sich die Ermordung jedoch folgendermaßen ab:

Der Platz vor dem Edenhotel war völlig leer. (Zweiter Verhandlungstag.) Karl Liebknecht wurde aus dem Hotel in ein Auto geführt. Der Jäger *Runge* schlug ihm darauf zweimal von hinten mit dem Kolben auf den Kopf. Liebknecht sank halb bewußtlos zusammen. Die Offiziere saßen und standen um Liebknecht herum, ohne die Schläge zu verhindern. Das Kommando bestand aus den Offizieren Horst v. *Pflugk-Hartung, Stiege, Liepmann, v. Ritgen, Schulze,* Heinz v. *Pflugk-Hartung* und dem Jäger Clemens *Friedrich,* alle natürlich schwer bewaffnet. An Stelle nach Moabit fuhr das Auto am Neuen See entlang in der Richtung nach der Charlottenburger Chaussee. An einer Stelle, wo ein völlig unbeleuchteter Fußweg abging, erlitt das Auto angeblich eine Panne. Liebknecht, der durch die Schläge auf den Kopf noch ganz benommen war, wurde gefragt, ob er noch gehen könne. Zwei Leute stützten ihn rechts und links, zwei gingen vor und zwei hinter ihm. Alle mit entsicherten Pistolen und Handgranaten bewaffnet. Nach wenigen Schritten wurde Liebknecht, angeblich weil er einen Fluchtversuch machte, erschossen. Den ersten Schuß ·gab Kapitän v. Pflugk-Hartung ab. Nach der Tat war das Auto wieder gebrauchsfähig. Dann wurde die Leiche als „unbekannt" eingeliefert.

Als Rosa Luxemburg durch den Haupteingang fortgeführt wurde, stand derselbe Runge an der Tür. Hauptmann Petri hatte Befehl gegeben, man solle dafür sorgen, daß die Luxemburg nicht lebendig ins Gefängnis komme (Denkschrift des Vollzugsrates). Als Frau Luxemburg durch die Türe kam, schlug Runge ihr zweimal auf den Kopf, so daß sie umsank. Der den Transport führende Oberleutnant *Vogel* hatte nichts dagegen getan. Man schob Frau Luxemburg in den Wagen. Als der Wagen abfuhr, sprang ein Mann hinten auf und schlug sie mit einem harten Gegenstand auf den Kopf. Unterwegs schoß Oberleutnant Vogel der Frau Luxemburg noch eine Kugel durch den Kopf. Man fuhr zwischen Landwehrkanal und Zoologischen Garten entlang. Am Landwehrkanal stand eine Gruppe Soldaten. Das Auto hielt, die Soldaten warfen die Leiche auf Befehl Vogels in den Kanal.

Die am Mord Beteiligten ließen sich am Tage danach bei einem Gelage photographieren. (Vierter Verhandlungstag.)

Wochenlang geschah in dieser Sache nichts. Die Regierung überließ die Untersuchung derselben Division, der die Mörder angehörten. Die Arbeiterräte Rusch und Struve, die zur Untersuchung beigezogen waren, beantragten eine Reihe von Verhaftungen. Als diese Anträge abgelehnt wurden, traten sie zurück. (31. Januar 1919; Denkschrift der Mitglieder des Zentral- und Vollzugsrates.)

Runge erhielt durch den Leutnant Liepmann falsche Papiere, wurde versetzt, dann flüchtig und war zunächst unauffindbar. Mitte April wurde er verhaftet, Oberleutnant Vogel am 20. Februar. Am 8. Mai begann die Verhandlung vor dem Kriegsgericht. Der Oberleutnant Grützner sagte aus, daß von Offiziersseite nachdrücklich auf ihn eingewirkt worden sei, die Wachmannschaften des Edenhotels zu einer günstigen Aussage zu bestimmen und ungeeignete Elemente von den Mannschaften zu entfernen. (Dritter Verhandlungstag.) Pflugk-Hartung gab zu, daß er dem Soldaten Peschel, dem Lenker des Autos, in dem Liebknecht abtransportiert wurde, 500 Mk. „geborgt" habe. Die Soldaten Grantke und Weber beschworen, daß Oberleutnant Vogel den Schuß auf Rosa Luxemburg abgegeben habe (dritter Verhandlungstag) und die Leiche ins Wasser werfen ließ (vierter Verhandlungstag). Zwei Angeklagte und Vogel selbst bestritten das erstere. Das Urteil lautete:

„1. Der Jäger Runge wird wegen Wachvergehens im Feld, versuchten Totschlags in Tateinheit mit gefährlicher Körperverletzung unter Mißbrauch seiner Waffe in zwei Fällen, in einem Fall mit erschwertem Wachverbrechen und Gebrauch von falschen Urkunden, zu zwei Jahren Gefängnis, zwei Wochen Haft und vier Jahren Ehrverlust und Entlassung aus dem Heer bestraft.

2. Leutnant Liepmann wird wegen Anmaßung einer Befehlsbefugnis in Verbindung mit Begünstigung zu sechs Wochen verschärften Stubenarrests verurteilt.

3. Oberleutnant Vogel wird wegen erschwerten Wachvergehens im Feld in Tateinheit mit Begünstigung in Ausübung des Dienstes, wegen Mißbrauch der Dienstgewalt und Beiseiteschaffung einer Leiche und wissentlich falscher Dienstmeldung zu zwei Jahren vier Monaten Gefängnis und Dienstentlassung verurteilt.

In der Urteilsbegründung nahm das Gericht (Vorsitzender Kriegsgerichtsrat Erhardt) bei Runge an, daß er aus eigenem Antrieb gehandelt habe.

Bereits fünf Tage vor Beginn des Prozesses hatten Dr. Grabowski und Hauptmann Pabst dem Oberlt. Vogel durch das Polizeipräsidium Berlin und durch die Paßstelle des Auswärtigen Amtes einen Paß nach Holland verschafft. Am 14. Mai, dem letzten Verhandlungstag, teilte der Abgeordnete Cohn dies dem Kriegsminister Reinhardt und dem Ministerialdirektor Rauscher mit. Trotzdem konnte Vogel am 17. Mai mit Hilfe des Hauptmanns Jansen aus der Untersuchungshaft entführt werden und entkam nach Holland. („Der Mord an Karl Liebknecht und Rosa Luxemburg". Verlag der „Freiheit").

Runge legte am 6. Januar 1920 protokollarisch ein Geständnis ab, durch das die Urteilsbegründung völlig hinfällig wurde. Es heißt darin:

„Was die Sache Liebknecht anbetrifft, hatte ich strikten Befehl von Offizieren, diesen Lumpen niederzuschlagen mit dem Kolben an der Stelle, wo er herauskommt. Ich war neu und konnte die Offiziere nicht erkennen, sah aber nachträglich, daß es meist meine Mitangeklagten waren. Was die Luxemburg anbetrifft, kamen Offiziere zu mir und sagten: Ich gebe Ihnen den Befehl, daß die Luxemburg das Edenhotel nicht mehr lebend verläßt. Merken Sie sich das. Kapitänleutnant v. Pflugk-Hartung schrieb sich meinen Namen auf und sagte zu mir: Sie wird Ihnen ja durch den Oberleutnant Vogel in die Arme geführt, so daß Sie nur zuschlagen dürfen . . . (was ich auch tat). Als die andern zurückkamen, brüsteten sie sich: „Liebknecht haben wir eine gebrannt. Es wurde eine

Panne markiert und so die Flucht künstlich herbeigeführt." Das hat mir auch Oberleutnant von Ritgen in der Untersuchungshaft später noch einmal gesagt.

Die Untersuchung ist eine Komödie gewesen. Ich sprach mit Kriegsgerichtsrat Jörns wiederholt privat und er sagte mir: „Nehmen Sie ruhig alles auf sich, 4 Monate werden es nur, und Sie können sich dann immer wieder an uns wenden, wenn Sie in Not sind." Die Zellentüren standen stets offen. Sämtliche Angeklagten machten den Richter, ich mußte den Angeklagten spielen, und es wurde immer gesagt, wenn ich meine Aussagen nicht richtig einlernte, läge mal eine Handgranate im Bett, wenn ich schlafen ginge. Mit dem Stab des Eden-Hotels stand ich öfters in telephonischer Verbindung. Ich mußte ihm vor meiner Flucht genau angeben, mit welchem Zug ich nach Flensburg fahre.

Husar Otto Runge."

Hieraus („Freiheit", 9. Januar 1921) geht hervor, daß es sich in beiden Fällen um einen von den Offizieren wohlüberlegten Mord handelte. Trotzdem erfolgte nichts.

In einer neuen Aussage („Vorwärts" 29. und 30. Mai 1922) hat Runge noch genauere Mitteilungen über die beiden Ermordungen gemacht und angegeben, daß er durch Angehörige des Freikorps Roßbach mit falschen Papieren versehen und zu einer Reihe von falschen Aussagen vor Gericht veranlaßt wurde. Nach ihm hat auch Leutnant Krull der Frau Luxemburg, als sie im Auto saß, eine Kugel durch den Kopf geschossen.

Gegen Krull war ein Verfahren wegen Mordes eingeleitet worden. Er gestand, beteiligt gewesen zu sein, widerrief aber dann. Darauf wurde das Verfahren mangels Beweisen eingestellt, später aber wieder aufgenommen. („Vossische Zeitung" 22. August 1922.) Während er in Untersuchungshaft saß, erschien der Oberleutnant Siegfried Bracht in der Redaktion der „Roten Fahne" und bot die Uhr und Papiere von Rosa Luxemburg „gegen eine angemessene Entschädigung" an. Er behauptete, Deutschnationale hätten ihm 12 000 M. dafür geboten. Am 30. Mai 1922 hatte sich Krull wegen Diebstahls und Bracht wegen Hehlerei vor der dritten Kammer des Landgerichts II (Vorsitzender Landgerichtsdirektor Dust, Staatsanwalt Dr. Ortmann) zu verantworten. Krull behauptete, die Uhr sei herrenloses Gut gewesen und im Edenhotel von Hand zu Hand gegangen.

Krull hielt eine Rede: „Nichts liegt gegen uns vor, was man uns zum Vorwurf machen könnte. Jeder Deutsche atmete auf, als diese beiden Lumpen ins Jenseits befördert wurden. Der Dank des Vaterlandes gebührt uns dafür. Gegen Leute wie Rosa Luxemburg und Liebknecht muß Richter Lynch auftreten." Krull wurde wegen Diebstahl in zwei Fällen zu drei Monaten Gefängnis verurteilt, Bracht wegen versuchten Betrugs zu 500 M. Geldstrafe. (Berliner Tageblatt, 2. Juni 1922.) Gegen das Urteil haben Staatsanwalt und Angeklagte Revision eingelegt.

Die im Tegeler Forst Erschossenen

Am 17. Januar 1919 meldete der „Abend", daß vier Sparta-kisten, namens v. *Lojewski*, Hermann *Merks*, Richard *Jordan* und *Milkert*, die während der Spandauer Spartakusumtriebe verhaftet worden waren, auf dem Transport nach Tegel im Tegeler Forst einen Fluchtversuch machten. Das Begleitkommando schoß auf die Flüchtigen und tötete sie sämtlich. Der gleichzeitig verhaftete Georg Merks, der beim selben Transport war, teilte jedoch der „Freiheit" (20. Januar 1919) mit: „Die 8 Verhafteten wurden in zwei offene Lastautos verladen. In jedem waren ca. 10 schwer bewaff-nete Soldaten. Das Auto, in dem ich war, fuhr zuerst ab, in einem Abstand von 15 bis 20 Metern folgte das andere. Während beide Autos fuhren, wurde vom hinteren Auto plötzlich geschossen. Die Wachmannschaften erzählten dann, die Gefangenen seien geflohen. Bei einem wirklichen Fluchtversuch hätte das Auto natürlich gehal-ten. Im Bericht der „Morgenpost" (18. Januar 1919) heißt es auch, daß „die Gefangenen versuchten, über das Geländer zu klettern", so daß die Erschießung im Wagen stattgefunden hat. Auf dem Auto standen Leutnant Pieper, Vizefeldwebel Plate, Grenadier Dahlke, 2 Grenadiere vom Regiment 5, 2 Trainsoldaten, ein Herr *Sasse* und ein ehemaliger Pionier Neese. Sasse gab den Befehl zum Schießen, der von den beiden Trainsoldaten ausgeführt wurde. Trotz dieser präzisen Angaben, die die „Freiheit" am 1. März 1920 brachte und der Staatsanwaltschaft übergab, wurde kein Verfahren eingeleitet.

Ein Mord von links

Am 13. Januar 1919 wurde in Hervest die Sicherheitswehr ent-waffnet, das Waffenlager und das Kommissariat erstürmt. Die Gewalt lag bis zum Einrücken des Korps Lichtschlag am 15. Fe-bruar 1919 in Händen der Arbeiterschaft.

Der Führer der bürgerlichen Parteien von Hervest, der Bureau-vorsteher *Kohlmann*, zog sich während dieser Zeit die Feindschaft der Arbeiterschaft zu. Angeblich hat er auch die Regierungstruppen herbeigerufen. Am 10. Februar 1919 lauerten ihm die Bergleute Eduard *Albrecht* (Kommunist) und Karl *Arnold* (Mehrheitssozialist) auf und erschossen ihn.

Beide wurden wegen Mordes zum Tode verurteilt, dann zu lebenslänglichem Zuchthaus begnadigt. (Aktenzeichen: 16 I. 283/19, Landgericht Essen.)

Morde im Rheinland 1919

Der Bergmann Aloys *Fulneczek* in Bottrop, Fulenbrockstr. 24, war am 19. Februar 1919 als Delegierter der K.P.D. mit Delegierten der anderen Parteien zum Kommandanten der einrückenden Truppen des Hauptmann Lichtschlag zwecks Verhandlungen gegangen. Auf dem Rückwege wurde er von den Truppen festgehalten, mißhandelt, ins Gerichtsgefängnis in Bottrop eingeliefert und dort in der Zelle von dem Regierungssoldaten *Heuer* in Gegenwart eines zweiten Soldaten von hinten erschossen. Heuer wurde wegen Totschlags vor dem Militärgericht angeklagt, aber auf die Aussage seines Begleiters hin freigesprochen, weil er angeblich in Notwehr gehandelt. Der Militärfiskus ist in I. Instanz zum Schadenersatz verurteilt. Moritz *Steinicke* aus Gelsenkirchen, Reichstr. 15, wurde in der Nacht vom 20. zum 21. Februar 1919 von zwei Schutzleuten, zwei Soldaten und einem Zivilisten ohne Haftbefehl verhaftet und von dem Führer der Abteilung, *Blumberg* und einem Polizisten vor dem Hause Wilhelmstr. Nr. 51 „auf der Flucht" erschossen. Steinicke war Mitglied der U.S.P.D., es lag nichts gegen ihn vor. Das Verfahren wurde eingestellt, weil Blumberg „zur Verhinderung des Fluchtversuches von seiner Waffe Gebrauch gemacht und also gemäß der ihm erteilten allgemeinen Instruktion gehandelt habe". (Aktenzeichen 7 a. J. 585/19 der Staatsanwaltschaft Essen.)

Die Lichtenberger „Greuel" und die Märzmorde

Im März 1919 kam es zu Kämpfen zwischen den in der Revolution aufgestellten republikanischen Verbänden, die aufgelöst werden sollten, und den unter dem Befehl von Reinhardt stehenden Regierungstruppen und Freikorps. Den republikanischen Truppen schlossen sich einige Arbeiter an.

In einem offiziellen Bericht vom 9. März 1919 teilte die Gardekavallerie-Schützendivision der Berliner Presse mit (vergl. z. B. „Deutsche Tagesztg." vom 10. März): „Die Spartakisten führen zurzeit ihre Absicht, sich in Lichtenberg zu verschärftem Widerstand zu rüsten, aus. Das Polizeipräsidium wurde von ihnen gestürmt und sämtliche Bewohner, mit Ausnahme des Sohnes des Polizeipräsidenten, auf viehische Weise niedergemacht."

Aehnlich teilte Regierungsrat Doyé vom Ministerium des Inneren dem „Berliner Tageblatt" am 10. März 1919 die Erschießung von 57 Polizisten mit.

Nach der „B. Z. am Mittag" vom 9. März wurden 60 Kriminalbeamte und viele andere Gefangene erschossen, und zwar wurden „Gefangene, die sich zur Wehr setzen wollten, teilweise von vier bis fünf Spartakisten gehalten, während der sechste ihnen mit der Pistole zwischen die Augen schoß." Dabei stützte sich die „B. Z." auf eine von „einer militärischen Befehlsstelle übermittelte eidliche Aussage von fünf Soldaten."

Diese Nachricht ging durch die ganze deutsche Presse und beeinflußte die öffentliche Meinung in schärfster Weise gegen die Spartakisten. Tagelang wimmelte es von blutrünstigen Schilderungen. So meldete die „Vossische Zeitung" und natürlich ebenso die rechtsstehende Presse am 10. März sogar 150 Ermordete.

Alle diese Meldungen waren erlogen. Erst am 13. März meldete die „B. Z.", daß die Beamten in Wirklichkeit entlassen worden waren. Am gleichen Tage erklärten die „Vossische" und der „Vorwärts" auf Grund der Aussagen des Bürgermeisters Ziethen, „daß sich alle Nachrichten über die Massenerschießungen von Schutzleuten und Kriminalbeamten bei der Eroberung des Lichtenberger Polizeipräsidiums als unwahr erwiesen haben." Endlich nach der „B. Z." vom 14. März und dem Nachruf auf die Gefallenen stellte sich heraus, daß nur zwei Beamte tot waren. Davon war einer im Kampf gefallen und über die Todesart des andern konnte nichts festgestellt werden.

Auf Grund des Lichtenberger Beamtenmordes („Deutsche Tageszeitung", „Berl. Tageblatt" vom 10. März 1919) verhängte *Noske* als Oberkommandierender in den Marken über Berlin das Standrecht und erließ folgende Anordnung (W. T. B., 9. März):

„Die Grausamkeit und Bestialität der gegen uns kämpfenden Spartakisten zwingen mich zu folgendem Befehl: Jede Person, die mit den Waffen in der Hand gegen Regierungstruppen kämpfend angetroffen wird, ist sofort zu erschießen."

Daneben erließ die Gardekavallerie-Schützendivision selbständig einen Befehl, wonach auch Leute zu erschießen wären, in deren Wohnungen Waffen gefunden würden. Ein Nachweis der Teilnahme am Kampfe sei nicht nötig. Der Befehl lautete:
„Garde-Kav.-Division. Abt. I a. Nr. 20 950.
Befehl für den 10. 3. nachm. und den 11. 3.
Div.-St.-Qu., den 10. 3. 1919.
Leitsatz: Wer sich mit Waffen widersetzt oder plündert, gehört sofort an die Mauer. Daß dies geschieht, dafür ist jeder Führer mitverantwortlich.

Ferner sind aus Häusern, aus welchen auf die Truppen geschossen wurde, sämtliche Bewohner, ganz gleich, ob sie ihre Schuldlosigkeit beteuern oder nicht, auf die Straße zu stellen, in ihrer Abwesenheit die Häuser nach Waffen zu durchsuchen; verdächtige Persönlichkeiten, bei denen tatsächlich Waffen gefunden werden, zu erschießen.

Ziffer 2 e: Jeder Hausbewohner oder Passant, der in unrechtmäßigem Besitz von Waffen gefunden wird, ist festzunehmen und mit kurzem Bericht in dem nächsten Gefängnis abzuliefern. Wer sich mit der Waffe in der Hand zur Wehr setzt, ist sofort niederzuschießen."

Die „Politisch-Parlamentarischen Nachrichten" erklärten zwar am 18. März 1919, „daß ihnen von zuständiger Seite versichert worden sei, ein derartiger Erlaß sei nicht ergangen". Tatsächlich hat sich aber Marloh in seiner ersten Aussage vom 4. Dezember 1919 ausdrücklich auf diesen Befehl gestützt und hat ihn wörtlich verlesen.

Die beiden Erlasse gehen weit über das Preußische Belagerungsgesetz vom 4. Juni 1851 hinaus. Denn darnach entscheidet über einen Angeklagten ein aus zwei Zivilrichtern und zwei dem Hauptmannsrang angehörigen Offizieren bestehendes Kriegsgericht. Bei Todesurteilen ist die Bestätigung des Oberbefehlshabers nötig, außerdem liegt eine Frist von 24 Stunden zwischen Urteil und Vollstreckung. Hier aber liegt die Entscheidung über Leben und Tod vollkommen im willkürlichen Ermessen einzelner Personen.

Am 7. März, 11¼ Uhr, wurde der Angehörige der republikanischen Soldatenwehr des Depots 7, Fasanenstr., *Adolf Riga* (42 Jahre, Kurfürstenstr. 114), von einem Angehörigen des Freikorps Lüttwitz auf Befehl eines Offiziers entwaffnet, als er von der Wache kam, obwohl er seinen Ausweis vorwies. Dann setzte Riga seinen Weg waffenlos fort. An der Absperrung vor dem Edenhotel wollte ihn ein Posten nicht durchlassen. Es kam zu einer Auseinandersetzung. Der bei dem Posten stehende Offizier gab dem Soldaten einen Befehl, worauf dieser unter dem Ruf ‚Straße frei‘ ihn von hinten erschoß. (Die Aussagen der Zeugen R. E. Kaufmann und E. K. Rosenberg sind in meinem Besitz. Beide Zeugen wurden, weil sie den Sachverhalt protokollarisch festlegen ließen, zwei Tage später verhaftet und drei Wochen eingesperrt.) Weder gegen den Offizier noch gegen den Soldaten wurde ein Verfahren eingeleitet. Die Witwe bekam nach einem Prozeß gegen den Fiskus eine Rente zugebilligt.

Lynchungen im Lehrter Gefängnis

Die Vorgänge im Lehrter Gefängnis schildert ein Augenzeuge, der wegen Herausgabe einer satirischen Zeitschrift verhaftet war, folgendermaßen (Wieland Herzfelde: „Schutzhaft“): „Man führte uns (am 8. März, abends) an den Eingang des Gefängnisses. Es hieß: ‚Zuerst den Matrosen *Peters* hineinführen!‘ Wir anderen mußten vor der Glastüre, durch die wir nur undeutlich beobachten konnten, stehen bleiben. Kaum war der Matrose eingetreten, erscholl der Ruf: ‚Haut ihn, schlagt ihn tot, an die Wand!‘, wobei ein entsetzliches Gebrüll das ganze Gefängnis erfüllte und aus allen Ecken Soldaten mit Gewehren herbeistürzten und auf den Matrosen einschlugen. Dieser zog ein verborgenes Messer und kämpfte nun mit der Kraft des Verzweifelten gegen die Soldaten. Allmählich gelangten so die Kämpfenden in den Hintergrund, woselbst wir nichts mehr wahrnehmen konnten, nur noch fortwährende Kolbenschläge hörten, woraus sich schließen ließ, daß der Matrose sich aufs äußerste verteidigte. Er wurde unserer Ueberzeugung nach totgeschlagen, denn verschiedene Offiziere und Chargierte stellten unter grausamem Schmunzeln und Händereiben fest, daß er zu ‚Hackepeter‘ verarbeitet worden sei. Nachmittags um vier Uhr vernahmen wir plötzlich dasselbe Gebrüll wie am Vorabend. Dasselbe Herbeistürzen aus allen Ecken des Gebäudes und Rasseln von Gewehren, so daß wir uns sagten, daß die Lynchung nicht auf Erregung, sondern auf System zurückzuführen sei. Gegen Abend erfuhr ein Mitgefangener vom wachthabenden Unteroffizier, daß zwei Galizier totgeschlagen worden seien.“

Der damalige Gouverneur von Berlin, Schöpflin, schrieb hierüber an die „Freiheit" folgenden Brief (23. April 1919):

„Die beiden Galizier sind erschossen worden, nachdem sie
vorher auch mißhandelt worden sind. Sie sollen Schußwaffen unter
dem Mantel versteckt gehalten haben und befanden sich im Besitze
von Juwelen und Wertsachen, die vermutlich von der Beteiligung an
einer Plünderung herrührten. Der eine der Galizier heißt Abraham
Melichowitsch und war russischer Kriegsgefangener. Die Erschießung ist bei hereingebrochener Dunkelheit erfolgt. Es wird
angenommen, daß die Tötung von Soldaten des Transportkommandos vorgenommen worden ist, nachdem ein Offizier, der die Transportkolonne befehligte, bei der Einlieferung die beiden Erschossenen beschuldigt hatte, Waffen versteckt getragen und geraubt zu
haben. Unverständlich bleibt die Erschießung der beiden Galizier
wegen des ihnen zur Last gelegten Vergehens. Es muß angenommen werden, daß ihnen sowohl die Waffen wie die vermutlich geraubten Wertsachen schon vor der Einlieferung abgenommen
worden sind. Auf Grund des Standrechts, das damals Gültigkeit
hatte, hätten die beiden, wenn überhaupt, sofort erschossen werden
können, nicht aber erst nach der Einlieferung und offenbar ohne
Befehl, also rein willkürlich."

Augenzeugen des Vorfalls berichten dagegen Folgendes:
„Am 9. März lagen wir, ca. 30 Mann, verhaftet in der Waldschenke
des Zoologischen Gartens. Von Waffenbesitz konnte, da alle Gefangenen vorher untersucht worden waren, keine Rede sein. Am
späten Nachmittag wurden ca. 10 Mann in einem Auto verladen.
Zwei Gefangene, von denen der eine ein Mitglied der Matrosendivision, der andere ein Russe war, wurden von den Lüttwitztruppen die Treppe heruntergeworfen, unter fortwährenden Kolbenschlägen vor das Auto geführt, wie ein Gegenstand hineingeworfen
und auf dem Lastwagen in unbeschreiblicher Weise viehisch bearbeitet. Als sie blutend am Boden lagen, wurde ihnen befohlen,
stramm zu stehen. Nachdem die beiden wie leblos dalagen, setzte
sich das Auto in Bewegung. Etwas so Schreckliches hatten wir im
ganzen Feldzug nicht erlebt. Als ein Soldat mit dem Messer auf
sie losgehen wollte, ließ der Transportführer, ein jugendlicher Herr,
der vorher unserer Vernehmung beim Kriegsgerichtsrat Jörns beigewohnt hatte, dies nicht zu. Die andern Mißhandlungen ließ er
stillschweigend zu. Der Matrose hatte uns erzählt, er sei verhaftet
worden, weil er mit dem Rad gegen einen Drahtverhau gefahren
war. Der Russe, weil er auf der Straße gesagt hatte, Deutschland
sei noch nicht reif zum Bolschewismus.

Vor dem Zellengefängnis angekommen, wurden die beiden, obwohl sie ganz hinten lagen, als erste herausgezogen. Sie waren also
wohl schon gemeldet. Sie wurden in das Gefängnis geschleift, wir
hatten den Eindruck, als wenn man Zeugen fernhalten wollte. Die
Soldaten, Angehörige der Reinhardttruppen, mehr oder weniger be-

18

trunken, empfingen die beiden mit tierischem Gebrüll. Wir sahen, wie die Gefangenen durch den Gefängnisflügel hindurchgeworfen wurden in den Hof. Ein Soldat kam zurück und zeigte sein abgebrochenes Gewehr mit den Worten: ‚Jetzt kommt die andere Hälfte auch noch dran.‘ Als wir vor die Schreibstube kamen, hörten wir im Hof Schüsse fallen."

Die früheren Reichswehrsoldaten (Pioniere), Schlosser Adalbert *Arndt* und stud. ing. Arthur *Schneider* kamen am 20. März 1922 vor das Schwurgericht des Landgerichts I (Vorsitz: Landgerichtsdirektor Dr. Weigert). Zeugen bestätigten, daß die beiden mit Gewehrkolben auf die waffenlosen Gefangenen eingeschlagen hatten, andere, daß sie geschossen hatten. Die drei Leichen wurden zunächst auf einen Müllhaufen, dann von einem Lastauto, das Schneider lenkte, in den Tiergarten geworfen. Arndt und Schneider wurden wegen versuchten Totschlags und schwerer Körperverletzung zu je 1 Jahr und 6 Monate Zuchthaus verurteilt. (Berliner Volkszeitung, 21. und 22. März 1922.)

Die Erschießung von drei Jungen

Am 10. März kamen zu dem jungen Kurt *Friedrich* (16 Jahre) seine beiden Freunde Hans *Galuska* (16 Jahre) und Otto *Werner* (18 Jahre) in die Wohnung der Mutter des Friedrich, am Schlesischen Bahnhof 3, zu Besuch. Die drei jungen Menschen hatten sich nie mit Politik beschäftigt. Sie waren kaum beisammen, als 8 Regierungssoldaten auf Grund einer Denunziation ankamen. Sie durchsuchten die Wohnung, ohne daß ihnen auch nur ein einziges belastendes Stück in die Hände gefallen wäre. Darauf erklärten sie die drei jungen Menschen für verhaftet und führten sie ab. Die letzten Worte, die Kurt Friedrich sagen konnte, waren: „Mutter, meine Papiere sind in Ordnung, ich habe nichts auf dem Gewissen".

Die Mutter begab sich in die Schule in der Andreasstraße, wo Reinhardttruppen lagen, und sah, wie die Drei abgeführt wurden und schrecklich heulten. Der befehlshabende Offizier ließ die Frau nicht zu Worte kommen. Am 12. März, nach zwei schrecklichen Tagen des Wartens, erhielt Frau Friedrich von Bekannten die Nachricht, Hans Galuska läge im Leichenschauhaus. Sie fand dort die drei jungen Freunde als Tote wieder. Sie waren am 11. März als „unbekannt" eingeliefert worden. Kurt Friedrich hatte einen Kopf- und Hüftschuß. Die neuen Stiefel waren ihm gestohlen. Hans Galuska hatte ebenfalls zwei Schußwunden, darunter eine an der Stirn, und mehrere Verletzungen durch Schläge. Es fehlten ihm: Hut, Kragen, Kravatte, Ulster, Jackett und Stiefel. Otto Werners Gesicht war beinahe unkenntlich, außerdem war der eine Arm völlig zerschossen, so daß anzunehmen ist, daß er ihn vors Gesicht gehalten hat. Die Sache wurde der Staatsanwaltschaft mitgeteilt. („Freiheit", 26. März 1919.) Es erfolgte jedoch weder gegen die beteiligten

Mannschaften noch gegen die verantwortlichen Offiziere ein Verfahren.

Dagegen haben nach einem Schreiben des Heeresabwicklungsamtes Preußen an den Anwalt der Frau Friedrich (Abschrift in meinem Besitz), „die umfangreichen Ermittelungen ergeben, daß Friedrich wegen Verdachts der Beteiligung an spartakistischen Umtrieben verhaftet und aus Anlaß eines Fluchtversuches erschossen wurde". Zeugenaussagen für diese Behauptungen sind nicht aufgeführt.

Handgranatenstiele als Erschießungsgrund

Am 11. März wurde in der Wohnung des Tischlers Richard *Borchard* eine Haussuchung gehalten, da er angeblich geschossen hatte. Es wurde nur ein leerer russischer Patronenrahmen ohne Munition gefunden, den ein Verwandter 1914 als Andenken aus dem Feld geschickt hatte. Daraufhin wurde er verhaftet und kam in das Polizeipräsidium. Am Dienstag, den 18. März, fand die Frau ihren Mann als Leiche im Schauhaus wieder. Er hatte einen Schuß durch den Kopf erhalten. Dem Getöteten hatte man die neuen Schuhe und Strümpfe weggenommen.

Borchardt hatte sich politisch nie betätigt, er war ein Gegner des Aufstandes und stand auf seiten der Regierungstruppen. („Freiheit", 20. März 1919.)

Bei einer Waffensuche bei dem Arbeiter Paul *Dänschel* in der Andreasstr. 62 fanden Soldaten aus dem Korps Lüttwitz am 12. März zwei Handgranatenstiele und ein altes Seitengewehr. Die Stiele entstammten der Fabrik, in der der 19jährige Sohn der Familie, Alfred, beschäftigt war. Er hatte die Stiele mit nach Hause genommen, um sich daraus ein Schreibzeug anzufertigen. Am 12. wurden Vater und Sohn aus dem Bett heraus verhaftet und, ohne daß irgendein Grund vorlag, in der Handwerkerschule Andreasstr. 1/2 erschossen. Die Vernehmung war durch den Leutnant Siegfried *Winter* aus Adlershof, Bismarckstr. 25, geleitet worden. Dieser gab auch Auftrag, die Leichen abzuholen. Als die Feuerwehr die Toten abholte, waren ihnen sämtliche Wertsachen und Papiere abgenommen, auch die Schuhe hatte man ihnen geraubt. („Vorwärts", 15., 17., 19. März 1919.) Winter wanderte nach Argentinien aus. Am 11. Dezember 1920 stellte der Oberstaatsanwalt vom Landgericht I, Berlin das Verfahren ein.

Die 29 Matrosen

Die amtliche Nachricht lautete („Berl. Tageblatt", 12. März 1919): „In der Französischen Str. 32 wurde gestern die Kassenverwaltung der Volksmarinedivision von Regierungstruppen besetzt. Frühere Angehörige der jetzt aufgelösten Volksmarinedivision, die von dort noch Gelder holen wollten, sind festgenommen worden.

Die Gefangenen trugen teilweise noch Waffen. Infolgedessen kam es bei der Verhaftung zu tätlichem Widerstand. Die Mannschaften der Regierungstruppen ließen sich von ihren Führern kaum vor Uebergriffen zurückhalten, da die Erbitterung durch die Vorgänge der letzten Tage natürlich sehr angewachsen war. Es wurde Munition, darunter auch Dumdumgeschosse, beschlagnahmt. Von den rund 250 Gefangenen mußten 24 auf der Stelle erschossen werden. Die übrigen sind unter starker Bedeckung in das Moabiter Zellengefängnis eingeliefert worden und sehen dort einer Aburteilung durch das außerordentliche Kriegsgericht entgegen."

Der wirkliche Vorgang war (vgl. Prozeßbericht, „Deutsche Zeitung" vom 5. bis 10. Dezember 1919): Am 11. März 1919 war ein Löhnungsappell der Volksmarinedivision angesetzt. General Lüttwitz gab dem Leutnant Marloh Auftrag, dort möglichst viele Mitglieder zu verhaften. Die 250 Matrosen, die völlig ordnungsliebende Elemente waren — ein Teil hatte bei den Unruhen die Reichsbank bewacht, — kamen einzeln, beinahe alle unbewaffnet, um sich die ihnen zustehende Löhnung zu holen. Sie wurden einzeln überwältigt und gefangengesetzt.

Marloh fühlte sich durch die vielen Gefangenen bedroht und telephonierte an Oberst Reinhardt um Hilfe. Oberst Reinhardt sagte zu Leutnant Schröter: „Gehen Sie zu Marloh und sagen Sie ihm, er müsse durchgreifen. Denken Sie an Lichtenberg, wo 60 Polizeibeamte erschossen wurden". Schröter meldete Marloh, er solle energisch durchgreifen. Marloh telephonierte gleich darauf nochmals um Hilfe. Darauf ließ Oberleutnant v. Kessel dem Marloh durch Leutnant Wehmeyer ausrichten (zweiter Verhandlungstag): „Bestellen Sie dem Oberleutnant Marloh, daß Oberst Reinhardt sehr wütend sei, weil er gegen die 300 Matrosen zu schlapp vorgehe. Er solle in ausgiebigstem Maße von der Waffe Gebrauch machen, und wenn er 150 Mann erschösse. Alles, was er erschießen könne, solle er erschießen. Die Verstärkung würde noch ein bis eineinhalb Stunden auf sich warten lassen. Oberst Reinhardt wisse auch gar nicht, wo er mit den 300 Leuten bleiben solle."

Marloh gehorchte, sortierte die Leute, indem er diejenigen, die besonders intelligent erschienen, gute Anzüge oder Schmucksachen hatten, besonders stellte (erster Verhandlungstag, 4. Dezember 1919). Dann ließ er durch den Offizierstellvertreter *Penther* 29 Leute mit dem Maschinengewehr erschießen. „Die Schußwirkung war furchtbar. Vielen Leuten wurde die Schädeldecke völlig abgerissen. Die Gehirnmasse spritzte umher, Leichen und Verwundete fielen übereinander." (Erster Verhandlungstag, 4. Dezember 1919.) Die Namen der Ermordeten sind nach der „Zukunft" (29. November 1919): Jakob *Bonczyk*, Paul *Brandt*, Theodor *Biertümpel*, Ernst *Bursian*, Kurt *Dehn*, Otto *Deubert*, Willy *Ferbitz*, Robert *Göppe*, Baruch *Handwohl*, Walter *Harder*, Alfred *Hintze*, Anton *Hintze*, Hermann *Hinze*, Walter *Jacobowsky*, Otto *Kanneberg*, Willy *Kuhle*, Max *Kutzner*, Martin *Lewitz*, Herbert *Lietzau*, Max *Maszterlerz*, Ernst *Mörbe*, Karl

Pobantz, Paul *Rösner*, Siegfried *Schulz*, Paul *Ulbrich*, Werner *Weber*, Karl *Zieske*, Gustav *Zühlsdorf*. Die anderen Matrosen wurden ins Gefängnis geschafft und bald darauf als unschuldig entlassen. Marloh erstattete einen wahrheitsgetreuen Bericht an Oberleutnant v. Kessel. Auf Anraten Kessels ersetzte er ihn Mitte Mai durch einen anderen, wonach er die Erschießung durch eigenen Entschluß auf Grund des Noske-Erlasses vorgenommen habe. Zuletzt wurde in Gegenwart des Obersten Reinhardt noch ein dritter Bericht geschrieben. Marloh blieb monatelang unbehelligt. Erst als ein Haftbefehl am 2. Juni vorlag, riet ihm Kessel zu flüchten, und stellte ihm zu diesem Zwecke falsche Papiere aus, die Leutnant Wehmeyer dem Marloh übergab. Leutnant Hoffmann brachte ihm Geld. (Zweiter Verhandlungstag.) Am 9. Dezember wurde Marloh von der Anklage des Totschlags und des Mißbrauches der Dienstgewalt freigesprochen, wegen unerlaubter Entfernung zu drei Monaten Festung und wegen Benutzung gefälschter Urkunden zu 30 Mk. Geldstrafe verurteilt. In der Urteilsbegründung wurde festgestellt, „daß die Erschießungen objektiv unberechtigt waren, daß die Matrosen, die mit Waffen kamen, gültige Waffenscheine besaßen, daß keine Plünderer dabei waren, daß die Lage Marlohs nicht so bedrohlich war, daß er zum Waffengebrauch berechtigt war, daß er jedoch glaubte, einen Dienstbefehl vor sich zu haben" (Vorsitzender: Kriegsgerichtsrat Welt).

Der Ausschuß II für Feststellung von Entschädigung für Aufruhrschäden verneinte den Anspruch der Hinterbliebenen auf eine Rente, da die Erschießungen in Ausübung der Staatsgewalt als ein Akt der Strafvollstreckung erfolgt seien. Den meisten Hinterbliebenen wurden jedoch vom Fiskus im Vergleichswege nach einem Zivilprozesse größere Abfindungssummen ausbezahlt.

Kessel wurde Hauptmann, Hoffmann Oberleutnant bei der Sicherheitswehr („Freiheit", 7. Dezember). Gegen Reinhardt und Kessel wurde wegen der Befehle, die sie Marloh gegeben hatten, kein Verfahren eingeleitet; gegen Kessel wurde nur ein Verfahren wegen eines im Verlauf des Prozesses geleisteten Meineids eingeleitet. (14. März 1921.) Am 23. März 1921 wurde er auch von der Anklage des Meineids freigesprochen. (Eingehende Prozeßberichte in der „Deutschen Zeitung".) Zuletzt wurden Wehmeyer und Hoffmann wegen Beihilfe zur Flucht vom Schöffengericht freigesprochen. („Deutsche Tageszeitung" , 27. 9. 21.)

Vizewachtmeister Marcus

Vizewachtmeister Marcus vom Freikorps Lützow hatte am 12. März Befehl, die Langestraße abzusperren. Er schritt mit 25 Mann die Straße ab und rief laut „Straße frei, Fenster zu!" Angeblich ist dieser Befehl nicht beachtet worden. Unter anderem sah er aus dem Fenster eines Hauses eine weibliche Gestalt auf die Straße heruntersehen. Angeblich hat er darauf auf ein daneben befindliches blindes Fenster geschossen, aber das offene Fenster getroffen. Durch diesen Schuß wurde die zwölfjährige Schülerin *Slovek* getötet. Ein anderes Mädchen, Erwine *Dahle,* erhielt einen Herzschuß, als es aus einem Schlächterladen trat. Der 73jährige Fliesenleger Karl *Becker* ist durch einen Kopfschuß getötet worden. Auf die gleiche Weise kamen dann noch drei Menschen um, die nicht die geringste Beziehung zu den damaligen Unruhen hatten.

Ursprünglich war gegen Marcus ein Verfahren wegen sechsfachen Mordes eingeleitet. Doch wurde dies eingestellt. Dagegen wurde er wegen vorsätzlicher, nicht mit Ueberlegung begangener Tötung von zwei Menschen vor dem Schwurgericht angeklagt. Bei der Verhandlung am 21. und 22. Januar 1921 (Verhandlungsbericht im „Vorwärts" vom 25.) berief Marcus sich auf die Befehle seiner Vorgesetzten und wurde von den als Zeugen vernommenen Offizieren zum Teil gedeckt. Marcus wurde wegen Totschlags freigesprochen, wegen einiger Unterschlagungen zu fünf Monaten Gefängnis verurteilt. Gegen die Offiziere, die solche Befehle gegeben haben, wurde kein Verfahren eingeleitet.

Der Eisenbahnarbeiter Alfred *Musick* wurde am 12. März 1919 in seiner Wohnung nach einer ergebnislosen Haussuchung durch Soldaten des Freikorps Lüttwitz verhaftet und nach der Andreasschule transportiert. Oberleutnant *Wecke* ließ ihn mit vier anderen abtransportieren. Die Fünf wurden beim Passieren der Schillingsbrücke angeschossen und ins Wasser geworfen. (Aussagen der Begleitmannschaft: „Die Fünf schwimmen schon.") Musick konnte sich schwerverletzt durch Schwimmen retten, wurde entdeckt und wieder in die Andreasschule geführt. Vizewachtmeister *Marcus* führte ihn in die Revierstube, kam zurück und erzählte: „Oben habe ich ihn vor die Wand gestellt und gesagt, gehen Sie nur herein; darauf antwortete er, hier ist ja keine Tür, in dem Moment hatte ich ihn schon in den Kopf geschossen". Die Leiche wurde beraubt und als unbekannt in die Sammelstelle in der Distelmeyerstr. eingeliefert.

Wegen eines Streichholzes erschossen

Der Arbeiter *Piontek* wurde am 12. März 1919, angeblich weil er sich geweigert hatte einem Soldaten Feuer zu geben, verhaftet, und in der Normannenstraße von dem Gefreiten *Ritter* vom Infanterieregiment Nr. 50 und dem Unteroffizier *Wendler* erschossen. Wendler behauptete, ihm nur einen Gnadenschuß gegeben zu haben. Am 31. Januar 1922 verurteilte das Schwurgericht des Landgerichts III (Landgerichtsdirektor Mehlberg, Staatsanwaltschaftrat Weyermann) Ritter wegen versuchten Totschlags mit mildernden Umständen zu 3 Jahren Gefängnis, Wendler wurde freigesprochen. (Berliner Tageblatt, 1. Februar 1922.)

Am 12. März 1919 wurde der Schneider Otto *Hauschild,* Fruchtstraße 26, am Ostbahnhof erschossen, weil er ein Gewehr in seiner Wohnung hatte; er besaß einen Ausweis der Republikanischen Soldatenwehr vom 10. März.

Am 13. März wurden Paul *Biedermann* und Hans *Gottschalk* auf dem Wege zur Arbeit in der Friedrich-Karl-Straße auf Grund einer Denunziation verhaftet, in ein Lokal eingesperrt und vom Posten durch das Fenster erschossen. („Freiheit", 18., 20. u. 22. März 1919.)

Berthold *Peters* (geboren 28. März 1888) Klempner, seit Kriegsausbruch Matrose, wurde am 13. März 1919, vormittags 9½ Uhr von einem Trupp Soldaten unter Führung eines Offiziers in seiner Wohnung, Tilsiter Str. 49, verhaftet, zum Hauptmann *Poll* in die Patzenhoferbrauerei, von dort in die Bötzowbrauerei geführt und vor 1 Uhr erschossen. Die Leiche wurde ausgeplündert: Uhr, Kette, Ring, Brieftasche, Börse und Stiefel wurden geraubt. Er war von Nachbarn als Spartakist denunziert worden. Ein Strafverfahren fand nicht statt. Die Hinterbliebenen bekamen im Zivilprozeß gegen den Fiskus eine Rente von 500 M. monatlich zugebilligt.

Zwei Erschießungen durch Ltn. Baum

Bei einer nächtlichen Runde des Detachements v. Grothe trat ein unbekannt gebliebener Mann, der einen Ausweis des Reichswehrministers vorwies, auf den Leutnant *Baum* zu und sagte: „Herr Leutnant, lebt der Zigarrenhändler *Müller* noch? Wenn Sie den kriegen, erschießen Sie ihn, den habe ich zweimal hinter den Barrikaden gesehen!"

Baum begab sich nun am 12. März mit 10 Mann in das Zigarrengeschäft Memeler Str. 19. Johann Müller war gerade beim Rasieren und kam mit eingeseiftem Gesicht aus dem Hinterzimmer. Baum durchsuchte die Wohnung. Es wurden weder Waffen noch Munition gefunden.

Der Leutnant sagte zu Müller: „Sie agitieren ja für die Unabhängigen; Sie haben acht Karten mit verdächtigen Punkten. Ich habe von anderen gehört, Sie haben auf uns geschossen. Verabschieden Sie sich von Ihrer Frau. Es ist meine Pflicht, Sie jetzt zu erschießen!" Die Frau und Tochter schrien laut auf. Leutnant Baum erblickte in dem stillschweigenden Verharren des Müller ein Schuldbekenntnis. Müller verrichtete ein Gebet, wurde dann an die Wand gestellt und 6 Mann schossen auf ihn. Müller brach zusammen. Ein Sanitäter sollte sich von der Vollstreckung des Todesurteils überzeugen und die Leiche wegschaffen. Der Sanitäter fand den Müller noch lebend. Auf Befehl des Angeklagten gab der zur Patrouille gehörende russische Schüler Alexander *Köhler* dem Müller den Gnadenschuß. („Vorwärts", 16. August 1919.)

Bei der Verhandlung („Berl. Tageblatt", 1. Juni 1920) wurde Baum freigesprochen mit der Begründung, daß er dem Noske-Erlaß vom 9. März gefolgt sei, der besagt, daß jeder, der mit der Waffe kämpfend angetroffen wird, erschossen werden soll.

24

Am 13. März 1919 wurde bei einer Haussuchung bei dem Gastwirt Wilhelm *Bilski*, Weidenweg 71, ein Revolver gefunden, den, wie sofort festgestellt, ein Gast als Pfand gelassen hatte. Bilski wurde abgeführt und „standrechtlich" erschossen. Durch Zeugen, besonders Frau Bilski, wurde als leitender Offizier der Leutnant *Baum* erkannt. Die Akten verschwanden von der Garde-Kav.-Schützendiv. Am 27. März 1920 wurde der Militärfiskus von der 26. Zivilkammer zu Schadenersatz verurteilt. In der Begründung wurde ausdrücklich anerkannt, „daß die Erschießung rechtswidrig war." Das Verfahren gegen Baum wurde am 12. April 1920 eingestellt. (Akten in meinem Besitz.)

Zwei Erschießungen durch Ltn. Czekalla

Nach dem „Berliner Tageblatt" vom 15. März wurde in der Holzmarktstr. 61 ein Mann von über 60 Jahren namens *Abrahamson* ohne weiteres im Hof erschossen, weil er bei einer Haussuchung Waffen, die er besaß, nicht angegeben hatte. Der alte, schwächliche Mann leistete keinerlei Widerstand. Der Offizier (ein Leutnant *Czekalla* vom Freikorps Lützow, 1. Schwadron) sagte, er sei berechtigt, jeden zu erschießen, der Waffen verheimliche.

Ein Rechtsanwalt wurde bei dem Gespräch, das er zur Feststellung des Tatbestandes mit den Bewohnern des betreffenden Hauses führte, verhaftet, weil er „die Leute aufhetze".

Der gleiche Leutnant *Czekalla* hat am 13. März, bei dem Klempnermeister *Wallmann* eine Haussuchung vorgenommen. Wallmann war ein angesehener Mann, deutschnationaler Gesinnung. Aus dem Felde hatte er ein französisches Infanteriegewehr mitgebracht, das unbrauchbar war. Es war ihm belassen worden und eine Bescheinigung darüber erteilt. Zu dem französischen Gewehr besaß er einige französische Patronen. Endlich war er seit vielen Jahren im Besitz einer Browningpistole, die er aus Liebhaberei angeschafft hatte. Als der Leutnant Wallmann fragte, ob er einen Browning besitze, holte er den Browning sofort aus dem Ofen heraus. Darauf ließ ihn der Leutnant nach der Alexanderkaserne abführen. Als seine Braut weinte, sagte Wallmann: „Weine doch nicht; ich komme ja bestimmt wieder, denn ich habe ja nichts getan." Wallmann wurde in der Alexanderkaserne auf Befehl des Leutnants in einem Pferdestall erschossen. Die Leiche wurde von den Soldaten ihrer Stiefel beraubt.

Czekalla behauptet, auf direkten Befehl seines Vorgesetzten, des Rittmeisters Wilhelm von *Oertzen* gehandelt zu haben. Das Verfahren gegen beide schwebt beim Landgericht I Berlin. („Berliner Volkszeitung", 16. März 1922.)

Jogisches und Dorrenbach

„Am 10. März wurde auf Befehl Noskes der Redakteur der „Roten Fahne" Leo *Jogisches* durch Angehörige der Gardekavallerie-

Schützendivision verhaftet. Er sollte durch einen Soldaten dem Untersuchungsrichter zugeführt werden. Im Gebäude des Kriminalgerichts griff Jogisches den Soldaten" (Kriminalwachtmeister Ernst *Tamschik*, „Freiheit", 27. Mai 1919) „an und wurde von ihm auf der Stelle niedergeschossen". Ein gleicher Fall war im Gebäude des Kriminalgerichts schon am Tage vorher vorgekommen." („Vossische Zeitung", 11. März.)

Dorrenbach, ein früherer Offizier, hatte sich der Revolution angeschlossen und wurde Führer der Volksmarinedivision. Wegen der Berliner Spartakusunruhen schwebte gegen ihn ein Haftbefehl. In Eisenach wurde er am 12. Mai 1919 verhaftet („Freiheit", 18. Mai 1919) und am 17. Mai durch den Staatsanwalt vernommen. Beim Rücktransport ins Gefängnis soll er einen Fluchtversuch unternommen haben und wurde von den Soldaten niedergeschossen. Schwer verletzt wurde er in die Charité gebracht, wo er starb. Vor seinem Tod erklärte er seinem Rechtsanwalt ausdrücklich, er sei nicht geflohen. (Ledebourprozeß, 3. Tag.) Den tödlichen Schuß hatte ebenfalls Kriminalwachtmeister Ernst *Tamschik* abgegeben. Tamschik wurde später zum Leutnant bei der Sicherheitswehr Charlottenburg ernannt. Dann kam er zur Sicherheitspolizei nach Ostpreußen. (Bekundung des Oberwachtmeisters Kuhr in einem Prozeß, „Welt am Montag", 25. Mai 1920.)

Zwei Erschießungen auf der Flucht

Am 13. März 1919 wurden der Maschinenschlosser Georg *Fillbrandt* und der Arbeiter Paul *Szillinski* in ihren Wohnungen Kastanienallee 29-30, nach ergebnislosen Haussuchungen, ohne daß ein Haftbefehl vorlag, durch 4 Offiziere bzw. Fähnriche verhaftet, zum Stab des 1. Streifbatl. Reinhardt in der Griebenowstraße gebracht, und nach einem kurzen Verhör auf dem Exerzierplatz an der Schönhauser Allee von den begleitenden Soldaten erschossen. Die Leichen wurden ausgeplündert und an Ort und Stelle liegen gelassen. Als die Frau des Szillinski und die Tochter des Fillbrandt sich bei dem Stab erkundigten, wurde ihnen ein Protokoll vorgelesen, daß beide auf der Flucht erschossen worden seien. Durch die Zeugen Wilh. Domke, Herm. Kastner, Martha Pertz und Erich Abraham, welche der Erschießung zusahen, wurde aber festgestellt, daß die Verhafteten ruhig neben den Soldaten gegangen waren, und als die Soldaten „Halt" kommandierten, noch um ihr Leben gebeten hatten. Das Gericht nahm an, daß die Soldaten ohne Auftrag gehandelt hätten, weil kein Protokoll geführt worden war. Am 14. Februar 1921 wurde der Reichsfiskus zur Zahlung einer Unterhaltsrente an Frau Fillbrandt verurteilt, da die Erschießung durch die Soldaten unberechtigt war. Eine Bestrafung der Täter und Ermittlung der verantwortlichen Offiziere ist nicht erfolgt. (Aktenabschrift in meinem Besitz.)

VON DER ERMORDUNG EISNERS BIS ZUM STURZ DER BAYRISCHEN RÄTEREPUBLIK

Kurt Eisner

Kurt *Eisner* war Führer der Münchener Revolution vom 7. November und seither Ministerpräsident. Am 21. Februar wurde er auf dem Weg zum Landtag, wo er seinen Posten wegen der heftigen Angriffe gegen ihn niederlegen wollte (Mitteilung des W. T. B. vom 21. 2. 1919), von dem Leutnant Graf *Arco-Valley* durch zwei Kopfschüsse getötet. Arco wurde gleich darauf von einem Mann der Begleitung Eisners niedergeschossen, jedoch später wiederhergestellt. Am 20. Januar 1920 wurde Arco zum Tode verurteilt. „Als der Verurteilte nach Verlesung des Todesurteils die Bitte an die ihm Wohlgesinnten richtete, von unüberlegten Taten abzusehen und am nationalen Aufbau mitzuarbeiten, erfolgte ein elementarer Beifallsausbruch der Zuhörerschaft, der sich in immer wiederholten Bravorufen und Händeklatschen minutenlang fortsetzte . . . Die Menge auf der Straße empfing den Transport mit brausenden Hochrufen, man schwenkte Hüte und wehte mit Tüchern." („Deutsche Tageszeitung", 20. Januar 1920.) Arco wurde gleich darauf zu lebenslänglicher Festungshaft begnadigt. Im Jahre 1922 wurde die Haft über Arco derartig gemildert, daß er tagsüber als Praktikant auf einem in der Nähe von Landsberg befindlichen Gut arbeiten kann.

Major v. Gareis und Abgeordneter Osel

Eisner war bei den Arbeitern sehr beliebt. In der Erregung über seine Ermordung drang der Metzger Aloys *Lindner* und der Bäcker Georg Frisch in den Landtag ein. Lindner feuerte mehrere Schüsse auf den Minister Auer, der ein politischer Gegner Eisners war, da er glaubte, daß Auer mit der Ermordung Eisners zusammenhänge. Gleichzeitig fiel ein Schuß von der Tribüne, der den Abgeordneten *Osel* tötete. Als Major v. Gareis sich Lindner entgegenstellte, schoß Lindner auch auf ihn und tötete ihn. Lindner flüchtete mit Hilfe von Karl Merkerts und Georg Schlunds ins Ausland. Deutsch-Oesterreich lieferte ihn aber aus, unter der Bedingung, daß er nicht zum Tode verurteilt werde, da die Todesstrafe dort abgeschafft ist. Der Angabe Lindners, daß er sich v. Gareis gegenüber in Notwehr befunden habe, maß das Gericht keinen Glauben zu. Lindner wurde wegen versuchten Totschlags und wegen erschwerten Totschlags am 15. Dezember 1919 zu 14 Jahren Zuchthaus verurteilt. Frisch wegen versuchten Totschlags zu 3½ Jahren Gefängnis verurteilt, Merkert und Schlund erhielten wegen Begünstigung 1½ bzw. 2 Monate Gefängnis mit Bewährungsfrist. (Prozeßberichte in den „Münchener Neuesten Nachrichten", 9. bis 15. Dezember 1919.)

Die Erschießungen im Luitpoldgymnasium

Nach der Ermordung Eisners übernahm der Zentralrat die Macht. Die Kammer und das von ihr gebildete mehrheitssozialistische Ministerium Hoffmann floh nach Bamberg. Der Zentralrat erklärte am 7. April die Räterepublik. Die Führer waren Unabhängige und Mehrheitssozialisten. Durch einen Putsch gelang es am 13. April Anhängern der Regierung Hoffmann, einen Teil der Führer zu verhaften. Doch mißlang der Putsch. Die Betriebsräte ergriffen die Macht und proklamierten eine zweite kommunistische Räterepublik. Die Regierung Hoffmann sammelte Truppen dagegen. Bei dem Vormarsch wurden u. a. erschossen: 20 rote Soldaten, die am 29. April in Starnberg beim Essen unbewaffnet überrascht wurden, drei Sanitäter, die in Possenhofen beim Verwundetentransport waren und ein 68 jähriger Mann. (Dr. Schollenbruch im Münchener „Kampf", 15. September 1919.)

Im Luitpoldgymnasium, das als Kaserne der Roten Armee diente, waren am 26. April die Stenotypistin Hella v. *Westarp*, der Eisenbahnsekretär *Daumenlang*, der Freiherr F. W. v. *Seydlitz*, die Kunstmaler Walter *Neuhaus* und Walter *Deicke*, endlich der Prinz *von Thurn und Taxis* als Mitglieder eines „germanischen Ordens", auch „Thulegesellschaft" genannt, eingeliefert worden, weil man bei ihnen gefälschte Stempel mit dem Faksimile des Oberkommandanten Eglhofer, Stempel des Vollzugsrates sowie Eisenbahnstempel gefunden hatte. (Aussagen im Prozeß, 11. u. 13. September.) Auch hatten sich in den Klubräumen Waffenlager befunden. (Aussagen am 8. September.) Am folgenden Tag wurden ferner ein Offizier v. *Teuchert* und zwei Husaren der Armee v. Oven, *Linnenbrügger* und *Hindorf*, als Gefangene eingeliefert. Außerdem befand sich dort der Prof. *Berger*, weil er ein Plakat der Räteregierung abgerissen hatte, und eine Reihe von Geiseln.

Als immer neue Nachrichten von Erschießungen roter Soldaten kamen, entstand im Lager der Roten große Erregung. Das Infanterieleibregiment forderte den Oberkommandanten Eglhofer auf, als Repressalie seinerseits Gefangene zu erschießen. Am 30. April erhielt Fritz *Seidel*, der Kommandant des Luitpoldgymnasiums, angeblich hierzu den Befehl von Eglhofer. Doch hat Eglhofer selbst noch am gleichen Tage dies ausdrücklich bestritten. Zuerst wurden unter Leitung *Schickelhofers* und *Kammerstädters* die zwei Husaren erschossen. Dabei beteiligten sich *Wiedl* und Josef *Seidl*. Gleich darauf brachten Kick und Pürzer den schriftlichen Befehl Eglhofers zu weiteren Erschießungen. *Hesselmann, Gsell* und *Haußmann* beteiligten sich an der Auswahl der zu Erschießenden. Der Professor Berger schloß sich aus Mißverständnis dem abgeführten Trupp an. Seidl zitterte am ganzen Körper vor Aufregung und hatte jede Herrschaft über seine Soldaten verloren. Er konnte sie in ihrer Wut nicht mehr zurückhalten. Die Gefangenen wurden einzeln abgeführt und zwischen 4 und 5½ Uhr nachmittags an die Wand gestellt und an einem Misthaufen von den aufgestellten 8 bis 10 Schützen durch Gewehrsalven auf das Kommando „Legt an, Feuer" erschossen. Als *Thurn und Taxis* seine Unschuld beteuerte, wurde er nochmals in die Kanzlei geführt und nach Wiederholung des Befehls erschossen. *Hannes, Lermer* und *Riedmayer* beteiligten sich an der Aufstellung (nach der Urteilsbegründung), *Fehmer* und *Pürzer* an der Erschießung. So kamen zehn Menschen um. Doch befand sich unter den Erschossenen, wie aus der mir vorliegenden beglaubigten Abschrift der Urteilsbegründung hervorgeht, keine Geisel.

Haußmann, der verantwortlich war, beging am Abend der Erschießungen Selbstmord. *Eglhofer* wurde nach seiner Gefangennahme am 3. Mai in der Residenz ohne Urteil erschossen. Seidel und Schickelhofer wurden wegen je zweier Verbrechen des Mordes zweimal zum Tode verurteilt. Wiedl, Pürzer, Fehmer und Josef Seidl würden wegen je eines Mordes zum Tode verurteilt. Kick, Gsell, Hesselmann, Lermer, Hannes, Huber und Riedmayer wurden wegen Beihilfe zu je 15 Jahren Zuchthaus verurteilt. (Vorsitzender Oberlandesgerichtsrat Aull.) Die Todesstrafen wurden am nächsten Tage vollstreckt. (Eingehende Prozeßberichte in den „Münchener Neuesten Nachrichten", 1.—19. September 1919.) In einem zweiten Prozeß wurde auch Kammerstädter zum Tode verurteilt und das Urteil am nächsten Tag vollstreckt. (15. Oktober 1919.) Ferner wurden L. Debus, A. Strelenko und R. Greiner zu 15 Jahren Zuchthaus verurteilt, „weil sie den Mord gefördert haben, indem sie eventuell bereit waren, selbst zu schießen". (Urteilsbegründung in den „Münchener Neuesten Nachrichten", 14. Oktober 1919.)

Im 3. Geiselmordprozeß wurde am 12. Juni 1920 Ferdinand Rotter zu 7 Jahren Zuchthaus und Heinrich Walleshauser (17 Jahre alt) zum Tode verurteilt. Die Todesstrafe wurde vollstreckt.

Andere Ermordungen während der bayrischen Räterepublik

Max *Weinberger* war während der Räterepublik Stadtkommandant von München. Er wurde beschuldigt, an Bürgerliche, insbesondere an die Thulegesellschaft, Waffen und Passierscheine ausgegeben zu haben. (Aussage im Geiselmordprozeß, 8. September.) Er wurde abgesetzt und in der Polizeidirektion eingesperrt. Eines Nachts wurde er in einem Auto fortgeführt. Das Auto wurde von einem Unbekannten zum Halten gebracht. Weinberger wurde erschossen. Seine Leiche wurde erst Ende Mai im Englischen Garten gefunden. Der Fall blieb völlig unaufgeklärt.

In Miesbach tagte während der bayrischen Räterepublik ein Revolutionsgericht, um gegen Diebe und Plünderer vorzugehen. Vorsitzender war der Werkführer Richard Käs aus Mochenwangen. Beisitzer waren die Mitglieder des dortigen Aktionsausschusses, der Heizer Josef Mühlbauer aus Hofleiten, der Bergmann Michael Vogl aus Prien; Anklagevertreter der Stadtkommandant Radl. Da Käs sich in Gerichtssachen als Laie fühlte, erbat er sich Aufschluß bei dem dortigen Oberamtsrichter Dollacker, der sich auch bei einer Verhandlung beteiligte. Als Protokollführer im Falle Lacher diente der Oberamtsgerichtssekretär Bruckmeyer.

In der Nacht vom 24. auf den 25. April 1919 kam der Rotgardist Ernst *Lacher* aus München, der schon vorher bei der roten Armee in Miesbach als stellvertretender Kommandant tätig war, mit Mannschaften, Maschinengewehren und Minenwerfern in einem Sonderzug nach Miesbach, um angeblich mit Ermächtigung des Oberkommandanten Eglhofer die in Miesbach stehenden Truppen wegen andauernder Ausschreitungen abzulösen und die Stelle eines Stadtkommandanten zu übernehmen. Das Unternehmen Lachers mißglückte und er wurde festgenommen.

Der Prokurist Georg *Graf* aus Zigelbarden, der beim Oberkommando der Münchener Räteregierung Chef der geheimen Militärpolizei war, war während dieser Zeit in Miesbach und forderte in den nach dem mißlungenen Unternehmen gehaltenen Sitzungen des Exekutivkomitees, daß Lacher erschossen werde und beantwortete auch nach seiner Rückkehr nach München die an ihn gerichteten Anfragen in diesem Sinne. Graf war im Felde verschüttet gewesen, hatte sich in einer Nervenheilanstalt befunden und war Morphinist. Am 27. April 1919 wurde Lacher unter dem Druck der wütenden Rotgardisten zum Tode verurteilt und das Urteil vollstreckt.

Am 13. Januar 1920 begann vor dem Volksgericht in München 2 der Prozeß gegen Graf und Genossen. Das Urteil für Graf lautete wegen Verbrechens der Beihilfe zum Hochverrat auf zwölf Jahre Zuchthaus und zehn Jahre Ehrverlust, Käs, Mühlbauer und Vogl wurden wegen je eines Verbrechens der Beihilfe zum Mord in Tateinheit mit Beihilfe zum Hochverrat zu je sechs, bzw. 3½ bzw. vier Jahren Zuchthaus verurteilt. Dollacker und Bruckmeyer, die behaupteten unter dem Druck der Rotgardisten gehandelt zu haben, wurden überhaupt nicht angeklagt. („Münchener Neueste Nachrichten", 14., 15., 16. Januar 1920.) Acht Mitglieder des Aktionsausschusses waren schon früher zu Festungsstrafen von einem Jahr drei Monate bis zu zwei Jahren verurteilt worden.

Der Stadtkommandant und Anklagevertreter *Radl* wurde nach dem Sturz der Räterepublik standrechtlich erschossen.

Den weiteren Nachforschungen der Polizei gelang es dann, die Namen der neun an der Erschießung beteiligten Rotgardisten zu ermitteln. Davon sind zwei tot, zwei unauffindbar. Gegen die übrigen fünf hat am 21. Februar 1922 der Prozeß stattgefunden. Sie behaupteten, sie seien von ihren dienstlichen Vorgesetzten zur Vollstreckung aufgefordert worden und seien von der Rechtmäßigkeit des Urteils überzeugt gewesen. Dies ist nicht unglaubwürdig. Denn man wußte damals in Südbayern nichts von der Existenz der Gegenregierung Hoffmanns, sondern hielt die Räteregierung für den einzigen Inhaber der tatsächlichen Gewalt in Bayern. Trotzdem beantragte der Staatsanwalt die Todesstrafe gegen sie. Die angeklagten früheren Rotgardisten Ebert, Blechinger und Essig wurden wegen Beihilfe zum Totschlag zu je 3 Jahren Gefängnis, Anzenberger zu 1 Jahr 6 Monate Gefängnis verurteilt. Der fünfte, Heuser wurde freigesprochen. („Münchener Neueste Nachrichten", 22. 2. 22.) Die zwölf Ermordeten waren die einzigen Opfer der Räterepublik. Dagegen hat der Einzug der Regierungstruppen in München Hunderten von Unschuldigen das Leben gekostet.

Die Einnahme von München

Am 1. Mai zogen die Truppen der Regierung Hoffmann in München ein. In dem amtlichen Communiqué schreibt die Regierung:

„Nunmehr liegt das Ergebnis der von der Polizei angestellten Erhebungen über die Zahl der Opfer der Münchener Kampftage vom 30. April bis 8. Mai vor. Es bedurfte umfangreicher Arbeit, um diese Zusammenstellung anfertigen zu können. Die Leichenfrauen wurden angewiesen, alle Toten, die beerdigt wurden, zu melden. Auf Grund dieses Materials wurde dann durch die Kriminalkommissare bei den Angehörigen der nähere Sachverhalt erhoben. Bot dieser Weg auch keine Gewähr für die vollständige Richtigkeit, so war er doch der einzige, der eine einigermaßen verläßliche Zusammenstellung ermöglichte.

Die Zahl der Todesopfer der Kämpfe beträgt nach dieser Zusammenstellung 557. Davon fielen kämpfend 38 Mann der Regierungstruppen, 93 Angehörige der Roten Armee, 7 Russen und 7 Zivilpersonen. Standrechtlich erschossen wurden 42 Angehörige der Roten Armee und 144 Zivilpersonen. Bei 42 Toten konnte weder der Name, noch die Art des Todes festgestellt werden. Vermutlich befinden sich unter diesen 42 unbekannten Personen 18 Russen.

Tödlich „verunglückt" bei den Kämpfen sind 184 Zivilpersonen, und zwar am 30. April 1, 1. Mai 36, 2. Mai 103, 3. Mai 16, 4. Mai 7, 6. Mai 21". („Münchener Neueste Nachrichten", 10. Juni 1919.) Den 38 Gefallenen der Regierung Hoffmann stehen also offiziell 107 Gefallene der Roten Armee, 186 standrechtlich Erschossene und 184 „tödlich verunglückte" Anhänger der Räteregierung entgegen. Diese Angaben beziehen sich aber nur auf den Stadtbezirk München. So fehlen z. B. die oben erwähnten, in der Umgebung von München von den Regierungstruppen Erschossenen. Ferner sind natürlich alle Fälle nicht aufgeführt, wo Leute spurlos verschwanden und die Leichen nicht eingeliefert wurden, z. B. der siebzehnjährige Johann Erb am 2. Mai. Die Zahl der Toten ist nach sozialistischen Angaben ungefähr tausend, eine Zahl, die nach Mitteilung beteiligter Soldaten des Generalkommandos Oven durchaus glaubhaft erscheint.

Die 184 „tödlich Verunglückten" wird man als Opfer politischer Morde betrachten müssen. Dies geht aus der oben zitierten amtlichen Zusammenstellung selbst hervor. Denn in den letztgenannten

21 Fällen läßt sich die Technik des tödlichen Unglückfalles genau nachweisen. Am 6. wurden nämlich die 21 katholischen Gesellen ermordet. (Vgl. Seite 41.) Außerdem bin ich in der Lage, weitere 140 in München in den Maitagen Ermordete namentlich aufzuführen. Wenn man also nicht annehmen will, daß der Regierungsbericht diese 140 Fälle vollkommen verschweigt oder den Tatsachen zuwider sie in eine der beiden andern Kategorien unterbringt und Fälle aus diesen Kategorien verschweigt, so ist man zu dem Schluß gezwungen, daß die 184 tödlich Verunglückten tatsächlich ermordet worden sind. Im folgenden einige Einzelfälle.

„Da haben wir Schwein gehabt"

Huber, Karl, Landsberger Str. 153, 27 Jahre alt, Mitglied der K.P.D., wurde am 30. April nachts aus dem Bett geholt und am andern Morgen nach kurzem Verhör erschossen. Zeugen bestätigen, daß Huber in keiner Weise an Kampfhandlungen beteiligt war. Huber hatte bei seiner Festnahme etwa 30 Mark in Bargeld, eine goldene Uhr, eine Uhr mit Stahlgehäuse, Gamaschen und eine Brieftasche bei sich. Sämtliche Gegenstände fehlten. Als die Schwester des Huber am 23. Mai wegen der Erschießung ihres Bruders Erkundigungen einziehen wollte, hörte sie zufällig, wie vor dem Hause, in dem die 2. Kompagnie des 1. Württembergischen Drag.-Regts einquartiert war (Harlaching, Ueber der Klause), zwei Posten sich äußerten: „Mit dieser schweren Brieftasche und mit den Gamaschen haben wir mal Schwein gehabt."

Bauer, Johannes, Arbeiter, Unterföhring Nr. 3, 48 Jahre alt, parteilos, und dessen Sohn Johann, 17 Jahre alt, wurden am 30. April auf Grund einer Denunziation aus der Wohnung geholt und kurz darauf ohne Verhör erschossen. Der Vater war parteilos. Der Sohn Mitglied der Arbeiterwehr. Er hinterließ Frau und vier unmündige Kinder.

Am 1. Mai wurden Peter *Huhn* und Georg *Kistler* in Großhesselohe und der Feinmechaniker *Höpfl* in Grünwald ohne Urteil erschossen; Verfahren wurde eingestellt, weil Täter nicht zu ermitteln.

Jakob *Münch,* Forstenrieder Str. 71, wurde am 1. Mai erschossen. Er wollte seine im Februar gefaßten Waffen abliefern und wurde dabei verhaftet.

Benno *Huber,* Metzger, Großkarolinenfeld, war bei der Roten Armee in Rosenheim gewesen und wurde am 2. Mai im Bett erschossen. Hinterläßt eine Frau mit zwei Kindern.

Der Schuhmacher Emeran *Rötzer* und der Arbeiter *Kohlmann* wurden am 2. Mai auf Grund von Denunziationen durch württembergische Truppen in ihren Wohnungen, Dreimühlenstr. 14, verhaftet und sofort ohne Urteil im Schlacht- und Viehhof erschossen. Sie hatten 3 Gewehre, die in ihrem Privatbesitz waren, darunter

2 Jagdgewehre, am selben Vormittag abgeliefert. Eine Untersuchung fand nicht statt. Sie wurden beschuldigt, einen Regierungssoldaten umgebracht zu haben. In Wirklichkeit hatten sie einen auf der Straße aufgelesenen verwundeten Rotgardisten beherbergt. Dieser wurde im Bett mit Gewehrkolben geschlagen, dann erschossen. Rötzer hinterläßt drei Kinder.

Faust, Schreiner, leistete am 2. Mai freiwillig Sanitätsdienste bei der Armee v. Oven und trug eine Rote Kreuzbinde. Die Soldaten sahen dies für einen Ausweis der Roten Armee an und erschossen ihn. Kein Verfahren.

Der Schriftsteller Hans *Schlagenhaufer* in Unterhaching wurde am 1. Mai von dem Hauptmann *Littl* aufgefordert, seine Waffen abzugeben. Er bestritt, Waffen zu besitzen. Doch wurde ein Gewehr gefunden. Er wurde verhaftet, nach Stadelheim abgeführt und dort am 2. Mai ohne gerichtliches Verfahren erschossen. Nach einer der Witwe zugestellten Entscheidung erfolgte die Erschießung wegen des Gewehres und „weil er sich als Mitglied und späterer Schriftführer der K.P.D. während der Umsturzbewegung besonders hervorgetan habe." Der Schadenersatzanspruch der Witwe auf Grund des Unruheschadengesetzes wurde am 8. November 1921 vom Reichswirtschaftsgericht abgelehnt. XVII. A. V. 950/21.) Das Verfahren gegen die Täter wurde eingestellt. Klage beim ordentlichen Gericht ist anhängig.

Gustav Landauer

Ueber die Art der „Unglücksfälle" orientiert weiter folgender Bericht in der Münchener „Neuen Zeitung" vom 3. Juni 1919: „Am 2. Mai stand ich als Wache vor dem großen Tor zum Stadelheimer Gefängnis. Gegen $1^1/_4$ Uhr brachte ein Trupp bayrischer und württembergischer Soldaten Gustav *Landauer*. Im Hof begegnete der Gruppe ein Major in Zivil (im Prozeß als Rittergutsbesitzer Freiherr v. *Gagern* festgestellt), der mit einer schlegelartigen Keule auf Landauer einschlug. Unter Kolbenschlägen und den Schlägen des Majors sank Landauer zusammen. Er stand jedoch wieder auf und wollte zu reden anfangen. Da rief ein Vizewachtmeister: „Geht mal weg!" Unter Lachen und freudiger Zustimmung der Begleitmannschaften gab der Vizewachtmeister zwei Schüsse ab, von denen einer Landauer in den Kopf traf. Landauer atmete immer noch. Unter dem Ruf: „Geht zurück, dann lassen wir ihm noch eine durch!" schoß der Vizewachtmeister Landauer in den Rücken, daß es ihm das Herz herausriß und er vom Boden wegschnellte. Da Landauer immer noch zuckte, trat ihn der Vizewachtmeister mit Füßen zu Tode. Dann wurde ihm alles heruntergerissen und seine Leiche zwei Tage lang ins Waschhaus geworfen." Wegen dieses Artikels wurde die „Neue Zeitung" unter Vorzensur gestellt.

Das Oberkommando Oven brachte am 6. Juni einen Gegenbericht: „Landauer wurde von einem früheren Offizier geschlagen, als er etwas zu den Soldaten sagen wollte. Nach Aussagen aller Zeugen, mit Ausnahme eines einzigen, hat er mit einer Reitpeitsche, nicht mit einem Knüttel geschlagen. Keiner der bisher vernommenen Zeugen konnte angeben, daß unter Lächeln und freudiger Zustimmung der Begleitmannschaften auf Landauer geschossen worden sei . . Unrichtig ist, daß ein Vizewachtmeister drei Schüsse auf Landauer abgegeben hat. Vielmehr ist erwiesen, daß zwei Infanteristen mit Gewehr oder Karabiner und daß ein Mann, der als Kavallerist, als Sergeant, als Vizewachtmeister und als Offizierstellvertreter bezeichnet wurde, mit der Pistole einen Schuß auf Landauer abgegeben hat. Davon, daß Landauer alles heruntergerissen wurde, hat kein Zeuge etwas angegeben. Festgestellt ist nur, daß Landauer die Uhr abgenommen wurde. Der Besitzer der Uhr wurde bereits ermittelt." Demnach hat Landauer weder einen Fluchtversuch unternommen, noch eine andere provokatorische Handlung versucht oder ausgeführt.

Der Münchener Stadtrat Weigel teilt mir über die Agnoszierung der Leiche Landauers folgendes mit: „Landauers Leichnam fehlten Rock, Hose, Stiefel und Mantel. Nach dem Sektionsprotokoll waren drei Schüsse auf Landauer abgegeben, die alle tödlich waren. Der Brustschuß stammte nach Ansicht des Gerichtsarztes Dr. Schöpflin und des Prof. Oberndorfer wahrscheinlich nicht von einem Gewehr, sondern von einer Pistole. Doch wurde dies auf Ersuchen des Kriegsgerichtsrates Christoph nicht aufgenommen."

Freiherr v. Gagern bekam vom Amtsgericht München am 13. September 1919 einen Strafbefehl über 300 Mark. Das Verfahren gegen weitere Beteiligte wurde eingestellt.

„Vor dem Kriegsgericht in Freiburg kam die Anklage gegen den Unteroffizier *Digele* wegen Tötung Gustav Landauers zur Verhandlung. Nachdem ein nicht ermittelter Soldat Landauer in den Kopf geschossen hatte, gab Digele auf Landauer einen Pistolenschuß ab. Der Angeklagte, ein Württemberger, der inzwischen bei den Baltikumtruppen zum Unteroffizier befördert wurde, berief sich darauf, daß er nur den Befehl eines Vorgesetzten ausgeführt habe. Das Gericht sprach ihn von der Anklage des Totschlages frei, weil er in dem Glauben sein konnte, nach Befehl zu handeln, und verurteilte ihn wegen Hehlerei, begangen durch Aneignung der Uhr des Toten, zu fünf Wochen Gefängnis, die durch die Untersuchungshaft verbüßt sind." („Münchner Neueste Nachrichten", 22. März 1920.) (Ein ausführlicher Prozeßbericht, aus dem insbesondere die Richtigkeit der ersten Darstellung hervorgeht, findet sich in der Freiburger „Volkswacht" vom 22. und 23. März 1920.)

Ich konnte trotz gütiger Unterstützung durch Behörden nicht feststellen, ob Gagern mit dem Hauptmann Freiherr v. Gagern-Rickholt (geboren am 21. 1. 1887 in Worms) identisch ist, der am 25. 5. 1915 den belgischen Baron d'Udekem d'Acoz ermordete. Dieser wurde am 7. Juni 1916 zu 15 Jahren Zuchthaus verurteilt. Am 16. 1. 1919 aber vom Präsidenten des Reichsmilitärgerichts freigelassen. (Erklärung der Reichsregierung, 11. 8. 1922.)

Außer Landauer wurden in den ersten Maitagen in Stadelheim noch über 30 wehrlose Gefangene von den Soldaten ohne weiteres Verfahren umgebracht. Herr Weigel teilt mir hierüber mit: „An der Wand eines inneren Gefängnishofes, dessen Tor auf den Friedhof hinausführt, habe ich an der Mauer in Brusthöhe 50 bis 60 Gewehreinschläge gesehen. Rekognosziert werden sollten 30 bis 40 Tote. Sie waren nach den Angaben der Gefängnisverwaltung aus dem Massengrab, wo sie ohne Särge lagen, herausgeholt und in die Särge gelegt worden. An das Massengrab zu gehen, wurde mir nicht gestattet. Nur wenige Särge wiesen Namen auf, darunter einen weiblichen."

Elf Leichen konnten nicht agnosziert werden. (Münchener „Neue Zeitung", 17. Juni 1919.)

Das Verfahren gegen die Täter ist noch nicht abgeschlossen, hat aber bisher zu keinerlei Resultaten geführt.

Erschießung — keine offene Gewalt

Der Hilfsarbeiter Josef *Sedlmaier* wurde am 2. Mai 1919 in seiner Wohnung, Winterstr. 8 II, verhaftet. Sedlmaier war niemals bei der Roten Armee und hatte niemals an Kämpfen teilgenommen. Er hatte lediglich 14 Tage bei der Arbeiterwehr Sicherheitsdienst gemacht und sein Gewehr am 27. April eingeliefert.

Nach den staatsanwaltschaftlichen Akten, A.V. XIX 1254/19, hat der betreffende Leutnant *Möller,* bayr. Schützenregiment 21, die Festnahme angeordnet, „weil er (Sedlmaier) mir nicht beweisen konnte, daß er sein Gewehr wirklich schon am 27. April abgeliefert habe."

Zu gleicher Zeit wurden die im gleichen Hause wohnenden Gebrüder *Altmann* festgenommen. Nach den Angaben eines „unbekannten, nicht ermittelten Polizeiorgans" waren sie „gefährliche Spartakisten".

Die drei Verhafteten wurden einer „Standgerichtskommission" unter Vorsitz eines Hauptmannes vom 1. bayr. Schützenregiment vorgeführt und zum Erschießen bestimmt. Sie wurden in den Hof einer Lederfabrik, Pilgersheimer Str. 39, geführt; als sie dort einen bereits Erschossenen liegen sahen, begannen sie auseinanderzulaufen. Darauf wurden alle drei wegen Fluchtgefahr erschossen.

Der Tumultschadenausschuß konstatiert aus den staatsanwaltschaftlichen Akten, daß alle Zeugen bezüglich des Sedlmaier nichts Belastendes bekundet haben. Schriftliche Aufzeichnungen über das „standgerichtliche" Verfahren wurden nicht gemacht. Der betreffende Hauptmann, der das „Standgericht" leitete, erklärte zu den Akten: „Ich habe in den ersten Tagen des Mai auf Grund von Angaben der Kriminalpolizei und von Vertrauenspersonen soviele Verhaftungen vornehmen lassen, daß ich mich unmöglich auf die Namen von Festgenommenen besinnen kann; auch kann ich nicht angeben, ob Sedlmaier und die beiden Altmann mir vorgeführt wurden, oder ob sie auf dem Wege zu mir erschossen wurden, weil sie einen Fluchtversuch machten."

Das Verfahren gegen Möller wurde eingestellt. Von einem Verfahren gegen den Hauptmann oder gegen die Soldaten, die die Erschießung vornahmen, ist nichts bekannt geworden, obwohl der Staatsanwaltschaft nach eigener Mitteilung die Namen bekannt sind.

Der Tumultschadenausschuß billigte der Witwe, welche zwei minderjährige Kinder hat, eine kleine Rente zu.

Hiergegen legte der Reichskommissär bei dem Tumultschadenausschuß Beschwerde zum Reichswirtschaftsgericht ein. Dieses hob den Beschluß auf und wies den Anspruch auf Entschädigung ab. In dem Beschluß heißt es:

„Zunächst ist der Schaden in keinem Falle durch offene Gewalt verursacht. Denn die vollstreckende militärische Stelle hat, wie auch der Fall gelagert gewesen sein mag, stets amtliche Befugnisse ausüben wollen. Selbst ein Mißbrauch und eine Ueberschreitung von Amtsbefugnissen kann niemals als offene Gewalt angesprochen werden. Weiter aber ist auch in keinem der möglichen Fälle der Tod durch die Abwehr der offenen Gewalt der Spartakisten unmittelbar verursacht worden. Sedlmaier wurde durch seine Verhaftung dem Kreise der gegen die Spartakistenherrschaft eingesetzten unmittelbaren Abwehrmaßnahmen entrückt. In diesem Augenblick begann für ihn die Abwicklung eines außerhalb der unmittelbaren Gewaltabwehr liegenden besonderen strafrechtlichen Verfahrens . . ."

Nunmehr hat die Witwe eine Klage gegen den Militärfiskus beim ordentlichen Gericht eingereicht.

Zu dem Brothändler Josef *Probst* kamen am 2. Mai 5 Soldaten des Freikorps Epp. Sie durchsuchten nicht einmal die Wohnung, sondern forderten ihn nur auf mitzugehen, er komme gleich wieder. Er wurde sofort erschossen. Irgend ein gerichtliches Verfahren fand nicht statt. An den Kämpfen hatte sich Probst in keiner Weise beteiligt. Klage zum ordentlichen Gericht ist anhängig.

Erschießung wegen Beschimpfung der Offiziere

Josef Anton *Leib,* Daiserstr. 4, hatte eine Zeitschrift „Der Republikaner, Volksblatt für Süddeutsche Freiheit", herausgegeben. Am 2. Mai bezog das Batl. Lindenfels, in der Mehrzahl aus Tübinger Studenten bestehend, Quartier in der Implerschule. Bei Leib wurden drei Haussuchungen abgehalten, es wurde aber nichts gefunden; dann wurde er mitgeschleppt und auf Befehl des Rittmeisters Freiherrn *von Lindenfels* im Hof des Restaurants Elysium erschossen. Als Begründung wurde angegeben, er habe „auf der Liste gestanden"

36

und habe die Offiziere beschimpft. Gegen Freiherr v. Lindenfels wurde am 2. August 1920 Anklage erhoben. Er wurde freigesprochen (Wehrkreis-Kommando V Abt. IV.).

Nach der Entscheidung des Tumultschadenausschusses hat L. sich am Kampfe nicht beteiligt und ist den Truppen nicht mit Waffen entgegengetreten. Da die Blätter geeignet gewesen seien, lebhafte Erregung in die Bevölkerung zu tragen, und da die Witwe zwar nicht mitgearbeitet, aber in Kenntnis der Sachlage die Einnahme aus den Blättern „bewußt mitgenossen" habe, erschien es nach Ansicht des Tumultschadenausschusses der Billigkeit entprechend, die Höchstrente der Witwe von damals 57 ℳ 90 ₰ monatlich auf 30 Mark monatlich herabzusetzen, die Renten der fünf damals sämtlich minderjährigen Kinder von je 23 ℳ 80 ₰ monatlich aber unverändert zu belassen.

Das Reichswirtschaftsgericht hob diese Entscheidung am 20. Oktober 1921 auf und wies nach ständiger Praxis sämtliche Ansprüche ab, denn „ein Mißbrauch von Amtsbefugnissen könne nie als offene Gewalt angesprochen werden." (XVII A.V. 617/21.) Klage zum ordentlichen Gerichte ist anhängig.

Bauer, Josef, Monteur, Schönstr. 60, 20 Jahre, parteilos, wurde am 3. Mai in Schleißheim angeblich wegen eines bei ihm vorgefundenen Briefes festgenommen, kurz darauf erschossen und ausgeraubt.

Nagl, Josef, Maurerpolier, 31 Jahr, Sauerlach, wurde am 3. Mai in seiner Wohnung festgenommen und am Starnberger Bahnhof erschossen. Die Erschießung erfolgte, da angenommen wurde, Nagl sei Eigentümer eines in seiner Wohnung vorgefundenen Gewehres, das jedoch nachweislich einem bei Nagl wohnenden Alois Stöttel gehörte. Nach seiner Erschießung wurde die Leiche vollständig ausgeraubt. Es fehlten 100 Mark Bargeld. Nagl hinterläßt seine Frau.

Stettner, Josef, Xylograph, Baaderstr. 65, wurde am 3. Mai bei Hilfeleistung eines Verwundeten am Gärtnerplatz erschossen. Hinterläßt Frau und 6 Kinder.

Tischer, Johann, Maler, 37 Jahr, Zeppelinstr. 23, wurde am 3. Mai aus seiner Wohnung geholt, kam etwa nach einer halben Stunde zurück und wurde auf Grund einer Bemerkung, die er den Soldaten gegenüber gemacht hatte, wieder festgenommen und kurz darauf im Lehrerinnenseminar in der Frühlingstr. erschossen.

Zull, Josef, Kutscher, 20 Jahr, Winterstr. 4, wurde am 3. Mai in seiner Wohnung verhaftet, schwer mißhandelt, halb erschlagen und am Kandidplatz erschossen. Er war bei der Republikanischen Schutzwehr gewesen.

Anton *Oswald* wurde auf Grund einer Denunziation des Kriminalwachtmeisters Keitler am 3. Mai morgens aus dem Bett geholt, da er bei der Entwaffnung der Schutzleute geholfen hatte. Er wurde in eine Kiesgrube gestellt, um erschossen zu werden. Schwer verwundet konnte er, da auftauchende rote Truppen die Erschießung verhinderten, sich in ein Haus schleppen, wo er ins Bett gelegt wurde. Dort wurde er gefunden, an einen Zaun geschleppt und endgültig erschossen. (Kein Verfahren.)

Der Ermordete ist schuld

Am 2. Mai 1919, nachmittag 5 Uhr, kamen zwei bewaffnete Soldaten des Freikorps Epp in die Wohnung Daisenhofener Str. 12 des Dr. Karl *Horn*, Professor für Mathematik und Physik, und brachten ihn nach dem Gefängnis Stadelheim. Dort verhörte ihn der Kommandant, Leutnant Heußer, und gab ihm einen Passierschein, auf welchem die Schlußworte standen: „Professor Dr. Karl Horn irrtümlich verhaftet".

Horn kehrte um 8 Uhr abends in seine Wohnung zurück. Am nächsten Morgen früh acht Uhr traten abermals zwei Bewaffnete des Freikorps Epp in die Wohnung und brachten ihn in das Haus Tegernseer Landstraße 98, wo die Befehlsstelle mit dem Stab des 1. Bataillons des Schützenregiments 1 (Freikorps Epp) lag. Dort wurde er im Hofe von dem herbeigeholten diensttuenden Leutnant Josef *Dinglreiter* (Bataillonsadjutant) ohne Verhör kurz mit den den Worten abgefertigt: „Ab nach Stadelheim, erledigt" und drei Soldaten zum Transport übergeben. Horn versuchte umsonst, seinen Passierschein vorzuweisen.

Von einem dieser drei Soldaten wurde Horn auf der vor dem Haus Stadelheimer Str. 33 befindlichen Wiese um 8³/₄ Uhr durch einen Schuß von rückwärts durch den Kopf getötet. Die Begleitmannschaft raubte Schuhe, Uhr mit Kette und Anhänger, plünderte die Taschen und versuchten den Ehering abzuziehen. (Aussage des Augenzeugen Georg Gruber in meinem Besitz.) Die Leiche wurde quer über dem Fußweg liegen gelassen.

Der Täter, wahrscheinlich Unteroffizier Georg *Grammetsberger,* kehrte zur Stadt zurück, die beiden andern Soldaten gingen nach Stadelheim. Um ½3 Uhr nachmittags wurde die Leiche von der Gattin und dem neunjährigen Sohne am Tatort gefunden. Das Verfahren gegen Grammetsberger wurde eingestellt. Gegen Dinglreiter fand kein Verfahren statt.

Sowohl das Landgericht München wie das Oberlandesgericht München haben die Klage der Witwe abgewiesen, da eigenes Verschulden des Getöteten vorliegt. Dieser habe zu „jenem Kreis von Leuten gehört, die die Bevölkerung aufgehetzt und dadurch mittelbar die Ausschreitungen der Soldaten selbst erzeugt haben." Die Sache geht jetzt ans Reichsgericht.

Eine Frau als Zielscheibe

Georg *Kling* und seine Tochter Marie *Kling* taten am 2. Mai in Giesing freiwillig Sanitätsdienste bei der Roten Armee in einer Station an der Weinbauerstraße. Sie waren mit Roten Kreuzbinden versehen. Am 3. Mai wurde Georg Kling auf die Polizeistation Tegernseer Landstraße transportiert, weil seine andere Tochter Anni angeblich Munition getragen habe. Marie ging freiwillig mit. Der Schutzmann Keitler behauptete, Marie habe mit der Sanitätsflagge den Roten Zeichen gegeben. Sie kam vor ein Standgericht, wurde auf Grund von Zeugenaussagen von Regierungstruppen freigesprochen und sollte am 4. Mai entlassen werden. Als der Vater sie morgens abholen wollte, war sie schon nach Stadelheim abgeführt. Augenzeugen bekunden, daß sie dort als Zielscheibe verwendet wurde. Zuerst wurde sie ins Fußgelenk, dann in die Wade, dann Oberschenkel, zuletzt in den Kopf geschossen. Eine Verhandlung gegen die Täter fand nicht statt. Denn bei der Aufhebung der Militärgerichtsbarkeit waren die Akten „verloren" gegangen.

Peter *Lohmar,* Journalist, wurde am 3. Mai auf dem Transport in den Gasteiganlagen, angeblich, weil er sich gewehrt hatte, erschossen. Tatsächlich konnte er als Kriegsinvalide überhaupt nur am Stock gehen. Das Verfahren ist eingestellt.

Der Bankbeamte Hans *Bulach* wurde am 3. Mai auf dem Transport in den Gasteiganlagen von demselben Gefreiten angeblich auf der Flucht erschossen.

Der Tagelöhner Theodor *Kirchner* aus der Winterstr. 4 wurde am 3. Mai ohne jedes gerichtliche Verfahren in der Kirbacher Str. 11 erschossen, obwohl er sich weder an den Kämpfen beteiligt, noch sonst strafrechtlich verfehlt hatte. Ein Gewehr hatte er vorher schon freiwillig ohne Aufforderung eingeliefert. Er hinterließ eine Witwe und 2 Kinder im Alter von 2 und 4 Jahren.

Der Tumultschadenausschuß billigte den Hinterbliebenen eine Rente zu. Hiergegen legte der Reichskommissar beim Tumultschadenausschuß Beschwerde ein; in der Begründung derselben heißt es: „Als Kirchner erschossen wurde, war er vollständig wehrlos und von Kirchner drohte daher keinerlei offene Gewalt, demzufolge konnte seine Erschießung auch nicht die Abwehr einer offenen Gewalt von seiner Seite bezwecken, naturgemäß konnte durch diese Erschießung auch nicht die etwa von anderer Seite drohende Gewalt abgewehrt werden . . ."

Das Reichswirtschaftsgericht hob die Entscheidung auf und wies die sämtlichen Ansprüche ab. Klage zum ordentlichen Gericht schwebt.

Der Privatier Christian *Frohner,* Paulaner Platz 27, wurde am 3. Mai wegen Verdachtes der Teilnahme an der Aufruhrbewegung von Truppen des Freikorps Lützow festgenommen. Am 5. Mai 1919 wurde er auf dem Transport vom „Standgericht" in der Hofbräuhaushalle zur Befehlsstelle der Gruppe Siebert von dem ihn begleitenden Gefreiten erschossen. Der Bescheid des Tumultschadenausschusses stellte fest, daß die Erschießung „angeblich aus Notwehr" erfolgte. Die Leiche wurde ausgeraubt.

Der Antrag auf Zuerkennung einer Rente auf Grund des Tumultschadengesetzes wurde in beiden Instanzen abgelehnt. Klage zum ordentlichen Gericht ist anhängig.

Das gegen den Gefreiten wegen Mord eingeleitete Verfahren wurde eingestellt, weil ein Zeuge nicht auffindbar gewesen ist. Derselbe Gefreite hat auch Bulach und Lohmar umgebracht.

Der Monteurhelfer Leonhard *Dorsch,* am Feuerbachl 6, wurde nach den der Witwe vom Tumultschadenausschuß mitgeteilten Feststellungen vom Militär am 4. Mai verhaftet, „da er der Zugehörigkeit zur Roten Armee verdächtig war". Er wurde zunächst einem Gerichtsoffizier in der Wache des 16. Stadtbezirkes zum Verhör vorgeführt und später „auf nicht aufgeklärte Weise, vermutlich bei einem Fluchtversuch" erschossen. Kein Verfahren.

Die zwölf Perlacher Arbeiter

Am 4. Mai rückte das Freikorps Lützow in Perlach, wo niemals gekämpft worden war, ein. Die Offiziere konferierten mit dem protestantischen Pastor *Hell.* (Angeblich holten sie dort ein Wäschepaket ab.) Dann requirierten sie ein Zimmer im Gasthof zur Post und verhafteten die Arbeiter Johann *Licht* und Georg *Koch.* Um 3 Uhr morgens wurden dann auf Grund einer Liste u. a. folgende Perlacher Arbeiter, teils Parteilose, teils Mitglieder der Mehrheitssozialdemokratie, aus ihren Betten geholt: Adalbert *Dengler,* Georg *Eichner,* Sebastian *Hufnagel,* Georg *Jacob,* Josef *Jakob,* Johann *Keil,* Albert *Krebs,* Josef *Ludwig,* August *Stöber,* Konrad *Zeller.* Bei dem Hafnermeister Ludwig waren drei ergebnislose Haussuchungen vorausgegangen. Keil und Dengler hatten Waffen besessen, sie jedoch am 1. Mai laut Aufforderung abgeliefert. Als der Wirt den Verhafteten Kaffee geben lassen wollte, hieß es, „die brauchen nichts mehr". Die Verhafteten mußten Brieftaschen, Messer und Geldbörsen abgeben, wurden in der Früh um 5 Uhr auf ein Lastauto verladen und nach dem Hofbräuhauskeller gebracht. Ludwig wurde gleich hinter das Auto geführt und um 6 Uhr morgens erschossen. Einige der Verhafteten wurden dann von Offizieren verhört. Keiner war bei der Roten Armee gewesen. Keiner hatte sich an den Kämpfen beteiligt, bei keinem waren Waffen gefunden worden, Zeugen schildern, daß die Gefangenen einen niedergeschlagenen, ja geistesabwesenden Eindruck machten und flehentlich um ihr Leben baten. Zwischen 11 und 1 Uhr wurden in Abständen erst zwei, dann drei Personen auf dem Hof auf einem Kohlenhaufen erschossen. Zwei weitere Gefangene, zuerst zurückgestellt, wurden später erschossen. Insgesamt wurden in Abständen 12 Gefangene ohne Urteil, ohne den Schatten eines Rechts erschossen. Nach der Erschießung wurden den Toten ihre sämtlichen Wertgegenstände und Papiere geraubt. Gegen keinen einzigen der Täter oder der ver antwortlichen Offiziere ist jemals auch nur verhandelt worden. (Aussagen von 14 Augenzeugen sind in meinem Besitz.) 12 Frauen und 35 minderjährige Kinder waren der Ernährer beraubt. Die von den Hinterbliebenen auf Grund des Aufruhrschadengesetzes erhobenen Rentenansprüche wurden vom Reichswirtschaftsgericht am 14. August 1921 mit der Begründung abgewiesen, die Erschießung sei keine offene Gewalt gewesen. (XVII, A.V. 747/21.)

Josef *Graf*, 18 Jahre, wurde am 3. Mai verhaftet. Ein Offizier teilte dem Vater mit, der Fall werde am nächsten Tag ordnungsgemäß verhandelt. Am 4. Mai, morgens ½6 Uhr, wurde er auf offener Straße (Warngauer Straße) erschossen und die Leiche liegen gelassen. (Kein Verfahren.)

Josef *Siegl*, Sanitätssoldat, Rheintaler Str. 64, tat während der Räterepublik keinen Dienst und ging erst am 1. Mai wieder in Dienst. Auf dem Weg nach Hause wurde er am 5. Mai wegen seiner Roten Kreuzbinde erschossen. Die Leiche wurde ausgeraubt.

Schäfer, Josephine, Kaufmannsfrau, Hohenzollernstr. 72, wurde am 5. Mai auf dem Transport nach dem Abteilungsstab des Freikorps Lützow in der Nähe der Giselaschule erschossen. Nach der Erschießung wurde ihre Wohnung durchsucht und Gegenstände im Werte von 3000 Mark entwendet. Ihr Mann war in Haft. Ein Verfahren gegen die Täter ist nicht eingeleitet.

Die 21 katholischen Gesellen

Am 6. Mai fand eine Versammlung des katholischen Gesellenvereins St. Joseph wegen Theaterangelegenheiten im Vereinslokal, Augustenstr. 71, statt. Sie wurde als „spartakistisch" denunziert. Auf Grund eines Befehls des Hauptmanns v. Alt-Stutterheim wurden die Gesellen durch eine Patrouille unter Führung des Offizierstellvertreters Priebe verhaftet, weil ein Versammlungsverbot existierte. Hauptmann v. *Alt-Stutterheim* musterte die Verhafteten auf der Straße. Die Leute schrien, sie seien unschuldig; er sagte, das gehe ihn nichts an, und ließ es zu, daß die Leute furchtbar mißhandelt wurden. Sieben Gefangene wurden im Hof des Hauses Karolinenplatz 5 erschossen. Die anderen wurden in den Keller eingeliefert. Die Soldaten, zum Teil in angetrunkenem Zustand, trampelten auf den Gefangenen herum, stießen sie wahllos mit dem Seitengewehr nieder und schlugen derartig um sich, daß ein Seitengewehr sich verbog und daß das Hirn herumspritzte. So töteten sie weitere 14 Leute und plünderten dann die Leichen aus. Fünf Gefangene wurden schwer verwundet. „Die Leichen der Erschossenen schauten fürchterlich aus. Einem war die Nase ins Gesicht hineingetreten, andern fehlte der halbe Hinterkopf". (Erster Verhandlungstag.) „Wenn einer der Verwundeten sich noch regte, wurde auf ihn eingeschlagen und eingestochen. Zwei Soldaten, die sich umfaßt hatten, führten einen wahren Indianertanz neben den Leichen auf, schrien und heulten." („Bayr. Kurier", 23. Oktober 1919.) Die Soldaten glaubten ein Recht dazu zu haben, da ihnen durch ihren Hauptmann Hoffmann erklärt worden war, wenn sie einen Spartakisten sähen, sollten sie gleich von der Waffe Gebrauch machen. Ein Soldat meldete sich denn auch dienstlich von der Erschießung der 21 Spartakisten zurück. Der größte Teil der Täter konnte nicht festgestellt werden. Das Sektionsprotokoll verschwand aus den Akten. Die Namen der Ermordeten waren: J. *Lachenmaier*, J. *Stadler*, F. *Adler*, J. *Bachhuber*, S. *Ballat*, A. *Businger*, J. *Fischer*, M. *Fischer*, F. *Grammann*, M. *Grünbauer*, J. *Hamberger*, J. *Krapf*, J. *Lang*, B. *Pichler*, P. *Prachtl*, L. *Ruth*, K. *Samberger*, F. *Schönberger*, A. *Stadler*, F. *Stöger*, K. *Wimmer*.

Am 25. Oktober 1919 wurde der Soldat Jakob *Müller* und der Vizefeldwebel Konstantin *Makowski* zu 14 Jahren Zuchthaus, *Grabasch* zu einem Jahr Gefängnis wegen Totschlags verurteilt. Gegen die verantwortlichen Offiziere der Gardedivision wurde kein Verfahren eingeleitet. Das Verfahren gegen den Hauptmann von Alt-Stutterheim wurde eingestellt. („Münchener Neueste Nachrichten" und „Bayrischer Kurier", 21. bis 26. Oktober 1919.) (*Schlag, Das Blutbad am Karolinenplatz.*) Vorsitzender war Oberlandesgerichtsrat Hieber, Staatsanwalt Dr. Mugler.

Am 4. November wurde der ehemalige Husar Stefan *Latosi*, der in der betr. Nacht blutbefleckt mit gestohlenen Uhren und Geldbörsen den Keller verlassen hatte, wegen Verbrechen des Totschlags freigesprochen, wegen schweren Diebstahls zu 10 Jahren Zuchthaus verurteilt. („Münchener Neueste Nachrichten", 5. November 1921.)

Da mir leider der Platz fehlt alle Münchener „tödlichen Unglücksfälle" auch nur mit wenigen Worten zu schildern, begnüge ich mich, die mir bekannten in tabellarischer Form darzustellen. Der Vorgang ist eintönig immer dasselbe: Denunziation, Verhaftung, Erschießung an der nächsten Mauer, Plünderung der Leiche. Der Täter bleibt straflos, denn ein Verfahren wird gar nicht eingeleitet.

Die folgende Liste umfaßt 161 Ermordete und 273 Hinterbliebene. Sie enthält auch die im Text bereits aufgeführten Fälle

161 VON DEN REGIERNGSTRUPPEN IN MÜNCHEN ERMODETE

Lfd. Nr.	Name	Wohnort	Beruf	Alter	Zahl der Hinterbliebenen	Datum	Ort der Ermordung	Bemerkung
1	Adler, Franz	Kath. Ges.-Verein, Augustenstr. 41	Schlosser	25	—	6. V. 19	Karolinenpl. 5	vollst. ausgeplündert
2	2 Brüder Altmann	Winterstr. 8	—	—	—	2. V. 19	Pilgersheimerstraße 39	Verfahren eingestellt
4	Aschenbrenner, M.	Tegernseerlandstraße 18	Spengler	—	3	7. V. 19	Hohenzollernschule	
5	Bachhuber, Josef	Kath. Ges.-Verein Lilienstr. 62	Maler	19	—	6. V. 19	Karolinenpl. 5	vollst. ausgeplündert Schuhe, Hose, Mantel geraubt.
6	Barth, Georg		Hoteldiener	30	1	—		
7	Barth, R. Anton	Noklperstr. 38	Kutscher	18	1	4. V. 19	Ostfriedhof	
8	Bauer, Johann	Unterföhring 3	—	17	5	30. IV. 19	—	
9	Bauer, Johannes	Unterföhring 3	Arbeiter	48	6	30. IV. 19	—	
10	Bauer, Josef	Schönstr. 60	Monteur	20	2	3. V. 19	Schleißheim	ausgeraubt erschlagen und erschossen
11	Bischl, Michael	Oberländerstr. 11	Schlosser	18	2	2. V. 19	Ruprechtstr.	
12	Bongratz, Peter	Westendstr. 161	Gehilfe	25	8	5. V. 19	Schlachthof	gold. Uhr, 3 goldene Ringe, Ueberzieher, Hut geraubt
13	Bulach, Johann	Mariahilfstr. 3	Bankbeamter	37	3	3. V. 19	Gasteiganlagen	
14	Bullat, Sebastian	Kath. Ges.-Verein Hochstr. 31	Schmied	19	—	6. V. 19	Karolinenpl. 5	ausgeplündert
15	Brucker, Oskar		—	—	1	3. V. 19	Salvatorkeller	
16	Buscher, Andreas	Tegernseerlandstraße 28	Bauhilfsarbeit.	29	—	4. V. 19	Stadelheim	
17	Businger, Anton	Kath. Ges.-Verein Weinbauernstr. 1	Buchbinder	22	2	6. V. 19	(Karolinenpl. 5	ausgeplündert
18	Crusius, Ludwig	Bavariastr. 9	Schlosser	37	1	2. V. 19	Knollwiese	
19	Dal Sasso, Josef	Wendelsteinstr. 9	Kutscher	35	—	3. V. 19	Menterschweige	
20	Demann, Johann	Perlach, Prinzregentenstr. 46	Bahnarbeiter	21	3	—	—	
21	Dengler, Adalbert		Taglöhner	46	6	5. V. 19	Hofbräuhausk.	

Lfd. Nr.	Name	Wohnort	Beruf	Alter	Zahl der Hinterblieben.	Datum	Ort der Ermordung	Bemerkung
22	Dietz, Theodor	i. d. Grube 25	Spengler	30	2	2. V. 19	Maximiliank.	erschlagen, erschossen, ausgeplündert
23	Dorfmeister, Aug.	Siebenbrunnerstr.	Ingenieur	28	4	2. V. 19	Harlaching	
24	Dorsch, Leonhard	Feuerbachl 6	Monteurgehilfe	25	—	4. V. 19	Frauenhoferbrücke	
25	Eckert, Max	Miliechplatz 1	Friseur	45	4	2. V. 19	Kühbachstr.	
26	Effhauser, Lorenz	Jahnstr. 31	Monteurgehilfe	28	1	1. V. 19	Stadelheim	
27	Eichner, Georg	Perlach 196	Bahnarbeiter	35	5	5. V. 19	Hofbräuhausk.	143 M., Brieftasche, Ehering, Uhr, Windjacke geraubt
28	Enzenberger, Joh.	Winterstr. 13	Schleifer	24	3	—	Harlachinger Weg	
29	Ewald, Jakob	Tegernseerlandstraße 71	Hilfsmonteur	—	2	—	—	
30	Faltermeier, Otto	Peißenbergstr. 1	Metzger	28	3	2. V. 19	Stadelheim	ausgeplündert
31	Faust, sen.	Kistlerstr. 1	Schreiner	—	—	2. V. 19	i. d. Wohnung	ausgeplündert
32	Faust, jun.	Kistlerstr. 1	Schreiner	—	—	2. V. 19	—	ausgeplündert
33	Felser, Martin	Mondstr. 1	Bauarbeiter	23	1	3. V. 19	Stadelheim	ausgeplündert. gold. Zwicker, Uhr. Börse, Stock gestohl.
34	Feigl, Ludwig	Herzogstandstr. 1	Metzger	41	2	3. V. 19	Hofbräuhausk.	
35	Fichtl, Johann	Perlach 46	Hilfsarbeiter	43	7	5. V. 19	Krüppelheim	
36	Fischalk, Anton	Schönstr. 60	Gärtner	24	1	2. V. 19	Karolinenpl. 5	
37	Fischer, Joseph	Kath. Ges.-Verein	Schlosser	23	⎫	6. V. 19	Knollhof	
38	Fischer, Karl	Raintalerstr. 72	Hilfsarbeiter	20	⎬	2. V. 19	Karolinenplatz 5	
39	Fischer, Michael	Kath. Ges.-Verein	Schneider	21	⎭	6. V. 19	Hofbräuhauskeller	
40	Frohner, Christ.	Paulanerplatz 27	Privatier	—	—	5. V. 19	Residenz	ausgeplündert
41	Ganserer, Ludwig	—	Schlosser	—	1	2. V. 19	Stadelheim	
42	Geigl, Michael	Unterhaching 14	Schriftsetzer	39	2	1. V. 19	Knollkiesgrube	
43	Geltl, Johann	Schönstr. 76	Hilfsarbeiter	20	1	—	Jakobplatz	ausgeplündert
44	Gerhard, Karl	Oberanger 53	Kaufmann	28	1	2. V. 19	Jakobplatz	ausgeplündert
45	Goldbrunner, Joh.	Tegernseerlandstraße 125	Eisendreher	22	1	—	Giesingerberg	ausgeplündert

44

Lfd. Nr.	Name	Wohnort	Beruf	Alter	Zahl der Hinter-bliebenen.	Datum	Ort der Ermordung	Bemerkung
46	Graf, Josef	Gitlstr. 15	Schlosser	18	—	4. V. 19	Warngauerstr.	ausgeplündert
47	Gramann, Franz	Kath. Ges.-Verein	Schneider	19	—	6. V. 19	Karolinenpl. 5	ausgeplündert
48	Grünbauer, Math.	Kath. Ges.-Verein	Schlosser	24	—	6. V. 19	Karolinenpl. 5	ausgeplündert
49	Hamberger, Joh.	Kath. Ges.-Verein	Schlosser	19	—	6. V. 19	Karolinenpl. 5	ausgeplündert
50	Hain, Leo	Belgradstr. 107	Masch.-Mstr.	—	3	8. V. 19	Karl Theod.-W.	
51	Hausler, Rich.	Großhadern 19	Elektrotechn.	19	2	1. V. 19	Großhadern	
52	Hausmann, Wilh.	Weißenburger Straße 2	Friseur	30	1	3. V. 19	i. s. Wohnung	
53	Hecksteiger, Max	Kühbachstr. 16	Maurer	36	1	3. V. 19	—	ausgeplündert
54	Heimerer, Anton	Tegernseerland-straße 30	Eisenhobler	49	5	3. V. 19	Knolgrube	
55	Heimkirchner, Jul.	Eisenheimerstr. 28	Hilfsarbeiter	21	1	2. V. 19	Ausstellung	230.— M., Uhr und Kette, Hut und Stiefel geraubt
56	Heinritzi, Josef	Wendelsteinstr. 2	Bauarbeiter	22	1	2. V. 19	Knollanwesen	
57	Hillenbrand, Joh.	Ackerstr. 116	Fensterreinig.	20	—	2. V. 19	Siboldstr.	
58	Hof Sebastian	Forstenriederstr. 2	Schlosser	32	—	2. V. 19	Forstenrieder Ecke Holzapfel-straße	
59	Horn, Karl	Daisenhofener-straße 12	Prof. d. Mathematik	—	2	3. V. 19	Stadelheimer-straße 33	Uhr, Kette, Schuhe geraubt
60	Höpfl	Grünwald	Feinmechaniker	—	—	1. V. 19	Grünwald	
61	Hörl, Max	Weinbauernstr. 2	Schuhmacher	33	3	—	Stadelheim	
62	Huber, Karl	Landsberger-straße 153	Kutscher	27	—	1. V. 19		30 M., 2 Uhren, Gamaschen, Brief-tasche geraubt
63	Hufnagel, Sebast.	Perlach, Rosen-heimerstr. 5	Taglöhner	47	3	5. V. 19	Hofbräuhaus-keller	ausgeplündert
64	Huhn, Peter	Großhesselohe	—	—	—	1. V. 19	Großhesselohe	
65	Jakob, Georg	Perlach 104	Schreiner	37	3	5. V. 19	Hofbräuhausk.	ausgeplündert

Lfd. Nr.	Name	Wohnort	Beruf	Alter	Zahl der Hinterbliebenen	Datum	Ort der Ermordung	Bemerkung
66	Jakob, Josef	Perlach, Putzbrunnerstr.	Maurer	40	6	5.V.19	Hofbräuhausk.	ausgeplündert
67	Kapfhammer, Max	Rottmannstr. 23	Taglöhner	50	—	3.V.19	Stigelmeierpl.	ausgeplündert
68	Keil, Johann	Perlach 46	Taglöhner	—	—	5.V.19	Hofbräuhausk.	200 M., Leuchtblatt-uhr geraubt
69	Kollmeder, Blas.	Baaderstr. 2	—	—	—	29.IV.19	Starnberg	
70	Kininger, Ruppert	Reifenstuhlstr. 12	Monteur	30	3	3.V.19	Schlachthof	
71	Kirchner, Theodor	Winterstr. 4	Taglöhner	—	3	3.V.19	Kühbachstr. 11	
72	Kistler, Georg	Großhesselohe	—	—	·	1.V.19	Großhesselohe	
73	Kling, Maria	Edelweißstr. 11	Kontoristin	23	—	4.V.19	Stadelheim	
74	Kobahn, Otto	Pilgersheimerstr. 2	Schreinerlehrl.	16	—	2.V.19	Stadelheim	
75	Koch, Aug. Georg	Perlach 46	Hilfsarbeiter	—	9	5.V.19	Hofbräuhausk.	
76	Koller, Ignatz	Abelestr. 1	Schäffler	25	—	2.V.19	Kapuzinerstr.	80 M., Ring, Ueber-zieher, Schuhe geraubt
77	Kohlmann, Joh.	Dreimühlenstr. 14	Taglöhner	—	6	2.V.19	Schlachthof	ausgeplündert
78	Koyer, Josef	Frauenstr. 3	Metzger	20	—	2.V.19	Marienstr.	
79	König, Anton	Mehring b. Augsb.	Elektromont.	34	2	2.V.19	Schlachthof	
80	Köselmaier, Xaver	Landsbergerstraße 163	Malergehilfe	—	4	1.V.19	Schäftlarn	
81	Krapf, Josef	Kath. Ges.-Verein Gallmeierstr. 6	Schneider	21	—	6.V.19	Karolinenpl. 5	ausgeplündert
82	Kraus, Karl	Perlach 46	Händler	34	2	3.V.19	Hofbräuhausk.	ausgeplündert
83	Krebs, Albert	Kath. Ges.-Verein	Gußmeister	38	5	5.V.19	Karolinenpl. 5	ausgeplündert
84	Lachenmaier, Josef	Kath. Großhadern, Lindenallee 8	Herbergsvater	—	1	6.V.19	Stadelheim	Rock, Hose, Stiefel, Mantel u. Uhr geraubt
85	Landauer, Gustav	—	Schriftsteller	49	—	2.V.19		ausgeplündert
86	Lang, Josef	Kath. Ges.-Verein Daiserstr. 44	Schlosser	26	—	6.V.19	Karolinenpl. 5	ausgeplündert
87	Leib, Anton	Barthstr. 2	Redakteur	—	6	2.V.19	Elysium	Täter: v. Lindenfels
88	Link, Karl	Kühbachstr. 18	Kutscher	40	1	2.V.19	Hofbräuhausk.	
89	Lohmar, Josef	—	Fuhrmann	41	5	2.V.19	Giesingerberg	
90	Lohmar, Peter		Journalist	—	—	3.V.19	Gasteiganlagen	

Lfd. Nr.	Name	Wohnort	Beruf	Alter	Zahl der Hinterbliebenen.	Datum	Ort der Ermordung	Bemerkung
91	Ludwig, Josef	Perlach 134	Hafnermeister	56	5	5. V. 19	Hofbräuhausk.	ausgeplündert
92	Mages, Georg	Landsberger-straße 163	Bauarbeiter	17	—	3. V. 19	Pettenkofer-straße 11	
93	Mairiedl, Josef	Großhadern	Schreiner	35	1	1. V. 19	v. d. Dorf Groß-hadern	größerer Geldbetrag gestohlen
94	Mandel, Karl	Bauerstr. 39	Redakteur	33	3	—	—	
95	Meißenhalter, Rupp.	—	Taglöhner	—	—	3. V. 19	Tegernseer-landstr. 132	
96	Nagl, Josef	Sauerlach	Maurerpolier	31	1	3. V. 19	StarnbergerBhf.	100 M. geraubt
97	Neumeier, Hans	Lothringerstr. 11	Pflasterer	23	—	2. V. 19	Ostfriedhof	
98	Niederreiter, Josef	Untere Grasstr. 18	Pflasterer	29	3	3. V. 19	—	Uhr, Geld, Schuhe u. Ringe geraubt
99	Noak, Ernst	Großhadern 36	Monteur	27	—	1. V. 19	Waldfriedhof	ausgeplündert
100	Obermaier, Joh.	Entenbachstr. 12	Metallgießer	21	—	2. V. 19	—	ausgeplündert
101	Oswald, Anton	Kesselbergstr. 2	Maurer	31	2	3. V. 19	—	300 M., Uhr u. Kette
102	Pasch, Josef	—	—	—	1	3. V. 19	Tegernseer-landstr. 132	
103	Peller, Josef	Alpenstr. 27	Hilfsarbeiter	—	2	3. V. 19	Wiese a. d. Daiserstraße	
104	Pichler, Bernh.	Kath. Ges.-Verein	Tapezier	26	—	6. V. 19	Karolinenpl. 5	ausgeplündert
105	Platzer, Josef	Boosstr. 5	Spengler	18	1	—	Ohlmüllerstr.	
106	Pracht, Paul	Kath. Ges.-Verein	Spengler	29	—	6. V. 19	Karolinenstr.	ausgeplündert
107	Probst, Josef	Kirchenstr. 38	Brothändler	30	2	2. V. 19	Maximiliank. 5	
108	Rabl, Georg	Aignerstr. 16	Eisendreher	—	1	3. V. 19	Pfarrhofstr.	
109	Raffner, Josef	Kesselbergstr. 6	—	—	2	3. V. 19	Knollwiese	
110	Raidel, Josef	Wirthstr. 1 a	Hilfsarbeiter	35	3	3. V. 19	Wirthstr. 1 a	
111	Rainer, August	Großhadern 19	—	—	—	1. V. 19	Neufriedenheim	Uhr u. Zigarettenetui geraubt
112	Reinhardt, Viktor	Arcostr. 9	Hilfsarbeiter	23	—	2. V. 19	—	ausgeplündert
113	Reith, Ludwig	Kath. Ges.-Verein	Schneider	22	—	6. V. 19	Karolinenpl. 5	

Lfd. Nr.	Name	Wohnort	Beruf	Alter	Zahl der Hinterbliebenen.	Datum	Ort der Ermordung	Bemerkung
114	Rieger, Josef	Breisacherstr. 19	Maurer	34	1	2. V. 19	Stadelheim	—
115	Reischl, Josef	Zugspitzstr. 15	Maurer	—	2	4. V. 19	Stadelheim	—
116	Rötzer, Emeran	Dreimühlenstr. 14	Schuhmacher	42	3	2. V. 19	—	—
117	Ruither, Josenh	Hans Miliechstr. 10	Stuckateur	—	2	3. V. 19	Cremmermühle	80 M. u. Bekleidung geraubt
118	Russer, Karl	Zugspitzstr. 13	Steinmetz	28	2	3. V. 19	—	vollst. ausgeplündert
119	Samberger, Karl	Kath. Ges.-Verein Preisingstr. 8	Schneider	25	—	6. V. 19	Karolinenpl. 5	ausgeplündert
120	Samisch, Wilhelm	Kesselbergstr. 6	Spengler	45	—	3. V. 19	Herzogpark	ausgeplündert
121	Sammer, Alfons	Winterstr. 8	Hilfsarbeiter	—	4	—	Knollwiese	
122	Sedlmaier, Jos.		Hilfsarbeiter	42	3	2. V. 19	Pilgersheimerstraße 39	Verfahren eingestellt
123	Seidl, Georg	Trappentreustr. 32	Bauarbeiter	32	1	1. V. 19	Donnersbergbr.	
124	Seidner Philipp	Unterföhring	—	—	—	—	Elsässer Str.	
125	Sigl, Josef	Raintalerstr. 64	Krankenwärter	35	2	5. V. 19	—	
126	Sontheimer, Josef	Erhardstr. 11	Kaufmann	52	—	4. V. 19	Franziskaner	Wohnung vollständig ausgeplündert
127	Schäffer, Josefine	Hohenzollernstr. 72	Kaufmannsfr.	—	—	5. V. 19	Elisabethplatz	
128	Schermer, Heinrich	Boschetsriedstr. 43	Schlosser	—	4	—	—	als Verwundeter erschoss. u. ausgeraubt
129	Schlagenhaufer, H.	Unterhaching	Redakteur	54	1	2. V. 19	Stadelheim	
130	Schlagintweit, Jak.	Tegernseerlandstraße 125	—	—	4	2. V. 19	Knollwiese	
131	Schnellbögl, Georg	Humboldtstr. 20	Maler	54	2	3. V. 19	Kirbachstr. 11	Uhr u. Kette geraubt
132	Schönberger, Fritz	Kath. Ges.-Verein Daisenhofenerstraße 4	Bäcker	19	—	6. V. 19	Karolinenpl. 5	ausgeplündert
133	Schredinger, Joh.		Schmied	21	4	3. V. 19	Stadelheim	ausgeplündert
134	Schwaiger, Jak.	Dreimühlenstr. 9	Zimmerer	—	2	—	Sendlingertorpl.	
135	Schwarz, Johann	Breisacherstr. 16	Mechaniker	21	—	4. V. 19	Stadelheim	
136	Stadler, Anton	Kath. Ges.-Verein	Techniker	35	—	6. V. 19	Karolinenpl. 5	ausgeplündert
137	Stadler, Jacob	Kath. Ges.-Verein	Buchhalter	—	—	6. V. 19	Karolinenpl. 5	ausgeplündert

Lfd. Nr.	Name	Wohnort	Beruf	Alter	Zahl der Hinter- bliebenen	Datum	Ort der Ermordung	Bemerkung
138	Steidle, Max	Parkstr. 13	Bäcker	—	—	—	Zur roten Wand Stadelheim	ins Wasser geworfen
139	Steingrübl, Josef	Palmstr. 8	Mechanikerlhrl.	16	—	2.V 19	Ludwigsbrücke	
140	Stelzer, Johann	Orleanstr. 61	Fuhrmann	21	2	3.V.19	Gärtnerplatz	
141	Stettner, Josef	Baaderstr. 65	Xylograph	—	7	3.V.19	Stadelheim	
142	Stiegler, Ludwig	Kirchplatz 10	Hilfsarbeiter	—	—	—		
143	Stöber, August	Perlach	Arbeiter	—	—	5.V.19	Hofbräuhausk.	ausgeplündert
144	Stöger, Felix	Kath. Ges.-Verein	Schuhmacher	24	—	6.V.19	Karolinenplatz 5	ausgeplündert
145	Streicher, Joseph	Sommerstr. 57	Hilfsarbeiter	25	2	2.V.19	Stadelheim	
146	Tischer, Johann	Zeppelinstr. 23	Maler	37	—	3 V.19	Seminar, Frühlingstraße	54 M. u. Uhr geraubt
147	Trunk, Johann	Gietlstr.	Bäcker	23	—	4.V.19	Stadelheim	
148	Thuringer, Fried.	Hirschbergstr. 2ö	Schmied	18	—	3.V.19	Zugspitzstr.	
149	Vogel	Fürstenfeldbruck	Matrose	—	—	30.IV.19	Fürstenfeldbruck	geraubt Schuhe,Gamaschen, Brieftsch. 300 M Täter: v. Lindenfels
150	Waffler, Franz	Siebenbrunn 1	Taglöhner	29	3	2.V.19	Krüppelheim	vollst. ausgeraubt
151	Wagner, Karl	Aventinstr. 8	Installateur	37	3	2.V.19	Hofbräuhausk.	
152	Walter Baptist	Nockherstr. 23	Schlosser	36	5	4.V.19	—	
153	Waock, Ludwig	Preisingstr. 15	Taglöhner	—	3	4.V.19	Wasserburger- hof	2 Goldringe, 1 Silber- ring geraubt
154	Wiesheu	—	Dienstknecht	—	—	1.V. 19	Großföhren	Täter: Feldwbl. Maul- beck, Art. - Abt. 24, 3. Battr., Ingolstadt
155	Wimmer, Karl	Kath. Ges.-Verein a. d. Schweige 5	Zimmermann	23	—	6.V.19	Karolinenpl. 5	ausgeraubt
156	Wittmann, Johann	Großhadern	Lackierer	46	1	5.V.19	Schlachthof	
157	Wohlmuth, Alois	Sandstr. 30	Schweizer	37	9	1.V.19	Großhadern	50 M. u. Uhr geraubt
158	Woppmann, Xaver		Polier	51	2	3.V.19	Hafenmeier, Da- chauerstr.	
159	Zeller, Konrad	Perlach 116	Arbeiter	—	7	5.V.19	Hofbräuhausk.	ausgeplündert
160	Zimmermann, Jos.	Pilgersheimerstr. 76	Taglöhner	29	4	2.V.19	Mondstr.	
161	Zull, Joseph	Winterstr. 4	Kutscher	20	—	3.V.19	Kardidplatz	

Die vorstehende Liste ist keineswegs vollständig. Denn nach den amtlichen Angaben sind in München allein 184 Menschen „tödlich verunglückt". Die Liste enthält aber nur 161 Namen, die sich außerdem auf München und Umgebung beziehen.

Auch die 186 „standrechtlichen" Erschießungen waren, wie auf Seite 112 eingehend bewiesen wird, völlig ungesetzlich. Da alle Unterscheidungsmerkmale zwischen beiden Kategorien fehlen, läßt sich nicht einmal im einzelnen nachweisen, wer „tödlich verunglückt" und wer „standrechtlich" erschossen worden ist. Trotzdem habe ich nur die amtlich als „tödlich verunglückt" Bezeichneten als ermordet gerechnet. Nur in 22 Fällen hat ein gerichtliches Verfahren stattgefunden. *Nur vier Täter sind bestraft worden.*

Der Polizeiagent Blau

Blau war Agent und Lockspitzel der politischen Polizei. Er gehörte im Aufstand vom Januar 1919 zur Besatzung der Büxensteindruckerei und hatte auch ein Auto beschlagnahmt. Nach dem Sturz der Räterepublik war er in München tätig und gab sich dort als flüchtiger, unterstützungsbedürftiger Kommunist aus. (Dritter und vierter Verhandlungtag.) Er wurde erkannt und nach Berlin gelockt. Dort wurde er in einer Kommunistenversammlung am i. August 1919 als Spitzel festgestellt; wollte jedoch einen Gegenbeweis antreten. Er übernachtete mit *Hoppe* bei einem gewissen Pohl. Dort erschien dann nach Angabe Hoppes ein nicht ermittelter Polizeiagent und bot Hoppe Gift an, um Blau umzubringen. (Dritter Verhandlungtag.) Am nächsten Tag übernachteten Blau und Hoppe in der Wohnung *Winklers.* Dort erschienen nach Angabe Hoppes drei Leute, darunter wahrscheinlich der Polizeiagent Schreiber, boten ihm dieselbe Flasche Morphium an und forderten, man müsse mit Blau Schluß machen. Daraufhin habe er die Wohnung verlassen, sei jedoch zurückgekehrt. Unterdessen sei Blau ermordet worden. Die Leiche wurde dann in den Kanal geworfen. Dort wurde sie am 7. August gefesselt gefunden.

Am 24. Juni 1920 begann der Prozeß. *Fichtmann* und Hoppe waren wegen Mordes, Winkler wegen Beihilfe angeklagt. Fichtmann trat einen Alibibeweis an. Der Hauptbelastungszeuge Toifl sagte aus, es gebe eine organisierte Terroristengruppe. Doch mußte er sich sagen lassen, er sei der Anführer bei einem Raubüberfall auf den Diamantenhändler Orlowski gewesen und habe hierzu Waffen von der Reichswehr besorgt. Seine Behörde habe ihm sogar am Schluß noch gestattet, das geraubte Geld zu behalten. Ueber alle diese Dinge befragt, verweigerte er die Auskunft. Er gab zu, versucht zu haben, eine militärpolitische Abteilung der Kommunstischen Partei zu gründen und Befehle zu Ueberfällen auf Druckereien weitergegeben zu haben. (Sechster und siebenter Verhandlungtag.) Nach Aussage des Wachtmeisters Henke hatte die Garde-Kavallerie-Schützendivision allein 110 Spitzel. (Dritter Verhandlungtag.)

Am 5. Juli wurde Fichtmann freigesprochen. Hoppe bekam wegen Beihilfe zum Totschlag unter Ablehnung mildernder Umstände 6 Jahre Zuchthaus, Winkler wegen Beihilfe 3 Jahr Gefängnis. Gegen die stark belasteten Polizeispitzel Schreiber und Toifl wurde kein Verfahren eingeleitet. (Eingehende Prozeßberichte in allen Berliner Zeitungen.)

DIE ERMORDUNGEN BEIM KAPP-PUTSCH

Stadtverordneter Futran

Als Kapp am 13. März 1920 Berlin eroberte, konnte, wie bekannt, Noske in ganz Berlin keinen regierungstreuen Soldaten finden. Alle Regimenter, die gesamte Sicherheitswehr und die Einwohnerwehr gingen über. So schrieb die Zentrale der Einwohnerwehren in einem Flugblatt von der „neuen Regierung der Arbeit". Zur Abwehr organisierten sich die Arbeiter. Als Kapp entfloh, geschah dies unter der Flagge, die beiden Regierungen hätten sich geeinigt. Die Verhältnisse lagen völlig wirr und man wußte von den Truppen nicht, ob sie wieder zur Regierung Ebert—Bauer oder noch zur Gegenregierung Kapp—Lüttwitz hielten.

In Köpenick hatten sich die Arbeiter und auch Teile der Bürgerschaft unter Führung von *Futran* aus den dort liegenden Beständen bewaffnet. Innerhalb der Stadt blieb alles ruhig. Die sogenannte Rote Garde machte nämlich hauptsächlich Sicherheitsdienst zusammen mit der Polizei, bewachte die städtischen Lebensmittelvorräte usw. Das Potsdamer Jägerregiment, Btl. Nr. 3, rückte an. Auch politisch rechtsstehende Leute, wie der Bürgermeister Behnke (vgl. seine Aussage vor dem Standgericht), waren sich über den Charakter der anrückenden Truppen durchaus im unklaren, da sie noch das Zeichen der Regierung Kapp, das Hakenkreuz, am Helm trugen. Es kam zu einem Kampf, wobei Gefangene gemacht wurden. Als durch telephonische Anfrage in Berlin festgestellt wurde, daß die Truppen wieder zur Regierung Ebert hielten, gab Futran selbst Befehl, die Waffen niederzulegen. Eine Zeitfreiwilligen-Eskadron zog am 21. kampflos ein, erklärte den verschärften Belagerungszustand und errichtete ein Standgericht. Futran, der sich so unschuldig fühlte, daß er sogar aufs Rathaus ging, wurde am gleichen Tag wegen der Delikte, die er vor Verkündung des Belagerungszustandes begangen haben sollte, zum Tode verurteilt. Im Protokoll, das in meinem Besitz ist, heißt es:

„Gründe: Durch Zeugen und teilweise eigenes Geständnis des Angeklagten ist einwandfrei erwiesen, daß er das Haupt des kommunistischen Aufstandes gewesen ist, daß er eine Rote Armee organisierte und zu bewaffnetem Widerstande gegen die anrückenden Regierungstruppen aufgefordert habe. Ferner hat er die gefangenen Offiziere mit dem Tode durch Erschießen bedroht, sowie die verwundeten Gefangenen als Schwerverbrecher behandeln lassen. Das Urteil wurde sofort durch eine Gruppe der 4. Schwadron unter

Führung des Leutnants *Kubich* im Hofe der Bötzowbrauerei, Grünauer Straße, vollstreckt. Das Standgericht der 4. freiw. Eskadron v. Bebell, Kapitänleutnant; Hedal, Unteroffizier; Jacks, Freiwilliger; Kubich, Leutnant."

Zur selben Zeit wie Futran wurden „standrechtlich erschossen" der Arbeiter W. *Dürre* auf Grund einer Denunziation, bei ihm seien Waffen versteckt, obwohl zweimalige Haussuchung das Gegenteil bewies; ferner der Arbeiter Fritz *Kegel.* Es war den Angehörigen Dürres und Kegels trotz aller Bemühungen bis heute unmöglich, eine Urteilsbegründung zu erfahren. (Zeugenaussagen sind in meinem Besitz.) Ferner wurde der Arbeiter Karl *Gratzke* und der 17 jährige, etwas beschränkte Karl *Wienecke* ohne irgend welches Verfahren auf der Stelle erschossen, weil sie Waffen versteckt hatten.

Die Truppen verließen die Stadt am gleichen Tage; am nächsten wurden die Standgerichte aufgehoben. Alle Versuche, eine Sühne dieser Taten zu erlangen, sind gescheitert.

Zehn Offiziere gegen einen Geisteskranken

Der geisteskranke Lokomotivführer *Weigelt* aus der Alvenslebener Straße 11, ein streng patriotischer Mann, versuchte am 24. März 1920 in die Kadettenanstalt Lichterfelde einzudringen, wo eine hauptsächlich aus Offizieren bestehende Freiwilligenabteilung lag, angeblich um sich „für den Schützengraben zu melden." Er wurde vom Torposten festgenommen, in der Wachstube mit einem von ihm mitgebrachten Gummiknüppel so geschlagen, daß er am Kopf blutete, die Treppe heraufgeschleppt, so daß am andern Tag noch dort Blut lag und in das Zimmer des Leutnant *Schütz* (Regierungsbaumeister) gebracht. Dort waren 10 Offiziere, über die er angeblich herfiel. Obwohl er schrie: „Meine Herren Offiziere, lassen Sie mich doch laufen, ich bin doch krank", wurde er durch einen Schuß des Leutnant *Jansen* und 3 Schüsse des Leutnant *Schütz* getötet. Die Schüsse gingen von oben durch die Schädeldecke, so daß anzunehmen ist, daß er am Boden lag. Schütz kam im Juli 1920 vor das Gericht der Zeitfreiwilligenabteilung, nach Aufhebung der Militärgerichtsbarkeit am 24. Februar 1921 vor das Landgericht II (Landgerichtsdirektor Steltzer, Staatsanwaltschaftsrat Dr. Ortmann). Schütz wurde freigesprochen, da er angab in Notwehr gehandelt zu haben. (Prozeßbericht in allen Berliner Zeitungen.)

Beschießung einer offenen Stadt

In Mecklenburg hatte General v. Lettow-Vorbeck den Kapp-Putsch organisiert und die verfassungsmäßige Regierung verhaftet. Zur Abwehr waren die Arbeiter in den Generalstreik getreten.

Am 14. März beschloß eine Volksversammlung in Waren den Generalstreik zur Abwehr des Kapp-Putsches. Der „Führer des Reichswehrkommandos Boek", Leutnant Peter v. Lefort, und der

„Beauftragte der Reichswehrbrigade für Waren", Rittmeister Stefan
v. *Lefort,* verlangten am 17. sofortige Ablieferung aller Waffen und
Wiederaufnahme der Arbeit und drohten mit Todesstrafen. Das
Ministerium in Schwerin und General von Lettow-Vorbeck erklärten
auf Anfrage aus Waren, daß die genannten Dienststellen nicht existieren und daß kein diesbezüglicher Auftrag gegeben sei. Am nächsten Tage drohten die Leforts, „bei Nichterfüllung des Brigadebefehls
Waren nach Artillerievorbereitung mit stürmender Hand zu nehmen."
Als Frist setzten sie 11 Uhr 43 Min. fest. Als ihnen eine Deputation
entgegenfuhr, verlangten sie bedingungslose Uebergabe der Stadt und
30 Geiseln. Darauf feuerten sie 5 Granatschüsse auf die Stadt ab.
Der Sachschaden war bedeutend, mehrere Einwohner wurden verletzt, der Arbeiter *Dunn* und der Friseur *Schliecker* getötet; der
Schuhmachermeister *Berg,* der Kürschner *Gerber* und Fräulein
Köhler starben an den Verletzungen. Stefan v. Lefort wurde
durch Beschluß des Landgerichts Güstrow vom 20. V. 21 außer Verfolgung gesetzt. Der andere ist flüchtig und lebt zur Zeit in Oester-
reich. Sie behaupten, „in Notwehr" gehandelt zu haben. (Vgl.
Aktenmäßige Darstellung der Arbeiten der Stadtverwaltung von
Waren vom 14. bis 22. März 1920.)

Erschießung auf Grund von Kappgesetzen

Bei dem Tagelöhner Wilhelm *Wittke* in Niendorf bei Wismar
fand am 17. März 1920, morgens, eine Versammlung statt, bei der
die streikenden Arbeiter beschlossen, wegen einer Lohndifferenz bei
dem Gutsbesitzer Gesandten a. D. Baron *Brandenstein* vorzuspre-
chen. Auch über den Kapp-Putsch wurde gesprochen. Baron Brandenstein ließ aus Schwerin Militär (Freikorps Roßbach, Reichswehrbrigade, Kommando 9) kommen. Darauf wurde nachts bei Wittke
eine Haussuchung gehalten und Wittke vor das Haus des Barons
Brandenstein geschleppt. Ein Soldat sagte dabei zu Frau Wittke:
„Nehmen Sie man gleich Abschied, in einer Stunde ist der Kerl eine
Leiche!" Gleichzeitig wurden auch die Arbeiter Johann *Steinfurt,*
Fritz Möller und Adolf Möller dorthin gebracht. Baron Brandenstein trat aus dem Schloß, deutete auf Steinfurt und Wittke und
sagte: „Das sind die Richtigen." Daraufhin wurden die beiden von
den Truppen Kapps vor ein angebliches Standgericht gestellt und
zum Tode verurteilt. Noch in der Nacht wurden sie erschossen.

Die Staatsanwaltschaft in Schwerin hat das später wegen dieser
Sache eingeleitete Verfahren eingestellt. (Die Aussagen des Fritz
und Adolf Möller und der Frau Wittke sind in meinem Besitz. Baron
Brandenstein, dem ich das Manuskript eingesandt habe, hat in einem
Briefe den hier vorgebrachten Behauptungen nicht widersprochen,
jedoch hinzugefügt, die Verurteilung sei „auf Grund der erlassenen
Gesetze erfolgt". Er persönlich habe sich gegen das Todesurteil
ausgesprochen. In einem zweiten Brief behauptete er aber, der
Name des verantwortlichen Offiziers sei ihm nicht bekannt.)

Der Gutsbesitzer Herr über Leben und Tod

Am 18. März 1920 leitete der Arbeiter F. *Slomski* aus Karow in einer Wirtschaft in Hof Mecklenburg eine Versammlung streikender Arbeiter. Es erschienen Autos mit mehreren Offizieren und zirka 60 Mann des Freikorps Roßbach. Alle Leute mußten antreten. Darauf kam der Rittergutsbesitzer *Bachmann,* bei dem Slomski arbeitete, und suchte sich die Leute aus. Slomski wurde verhaftet und von den Soldaten schrecklich mißhandelt. Unterdessen verhandelten Bachmann und ein Offizier und bildeten ein angebliches Standgericht. Slomski wurde von acht Mann und zwei Chargen an seiner Wohnung vorbeigeführt, wo seine Frau und Kinder standen und schrecklich schrien. Kurz hinter dem Dorfe wurde er um ½12 Uhr erschossen. Die Leiche wurde der Witwe ins Haus gebracht. Die Staatsanwaltschaft hat ein gegen Bachmann eingeleitetes Verfahren am 7. 10. 20 eingestellt, „da der Tatbestand einer vorsätzlichen, bewußt rechtswidrigen Handlung ausgeschlossen."

(Die Aussagen der Zeugen Karl Ritentiedt zu Karow, Friedrich Mundt, Hof Mecklenburg, Wilhelm Schwarz, Hof Mecklenburg, Joachim Bliemeister, Hof Mecklenburg, Wilhelm Druwe zu Hohen-Viecheln, Carl Hopp zu Petersdorf, Ernst Bohnhoft zu Rosenthal sind in meinem Besitz.)

Taten der Demminer Ulanen

In Gnoien zogen am 18. März 1920 die Demminer Ulanen unter dem Rittmeister *Obernitz* ein, weil die Arbeiter dort die Herrschaft Kapps nicht anerkannten. Der Maurer *Gräbler,* Vorsitzender der dortigen U. S. P., wurde morgens früh aus dem Bett geholt und trotz allen Bittens seiner Frau und seiner sechs Kinder auf Befehl eines Offiziers ohne Verhör, 100 Meter von seinem eigenen Haus entfernt, auf offener Straße erschossen. Die Truppen verhafteten dann 96 Arbeiter und brachten sie nach Demmin. Dabei wurde der 63jährige *Puffpoff* derartig mißhandelt, daß er zusammenbrach und nach kurzer Zeit starb. Kurz vor Demmin schossen dort aufgestellte Soldaten in den Gefangenentrupp hinein, töteten vier und verletzten sehr viele. („Das freie Wort", 4. April 1920, und persönliche Mitteilung des Redakteurs Kühn auf Grund der Verhandlungen im Mecklenburgischen Ministerium.) Das Ermittlungsverfahren wegen Gräbler schwebt beim Landgericht Rostock seit Juni 1920; das Verfahren wegen der Gefangenenerschießung beim Oberstaatsanwalt in Greifswald.

Am 19. März 1920 rückte die Reichswehr aus Demmin, unter Führung des Leutnants *Meinecke,* Bataillon „Jarmen" in Stavenhagen ein, wo alles ruhig war. Sie gaben Befehl: „Straße frei!" und als dies nicht sogleich erfolgen konnte, schossen sie in die Menge. Um zu vermitteln, ging der 60jährige Stadtrat *Seidel* mit erhobenen Händen auf die Straße und wurde nach wenigen Worten sofort erschossen. Das Verfahren gegen Meinecke wurde eingestellt, „da er in Notwehr gehandelt habe." („Das freie Wort", Schwerin, 24. 3. 1920.)

Hermann Litzendorf.

Am 19. März 1920 wurde der Arbeiter Hermann *Litzendorf* aus Bahrendorf auf der Landstraße bei Grevesmühlen auf Befehl des Rittergutsbesitzers Dr. Simon auf Schmachthagen festgenommen, in einen Keller des Gutes eingesperrt und am andern Morgen, als er zu fliehen versuchte, erschossen. Dr. Simon zahlte dem Vater des Litzendorf 5000 Mark als Entschädigung aus.

Nach Angabe der Zeugen Friedrich Siggelkow und Julius Waschull ist Otto Bobsien der Täter.

Die Staatsanwaltschaft beim Mecklenburg - Schwerinschen Landgericht stellte das Verfahren gegen Jürgen *Bade,* Felix *Wimarn,* Josef *Bender,* Otto *Bobsien* am 29. Oktober 1920 ein. In der Begründung heißt es: „Es ist mit größter Wahrscheinlichkeit anzunehmen, daß der Tod des Litzendorf durch den von *Bender* abgegebenen Schuß herbeigeführt worden ist. Doch hat er sich zu der Tötung für berechtigt gehalten und es konnte ihm nicht vorgeworfen werden, daß er bei genügender Ueberlegung die Unrichtigkeit dieser Annahme hätte erkennen müssen."

Die Erschießung in der Sandgrube

Der Arbeiter Paul *Jahnke* in Hungersdorf, Funktionär des Landarbeiterverbandes, wurde am 20. März von 10 Zeitfreiwilligen unter Führung des früheren Leutnants *Thormann* auf Grund der Angabe seines Gutsherrn, *v. Puttkammer,* verhaftet. Eine Durchsuchung seiner Wohnung gab nichts Belastendes. Bei der Patrouille waren Leutnant Franz *Harlinghausen,* Kurt *Wegner* und Johannes *Dickmann.* Herr v. Puttkammer bat wiederholt, dafür zu sorgen, daß Jahnke nicht wiederkomme, was Harlinghausen versprach. Jahnke wurde abtransportiert und in eine Sandgrube geführt. Darauf erschoß ihn Harlinghausen mit zwei Schüssen aus unmittelbarer Nähe während Wegner und Dickmann nach ihren eigenen Angaben (im Prozeß) zusahen. Im Einverständnis mit dem Mörder meldete Thormann dann einen Fluchtversuch. Doch wurde durch andere Zeugen, besonders durch den Kutscher, der Vorgang ermittelt. Harlinghausen ging, als ein Haftbefehl gegen ihn erlassen wurde, ins Ausland. Thormann, der Führer der Patrouille, Wegner und Dickmann, die zugaben, gewußt zu haben, daß Jahnke erschossen werden sollte, wurden am 8. Dezember 1920 freigesprochen, v. Puttkammer wurde nur als Zeuge vernommen. („Das freie Wort", Schwerin, 9. Dezember 1920; „Vorwärts", 11. Dezember 1920.) Herr v. Puttkammer gab vor Gericht an, daß er eine Gehirnerschütterung erlitten habe und daß seine Worte daher nicht ernst genommen werden könnten. Das Verfahren gegen Harlinghausen, der vollständig geständig war, wurde auf Grund der Amnestie im März 1922 eingestellt. („Freiheit", 21. März 22.)

Morde in Breslau

Am 13. März 1920 wurde in Breslau der Redakteur der „Schlesischen Arbeiterzeitung", Bernhard *Schottländer,* Mitglied der U. S. P. D., von Soldaten des Freikorps Aulock zusammen mit über 30 anderen Personen verhaftet. Die Verhafteten wurden zunächst im Generalkommando mit Wissen der Offiziere gefoltert. „In der Nacht des 16. wurde er aus dem Gefängnis Kletschkaustr. von drei Soldaten zu einer Vernehmung nach dem Generalkommando abgeholt. Die Soldaten zeigten einen vom Militärbefehlshaber unterzeichneten Auslieferungsbefehl vor. Seitdem ist Schottländer spurlos verschwunden. Das Generalkommando und die zuständige Kommandantur wissen von nichts. Der Befehl soll gefälscht sein." (Aufruf des Breslauer Polizeipräsidenten, März 1920.) Bei Oswitz hat die Oder seine Leiche ans Land gespült. (Vgl. Aulock-Prozeß, März 1921.) Der „Münchener Volkswille", 5. Jan. 1921, meldete, die Ermordung sei auf Befehl des Oberleutnants *Schmitz,* z. Z. Linienschiffsstamm-Division Ostsee in Pillau, erfolgt. Dagegen ist nach der Meinung des Staatsanwalts („Voss. Ztg.", 16. Januar 1921) die Ermordung durch zwei Offiziere und zwei Soldaten, die alle vier bisher unauffindbar waren, erfolgt.

Der Maschinenschlosser Alfred *Schramm,* Siebenhufnerstr. 72, der Bankbeamte Karl *Boronow,* Gräbschenerstr. 3, der Kohlenarbeiter Heinrich *Romane,* Gräbschenerstr. 77 und der Redakteur *Demmig* wurden in der Nacht zum 14. März durch Soldaten der Regierung Kapp unter Führung von Offizieren verhaftet. Seither sind sie spurlos verschwunden. Der Führer der Patrouille, die Boronow verhaftete, war Leutnant *Kaufmann* von der zweiten Marinebrigade. Der Schlosser Max *Hoffmann* wurde am 15. März wegen Verteilung sozialdemokratischer Flugblätter, der Eisenbahnschlosser Wilhelm *Böhm,* Herdainstr. 38, am 16. März als Streikposten, der Koch Heinz *Herkenrat* vom Hotel Riegner am 19. März auf Grund einer Denunziation einer Frau Neumann aus Skarsine durch Soldaten der Regierung Kapp verhaftet und „auf der Flucht" erschossen. Der Führer der Patrouille, die Herkenrat verhaftete, war Oberleutnant *Müller.* Herkenrats Leiche wurde ausgeplündert. („Breslauer Volkswacht", vom 31., 24., 22., 19. März 1920.)

Eine Bestrafung der Täter ist in keinem Fall erfolgt, im Gegenteil: Das Reichsgericht hat die über die Soldaten Walter, Biskup und Brefka wegen der Folterungen gefällten Urteile auf Grund der politischen Amnestie aufgehoben (18. Juni 1921). Sie wurden dann als Hilfsaufseher im Gefängnis Schweidnitz angestellt. (Preuß. Landtag, 14. Sept. 1921.)

Die 14 Arbeiter von Bad Thal

Beim Kapp-Putsch erklärte sich der Kommandeur der Reichswehrbrigade 15, Generalmajor Hagenberg, für Kapp. Die Regierung von Gotha jedoch hielt zur Verfassung, wurde für abgesetzt erklärt und zum Teil im Namen des Reichskanzlers Kapp verhaftet. Freiherr v. Schenk, Bezirksbefehlshaber von Marburg, weigerte sich, am 14. März eine Erklärung zu geben, ob er zu Ebert oder zu Kapp halte, und erklärte, nur den Befehlen, die aus Kassel kämen, zu gehorchen. In Kassel aber war General von Schöler, der zu Lüttwitz hielt. Am 19. März forderte v. Schenk zur Bildung einer Studentenwehr auf. Am 20. März 1920 rückte das hauptsächlich aus Korporationsstudenten zusammengesetzte Zeitfreiwilligen-Bataillon unter Führung des Fregattenkapitäns v. Selchow von Marburg nach Thüringen aus, um dort „Ruhe und Ordnung" wiederherzustellen. („Berl. Tageblatt", 20. Juni 1920.) Die Studenten zogen mit Musik, mit Fahnen und Bändern geschmückt, aus. Der Rektor beschwor den Geist von 1914. Es kamen nämlich von den militärischen Dienststellen alle möglichen Schauermeldungen über das „in vollem Aufruhr befindliche Thüringen", über die „Machtzentren der aufrührerischen Bewegung" in dem friedlichen Ruhla, über die „heftigen Kämpfe um Gotha, Erfurt, Eisenach", über „Artillerie, Minenwerfer und zahlreiche Maschinengewehre". (Broschüre des Feldwebels Schaumlöffel: „Das Studentenkorps Marburg in Thüringen".) Trotzdem muß Schaumlöffel zugeben, daß das Bataillon am Tage darauf „vom Gegner unbehelligt in Eisenach einzog", und vier Tage darauf zieht das Bataillon ebenso „unbehelligt", ohne ein einziges Mal ins Gefecht gekommen zu sein, natürlich auch ohne einen einzigen Toten, Verwundeten oder Vermißten, in Gotha ein. (S. 66.)

Auch in Bad Thal war alles ruhig. (Angabe des Schultheißen und des Wachtmeisters Heß im Prozeß.) An Hand einer Liste, die auf Grund völlig beweisloser Denunziationen zusammengestellt war, wurden 15 Arbeiter festgenommen. Fünf davon waren Mitglieder der Demokratischen Partei (Obuch im Landtag, 24. Nov. 1920). Am 25. März, morgens 7 Uhr, trat das Bataillon den Vormarsch auf Gotha an. Die verhafteten „Spartakisten" (natürlich sämtlich unbewaffnet), von einer Anzahl Studenten bewacht, beschlossen, in 500 m Abstand von der Truppe, den Zug. Noch vor 8 Uhr morgens wurden sie alle 15 in der Nähe Mechterstedts von den Studenten teils auf der Straße, teils unmittelbar am Rand der Straße erschossen. Die Leichen blieben ganz einfach liegen, der Zug ging *singend* weiter. Angeblich hatten die Leute einen Fluchtversuch unternommen. Fast alle lagen nebeneinander. Alle mit fürchterlich zerschmettertem Kopf, also aus nächster Nähe erschossen. Die meisten Verletzungen waren derartig, daß der Sachverständige, Dr. Jänicke, im Prozeß aussagte, die Schädel seien total zertrümmert, so daß Feststellungen, von wo die Schüsse gekommen seien, nicht möglich waren. Bei zweien sei mit Sicherheit festzustellen, daß sie von vorne gekommen seien (Herzschuß), andere seien von hinten erfolgt. Einer geht von oben nach unten. (Vierter Verhandlungstag.)

Die Namen der Getöteten waren: *Hornschuh, Hartmann, Döll, Patz,* drei Brüder *Füldner,* zwei Brüder *Soldan, Wedel, Rössiger,* zwei Brüder *Schröder* und *Rosenstock,* alle Bürger aus Thal. Am 19. Juni wurde der stud. jur. Heinrich *Goebel* aus Spangenberg, Leutnant a. D., als Hauptangeklagter, ferner die Studenten cand. med. Heinrich *Engelbrecht* aus Cassel, stud. med. Frank *Jahn* aus Eberswalde, cand jur. Hermann *Kraus* aus Herne, Paul *Herhaber* aus Duisburg, stud. med. Heinz *Schüler* aus Cassel, cand. med. Ernst *Nebelmann* aus Mühlheim a. d. Ruhr, cand. med. Kurt *Blum* aus Gelnhausen, stud. dent. Julius *Völker* aus Oberkirchen, Alfred *Voß* aus Utsen, stud. med. Lorenz *Lange,* zum großen Teile ehemalige Offiziere, vom Kriegsgericht, d. h. von ihren eigenen Kameraden, freigesprochen. Einen Beweis für den Fluchtversuch konnten sie nicht erbringen. Das Verfahren wurde dann vom Schwurgericht wieder aufgenommen. Der Staatsanwalt hielt eine Rede, die die Studenten entlastete. Belastungszeugen, wie der Leutnant Duderstadt, wurden nicht vernommen. Die Studenten wurden von der Anklage des Totschlags und Mißbrauchs der Waffe freigesprochen. Da der Staatsanwalt auf Revision verzichtete, wurde das Urteil am 27. Dez. 1920 rechtskräftig. („Deutsche Tageszeitung", 29. Dez. 1920; Duderstadt: „Der Schrei nach dem Recht".)

Das Verfahren gegen Goebel, Jonas und Gördt wegen Mißhandlung war auf Grund der Amnestie am 21. Februar 1921 eingestellt worden. Am 13. Februar 1922 verwarf das Reichsgericht die vom Staatsanwalt dagegen eingelegte Revision. (W. T. B.)

Tierarzt Neubert

In der Stadt Sömmerda waren die Arbeiter wegen des Kappputsches in den Generalstreik getreten, hatten die Einwohnerwehr entwaffnet und einige der Führer festgesetzt. Am 24. März 1920 rückte die Reichswehr an und beschoß die Stadt. Die Streikleitung schickte den Tierarzt *Neubert* zu den Truppen, um zu verhandeln.

Fest steht, daß Neubert von der Truppe vor der Stadt Sömmerda festgenommen wurde, als er als Parlamentär zum Kommandeur sich begeben hatte. Später wurde er in die Stadt geführt und dort im Rathauskeller untergebracht. Nach einiger Zeit wurde er auf Befehl des Truppenkommandeurs von Reichswehrsoldaten wieder vor die Stadt gebracht. Dieser Befehl wurde vom Kommandeur deshalb erteilt, weil Neubert in der Stadt vor der Wut der gegen ihn äußerst aufgebrachten Bevölkerung nicht sicher genug untergebracht war. Vor der Stadt lief Neubert weg, und es wurde hinter ihm hergeschossen. Schließlich wurde er von einem Soldaten auf kurze Entfernung getroffen, der dann noch mit dem Gewehrkolben auf ihn einschlug und einen zweiten Schuß auf ihn abgab." (Brief des Oberstaatsanwaltes in Erfurt N 6 I 1195/20 vom 20. August 1920, auf die Anzeige der Frau Neubert.)

Wegen der Erschießung des Neubert schwebte ein Verfahren beim Gericht der Reichswehrbrigade 11. Infolge der Aufhebung der Militärgerichtsbarkeit wurde das Verfahren von der Staatsanwalt-

schaft Erfurt übernommen. Am 9. Oktober 1920 stellte der Oberstaatsanwalt in Erfurt den Antrag auf Eröffnung der Voruntersuchung gegen vier Angehörige des Reichswehr-Inftr.-Reg. 21. Das
Verfahren schwebt noch. (Aktenabschrift in meinem Besitz.)

Morde im Ruhrgebiet

„Ich will Ihnen mitteilen, daß auch noch in den letzten 14 Tagen
eine Anzahl Personen erschossen worden sind, ohne daß man
ein Gerichtsurteil abgewartet hätte. So ist mir mitgeteilt worden,
daß in Essen zwei Personen, in Heißen sechs Personen ohne Urteil
erschossen wurden." (Steinbrink, Preuß. Landtag, 29. April 1920.)

Darauf antwortete der Minister des Innern, Severing:

„Es ist richtig, daß in Mühlheim, Duisburg, Essen und in anderen Orten willkürliche Erschießungen durch Soldaten vorgekommen
sind" . . . „Die Erschießungen von denen der Herr Abgeordnete
Steinbrink gesprochen hat, waren nicht Vollstreckungen von Todesurteilen, gefällt von Standgerichten oder außerordentlichen Kriegsgerichten, sondern rein willkürliche Erschießungen; irgendeine
Truppe, die dazu keinen Auftrag hatte, hat sich Leute herausgeholt,
die im Geruch des Bolschewismus oder Spartakismus standen, und
derartige Leute sind ohne Federlesen in einer ganzen Reihe von
Städten erschossen worden. Das ist amtliches Material, das mir
von den von mir eingesetzten Zivilkommissaren beweiskräftig zugetragen worden ist."

Der Bergmann Jos. *Soyka* aus Bottrop, Trewsstr. 77, hat in
der Sicherheitswehr bis zum 31. März Dienst getan und dann seine
Waffen abgegeben. An Kämpfen hatte er nicht teilgenommen. Am
3. April morgens wurde er von 4 Leuten der Marinebrigade Löwen-
feld aus seinem Haus herausgeholt. Nach einer Anfrage bei seinem
Vorgesetzten ließ ihn Kapitänleutnant *Meyerhofer* aus Kiel ohne
Untersuchung erschießen. Ein Verfahren ist nicht eingeleitet. Ein
Zivilprozeß gegen den Militärfiskus schwebt unter 5. O. 305/21 beim
Landgericht Essen.

Der Bergarbeiter Paul *Graf* und der Knappschaftsälteste Paul
Langer, beide aus Duisburg-Beek, wurden in der Nacht vom 4. auf
5. April 1920 von den Sipo-Wachtmeistern *Mehl* und *Friedrich* und
einem dritten Unbekannten ohne Haftbefehl aus ihren Wohnungen
geholt und „auf der Flucht" erschossen. Gegen beide lag nicht das
geringste vor. Nach der ärztlichen Obduktion wiesen beide Verletzungen an Stirn und Brust auf. Das Verfahren gegen die Täter
schwebt.

Rogowski aus Essen wurde beim Einrücken der Reichswehr
am 6. April 1920 auf Grund einer Denunziation verhaftet und im
Essener Rathause nach einem kurzen Verhör „zum Tode verurteilt"
und auf Befehl des Gerichtsoffiziers Leutnant *Linsemeier* durch den
Feldwebel *Block* erschossen. Der hinzugerufene Oberst v. Baum-
bach, der die grundlose Erschießung nicht mehr verhindern konnte,

hat der Familie sein Beileid ausgesprochen und sie pekuniär unterstützt. Gegen Block und Linsemeier ist ein Verfahren wegen Mord eingeleitet. Block ist in Haft.

Joh. *Schürmann* aus Essen, Holsterhauser Straße 1, und Engelbert *Kläs* aus Essen, Holsterhauser Straße 101, wurden am 6. April 1920 von Mannschaften der 3. Marinebrigade ohne jeden Grund verhaftet, mißhandelt, nach Mühlheim überführt, dort von Leutnant *Sinnesheimer* „zum Tode verurteilt", und mit Kolben erschlagen. Der Reichsmilitärfiskus wurde zum Schadenersatz verurteilt. (Aktenzeichen 8. 0. 611/20 des Landgerichts Essen, 3 U. 177/21 Oberlandesgericht Hamm.) Gegen die Täter ist nichts veranlaßt.

Der Bergmann Friedrich *Lichtenauer* in Essen-Borbeck, Ardelhütte 68 und Hermann *Riesner* in Essen, Kesselstr. 56, hatten, auf Veranlassung des Bürgermeisters Basel in Essen und mit Wissen der Reichswehr nach der Auflösung der Roten Armee zwecks Verhütung von Plünderungen bis zum Einzug der Reichswehr, versehen mit einer weißen Armbinde und einem Ausweis, gestempelt von der Stadt Essen, Sicherheitsdienst getan. Die Reichswehr war davon benachrichtigt. Der Leutnant einer Patrouille, Wilhelm *Goeke* aus Schwelm, Kölnerstr. 78, ließ beim Einrücken am 6. April 1920 beide erschießen. Angeblich wurde Lichtenauer auf der Flucht, Reißner in Notwehr erschossen. Der Militärfiskus wurde in erster Instanz zum Schadenersatz verurteilt. (3 U. 300/21 Oberlandesgericht Hamm.) Ein Verfahren gegen Goeke ist eingestellt worden.

Hermann *Witschel* aus Essen und ein gewisser *Rösner,* Mitglieder der christlichen Gewerkschaften, waren als Freiwillige am 7. April 1920 in die Reichswehr (Korps Lützow, Abt. des Hauptmann *Schmidt)* eingetreten. Zwei Tage darauf wurden sie als angebliche Spartakisten von ihren Kameraden mit Kolben totgeschlagen, ausgeraubt und heimlich verscharrt. Ein Zivilprozeß schwebt unter 8. 0. 559/20 beim Landgericht Essen.

Der Straßenbahner Friedrich *Siek* aus Altenessen, Böhmerheide 122, wurde am 8. April 1920, morgens ¼4 Uhr von einem Wachtmeister und 2 Mann der Sipo ohne Haftbefehl verhaftet und 2 Minuten vom Hause entfernt „auf der Flucht erschossen". Gegen Siek lag nicht das geringste vor. Das Verfahren gegen die beiden Täter ist eingestellt. (4. 0. 425/20 Landgericht Essen.)

Der Straßenbahner Max *Maurer,* Essen, Rankestr. 26, hatte am 17. April einen Heuwagen der Reichswehrtruppen versehentlich angefahren, wobei ein Feldwebel der Marinebrigade *Löwenfeld* unerheblich verletzt wurde. In der folgenden Nacht wurde er von 20 Angehörigen der Marinebrigade Löwenfeld, die in einem Lastauto von Bottrop kamen, verhaftet und „auf der Flucht erschossen", Gegen die Täter *Gaul, Grupat* und *Fuchs* ist nichts veranlaßt. (Aktenzeichen 3 U. 343/21 Oberlandesgericht Hamm; vergl. auch Seite 116.)

Der Schlosser *Borucki* aus Bottrop, Weckelstr. 21, wurde in der Nacht vom 24. zum 25. April 1920 von Angehörigen der Marinebrigade Löwenfeld unter der Führung des Serganten *Adler* verhaftet, ins Amtsgericht Bottrop gebracht, dort mißhandelt, aus seiner Zelle herausgeholt und in einem angrenzenden Gerstenfeld trotz seines Flehens erschossen. Der Reichsmilitärfiskus wurde zum Schadenersatz verurteilt. (Aktenzeichen 8. 0. 664/20 des Landgerichts Essen.) Gegen die Täter ist nichts veranlaßt.

Die Bergleute Rich. *Peledun* (Vertrauensmann der U. S. P. D.) und Jos. *Mainka* aus Bottrop (Tägtisbeckstr. 15, bzw. Westringstraße 33) wurden am 17. Mai von den Heereskriminalbeamten der Marinebrigade Löwenfeld, *Grimm* und *Eversberg* in Bottrop auf Grund eines militärischen Haftbefehls vom April 1920 verhaftet. Die Marinebrigade Löwenfeld war damals längst von Bottrop abgerückt. Der Haftbefehl, für den der Militärbefehlshaber überhaupt nicht zuständig war, hätte daher mindestens von der Polizeibehörde vollstreckt werden müssen. Gegen beide lag nichts vor. Sie wurden mit der Bahn bis Paderborn transportiert und dann nachts um ½12 Uhr in einem Wald „auf der Flucht" erschossen, die Leichen beraubt. Ein Verfahren gegen die Täter ist nicht erfolgt.

Kapitän von Löwenfeld, der Führer der nach ihm benannten Marinebrigade wurde später Kommandant eines neuerbauten kleinen Kreuzers. (Anfrage im Reichstage, 17. Juni 1922.) Die Regierung antwortete darauf, Löwenfeld sei für die Vorkommnisse nicht verantwortlich. (Reichstag, 30. Juni 22.)

Am 1. April 1920 rückte die Reichswehr in Haltern ein. Aus Angst vor den Schüssen flüchteten 14 Kanalarbeiter mit ihren Werkzeugen in den Keller. des Kolonialwarenhändlers *Meis.* Die Truppen drangen dort ein, und töteten alle 15. Die Namen der Ermordeten sind: Aug. *Barth* aus Rothenburg (geb. 8. 6. 87), Aug. *Dann* aus Rothenburg (15. 11. 97), Karl *Edelmann* aus Rothenburg (5. 2. 91), Leonhard *Frankenberger* aus Rothenburg (11. 5. 01), F. *Gläßer* aus Füllhammer (29. 12. 92), Paul *Gläßer* aus Schweidnitz (9. 10. 97), Joh. *Hasenstab* aus Rothenburg (15. 3. 01), Georg *Helbling* aus Reutlingen (7. 6. 91), Fr. *Hurzera* (15. 5. 68), Th. *Ignazia* aus Milzilmark (8. 12. 67), Fr. *Joppe* aus Ullersdorf (30. 7. 00), Rob. *Krimm* aus Rothenburg (8. 6. 87), Rob. *Riesbeck* aus Honst (22. 3. 83), Gottl. *Rottenbücher* aus Rothenburg (8. 6. 87), Händler Josef *Meis.*

„Eine Ausgrabung am 7. Juli 1920 ergab, daß bei 10 Leichen keine Schußwunden vorhanden waren, aber die Schädel waren eingeschlagen und die Hälse durchschnitten. Einige Leichen sind ohne Hosen und Schuhe begraben worden." (Ludwig, Reichstag, 29. Juli 1920.) Die Namen der verantwortlichen Offiziere wurden ermittelt. Da sie aber angeblich nicht zu finden waren, stellte die Staatsanwaltschaft das Verfahren ein.

Eine Frau Käthe *Pintsch* aus Witten a. d. Ruhr wurde erschossen, weil sie angeblich einen Revolver im Strumpf verborgen hatte. Eine Krankenschwester bezeugte, daß sie der Frau einen Geldbetrag übergeben hatte, den sie im Strumpf verbarg. Den Befehl zur Erschießung gab nach Zeugenaussage (vgl. „Sozialist",

Nr. 10, 7. Juli 1921) der Leutnant *Horst Kohl* aus München, Leopoldstraße 238. Ein Verfahren gegen ihn ist bisher nicht eingeleitet, obwohl die Zeugenaussagen natürlich sofort den zuständigen militärischen Behörden übergeben wurden.

Der Anstreicher Friedrich Steinbiß, wohnhaft Essen, Schlachthof, berichtete am 10. April 1920 im „Ruhrecho":

„Am Donnerstag, den 8. April, spät nachmittags, wurden zwei Arbeiter, angeblich Rotgardisten, auf dem Schlachthof durch Militär eingeliefert. Aus dem Wachtraum hörte ich bald darauf Schreien, sodaß ich annahm, die Verhafteten würden geschlagen. Nach einiger Zeit, es war inzwischen dunkel geworden, wurden die beiden Leute aus dem Wachtraum herausgeschickt und entfernten sich in gewöhnlicher Gangart. Der eine ging durch die Tür in der Richtung nach der Stoppenbergerstraße, während der andere über den Hof an der Rampe vorbei sich der Eisenbahn zuwandte. Als der erste etwa 30—40 Meter draußen vor dem Tore war, wurde er durch einen Soldaten erschossen. Auch der zweite wurde kurze Zeit später tot aufgefunden. Die Soldaten behaupteten, beide hätten einen Fluchtversuch unternommen. Nach meiner Ansicht ist das ausgeschlossen. Beide sollen nur Sicherheitsdienst getan haben."

Die Täter konnten nicht ermittelt werden. Der Oberstaatsanwalt in Essen stellte das Verfahren ein. (Aktenzeichen 18 I 738/20.)

Man lese den Bericht des sozialdemokratischen Abgeordneten Osterroth („Freiheit", 9. April 1920 und „Ruhrecho", 20. April), die Rede des Abgeordneten Obuch vom 24. November 1920 und die Broschüre von Josef Ernst „Kapptage im Industriegebiet". Hierin sind eine Reihe von weiteren Ermordungen im Ruhrgebiet zum Teil mit Namen aufgeführt.

„Ich kann für ihn nicht garantieren"

Am 1. April hatten in der Nähe von Hüls in Westfalen Kämpfe zwischen Angehörigen der roten Armee und Regierungstruppen stattgefunden. Im Anschluß daran wurde ein Haus in Hüls von der Reichswehr umstellt und alle Bewohner herausgeholt. Sie waren sämtlich waffenlos. Der Landjäger *Hachmeyer* erklärte, daß er für alle Bewohner bis auf den Bergarbeiter *Hülsbusch* garantieren könne, daß sie keine Spartakisten seien. Darauf wurde Hülsbusch an die Wand gestellt und von einem Unteroffizier erschossen. Seine Papiere wurden geraubt.

Wie in einem Beleidigungsprozeß des Hachmeyer gegen den Parteisekretär der U.S.P. Herwig in Recklinghausen vor dem Schöffengericht festgestellt wurde, hatte Hülsbusch sich an den Kämpfen nicht beteiligt. Herwig wurde wegen der Aussage, Hachmeyer sei Schuld am Tode des Hülsbusch, wegen Beleidigung zu 100 M. Geldstrafe verurteilt. („Freiheit", 24. April 1921, 20. Mai 1922.)

Die Witwe erhob Anspruch auf Grund des Tumultschadengesetzes, die in erster Instanz abgewiesen wurden. Am 15. Mai 22 war

Verhandlung vor dem Reichswirtschaftsgericht als Beschwerdestelle. Die Beschwerde wurde zurückgewiesen mit der Begründung, die Erschießung sei berechtigt gewesen, wenn Hülsbusch sich am Aufstand beteiligt hätte. Darüber, ob er sich beteiligt hätte, könne nicht auf Grund des Tumultschadengesetzes, sondern nur in einem ordentlichen Prozeß gegen den Reichsfiskus entschieden werden.

Linksmorde beim Kapp-Putsch

In der Gemeinde Kleinkugel bei Halle existierte eine Einwohnerwehr mit 14 Gewehren und einem Maschinengewehr. Während des Kapp-Putsches forderten die Arbeiter von den Gutsbesitzern Herausgabe der Waffen. Auf Anraten der Reichswehr versteckte der Gutsbesitzer *Walter* die Gewehrschlösser. Am 18. März holte die Reichswehr die Gewehre ab. Am 19. März fuhr sein Sohn per Rad nach Halle, um Geld dorthin zu bringen. Er nahm dabei die Gewehrschlösser mit. In Kanena wurde er von den Arbeitern aufgehalten, die Gewehrschlösser wurden gefunden. Walter wurde zur Grube Alwiner Verein als Gefangener geführt. Dort wurde ihm vorgeworfen, daß die Reichswehr auf sein Anraten Leute erschossen habe. Die Arbeiter beschlossen darauf ihn zu töten und teilten ihm dies mit. Er wurde von zwei Arbeitern zu einem Trockenschuppen geführt und dort um ³/₄10 Uhr durch einen Kopfschuß getötet. Der Arbeiter Rasch wurde bei der Verhandlung freigesprochen, da Zeugen beschworen, daß er nicht der Mörder sei.

Am 21. März 1920 kamen einige Kaliarbeiter aus Staßfurt zu dem Rittergutsbesitzer *Henze* in Trebitz und verlangten Wagen, um nach Halle fahren zu können. Die Bahn ging nämlich nur bis Wallwitz. Henze weigerte sich zunächst. Bald darauf kamen 40 weitere Arbeiter mit Handgranaten und entsicherten Gewehren. Henze und seine Schwester wurden umringt. Es kam zu einem heftigen Wortwechsel und Tätlichkeiten. Henze erhielt einen Lungenschuß und einen Kolbenschlag auf den Schädel, seine Schwester einen Herzschuß. Als Mörder des Henze wurde der Arbeiter Karl *Felix* aus Hechlingen, der den tödlichen Schlag getan, unter Zubilligung mildernder Umstände zu fünf Jahren Gefängnis und der Kesselschmied Erich *Rolle* aus Hechlingen zu 12 Jahren Zuchthaus, der Mörder von Fräulein Henze, der Arbeiter Karl *Steinbach* aus Wallwitz, ebenfalls zu 12 Jahren Zuchthaus verurteilt.

Der Reichswehrsoldat *Sametz* wurde am 28. März 1920 von der roten Armee bei Dorsten gefangen genommen. Er wurde dem Maschinisten Gottfried *Karuseit* aus Gelsenkirchen als Abschnittskommandeur und Leiter der Kämpfe in Dorsten vorgeführt. Dieser ließ ein Kriegsgericht, bestehend aus den Kompagnieführern, die zunächst erreichbar waren, bilden. Die Kompagnieführer verurteilten den Sametz (einen früheren Baltikumer) wegen Spionage zum Tode. Karuseit, der sich später selber als Militärspitzel entpuppte, suchte die Leute zur Vollstreckung des Urteils aus und ließ Sametz noch in derselben Nacht erschießen. Ein Verfahren gegen Karuseit wegen Mordes schwebt vor dem Schwurgericht Essen. (16. aJ. 597/20.)

Ernst *Langensiepen* aus Barmen wurde während der Herrschaft der roten Armee im Gerichtsgefängnis in Essen eingeliefert. In der Nacht des 3. April 20 wurde er von 4 Rotgardisten aus der Zelle geholt und im sogenannten Leichenkeller erschossen. Die Täter sind geflüchtet, die Untersuchung schwebt noch. Langensiepen soll Militärspitzel gewesen und deshalb zum Tode verurteilt worden sein.

INDIVIDUELLE MORDE

„Verräter verfallen der Fehme"

Hans *Hartung* war in Halle und München unter den Kommunisten als Spitzel tätig, gleichzeitig soll er geheime Waffenlager der bayrischen Einwohnerwehr an die Entente verraten haben. In Zusmarshausen waren Waffen der Einwohnerwehr von dem Rittmeister Gustav *Beurer* unter Mithilfe des Oberleutnants Dr. Josef *Berger,* des Amtsrichters *Wanderer* und des Bankbeamten Lorenz versteckt worden. Von Hartung fürchtete man Verrat. Anfang März 1921 wurde seine Leiche bei Zusmarshausen in einem Bach gefunden. Sie war im Auto dorthin gebracht worden. Wahrscheinlich hat Beurer ihn ins Auto gelockt und zusammen mit Berger erschossen. Die Leiche war mit Steinen beschwert, in eine vorher von Berger und Wanderer ausgesuchte tiefe Stelle des Baches geworfen worden. Berger, der sich im Rausch verraten hatte und Beurer wurden im März 22 verhaftet, bereits im Juni aber wegen „Mangels an Beweisen" entlassen. („Berliner Tageblatt", 26. 3. 22, „Münchener Neueste Nachrichten", 3. 6. 22.)

Das Dienstmädchen Maria *Sandmeier* aus München, Tegernseerlandstraße 20, wurde am 6. Oktober 1920 im Forstenriederpark erdrosselt gefunden. Die Leiche war im Auto dorthin geschafft worden. Die Sandmeier hatte gedroht, dem Entwaffnungskommissar des Reichs ein Waffenlager anzugeben. Als Täter wurde der Leutnant Hans *Schweighart* vom Freikorps Oberland in Innsbruck im Dezember 1921 verhaftet („Vossische Zeitung', 8. 12. 1921) und an Bayern ausgeliefert. Eine Verhandlung fand bisher nicht statt.

Hans Paasche

Hans *Paasche* war zuerst Offizier in den Kolonien und war unter den Schrecken des Kolonialkrieges zum Pazifisten geworden. Während des Krieges schwebte gegen ihn ein Hochverratsprozeß, weil er ein Flugblatt, das ihm ein Agent provocateur im Auftrag der Polizei zustellte, verbreitet hatte. (Wolfgang Heine, „Deutsche Tageszeitung", 26. Oktober 1920.)

Paasche hatte in den ersten Tagen der Revolution eine Rolle gespielt, sich aber dann auf sein Gut Waldfrieden in der Neumark zurückgezogen. Auf Grund einer von Berlin ausgegangenen Denunziation, wonach bei ihm die Waffen für die kommunistische Kampforganisation untergebracht seien, fand bei ihm am 22. Mai 1920 unter Führung des Oberleutnants *Koppe* eine Haussuchung nach Waffen statt, die von 60 Soldaten unter Führung von zwei Offizieren durchgeführt wurde.

Paasche saß in Badehosen an seinem See und fischte, als der Gendarm Wendland ihn bat, ins Schloß zu kommen, weil dort Herrschaften auf ihn warteten. Ein Haftbefehl bestand nicht. Als Paasche die Postenkette erblickte, wurde er mißtrauisch, wandte sich um „zu einem Fluchtversuch". Gemäß dem Befehl, „wonach sie zu schießen hätten, wenn eine festgenommene Person auf dreimaliges Haltrufen nicht stände" (amtl. Bericht des Oberleutnants Koppe, „Vossische Zeitung", 1. Juni 1920), erschossen ihn die Soldaten. Den tödlichen Schuß gab der Schütze *Diekmann* ab. Um Stimmung zu machen, berichtete das Reichswehrschutzregiment in Deutsch-Krone am 25. Mai 1920 im „Berliner Tageblatt": „Wie mitgeteilt wird, sollen bei Paasche eine größere Anzahl Dumdumgeschosse gefunden worden sein." Diese haltlose Behauptung wurde später nicht mehr aufrecht erhalten. In den verschiedenen amtlichen Berichten, insbesondere dem des Preußischen Ministeriums des Innern („Berliner Tageblatt", 3. Juni 1920) wurde zugegeben, daß absolut nichts Belastendes gefunden wurde. Die Regierung versprach strengste Untersuchung und Bestrafung der Schuldigen. Die Untersuchung endete folgendermaßen:

„Herrn Viktor Fränkl, Justizrat, Berlin.

Das Verfahren ist am 27. November 1920 eingestellt, weil eine strafbare Handlung nicht nachweisbar ist. Der Tod des Paasche ist auf ein Zusammentreffen nicht voraussehbarer unglücklicher Umstände zurückzuführen, für welche niemand strafrechtlich verantwortlich zu machen ist.

Schneidemühl, den 6. Dezember 1920.

Der Oberstaatsanwalt. Unterschrift: (unleserlich)."

Eine Beschwerde hiergegen beim Generalstaatsanwalt wurde am 21. Februar 1921 abgewiesen.

Paul Hoffmann in Flensburg

Auf Grund der Angaben eines Spitzels namens Paul *Reichardt* wurde der Flensburger Kommunist Paul *Hoffmann* am 28. Dezember 1920 auf Befehl des Kommandeurs der Flensburger Sicherheitspolizei, Major *v. Plüskow,* verhaftet, weil er einen Putsch vorbereitet habe. Nachts wird er zur Kaserne gebracht. Als er am Morgen ins Untersuchungsgefängnis geführt werden sollte, hat Hoffmann angeblich dem Wachtmeister einen Stoß vor die Brust gegeben, um entfliehen zu können. Darauf habe die Wachbegleitmannschaft nach dreimaligem Haltrufen zwei Schüsse abgegeben. Hoffmann war sofort tot. Eine strenge Untersuchung wurde von der Regierung zugesagt. Major v. Plüskow wurde strafversetzt. („Deutsche Allgemeine Zeitung", 4. Januar 1921; „Voss. Zeitung", 4. Januar 1921; Minister Severing, Reichstag, 14. Januar 1921.) Sonst geschah nichts.

Wilhelm Sült

Sült, Führer der Elektrizitätsarbeiter bei mehreren Streiks, wurde am 30. März 1921 durch die politische Polizei (Abt. 1 A) in Schutzhaft genommen. Als er am 1. April zur Vernehmung ins Polizeipräsidium gebracht wurde, soll er nach dem amtlichen Bericht („Vossische Zeitung", 1. April) dem Beamten einen Stoß versetzt haben und die Treppe hinaufgesprungen sein, worauf der Beamte, *Janike*, zweimal auf ihn schoß und ihn in die Leber und Nieren traf. Sült erklärte seinem Rechtsanwalt Dr. Weinberg auf dem Totenbett, er habe weder den Beamten gestoßen, noch sei er geflohen. Als Sült am Boden lag, wurde er von einem Polizeioffizier mit dem Ruf: „Verrecke, Du Aas" („Das Tagebuch", 9. April), mit Füßen getreten. Zunächst wurde er einfach auf einer Pritsche liegen gelassen. Um ½5 Uhr kam Dr. Eylenburg, wurde aber nicht vorgelassen mit der Begründung, Sült sei schon in der Charité. Erst um 7 Uhr abends kam er dorthin. „Vor der Operation hatte er schon 1½ Liter Blut verloren" (Prof. Lubarsch). Am 2. April, morgens 4 Uhr, starb er. Gegen alle Vorschriften wurde die Leiche bereits am Vormittag seziert. Dr. Klauber, der verabredungsgemäß an der Sektion teilnehmen sollte, fand die Leiche bereits seziert vor. „Es fehlten sämtliche Eingeweide, so daß über die Art der Verletzung durchaus nichts mehr festgestellt werden konnte. Zu meiner großen Ueberraschung war die Stelle der Einschußwunde herausgeschnitten." Durch die voreilige Sektion war die Möglichkeit einer weiteren Aufklärung beseitigt. Eine Bestrafung wegen dieses Falles ist nicht erfolgt. (Vergl. Preußische Landesversammlung vom 18. April, Berliner Stadtverordnetenversammlung vom 23. April, „B. Z. am Mittag", 8. April, Eingehende Darstellung im „Tagebuch", 9., 23., 30. April, 14. Mai.)

Max Hölz

Im März 1921 brach in Mitteldeutschland ein Aufstand aus. Die Schuld daran lag im wesentlichen bei den Kommunisten. *Hölz* war militärischer Führer einer sogenannten „Roten Armee". Zu ihrem Unterhalt nahm sie eine Reihe von „Requisitionen" vor; auch wurden Gebäude in die Luft gesprengt. Zu dem Rittergutsbesitzer *Heß* in Roitschenhagen kam Hölz mit einem bewaffneten Haufen und verlangte Geld und Mäntel. Heß sagte zuerst zu, lief dann einige Schritte fort. Es entstand ein Tumult, in dem Heß durch mehrere Schüsse umkam. Genaueres darüber, wer alles geschossen hatte, war nicht zu ermitteln. Die Zeugen widersprachen sich. Das Gericht unterstellte es als wahr, daß Hölz unnötiges Blutvergießen vermeiden wollte, und verurteilte ihn zu lebenslänglichem Zuchthaus. Nach der Urteilsbegründung „steht fest, daß Hölz sich an der Tötung des Gutsbesitzers Heß beteiligt hat. Das Gericht hat jedoch das Moment der Ueberlegung verneint. Es liegt also Totschlag vor". (Prozeßberichte in allen Berliner Zeitungen, 13. bis 23. Juni 1921.)

Die Schupo in Mitteldeutschland

Als wegen der Märzunruhen 1921 eine Abteilung der Düsseldorfer Schutzpolizei sich Klostermansfeld näherte, ging ihr der stellvertretende Gemeindevorsteher Paul *Müller* (Kommunist) entgegen, erklärte, im Orte sei alles ruhig, und zog an der Spitze der Polizisten, zusammen mit dem Hauptmann, der das Kommando führte, in den Ort ein. Obwohl er die Arbeiter ausdrücklich gewarnt hatte, wurde aus dem Ort geschossen, wobei Müller natürlich ebenfalls bedroht war. Am Nachmittag wurde Müller aufgefordert, sich bei dem Hauptmann der Schutzpolizei zu melden, was er tat. Um 9 Uhr abends wurde er in Einzelhaft genommen. Am Morgen des 27. März wurde er auf der Chaussee nach Leinbach, etwa 150 Meter vom Orte entfernt, erschossen aufgefunden. Das Gefängnis, in das er angeblich gebracht werden sollte, lag in einer ganz andern Richtung. Die Leiche zeigte am Kopfe Spuren von Mißhandlungen.

Das Verfahren wurde am 21. April 1921 eingestellt, da „Müller wahrscheinlich auf der Flucht erschossen worden sei", später jedoch wieder aufgenommen. (Aktenabschrift in meinem Besitz.)

Die im folgenden dargestellten Fälle beruhen auf den Verhandlungen des Untersuchungsausschusses der preußischen Landesversammlung betr. die Unruhen in Mitteldeutschland vom November 1921. Dabei hat sich u. a. herausgestellt, daß in keinem dieser Fälle ein Verfahren durch den Staatsanwalt eingeleitet worden war.

In Querfurt wurden am Ostermontag, 28. März, nach entsetzlichen Mißhandlungen die Gefangenen *Peter,* der Lagerhalter des Konsumvereins *Straube* (Kommunist) und ein Dritter erschossen. Die Täter gehörten zur Düsseldorfer Schupo unter dem Grafen *Poninski.* Der Konsumverein wurde ausgeplündert.

In Besenstedt wurden der Sanitäter Kurt *Herzau* und der Arbeiter Gustav *Thieleke,* in Bischofsrode am 1. Ostertag acht Gefangene, darunter der Knecht *Pawlack* aus Helbra und der Bergmann *Weiner* und ein gewisser *Dietrich* durch Düsseldorfer Polizisten, in Schraplau am 2. Ostertag sechs Gefangene, darunter Martin *Deutsch, Müller, Poblentz* und *Trautmann,* in einem Kalkofen erschossen.

Bei der Einnahme des Leunawerkes sahen die Offiziere bei den Mißhandlungen durch Oberwachtmeister Heim und andere Sipoleute zu: Einem Gefangenen, bei dem eine Pistole gefunden worden war, wurde der Schädel eingeschlagen, sodaß das Gehirn an die Wand spritzte. Ein anderer mußte sich selbst erschießen. Insgesamt wurden 9 Leute umgebracht, darunter *Lederer, Isecke* und *Zillmann.* In Mitteldeutschland war kein Standrecht verhängt worden. In keinem Fall hat eine Bestrafung stattgefunden.

Wie eine Erschießung auf der Flucht insceniert wird

Während des Märzaufstandes 1921 kam die Merseburger Polizeihundertschaft am 31. März durch Gröbers. Dort wurden ihnen von anderen Truppen die Leichen der verstümmelten Beamten gezeigt, die dort gefallen waren. So wurden sie zu Morden aufgestachelt. Der kommunistische Ortsvorsteher von Osmünde, *Mosenhauer,* war verhaftet worden. Auf der Straße nach Schkeuditz wurde er vom Auto geholt, unter furchtbaren Schlägen auf den Kopf ins Feld getrieben und von dem nicht zur Bewachungsmannschaft gehörigen Wachtmeister Rudolf *Böhm* „auf der Flucht" erschossen.

In seiner ersten Vernehmung am 28. April 1921 durch den Regierungsrat Dr. Kielhorn war Böhm geständig. Er sagte aus: „als ich sah, daß der Ortsvorsteher übers Feld *ging,* riß ich einem neben mir stehenden Beamten den Karabiner weg und schoß, in der Annahme, daß er fliehen wolle. Ich hatte nicht „Halt" gerufen.

Nach der Aussage des Oberwachtmeisters Lichtenberg vor dem Untersuchungsausschuß des Preußischen Landtages wurde Mosenhauer zweimal absichtlich auf das Feld geschickt, damit man ihn erschießen könne. Beim ersten Mal gingen zufällig einige Telegraphenarbeiter vorbei, deshalb wurde er wieder zurückgerufen. Als die Zeugen sich entfernt hatten, schickte man Mosenhauer das zweite Mal hinaus. Er ging zögernd und sich häufig umwendend. Der Schuß fiel, als er das Gesicht nach der Straße zuwendete. Die tödliche Wunde erhielt er an der linken Brustseite vorn. Die Leiche lag mit dem Gesicht zum Auto. Am 31. Oktober 1921 wurde Böhm vor dem Schwurgericht Halle (Anklagevertreter Staatsanwaltschaftsrat Luther, Vorsitzender Landgerichtsdirektor Thorwest) freigesprochen. (Vergl. Erich Kuttner: Der Freispruch eines Geständigen. „Die Glocke", 1. Mai 1922. Untersuchungsausschuß 29. Oktober 1921.)

Karl Gareis

Karl *Gareis* war Abgeordneter der U.S.P.D. im bayerischen Landtag. Er hatte sich verhaßt gemacht durch seinen Kampf gegen die Einwohnerwehr und durch Aufdeckung einer Spitzelaffäre, bei der ein gewisser Dobner wegen angeblichen Verrats eines Waffenlagers an die Entente von Studenten beinahe umgebracht worden war. Am 10. Juni 1921 wurde er nachts auf dem Heimweg vor seiner Wohnung erschossen. Zur Erklärung der Tat beachte man den Brief Meier-Koys, des früheren Vorsitzenden der bayerischen

68

Königspartei. Danach ist der zweite Landeshauptmann der bayerischen Einwohnerwehren, Kanzler, der Ansicht: „Die Verräter sind umzubringen, und zwar unter Hinterlassung eines Merkmals, das die Motive der Tat zweifelsfrei erscheinen läßt. Der Führer braucht bei der Ausführung nicht ängstlich zu sein. Hinter ihm (Kanzler) stehe der Ministerpräsident" (Reichstag, 17. Juni 1921). Als Täter kommt der oben auf Seite 64 genannte Leutnant *Schweighart* in Betracht. Wenigstens wurde dies bei seiner Auslieferung von den österreichischen Behörden vermerkt. (Vergl. auch S. 138.)

Kriminalwachtmeister Buchholz

Die „Hundertschaft zur besonderen Verwendung" unterstützte die aufrührerischen Truppen im Baltikum, indem sie durch Bestechungen von Eisenbahnbeamten den Transport von Geld dorthin ermöglichte. Beim Kapp-Putsch stellte sie sich sofort auf die Seite der einrückenden Marinebrigade. Trotzdem blieb sie unangefochten. Im Sommer 1920 wurde in ihr der geheime „Bund der Ringmannen" unter Hauptmann Stennes gebildet, der zahlreiche Waffen vor der Ablieferung versteckte. Eine Durchsuchung verlief ergebnislos, da die Hundertschaft vorher gewarnt worden war. Ueber die vermutlichen Verräter der Waffenschiebung wurde nachts ein Geheimgericht gehalten. (Vergl. Berliner Tageblatt, 10. September 1921.) *Buchholz* bezahlte auf Geheiß seiner Vorgesetzten bis in die Tausende gehende Beträge an Zivilangestellte, d. h. Spitzel.

Man befürchtete von Buchholz eine Aufdeckung dieser Vorgänge. Am 13. Juni 1921 wurde er in der Schloßkaserne Charlottenburg tot aufgefunden. Angeblich hat er wegen Unterschlagung Selbstmord begangen. Doch konnte eine Unterschlagung nicht nachgewiesen werden. Nach dem Gutachten des Gerichtssachverständigen, Medizinalrat Dr. Störmer („Frankfurter Zeitung", 18. August 1921), handelte es sich „bestimmt um Tötung durch dritte Hand." Die Untersuchung gegen die Hundertschaft wurde zunächst niedergeschlagen, „da von Zeugen, die unter ständiger Bedrohung seitens der Hundertschaft stehen, wahrheitsgemäße Angaben nicht zu erwarten seien." (Mitteilung des Polizeiwachtmeisters Asmus, „Berliner Tageblatt", 24. Juli 1921.)

Am 2. Dezember 1921 wurden die Wachtmeister *Erren* und *Meyer* von der Anklage des Mordes freigesprochen. (Prozeßberichte in allen Berliner Zeitungen.) Erren war im Zimmer gewesen, „zum telephonieren", als der zum fortgehen angezogene Buchholz aus einer Entfernung von über 30 cm von hinten die Kugel durch den Kopf, angeblich von eigener Hand, empfing.

Erzberger

Als *Erzberger* am 26. Januar 1920 das Gerichtsgebäude in Moabit verließ, feuerte der Schüler und Fähnrich a. D. Oltwig *v. Hirsch-*

feld auf ihn zwei Schüsse ab, die ihn schwer verletzten. Bei der Vernehmung erklärte er, Erzberger sei ein Schädling und habe wissentlich gegen Deutschland gearbeitet. Er erklärte, seine Kenntnisse über Erzberger aus einer Broschüre Helfferichs zu besitzen. Hirschfeld wurde am 21. Februar 1920 wegen Körperverletzung zu 1 Jahr 6 Monate Gefängnis verurteilt. (Prozeßbericht in allen Berliner Zeitungen.)

Erzberger hatte sich, um den Ausgang seines Prozesses mit Helfferich abzuwarten, aus dem öffentlichen Leben zurückgezogen. Am 26. August 1921 wurde er bei einem Spaziergange im Badeorte Griesbach im Schwarzwald von zwei jungen Leuten überfallen und erschossen. Sein Begleiter, der Abgeordnete Dietz, wurde verwundet. Als er schon am Boden lag, vergewisserten sich die Mörder durch weitere Schüsse (im ganzen 12), daß er tot sei. Dann entflohen sie.

Als man nach den möglichen Tätern suchte, stellte sich heraus, daß Hirschfeld bereits am 27. April 1921 angeblich wegen Krankheit aus dem Gefängnis auf vier Monate beurlaubt worden war und nicht zurückgekehrt war. („Berliner Tageblatt", 30. August 1921.) Er benutzte seinen Urlaub zu vielstündigen Radpartien. Zur Zeit der Begehung der Tat hielt er sich im benachbarten Calmbach auf. Er wurde in Berlin ermittelt und verbüßte ab 10. September den Rest seiner Strafe. („Frankfurter Zeitung", 15. September 1921.) Dann wurde er für geisteskrank erklärt, aus der psychiatrischen Klinik in Freiburg wieder entlassen, zuletzt aber doch zur Absitzung der Strafe verhaftet. („Berliner Tageblatt", 18. Mai 1922, „Lokal-Anzeiger", 10. Mai 1922.)

Als Mörder wurden die in München wohnhaften Heinrich *Schulz* und Heinrich *Tillessen* ermitelt. Beide sind frühere Offiziere, dann kamen sie in den Stab der Marinebrigade Ehrhard, (Berliner Tageblatt, 21. September 1921.) Zuletzt arbeiteten sie in der Landwirtschaftlichen Zentralgenossenschaft bei Geheimrat Heim. Sie sind Mitglieder des Deutschvölkischen Schutz- und Trutzbundes, der Arbeitsgemeinschaft Oberland, die früher in Oberschlesien als Freikorps war, und einer deutschnationalen Geheimorganisation, der Organisation C (Mitteilung des badischen Staatspräsidenten Dr. Trunk, 22. September 1921.)

Ziele der Organisation waren: Weiterverbreitung des nationalen Gedankens, Bekämpfung des Internationalismus, des Judentums und Sammlung entschlossener Männer. „Verräter verfallen der Fehme." Die Mitglieder waren zu unbedingtem Gehorsam verpflichtet. Schulz und Tillesen besaßen falsche Pässe auf den Namen Trost und Schwind. Sie flüchteten nach Ungarn. Als sie in Budapest eine Depesche an den Rechtsanwalt Adolf Müller in München aufgaben, wurden sie erkannt und verhaftet, aber auf telephonische Anordnung des Oberstadthauptmanns Dr. Hetheny wieder freigelassen. Vergl. Aussage des Kriminalinspektors

Schumacher im Offenburger Prozeß („Berliner Tageblatt", 9. Juni 1922.)

Der frühere Kapitänleutnant Manfred v. *Killinger,* der Vorgesetzte von Schulz und Tillessen in der Organisation C (offiziell: Bayerische Holzverwertungsgesellschaft) wurde angeklagt, den Mördern Beistand geleistet zu haben. Er hatte nämlich ihre Koffer in Verwahrung genommen, Briefe in Empfang genommen und auch nach dem Mord mit beiden verkehrt. Killinger war ursprünglich Offizier gewesen, dann kämpfte er gegen die bayerische Räte-Republik, machte den Kapp-Putsch mit und besetzte das Reichswehrministerium. Nach seiner Verhaftung fand man bei ihm einen Versuch einer Paßfälschung. Am 13. Juni 1922 wurde er vom Schwurgericht Offenburg freigesprochen (Berichte in allen Berliner Zeitungen).

Die einzige Verurteilung, die bis jetzt in der Erzbergersache erfolgte, betrifft den verantwortlichen Redakteur des Offenburger Tageblatts, Franz Huber. Dieser wurde nämlich, weil er Teile der Anklageschrift veröffentlicht hatte, zu 1000 M. Geldstrafe verurteilt. (Berliner Tageblatt, 17. August 1922.)

Walter Rathenau

Als Rathenau, Minister des Aeußeren, am 24. Juni 1922 von seiner Villa im Grunewald ins Auswärtige Amt fahren wollte, wurde sein Auto von einem andern, von Ernst Werner *Techow* (21 Jahre) geleiteten Auto, in dem der Oberleutnant a. D. Erwin *Kern* und Hermann *Fischer* saßen, überholt. Kern und Fischer schossen mit einer Maschinenpistole auf Rathenau und warfen eine Handgranate auf ihn. Rathenau war sofort tot. Das Auto hatten die Großindustriellen Johann und Franz *Küchenmeister* aus Freiberg in Sachsen, Mitglieder des Deutschen Schutz- und Trutzbundes, zur Verfügung gestellt. Die drei erstgenannten waren früher Mitglieder der Brigade Ehrhardt, dann der Organisation C und waren am Kapp-Putsch beteiligt gewesen. Die Maschinenpistole hatte Christian Ilsemann (21 Jahre), Sekretär des Schutz- und Trutzbundes in Schwerin, geliefert. Der angebliche Leutnant Willy *Günther* (27 Jahre), ein Psychopath und Deserteur, hatte den Plan mit ausgearbeitet und die Garage vermittelt. Er war Mitglied des Bundes der Aufrechten, des Deutschbundes, des Deutschen Offiziersbundes und des Deutschnationalen Jugendbundes. Auf einem „Nestabend" dieses Bundes ließ er sich als Mörder Rathenaus feiern. In seinem Besitz befanden sich Briefe von Helfferich, Ludendorff, Jagow und Oberst Bauer. Einer der zehn Briefe Ludendorffs enthielt unter anderm die Worte: „Lieber Günther" und: „mit herzlichem Gruß". Beihilfe leistete der Gymnasiast Hans Gerd *Techow* (16 Jahre). Der ehemalige Kadett Ernst v. *Salomon* (20 Jahre) vermittelte die Verbindung mit Waldemar *Niedrig* (22 Jahre), der ursprünglich das Auto lenken sollte.

Das Auto stand in Berlin bei den Garagebesitzern *Schütt* und *Diestel.*

Nach der Tat erzählte Techow ihnen: „Die Sache hat geklappt, Rathenau liegt. Wir haben es getan, um die Roten zum Angriff zu reizen. Uns ging das Geld aus." Dann fuhr er in seinen Tennisklub. Techow floh dann auf das Gut seines Onkels Behrens. Von diesem wurde er der Polizei übergeben. Behrens erhielt darauf eine Menge Drohbriefe.

Kern und Fischer wurden nach langem Suchen am 18. Juli auf der Burg Saaleck bei Bad Kösel in der Wohnung des Schriftstellers Dr. Hans Wilhelm *Stein* von der Polizei gestellt. Kern fiel bei der Schießerei mit den Beamten, Fischer erschoß sich selbst.

Am 3. Oktober 1922 begann die Verhandlung vor dem Staatsgerichtshof in Leipzig. Günther bekam eine Sendung von Pralinen, die mit Arsen vergiftet waren. Er gab davon den andern Angeklagten, mit denen er während der Verhandlung verkehren durfte. Zum Teil erkrankten sie daran. Die Absender konnten nicht festgestellt werden. Am 14. Oktober wurden wegen Beihilfe zum Mord Ernst Werner Techow zu 15 Jahren Zuchthaus und 10 Jahren Ehrverlust, Hans Gerd Techow zu 4 Jahren und 1 Monat Gefängnis, Günther zu 8 Jahren Zuchthaus und 10 Jahren Ehrverlust, Niedrig und von Salomon zu 5 Jahren Zuchthaus und 5 bzw. 4 Jahren Ehrverlust, Ilsemann wegen Verstoß gegen die Waffenordnung, Schütt und Diestel wegen Begünstigung zu je 2 Monaten Gefängnis, Tillessen und Plaas wegen Nichtanzeige eines drohenden Verbrechens zu 3 bzw. 2 Jahren Gefängnis verurteilt. E. W. Techow wurde von der Anklage der Mittäterschaft freigesprochen. (Vorsitzender Dr. Hagens, Staatsanwalt Dr. Ebermayer.)

Gegen Tillessen schwebt noch eine Untersuchung wegen Beihilfe bei dem Attentat auf Scheidemann und wegen der Befreiung der Kriegsverbrecher Boldt und Dittmar. Auf die Organisation C wurde bei der Beweisaufnahme nicht näher eingegangen. Das Verfahren gegen Dr. Stein und gegen den Kapitänleutnant a. D. Wolfgang *Dietrich,* der den Tätern auf der Flucht neue Anzüge verschafft hatte, schwebt noch. Johann Küchenmeister, bei dem ein Waffenlager gefunden worden war und einer der Beteiligten, Günther *Brandt* sind flüchtig. Das Verfahren gegen den 17jährigen Primaner *Stubenrauch,* der als erster den Plan gehabt hatte, Rathenau zu ermorden, wurde eingestellt. Er besucht weiter sein Gymnasium in Steglitz. (Berichte in allen Berliner Zeitungen.)

Im folgenden sind alle bisher behandelten Morde in tabellarischer Form zusammengestellt.

DIE VON RECHTS BEGANGENEN POLITISCHEN MORDE

Lfd. Nr.	Datum	Name des Getöteten	Art der Tötung	Name des Verantwortlichen	Name des Ausführenden	Schicksal des Verantwortlichen	Schicksal des Ausführenden
1	11. I. 19	W. Fernbach, W. Heise, W. Möller, K. Grubusch, E. Kluge, A. Schöttler, Wackermann.	willkürl. Erschießung	Major Franz v. Stephani	Weber Seltzer	keine Anklage	keine Anklage
8	15. I. 19	Dr. K. Liebknecht	„auf der Flucht"	H. v. Pflugk-Hartung	Hr. v. Pflugk-Hartung, Stiege, Lippmann, Ritgen, Schulze, Friedrich	freigesprochen	freigesprochen Krull 3 Mon. G. Bracht 500 M. Geldstrafe
9	15. I. 19	Dr. Rosa Luxemburg	„gelyncht"	Oberl. Vogel	Oberltn. Vogel, Jäg. Runge	Vogel entkom.	Runge 2 J. Gef. 2 Wochen Haft
10	17. I. 19	R. Jordan, H. Merx, v. Lojewski, Milkert	„auf der Flucht"	Sasse	2 Trainsoldaten	kein Verfahren	kein Verfahren
14	19. II. 19	Fulneczek	angebl. Notwehr	unbekannt	Heuer	unbekannt	freigesprochen
15	21. II. 19	M. Steinicke	„auf der Flucht"	unbekannt	Blumberg	unbekannt	Verf. eingest.
16	21. II. 19	Kurt Eisner	willkürl. Erschießung	—	Graf Arco Valley	—	lebensl. Fest.
17	7. III. 19	Adolf Riga	willkürl. Erschießung	unbekannt	unbekannt	keine Anklage	keine Anklage
18	8. III. 19	Abr. Melichowitz u. ein Matrose, Peters	im Gef. gelyncht	unbekannt	Arth. Schneider Ad. Arndt	keine Anklage	je 1 Jahr 6 Monat Zuchthaus
21	10. III. 19	Leo Jogisches Dorrenbach	„auf der Flucht"	Wachtmstr. E. Tamschik	unbekannt	z. Ltn. beförd.	keine Anklage
23	10. III. 19	H. Galuska, K. Friedrich, O. Werner	„auf der Flucht"	unbekannt	unbekannt	keine Anklage	keine Anklage

Lfd. Nr.	Datum	Name des Getöteten	Art der Tötung	Name des Verantwortlichen	Name des Ausführenden	Schicksal des Verantwortlichen	Schicksal des Ausführenden
26	11. III. 19	Richard Borchard	angebl. Standrecht	unbekannt	unbekannt	keine Anklage	keine Anklage
27	11. III. 19	Bonczyk, Brandt, Biertümpel, Bursian, Dehn, Deubert, Ferbitz, R. Göppe, Handwohl, Harder, A. Hintze, H. Hintze, Hinze, Jakubowsky, O. Kanneberg, Kuhle, Kutzner, Lewitz, H. Lietzau, Maszterlerz, Mörbe, Pobantz, Rösner, Schulz, Ulbrich, Weber, Zieske. Zühlsdorf	willkürl. Erschießung	Oberst Reinhard Hptm. v. Kessel	Offizierstellv. Penther Ltn. Marloh	Reinhardt nicht angeklagt v. Kessel freigesprochen	Marloh 3 Mon. Fest. u. 30 M. Geldstr., Penther z. Ltn. befördert
55	12. III. 19	Stoveck, E. Dahle, K. Becker	willkürl. Erschießung	unbekannt	Vizew. Marcus	kein Verfahren	freigesprochen
58	12. III. 19	P. u. A. Daenschel	angebl. Standrecht	Lt. S. Winter	unbekannt	Verfahr. eingestellt	keine Anklage
60	12. III. 19	Otto Hauschild	angebl. Standrecht	unbekannt	unbekannt	kein Verfahren	kein Verfahren
61	12. III. 19	Alfred Musick	„auf der Flucht"	Oberl. Wecke	Vizew. Marcus	kein Verfahren	kein Verfahren
62	12. III. 19	Piontek	willkürl. Erschießung	unbekannt	Ritter u. Wendler	kein Verfahren	Ritter 3 J. Gef. Wendler freigesp.
63	12. III. 19	Joh. Müller	angebl. Standrecht	Leutnant Baum	Alex. Köhler	freigesprochen	kein Verfahren
64	13. III. 19	Wilh. Bilski	Standrecht	Leutnant Baum	unbekannt	Verf. eingestellt	keine Anklage
65	13. III. 19	Paul Biedermann, Hans Gottschalk	willkürl. Erschießung	unbekannt	unbekannt	kein Verfahren	kein Verfahren

Lfd. Nr.	Datum	Name des Getöteten	Art der Tötung	Name des Verantwortlichen	Name des Ausführenden	Schicksal des Verantwortlichen	Schicksal des Ausführenden
67	13. III. 19	Berthold Peters	angebl. Standrecht	Hauptmann Poll	unbekannt	kein Verfahren	kein Verfahren
68	13. III. 19	Georg Fillbrandt, Paul Szillinski	"auf der Flucht"	unbekannt	unbekannt	kein Verfahren	kein Verfahren
70	13. III. 19	Abrahamsohn	angebl. Standrecht	unbekannt / Rttm. v. Oertzen	Lt. Czekalla / Lt. Czekalla	kein Verfahren / Verfahr. schw.	kein Verfahren / Verf. schwebt
72	30. IV. 19	Wallmann 1 Zivilist	"tödlich verungl." (Namen in der Tabelle Seite 43)	Gen. v. Oven		kein Verfahren (v. Gagern 200 M.)	kein Verfahren
73	1. V. 19	36 Zivilisten					
109	2. V. 19	103 Zivilisten					Diegele 5 Woch. Gefängnis
212	3. V. 19	16 Zivilisten					
228	4. V. 19	7 Zivilisten					
235	6. V. 19	21 kath. Gesellen		Hptm. v. Sutterheim, Offizierstell. Paul Priebe	Jakob Müller Makowski Grabasch, Latosi	Verf. eingestellt	je 14 Jahre Zuchthaus 1 J.Gef., 10 J.Zhs.
256	21. III. 20	A. Futran, W. Dürre, Fritz Kegel, K. Wienecke, K. Gratzke	angeblich. Standrecht	Kapt. Bebbel	Ltn. Kubich	keine Unters.	keine Unters.
261	13. III. 20	Schottländer	gelyncht	Oberl. Schmitz	unbekannt	Unters. erfolgl.	Unters. erfolgl.
262	13. III. 20	Demmig, Schramm, Boronow, Romane Hoffmann, Böhm, Herkenrath	willk. Tötung	Lt. Kaufmann	unbekannt	kein Verfahren	kein Verfahren
266	15. III. 20		"auf der Flucht"	Obtlt. Müller	unbekannt	kein Verfahren	kein Verfahren
269	17. III. 20	Wittke, Steinfurth	angebl. Standrecht	Baron v. Brandenstein Rittergutsbes.	Freikorps Roßbach	Verf. eingestellt	Verf. eingestellt
271	18. III. 20	Slomski	angebl. Standrecht	Bachmann	Freikorps Roßbach	Verf. eingestellt	Verf. eingestellt
272	18. III. 20	Puffpoff	gelyncht	Rittm. Obernitz	unbekannt	kein Verfahren	kein Verfahren
273	18. III. 20	Gräbler	angebl. Standrecht	Rittm. Obernitz	unbekannt	Verf. schwebt	Verf. schwebt

Lfd. Nr.	Datum	Name des Getöteten	Art der Tötung	Name des Verantwortlichen	Name des Ausführenden	Schicksal des Verantwortlichen	Schicksal des Ausführenden
274	18. III. 20	Dunn, Schlieker, Berg, Köhler, Gerber	angebl. Notwehr	Stefan und Peter v. Lefort	unbekannt	Verf. schwebt	keine Anklage
279	19. III. 20	H. Lützendorf	„auf der Flucht"	Ltn. Simon (?)	Bender	Verf. eingest.	Verf. eingest.
280	19. III. 20	Seidel	in Notwehr	Ltn. Meinecke	unbekannt	keine Unters.	keine Unters.
281	20. III. 20	Paul Jahnke	willkürl. Erschießung	Ltn. Thormann	Harlinghausen	freigesprochen	Verf. eingest.
282	25. III. 20	Hornschuh, Hartmann, Döll, Patz, 3 Füldner, 2 Soldau, Wedel, Rössiger, 2 Schröter, Rosenstock	„auf der Flucht"	Ltn. Göbel	Engelbrecht, Jahn, Kraus, Herhaber, Schüler, Nebelmann, Blume, Völker, Voß, Lange	freigesprochen	freigesprochen
296	24. III. 20	Tierarzt Neubert	„auf der Flucht" angebl. Notwehr	unbekannt	unbekannt	Verf. schwebt	Verf. schwebt
297	24. III. 20	Weigelt	angebl. Standrecht	—	Ltn. Schütz, Ltn. Jansen	—	freigesprochen keine Anklage
298	1. IV. 20	Hülsbusch		Hachmeyer	unbekannt	kein Verfahren	kein Verfahren
299	1. IV. 20	A. Barth, E. Dann, K. Edelmann, L. Frankenberger, Fr. Glässer, P. Glässer, J. Hasenstab, G. Helbing, F. Hurzera, Th. Ignasiak, Fr. Joppe, R. Krimm, R. Riesbeck, G. Rottenbücher, Meis	willkürl. Erschießung	unbekannt	unbekannt	Verf. eingestellt	Verf. eingestellt

Lfd. Nr.	Datum	Name des Getöteten	Art der Tötung	Name des Verantwortlichen	Name des Ausführenden	Schicksal des Verantwortlichen	Schicksal des Ausführenden
314	3. IV. 20	Jos. Soyka	angeblich. Standrecht	Kap.-Ltn. Meyerhofer	unbekannt	kein Verfahren	kein Verfahren
315	5. IV. 20	Paul Graf, Paul Langer	"auf der Flucht"	unbekannt	Wachtm. Mehl, Friedrich	Verf. schwebt	Verf. schwebt
317	6. IV. 20	Rogowski	angebl. Standrecht	Lt. Linsemaier	Block	Verf. schwebt	Verf. schwebt
318	6. IV. 20	Joh. Schürmann, Eug. Klüs	angebl. Standrecht	Ltn. Sinnesheimer	unbekannt	kein Verfahren	kein Verfahren
320	6. IV. 20	Fr. Lichtenauer, Herm. Rießner	"a. d. Flucht" angbl. Notw.	Ltn. Goeke	unbekannt	Verf. eingestellt	Verf. eingestellt
322	9. IV. 20	Herm. Witschel, Rösner	willkürl. Erschießung	unbekannt	unbekannt	kein Verfahren	kein Verfahren
324	8. IV. 20	Fr. Steck	"auf der Flucht"	unbekannt	unbekannt	Verf. eingestellt	Verf. eingestellt
325	17. IV. 20	Max Maurer	"auf der Flucht"	unbekannt	Gaul, Grupat, Fuchs	kein Verfahren	kein Verfahren
326	25. IV. 20	Br. Boruckl	willkürl. Erschießung	unbekannt	unbekannt	kein Verfahren	kein Verfahren
327	17. V. 20	Rich. Peledun, Jos. Mainka	"auf der Flucht"	unbekannt	Grimm, Eversberg	kein Verfahren	kein Verfahren
329		Käthe Pintsch	willkürl. Erschießung	Ltn. Horst Kohl	unbekannt	kein Verfahren	kein Verfahren
330	22. V. 20	Hans Paasche	"auf der Flucht"	Oberl. Koppe	Schütze Diekmann	Verf. eingestellt	Verf eingestellt
331	6. X. 20	Marie Sandmeier	willkürl. Erdroßlung	unbekannt	Lt. H. Schweighart	Verf. schwebt	Verf. schwebt
332	28. XII. 20	Paul Hoffmann	"auf der Flucht"	Maj. v. Plüskow	unbekannt	Verf. eingest.	Verf. eingestellt
333	4. III. 21	Hans Hartung	willkürl. Erschießung	unbekannt	Rittm. Beurer, Oberl. Berger	Verf. schwebt	Verf. schwebt

Lfd. Nr.	Datum	Name des Getöteten	Art der Tötung	Name des Verant-wortlichen	Name des Aus-führenden	Schicksal des Verant-wortlichen	Schicksal des Aus-führenden
334	26. III. 21	*Paul Müller*	„a. d. Flucht"	unbekannt	unbekannt	Verf. schwebt	Verf. schwebt
335	27. III. 21	*Herzau, Thielecke, Pawlack, Weiner, Dietrich*					
340	28. III. 21	*Straaße, Peter, Deutsch, Müller, Poblentz, Trautmann, Lederer, Isecke, Zillmann*	angebl. Standrecht	unbekannt	unbekannt	Verf. schwebt	Verf. schwebt
349	31. III. 21	*Mosenhauer*	„a. d. Flucht"	—	Unterof. R. Böhm	kein Verfahren	freigesprochen
350	30. III. 21	*Wilh. Sült*	„a. d. Flucht"	unbekannt	Janicke	—	Verf. schwebt
351	10. VI. 21	*Karl Garels*	willkürl. Erschießung	Lt. Schweighart? Hptm. Stennes?	unbekannt	Unters. schwebt	Unters. schwebt
352	13. VI. 21	*Buchholz*	angebl. Selbstmord	unbekannt	Erren (?), Meyer (?)	kein Verfahren	freigesprochen
353	26. VIII. 21	*M. Erzberger*	willkürl. Erschießung	unbekannt	H. Schulz, H. Tillessen	Unters. schwebt	Unters. schwebt
354	24. VI. 22	*W. Rathenau*	willkürl. Erschießung	unbekannt	E. W. Techow, Kern u. Fischer, Günther, Gerd Techow, Brand, Niedrig, v. Salomon, Ilsemann, Schütt, Diestel, Tillessen, Plaas	kein Verfahren	Kern gefallen, Fischer Selbstm. W. Techow 15 J. Zth., G. Techow 4 J. 1 Mon. Gef. Günther 8 J. Zth., Niedrig, v. Salomon je 5 J. Zth., Ilsemann-Schütt. Diestel je 2 Mon. Gef., Tillessen 3 J. Gef., Plaas 2 J. G.

Gesamtzahl: 354 politische Morde von rechts

Gesamtsühne: 90 Jahre, 2 Monate Einsperrung, 730 M. Geldstrafe und 1 lebenslängliche Haft

DIE VON LINKS BEGANGENEN POLITISCHEN MORDE

Lfd. Nr.	Datum	Name des Getöteten	Art der Tötung	Name des Verantwortlichen	Name des Ausführenden	Schicksal des Verantwortlichen	Schicksal des Ausführenden
1	13. II. 19	Kohlmann	willkürl. Erschießung	—	O. Albrecht K. Arnold	—	Albrecht lebensl. Zuchthaus Arnold lebensl. Z.
2	21. II. 19	Abg. Osel	willkürl. Erschießung	—	nicht ermittelt	—	Lindner 14 J. Z. Frisch 3½ J. Gefängnis Merkert 1½ M. Gefängnis Schlund 2 Mon. Gefängnis
3	21. II. 19	Major v. Gareis	angebl. Notwehr	—	Metzger Lindner	—	
4		Max Weinberger	willkürl. Erschießung	unbekannt	unbekannt	kein Verfahren	kein Verfahren
5	30. III. 19	F. K. v. Teuchert F. W. v. Seydlitz F. Linnenbrügger Walter Hindorf Prof. Ernst Berger Sekr. Daumenlang Hella v. Westarp W. Neuhaus W. Deicke Prinz Thurn u. Taxis	als Repress., willkürl. erschossen	Eglhofer, Fritz Seidel	Josef Seidl, Kammerstädter, Schickelhofer, Kick, Gsell, Hannes, Huber, Hesselmann, Lermer, Wiedl, Fehmer, Pürzer, Riedmayer	Eglhofer willkürlich erschlagen. Fritz Seidel z. Tode verurteilt	Josef Seidl, Schickelhofer, Kammerstädter, Wiedl, Pürzer, Fehmer, Walleshauser z. Td. verurteilt Kick, Gsell, Hesselmann, Lermer, Hannes, Huber, Riedmayer, Debus, Strelenko und Greiner zu je 15 Jahre Zuchth. Rotter 7 J. Z.

79

Lfd. Nr.	Datum	Name des Getöteten	Art der Tötung	Name des Verantwortlichen	Name des Ausführenden	Schicksal des Verantwortlichen	Schicksal des Ausführenden
15	25. IV. 19	Ernst Lacher	angebliches Standrecht	Rich. Käs, Gg. Graf, Radl	Blechinger, Ebert, Essig. Vogl, Mühlbauer, Anzenberger	Käs 6 J. Zuchth. Graf 12 Jahre Zuchth., Radl stdrechtl. ersch.	Vogl 4 J. Zuchthaus, Mühlbauer 3½ J.Zuchthaus Anzenberger 1 J. 6 Mon. Gef. Ebert, Blechinger, Essig je 3 J. Gefängnis
16	2. VIII. 19	Polizeiag. Blau	erdrosselt	Polizeiagent Toifl ?	unbekannt (Hoppe)	kein Verfahren	Hoppe 6 J. Z. Winkler 3 J. G.
17	19. III. 20	Gutsbesitz. Walter	willkürl. Erschießung	unbekannt	unbekannt	Verf. eingest.	Verf. eingest.
18	21. III. 20	Gutsbesitz. Henze u. Schwester	willkürl. Erschießung	—	Felix, Rolle, Steinbach	—	Felix 5 J. Gef., Rolle und Steinbach 12 Jahre Zuchthaus
20	28. III. 20	Sametz	angebl. Standrecht	G. Karuseit	unbekannt	Verf. schwebt	Verf. schwebt
21	3. IV. 20	E. Langensiepen	angebl. Standrecht	unbekannt	unbekannt	Verf. schwebt	Verf. schwebt
22	30. III. 21	Gutsbesitzer Heß	wilkürl. Erschießung	Max Hölz	unbekannt	Lebensl. Zuchth.	—

Gesamtzahl: 22 Morde von links
Gesamtsühne: 10 Erschießungen, 248 Jahre, 9 Monate Einsperrung, 3 lebenslängliche Zuchthausstrafen

DIE FORMEN DER POLITISCHEN MORDE

„Tödlich verunglückt"	184	Als Repressalie erschossen	10
Willkürlich erschossen	73	Willkürlich erschossen	8
„Auf der Flucht erschossen" . . .	45	Angebliches Standrecht	3
Angebliches Standrecht . . .	37	Angebliche Notwehr	1
Angebliche Notwehr	9		
Im Gefängnis oder Transport gelyncht .	5		
Angeblicher Selbstmord	1		
Summe der von Rechtsstehenden Ermordeten .	354	Summe der von Linksstehenden Ermordeten .	22

DIE SÜHNE DER POLITISCHEN MORDE

	Politische Morde begangen		Gesamtzahl
	von Linksstehenden	von Rechtsstehenden	
Gesamtzahl der Morde	22	354	376
davon ungesühnt	4	326	330
teilweise gesühnt	1	27	28
gesühnt	17	1	18
Zahl der Verurteilungen	38	24	
Geständige Täter freigesprochen . .	—	23	
Geständige Täter befördert . . .	—	3	
Dauer der Einsperrung pro Mord	15 Jahre	4 Monate	
Zahl der Hinrichtungen	10	—	
Geldstrafe pro Mord . .	—	2 Papiermark	

NICHT AUFGENOMMENE TÖTUNGEN

Wie bereits in der Einleitung hervorgehoben, macht die vorliegende Sammlung keinen Anspruch auf Vollständigkeit. Zunächst habe ich natürlich alle Körperverletzungen weggelassen, die nicht tödlich ausgingen, wie z. B. den Ueberfall auf *von Gerlach*, Dr. Magnus *Hirschfeld*, die Attentate auf den Abgeordneten *Auer*, auf *Scheidemann, Harden usw.*, bei denen der Mordversuch offenkundig war.

Ferner habe ich in die Sammlung nicht aufgenommen:

1. Die Opfer von Demonstrationen, Straßenkämpfen und von Lynchungen durch eine erregte Menge, wie sie vielfach z. B. während der Märzunruhen in Berlin, während des Kapp-Putsches und im Rheinland vorgekommen sind. Während des Kapp-Putsches wurden Hunderte von Arbeitern durch die meuternden Truppen und auch manche Soldaten durch Arbeiter erschossen. So fiel z. B. Hauptmann *Bertold* im Straßenkampf gegen die Arbeiter von Harburg. Von anderen Opfern von Unruhen seien kurz erwähnt: die 20 in Königshütte am 2. Januar 1919 erschossenen streikenden Arbeiter, die 5 durch die Garde-Kav.-Schützendivision in der Weinmeisterstraße im Februar 1919 Erschossenen, die 34 in der Köpenicker Straße in Berlin im März 1919 erschossenen Kommunisten, die 5 Reichswehrsoldaten, die durch die Baltikumer in Soest im Juni 1920 erschossen wurden. Zuletzt die 2 durch die auf Borkum stationierte Küstenwehr am 31. Dezember 1920 Erschossenen. Von der linken Seite stehen dem u. a. eine Reihe von Lynchungen gegenüber, die durch eine erregte Menge vorgenommen wurden, z. B. der Fall des sächsischen Kriegsministers *Neuring* und des Oberstleutnants *v. Klüber* in Halle, die Fälle am Wasserturm in Essen, am Rathaus in Schöneberg usw.

2. Alle Fälle, wo die erschießende Partei behauptet, daß sie von der Menge angegriffen wurde, gleichgültig, ob dies nachweisbar ist oder nicht. Daher habe ich nicht behandelt: die Erschießung von 17 Arbeitslosen in Breslau am 13. Februar 1919, die Erschießung des Arbeiters Hermann *Mark* in der Müllerstraße in Berlin am 3. Oktober 1919, die Erschießung eines Kriegsbeschädigten in Spandau am 12. Dezember 1919, die Erschießungen von 42 Demonstranten vor dem Reichstag am 13. Januar 1920, die Erschießung des Arbeiters *Jusselbeck* bei einer Versammlung in Oberhausen am 16. Februar 1920.

3. Alle Ermordungen, denen keine deutschen innerpolitischen Motive zugrunde liegen, also alle Erschießungen in Oberschlesien, ferner die Ermordung des französischen Sergeanten *Mannheim,* die Ermordung eines polnischen Kommunisten *Körner* (Rozenblum) durch einen anderen Polen in der Petersburgerstraße in Berlin, und von verschiedenen Türken durch Armenier. Endlich alle Fälle, wo es sich wahrscheinlich um einen persönlichen Racheakt handelte,

wie die Ermordung des Abgeordneten *Haase* durch *Voß* und die Ermordung des Studenten *Kahn* in Baden-Baden.

4. Alle Fälle, wo die Erschießung auf Grund eines kriegsgerichtlichen Urteils erfolgte, weil hierbei meistens wenigstens das formale Recht gewahrt blieb. Daher ist die Erschießung von *Leviné* nicht aufgenommen. Dagegen habe ich die Erschießungen in Köpenick gebracht, da es sich hier meines Erachtens um Justizmorde handelt. Natürlich habe ich auch diejenigen Fälle erwähnt, wo „standrechtliche Erschießungen" durch meuternde Truppen auf Grund der Verordnungen Kapps vorgenommen wurden. ̲

5. Alle Fälle, in denen es mir nicht gelungen ist, genügend Material zu bekommen. Hierunter fällt die Erschießung eines Sanitäters Hans *Müller* in der Neuenburger Straße in Berlin am 11. Januar 1919, die Erschießung von *Pieser* in Spandau am 11. Januar 1919, des Kommunisten *Meseberg* in Halle am 24. März 1919, die Erschießung des Arbeiters *Pludra* im März 1919 in Halle a. S. durch den Freiwilligen Hans *Haneling* auf Befehl des Oberleutnants *Kornalewski* (Feld-Art.-Reg. 45) und des Führers der 2. Streifkompagnie des Freikorps Halle *Huberti* alias *Roth,* ungefähr 50 willkürliche Erschießungen während der Märzunruhen in Berlin, z. B. die des Soldaten *Neese* am 12. März 1919, die Erschießung des Willi *Bressert* in Kottbus am 2. August 1919, die Erschießung des Kommunisten *Hammer* in Remscheid im September 1919, die Erschießung des 20jährigen August *Kluwig* durch den Vizefeldwebel *Moeßmann* (6. Kompagnie des Freikorps Schütz) bei Hamborn im März 1920, die Erschießung des 19jährigen Wilhelm *Bölke* in Adlershof am 19. März 1920, die Erschießung der Arbeiter Paul *Reinke* und Emil *Dagner* am 22. März 1920 auf Befehl des Major *Kloß* durch den Leutnant *Schetler* in Wesel, die Ermordung von Arbeitern durch Reichswehrsoldaten in Schallenberg und Tunzenhausen im März 1920, die Erschießung eines Arbeiters in Parin bei Grevesmühlen am 20. März 1920 auf Befehl des Wirtschafters des Gutes Oberhof, eine Reihe von Ermordungen von Bürgern bei Halle im März 1920, nämlich des Bergrats Dr. *Vogelsang* in Eisleben am 16. März, des Bürgermeisters von Osterfeld, des Rittergutsbesitzers *Barth* in Poserna, des Pastors *Niehus* in Burg Liebenau am 20. März, des Landesjägers *Herr* in Teutschenthal, des Schriftstellers *Schott* in Langenberg-Reuß, des Freiherrn *von Knigge* in Endorf, die Ermordung des Bürgermeisters *Jaeckel* in Osterfeld durch Kommunisten, die Erschießung des bolschewistischen Kuriers Paul *de Mott* am 5. April 1920 im Gefängnis Wesel durch den ihn bewachenden Gefreiten *Getischorek* „auf der Flucht" und die Ermordung des Arbeiters Karl *Schluck* am 15. April 1920 in Altenbochum durch Angehörige des Freikorps Epp; ferner die Erschießung des Arbeiters Otto *Haase* am 9. Juni 1921 in Berlin.

Selbst nach dieser scharfen Auswahl sind noch die geschilderten Fälle übrig geblieben.

ZUR SOZIOLOGIE DER POLITISCHEN MORDE

DAS WERDEN DER DEUTSCHEN ÖFFENTLICHEN MEINUNG

Wenn man sich die oben geschilderten Morde und die noch schrecklichere Klassenjustiz ins Gedächtnis ruft, so drängt sich die Frage auf: Wie sind solche Dinge in einem früher so geordneten Land möglich, das sicher zu den führenden Kulturnationen unserer Zeit gehört und das nach seiner Verfassung eine freiheitliche, demokratische Republik ist?

Um dies zu untersuchen, müssen wir die historische Bedingtheit, das Werden dieses heutigen Geistes verfolgen. Drei Phasen sind dabei zu unterscheiden: Die Entwicklung vor dem Krieg, die während des Krieges und die nach dem 9. November 1918.

Schon vor dem Kriege hat Deutschland, wenn auch nicht ganz mit Recht, den Ruf besessen, ein militärisches, d. h. halb feudalistisches Land zu sein, das gegenüber den westlichen Demokratien im Rückstand sei. Dieser Auffassung widersprechen die sozialen Einrichtungen Deutschlands und die außerordentlichen Leistungen seiner Wissenschaft und Technik. Begründet ist diese Auffassung zunächst durch den überwiegenden Einfluß des Militärs auf Staat und Gesellschaft, dann aber auch durch die grundsätzlich negierende Stellung, die Deutschland gegenüber den Haager Konferenzen eingenommen hat. Es bleibe unerörtert, inwieweit diese Versuche einer Pazifizierung der Welt tatsächlich möglich und aussichtsreich waren. Worauf es ankommt, ist, daß durch diese Haltung die Meinung entstanden ist, daß Deutschland ein militaristisches Land sei. Diese Weltauffassung hat auch in der Tat die Außenpolitik in wichtigen Momenten, z. B. in der Frage der Schiedsgerichtsbarkeit entscheidend beherrscht.

Drei Ursachen des Militarismus

Als Hauptursachen dieser Einstellung wird man in Kürze folgendes anführen können.

a) Die Entstehung Preußens auf einem Kolonialgebiet, wo eine ursprünglich dünne deutsche Oberschicht eine breite slavische Unterschicht beherrschte, und die ungünstige Lage Deutschlands machten früher einen großen militärischen Aufwand nötig. Schon zur Rechtfertigung seiner eigenen Existenz mußte dann das Militär die Möglichkeit der Erhaltung des Friedens auf einem andern Wege als dem der Rüstung auch in Zeiten leugnen, wo dieser Weg nicht mehr wirkungsvoll, sondern umgekehrt sogar schädlich war.

b) Gerade die relative Neuheit des deutschen Einheitsstaates, der ganz zu Unrecht als eine Erfüllung der demokratischen Träume der 48 er hingestellt wurde, unterstützte die Wirksamkeit dieser Ideologie. Die bürgerliche Revolution von 48 hatte den nationalen Gedanken betont, nicht im Sinne des heutigen Imperialismus, sondern als ein freiheitliches Gegengewicht gegen die herrschende dynastische Staatsauffassung. Das Volk und nicht die Fürsten sollten es sein, worauf sich der Staat aufbaue. Den nationalen Gedanken, der ohne seinen sozialen Inhalt nur eine leere Form blieb, übernahm Bismarck als ein Mittel zur Machtvergrößerung der Dynastie Hohenzollern und so konnte die Fiktion entstehen, das Reich von 1870 sei eine Fortsetzung der revolutionären, demokratischen Tendenzen von 1848. Blut und Eisen hätten das von oben verwirklicht, was das revolutionäre Bürgertum von unten nicht hatte vollenden können. So wird der Militarismus künstlich mit einem idealen Schimmer umkleidet.

c) Der große wirtschaftliche Aufschwung Deutschlands nach 1870 wurde nicht als eine Folge des Fallens der inneren Zollschranken und der gleichzeitig überall steigenden Konjunktur, sondern als eine Folge des militärischen Sieges aufgefaßt. Daher bleiben die Offiziere, die „Begründer der deutschen Größe", auch im Frieden die gesellschaftlich maßgebende Schicht. Ein Staat aber, in dem das Militär, sei es direkt, sei es durch das Reserveoffiziersunwesen, herrscht, muß seiner Natur nach kriegerisch auftreten.

Wir sehen also, daß das Bürgertum in Deutschland, das als Träger einer Demokratie in Betracht kam, selbst seinen Feind, den Militarismus stützte.

Zur Kriegsschuld

Die Auffassung aber, wonach Deutschland während länger Jahre nur davon geträumt habe, über die übrige, „demokratisch und friedlich gesinnte Welt" herzufallen, um sie zu erobern, ist falsch. Will man von einer deutschen Schuld sprechen, so müßte man folgende drei Gesichtspunkte unterscheiden: a) Die Schuld des herrschenden Wirtschaftssystems überhaupt, das den Krieg und seine Vorbereitung zu einem für gewisse besitzende Klassen lohnenden Geschäft macht. Der Anteil Deutschlands hieran bestand z. B. in dem Ausbau des Dumping-Systems, der unsinnigen Marokko-Politik usw.; b) die Schuld der deutschen Diplomaten, die im unbedingten Glauben an Blut und Eisen in den Julitagen von 1914 alle friedlichen Mittel solange verwarfen, bis sie den Krieg unvermeidbar gemacht haben; c) eine Schuld des ganzen deutschen Volkes, das den Krieg als etwas Herrliches, Begeisterungswürdiges empfand.

Wenn ganz Deutschland den Krieg ursprünglich unbedingt bejahte, so darf man auch hierin nicht einen Beweis des militärischen

Eroberungswillens sehen. Der Glauben, von Rußland überfallen zu sein und die Meinung, tatsächlich die europäische Kultur gegen die Barbarei verteidigen zu müssen, war allgemein verbreitet. Der Krieg gegen Frankreich wurde mit der bekannten Lüge der Fliegerbombe von Nürnberg begründet, die allgemein geglaubt wurde. Der Ueberfall auf Belgien schien nur die berechtigte Abwehr gegenüber einem angeblichen früheren Einmarsch der Franzosen.

Die Lügentechnik der Presse

Die unorganisierte Verbreitung von Lügen wich bald einer systematischen Irreführung der öffentlichen Meinung.

Die Mittel hierzu waren Zensur, Belagerungszustand und Schutzhaft. Offiziell erstreckte sich die Zensur nur auf militärische Angelegenheiten. Daher hat man alles Politische als militärisch betrachtet. Beinahe täglich wurden den Redaktionen Richtlinien, Befehle oder Verbote zugesandt. Mehrmals wöchentlich wurde eine „Pressekonferenz" gehalten, um die „richtigen" Nachrichten zu lancieren und um zu verhindern, daß sich eine selbständige öffentliche Meinung bildete. Der Sinn der Anweisungen war stets: „So und so verhält es sich, aber so und so wünschen wir es dargestellt" (manchmal hieß es sogar wörtlich so). Sorgfältig wurde verhüllt, daß es überhaupt eine Zensur gebe. Hierzu diente auch das Verbot, von der Zensur gestrichene Stellen weiß zu lassen, was in allen anderen Ländern erlaubt war. Wurden im Reichstag Uebergriffe von Zensoren erörtert, so strich der betreffende Zensor in lokalen Berichten die ganzen Mitteilungen darüber (Reichstag 30. Mai 1916). Jahrelang hat man jede Theateraufführung, jede wissenschaftliche und künstlerische Bemerkung, jede Annonce, ja jedes Witzblatt sorgfältig darauf geprüft, wie sie auf die Stimmung des Volkes wirken. Jahrelang hat man verboten, gewisse unliebsame Ereignisse und die Namen gewisser unbeliebter Persönlichkeiten überhaupt nur zu erwähnen, sodaß das Volk nicht einmal erfuhr, daß es Menschen gab, die protestierten. Umgekehrt hat man gewisse Halbgötter für sakrosant erklärt. Die oberste Heeresleitung, eine durch und durch politische Organisation, durfte nicht in den Bereich der Diskussion gezogen werden.

Auch über die Meinungen der Presse wurde das Volk völlig irregeführt. Man zwang die gesamte Presse, Regierungsmeinungen als redaktionelle Aeußerungen einzusetzen, ohne daß die Presse die Möglichkeit irgend welcher Kritik hatte.

Beim Ueberschreiten auch nur einer der vielen Zensurbestimmungen drohte den Zeitungen Verbot auf Tage, Wochen oder bis zum Kriegsende, den Redakteuren die schärfsten Strafen. (Reichstag, 28. Oktober 1916.) War ein Blatt mit all diesen Mitteln noch nicht klein zu kriegen, so kam es unter Vorzensur. Die Zensurbeschwerden mit allem, was dazu gehört, wie Belagerungszustand und Schutzhaft, füllen Tausende von Seiten der Reichstagsberichte. Zur Zensur kamen dann noch die vielen kleinen Mittel, die der Regierung zur Verfügung stehen. Regierungstreue Organe wurden bei der Papierverteilung besonders berücksichtigt, die Redakteure der oppositionellen Blätter eingezogen. Neue oppositionelle Blätter durften nicht erscheinen. Man gründete Korrespondenzen, die umsonst abgedruckt werden durften (z. B. deutsche Kriegsnachrichten) und hatte so eine regierungstreue Provinzpresse.

Die Knebelung der öffentlichen Meinung

Abgesehen von der Presse hat man zur vaterländischen Lügenpropaganda das Theater, das Kino, das Plakat, das Trambahnbillett, die Zündholzschachtel, selbst das Abortpapier herangezogen. Mit allen Mitteln wurde die öffentliche Meinung unterdrückt.

Durch Schreibverbot, Schutzhaft, Einziehung zum Militär und Hilfsdienst, Redeverbot, Zwangsaufenthalt, geheime Brief- und Telephonzensur hat man unbequeme Leute mundtot gemacht. Ohne Möglichkeit einer Rechtfertigung saßen Tausende in Schutzhaft. Ein dichtes Netz von Spitzeln und Agents provocateurs umgab jedes politische Leben (Reichstag, 31. Oktober 1916). Durch Versammlungsverbote verhinderte man, daß der Volkswille manifestiert wurde. Unbeliebte Reichstagsabgeordnete durften nicht zu ihren Wählern sprechen. Gleichzeitig wurde den dadurch Betroffenen untersagt, das Verbot bekanntzugeben, sodaß es aussehen mußte, als wenn sie sich zu anderen Ansichten bekehrt hatten. Wurde eine Schrift beschlagnahmt oder eine Organisation aufgelöst, so wurde gleichzeitig jede Mitteilung hierüber verboten. Nicht nur gegen Einzelne ist man so vorgegangen, dem ganzen Elsaß-Lothringischen Landtag ist verboten worden, über die Lebensfrage des Landes zu sprechen, nämlich über seine künftige verfassungsmäßige Stellung (Reichstag, 6. und 26. Juni 1918).

Systematisch wurde die Denunziation gezüchtet. Der tapfere Leiter dieses Reichskrieges war der Polizeidirektor Henniger von der Abteilung I a des Polizeipräsidiums. (Am 9. November entflohen, jetzt wieder im Amt.) Den Denkwilligen entzog man jedes Tatsachenmaterial. Geburt und Grab, Unglücksfälle und Verbrechen, Streiks, Volkskundgebungen, alles hat man unterschlagen. Nicht bekannt werden durfte z. B. die Zahl der im Kriege oder in der Heimat Gestorbenen, die Zahl des Geburtenrückganges, die exakten Zahlen der Ernte. Manche vollständigen Reichstagsstenogramme mußten illegal erscheinen; Mitteilungen des Gesundheitsamtes, selbst Artikel des Kriegsernährungsamtes wurden von der Zensur verboten. Auch dem Reichstag und selbst Regierungsstellen war keine Möglichkeit gegeben, sich wahrheitsgemäß zu unterrichten. So war das deutsche Volk völlig desorientiert und stand hilflos den Lügen gegenüber, die ihm Tag für Tag von der Regierung und der kriegshetzerisch feilen Presse geboten wurden.

Die Revolution

Die Deutsche Republik ist, wie man weiß, nicht das Resultat des Aufstrebens der deutschen Bürger, sondern die Folge der Niederlage seiner Generale. Vor der Verantwortung retteten sie sich. Auf ihren Wunsch wurde eine neue fortschrittliche Regierung gegründet, deren Zweck nur sein sollte, sofort einen günstigen Waffenstillstand herbeizuführen. Rein militärische Gründe waren es, die zu diesem Schritt zwangen. Das deutsche Heer stand vor der größten Niederlage aller Zeiten. „Das Friedensangebot muß morgen noch herauskommen. Heute hielt die Truppe noch, was morgen ist, läßt sich nicht voraussagen", so schreibt Ludendorff selbst. (Vorgeschichte des Waffenstillstands, Tel. Nr. 21.) Und Hindenburg telegraphiert an die Waffenstillstandskommission, wenn keine Milderungen zu erreichen sind, sind die Bedingungen anzunehmen. Ueber Nacht entstehen im Heer die Soldatenräte, die Arbeitermassen zwingen die Herrscher zur Abdankung.

Aber diese Revolution entspricht nicht dem üblichen Bild. Die wesentliche psychologische Ursache, die jahrelange Unzufriedenheit der Masse fehlte. Bis 1914 herrschte im allgemeinen Zufriedenheit. Das Standard of Life war gestiegen, das Land befand sich auf einer aufsteigenden Linie. Als die deutsche Politik Schiffbruch erlitt, folgte nicht ein Umsturz, sondern nur ein Einsturz, und da die Dynastien sich mit dem Militarismus identifiziert hatten, so schickte man sie zum Teufel.

Große Hoffnung bestand, daß dies der Ausgangspunkt einer demokratischen Entwicklung werden könne, daß ein Erwachen aus dem Bann der Lügen stattfinden würde.

Weimarer Verfassung und Wirklichkeit

Formal hat sich in Deutschland wirklich etwas geändert. Denn seit der Weimarer Verfassung ist Deutschland nominell eine Demokratie. Danach geht die Staatsgewalt vom Volk aus. Die Richter sind unabhängig und nur dem Gesetz unterworfen. *Ausnahmegerichte sind unstatthaft,* niemand darf seinem gesetzmäßigen Richter entzogen werden. Die Militärgerichtsbarkeit ist aufgehoben. Alle Deutschen sind vor dem Gericht gleich. Die Freiheit der Person ist unverletzlich. Personen, denen die Freiheit entzogen ist, sind spätestens am darauffolgenden Tage davon in Kenntnis zu setzen, von welcher Behörde und aus welchem Grunde die Entziehung der Freiheit angeordnet ist. Das Brief-, Telegraph- und Fernsprechgeheimnis ist unverletzlich. Eine Zensur findet nicht statt. In allen Schulen ist sittliche Bildung, staatsbürgerliche Gesinnung, persönliche und berufliche Tüchtigkeit im Geiste des deutschen Volkstums und der Völkerversöhnung zu erstreben.

Wer diese herrlichen Bestimmungen, wie sie in der Weimarer Verfassung niedergelegt sind, liest, wird schwerlich daran zweifeln können, daß Deutschland eine vollendete Demokratie sei.

Aber es ist eine bekannte Tatsache, daß es leider unmöglich ist, aus dem Wortlaut einer Verfassung auf den Grad der Demokratie zu schließen, den ein Land hat. Wenn man z. B. nach den Pronunziamentos mancher Generale schließen wollte, wären sie wahre Engel und würden allen Menschen die Segnungen des Paradieses bieten. Dem ist nicht so. Man muß vielmehr noch die Ausführungsbestimmungen, die weiteren Gesetze, die Rechte der Polizei, den Geist der Verwaltung und vor allem den geistigen Zustand eines Landes berücksichtigen, um unsere Frage zu entscheiden. Hier bekommen wir nun sofort ein anderes Bild.

Die Leute des Ancien Régime werden in Deutschland noch immer hoch verehrt. Der Kaiser gilt als eine mystische Persönlichkeit, ja es konnte sogar in den extremen rechten Kreisen eine Christuslegende entstehen, wonach Wilhelm die Sünden seines Volkes auf sich genommen und durch seine freiwillige Verbannung sich für Deutschland geopfert habe. Entsprechend werden auch die Angehörigen seines Hauses, selbst wenn sie sich gemeiner Verbrechen schuldig gemacht haben, noch immer hoch verehrt. Ein Hohenzoller hat sich Verfehlungen gegen den § 175 (Homosexualität) zuschulden kommen lassen, ein anderer hat sich in eine Wirtshausrauferei eingelassen, ein dritter ist wegen Kapitalsverschiebungen rechtskräftig verurteilt worden. Weite Kreise des Volkes sehen in ihnen doch noch immer Menschen höheren Schlages.

Die Republik ist unerhört demokratisch — gegen ihre Feinde. Während die Hohenzollern 1866 nicht daran dachten, dem von ihnen gestürzten König und den Fürsten einen Pfennig Entschädigung zu zahlen und sie sogar ohne weiteres ihres Landes verwiesen, hat die Republik den Hohenzollern ihr ganzes Eigentum gelassen. Ja, auch wo es strittig war, ob es sich um Staatsgut oder Privatgut der Hohenzollern handelte, hat man ihnen nicht einen Pfennig genommen. Im Gegenteil, Jahr um Jahr schickte der gute deutsche Steuerzahler Millionen nach Amerongen, damit sein Kaiser in der Verbannung würdig lebe und damit ihm nicht die Möglichkeit genommen sei, die Kräfte zu sammeln, um die Republik zu stürzen. Kein einziger Thronprätendent ist des Landes verwiesen worden. Die Behörden haben die Bezeichnung „Königlich" und „Kaiserlich" nur zum Teil gestrichen. Z. B. steht selbst in dem Haus, wo der württembergische Staatspräsident wohnt, noch unangefochten ein Schild, wonach dieses Haus das „Königliche Ministerium des Aeußeren" sei. Auch die Berliner Akademie der Wissenschaften nennt sich noch immer königlich.

Um diese Mentalität zu verstehen, muß man folgendes beachten.

Tatsachen und Ueberzeugungen

Es ist sehr selten, daß die Menschen sich durch die Tatsachen wirklich überzeugen lassen. Meistens ziehen sie vor, besonders, wenn wie hier, die mächtigen mit dem Militär verschwägerten Interessen des Großkapitals hinter der Bildung der öffentlichen Meinung durch die Zeitung stehen, aus der rauhen Wirklichkeit ins süße Reich der Märchen zu flüchten. Denn es ist bitter, langjährige Ueberzeugungen zu opfern. Daher wird zur Erhaltung des Prestiges noch heute geleugnet, daß Deutschlands Militärmacht an der vereinigten Militärmacht der ganzen Welt gescheitert ist. Vielmehr: „die Heimat hat die Front von hinten erdolcht", sozusagen, das Volk hat die Generale verraten. Damit ist die nationale Eitelkeit der Unüberwindbarkeit gerettet, die ganze Politik der letzten 50 Jahre gerechtfertigt. Endlich ist ein Prügelknabe gefunden; die Zurückgebliebenen, die Drückeberger, die Juden sind an allem Schuld.

Daß von Regierungsseite das Volk nicht aufgeklärt wurde, liegt daran, daß die Regierung in ihrem zum Teil von ihr provozierten Kampf gegen die bolschewistische Linke die rechtsstehenden „Ordnungsleute", auf die sie sich stützte, nicht allzusehr verschnupfen wollte. In ihrer Machtlosigkeit und verhängnisvollen Kurzsichtigkeit hat die Regierung sogar die Möglichkeit eines Militärputsches geleugnet, ihre eigenen Gegner bewaffnet, die Arbeiterschaft, auf die sie sich stützen konnte, entwaffnet. Der Kapp-Putsch scheiterte nicht etwa an der Abwehr der besitzenden und intellektuellen Klassen — diese haben im Gegenteil ihn jubelnd begrüßt — vielmehr an der entschlossenen Abwehr des Proletariats und an seiner mangelhaften politischen und technischen Ausbildung.

Die wirtschaftlichen Ursachen dieser psychischen Einstellung liegen auf der Hand. Das deutsche Bürgertum hat eine Zeitlang, ob mit Recht oder Unrecht spielt keine Rolle, die heute herrschende Wirtschaftsordnung, auf der seine Existenz beruht, für bedroht gehalten. In dieser Situation pflegt eine herrschende Klasse stets rücksichtslos ihre Prinzipien über Bord zu werfen, soweit sie sie in ihrem Kampfe hindern, nur um ihre Existenz zu retten. Auch die dritte französische Republik hat zu ihrem Beginn im Kampfe gegen den Kommunismus nach rein militaristischen Motiven gehandelt. Der Sturz der Kommune hat Tausenden das Leben gekostet, die Kommune selbst nur wenigen. Aehnlich schrecken die herrschenden Klassen Deutschlands wegen des ihrer Meinung nach noch immer drohenden Bürgerkriegs vor keiner Verletzung der demokratischen Prinzipien, ihrer eignen Grundlage zurück.

Der Frieden von Versailles

Eine wesentliche Ursache an diesen Zuständen ist auch die imperialistische Politik der Entente. Dem besiegten kaiserlichen Deutschland des 5. Oktober stellte die Entente mit Recht die denkbar schärfsten Waffenstillstandsbedingungen. Aber auch nach der Revolution hat die Entente die ursprünglichen Bedingungen aufrecht erhalten, ja sie noch verschärft. Dies war für eine mögliche deutsche Revolution ein schwerer Schlag. Denn es war die Hoffnung aller geistig Selbständigen in Deutschland, die Entente werde beim Sieg ihr Wort wahr machen, dieser Krieg gelte nicht dem deutschen Volke, er gelte nur einem innerlich zermürbten Feudalismus, der den Frieden der Welt bedrohe. Die Mehrzahl der Deutschen muß also der Opposition mißtrauen, die ihnen die Sache der Entente als gerecht darstellte. Die Entente hat nichts getan, um die ehrlichen Kämpfer auf der anderen Seite, wie Eisner, zu unterstützen. Dadurch hat sie die Reaktion verstärkt und selbst dazu beigetragen, daß nach der Revolution vielfach die alten Leute an der Spitze blieben.

Auch nach dem Waffenstillstand hat die Entente ihre Politik, Unmögliches zu fordern, fortgesetzt und damit dazu beigetragen, daß Deutschland nicht bereit war, das Mögliche zu leisten. Denn diese Forderungen rechtfertigen in den Augen der Deutschen wieder die Politik der alten Regierung, und so treiben Verschärfungen der Ententebedingungen einerseits, und Anwachsen eines neuen deutschen Chauvinismus andrerseits, sich gegenseitig in die Höhe.

Am stärksten hat der Friedensvertrag von Versailles den Nationalismus wieder geweckt. Was man ihm vor allem vorwerfen muß, ist die Tatsache, daß er ein Diktatfrieden ist, daß er Deutschland mehr schädigt, als er der Entente nützt. Der Idee des verletzten Rechtes ist keineswegs Genüge geleistet worden, indem Elsaß-Lothringen auf Grund des angeblichen historischen Rechtes an Frankreich kam. Eine Volksabstimmung hätte den lebendigen Willen der Bevölkerung ergeben und hätte gleichzeitig den imperialistischen Schreiern in Deutschland den Mund gestopft. Posen und Westpreußen sind ohne Abstimmung an Polen gekommen. Die Abstimmung in Ostpreußen, wo die Verhältnisse ähnlich liegen wie in den beiden Provinzen, ergab 95 Prozent für Deutschland. Danzig und Memel wurden gegen ihren Willen von Deutschland abgetrennt. Eupen und Malmedy kamen ohne Abstimmung an Belgien. Die Bevölkerung hatte ein Recht zum Protest, das natürlich wegen der zu erwartenden Ausweisung von niemand ausgeübt wurde. Deutsch-Oesterreich, das in Volksabstimmungen in überwältigender Mehrheit den Anschluß an Deutschland forderte, wurde der Anschluß verboten. Wegen Oberschlesien hat man sich drei Jahre lang nicht zu einer definitiven Lösung entschließen können. Vielleicht wäre jede Lösung besser gewesen, als das Hinziehen und Warten und die dadurch entstandene Spannung.

Endlich hat die Entente so ziemlich in allen Punkten nachgegeben, wo sie nicht hätte nachgeben sollen und nicht nachgegeben in allen Punkten, wo sie hätte nachgeben sollen. Als Beispiel diene die Auslieferungsfrage. Die Entente hätte diese Forderung niemals stellen sollen. Wenn sie aber schon gestellt war, so hätte sie auch durchgeführt werden müssen, da sonst alle nationalen Instinkte erweckt wurden, ohne daß dem verletzten Recht Genüge geworden ist. Auch in der Entwaffnungsfrage hätte die Entente schärfer vorgehen dürfen. Dagegen hätte man die riesigen Besatzungskosten weit besser zum Wiederaufbau Nordfrankreichs verwenden können. In den wirtschaftlichen Forderungen hat die Entente Deutschland sicher Unmögliches zugemutet, wie der katastrophale Sturz der Mark bewiesen hat. Jede ungerechte oder unmögliche Belastung Deutschlands stärkt aber den Nationalismus.

Ursachen der Ententehaltung

Auf der Seite der Entente haben die großen wirtschaftlichen Schwierigkeiten, unter denen sie (insbesondere Frankreich) zu leiden hat, und die Furcht, ein wirkliches demokratisches Deutschland werde die Opposition im eigenen Land zu sehr stärken, dazu beigetragen, den Imperialisten den Sieg zu verschaffen. Die Entente selbst unterstützt durch ihre Politik den deutschen Militarismus und dies aus dreierlei Gründen. Zunächst (im Jahre 1919) aus Furcht vor dem angeblichen Bolschewismus in Deutschland, zu dessen Bekämpfung ein Heer nötig sei. Dann mag die bekannte Theorie vom europäischen Gleichgewicht in der heutigen englischen Politik wieder eine Rolle spielen. Endlich aber wissen die französischen Militärs genau, daß ihnen nur die Existenz des preußischen Militarismus eine Lebensberechtigung gibt und sie hüten sich natürlich davor, durch seine tatsächliche Vernichtung ihre eigene Existenz zu untergraben. So sind denn die heutigen Zustände in Deutschland nicht die Folge irgendeiner spezifisch deutschen Mentalität, sie sind zunächst historisch bedingt. Und sie entstehen jeden Tag neu, einerseits durch die Angst des deutschen Bürgertums um seine Existenz, andererseits durch die Tatsache, daß das Verhalten der Entente gerade die Imperialisten in Deutschland stützt.

BAYRISCHE RÄTEREPUBLIK UND KAPP-PUTSCH

Die bayrische Räterepublik

Nach der Ermordung Eisners übernahm der bayrische Zentralrat die Macht und erklärte am 7. April 1919 die Räterepublik. Während ihrer Dauer wurden zwölf Menschen willkürlich umgebracht. Das Ministerium bildete sich in Bamberg neu, sammelte Truppen und eroberte am 1. Mai München. Dabei wurden 457 Menschen willkürlich umgebracht. (Vgl. Seite 113.)

Zur Aburteilung der Räterepublikaner wurden Sondergerichte, die sogenannten bayrischen Volksgerichte vom 12. Juli 1919 geschaffen. Diese sind so ziemlich für alle politischen Delikte zuständig. Sie bedeuten eine juristische Neuerung, da für Hoch- und Landesverrat das Reichsgericht zuständig sein sollte. Obwohl das beschleunigte Verfahren dieser Gerichte und das Fehlen der üblichen Rechtskautelen die Gefahren eines Justizirrtums erheblich vergrößern, sind hier alle Rechtsmittel ausgeschlossen. Gegen die Urteile dieser Gerichte gibt es weder Revision noch Berufung, auch die Wiederaufnahme des Verfahrens findet nicht statt. Ein Rechtsirrtum kann und soll also nicht wieder gut gemacht werden. (Vgl. Felix Halle, Deutsche Sondergerichtsbarkeit, Berlin 1922.) Nach einer amtlichen Auskunft des bayrischen Bevollmächtigten von Nüßlein im Rechtsausschuß des Reichstags wurden wegen Beteiligung an der Rätebewegung 2209 Personen verurteilt, davon 65 zu Zuchthaus, 1737 zu Gefängnis, 407 zu Festung. (Kuttner, Warum versagt die Justiz, p. 61.) Nach der bayrischen Staatszeitung vom 20. Februar 1920 waren bis zum 20. Februar 1920 (also in einem halben Jahr) von den 25 Volksgerichten 5233 Strafprozesse erledigt worden. So rasch arbeiten die bayrischen Volksgerichte. Von den 12 Morden der Räterepublik wurden 11 gesühnt, die wesentlichen Führer teils willkürlich, teils gesetzlich (Leviné) getötet.

Der Kapp-Putsch

Am 13. März 1920 eroberte *Kapp* mit Baltikumern durch einen Handstreich Berlin.

Der einsetzende Generalstreik zwang ihn zum Rücktritt und zur Flucht. In Abwehr des Kapp-Putsches wurden von links, abgesehen von den in Straßenkämpfen und Tumulten Umgekommenen, nur zwei Menschen willkürlich umgebracht. Im Verlauf des Putsches wurden von Rechts 74 Menschen willkürlich umgebracht. Daß Kapp intellektueller Urheber der 74 politischen Morde ist, ergibt sich aus folgender Verordnung (Nr. 19):

„Die Rädelsführer, die sich in der Verordung zur Sicherung volkswirtschaftlicher Betriebe und in der Verordnung zum Schutz des Arbeitwesens unter Strafe gestellten Handlungen schuldig machen, desgleichen die Streikposten, werden mit dem Tode bestraft. Diese Verordnung tritt am 17. März 1920, 4 Uhr nachmittags, in Kraft. Der Reichskanzler, gez. Kapp".

Ferner drahtete er an alle Truppenteile (vgl. Brammer: „Fünf Tage Militärdiktatur", S. 21):

„Bitte allen Führern bekanntzugeben, daß ich jede entschlossene Dienstauffassung, auch wenn sie im Zwange der Not gegen einzelne bisherige Bestimmungen verstoßen sollte, persönlich decke. Es kommt mir ganz besonders darauf an, daß jeder Deutsche und insbesondere jeder militärische Führer künftig verantwortungsfreudig mehr leiste als der tote Buchstabe seiner Pflicht bisher gebot."

Kapp flüchtete nach Schweden, stellte sich dann aber freiwillig, wurde sofort wegen einer Operation von der Untersuchungshaft befreit und starb am 13. Juni 1922 an einem Krebsleiden. Sein Rittergut war seinem Sohn zur Bewirtschaftung übergeben worden, obwohl Kapps Vermögen angeblich beschlagnahmt worden war. (Antwort des preußischen Landwirtschaftsministers auf eine Anfrage, „Berliner Tageblatt", 4. Oktober 1921.) Frau Kapp bezieht von der Landschaft eine Rente. (Preußischer Pressedienst, 12. Januar 1922)

Das Verfahren gegen *Lettow-Vorbeck* wurde eingestellt. Als einziger Kapp-Anhänger wurde v. *Jagow* zu 5 Jahren Festung verurteilt. General *Lüttwitz* hat später ' sogar von der Regierung eine Pension gefordert. Auf eine diesbezügliche Anfrage (Reichstag, 14. Februar 1922) hat die Regierung erklärt, da die Akten noch nicht vorlägen, könne eine Antwort nicht erteilt werden.

Die Anhänger Kapps, die in höheren Posten der Verwaltung und des Heeres standen, wurden darin belassen. Die meisten Führer des Kapp-Putsches haben sich über ein Jahr in München und Umgebung aufgehalten. (Reichskanzler Dr. Wirth, 15. September 1921.)

Kapitän Ehrhardt wurde zuerst mit voller gesetzlicher Pension entlassen. Man wagte nicht, gegen ihn vorzugehen. (Vgl. „Vossische Zeitung", 23. Oktober 1920.) Erst später wurde ein Haftbefehl gegen ihn wenigstens offiziell erlassen. Während dieser Zeit konnte er noch mit dem Münchener Polizeipräsidenten *Pöhner* „wegen Unterbringung einzelner Gruppen seiner Leute" verhandeln. (Staatssekretär Dr. Schweyer im bayrischen Landtagsausschuß, 17. September 1921.)

Seinen 3000 Soldaten von der Marinebrigade war für die Zeit des Putsches eine tägliche Zulage von 7 M. und für den Sturz der Ebertregierung eine Extrabelohnung von 50 M. von der Kappregierung versprochen worden. Die Ebertregierung zahlte diese Summe von 16 000 Goldmark (nach dem damaligen Stand berechnet) aus. (Vgl. Rudolf Mann, „Mit Ehrhardt durch Deutschland", Seite 168 und 206.)

Keiner der durch Kapp verursachten Morde ist gesühnt. Gegen die Kappanhänger wurde nicht wie gegen die Räterepublikaner eine Sondergerichtsbarkeit ins Leben gerufen. Das zuständige ordentliche Gericht, das Reichsgericht hat so langsam gearbeitet, daß infolge der Amnestie die meisten Teilnehmer des Kapp-Putsches nicht einmal in Untersuchung genommen wurden.

Das größte Unrecht, das nach der Niederwerfung des Kapp-Putsches geschehen ist, besteht in der Art der Durchführung der Amnestie. Sie sollte nur die dummen Mitläufer von der Verantwortung befreien. Die Führer, die Urheber, die Anstifter sollten nicht darunterfallen. Daher wurde von den Gerichten, selbst bei den meisten Generalen und Ministern die Führereigenschaft verneint. Bei den gleichzeitigen Ausschreitungen der Arbeiterschaft dagegen wurde die Führereigenschaft selbst einfachen Parteifunktionären zuerkannt, so daß man sie trotz der Amnestie verurteilen konnte.

Das Reichsgericht nimmt nur neun Führer an. Welche Heroen der Tatkraft müssen sie gewesen sein, um allein fast ein ganzes Reich acht Tage lang zu beherrschen! Von 775 beteiligten Offizieren ist keiner bestraft worden. Sie waren alle keine Führer, nur Mitläufer. Keiner der Offiziere hat Verantwortungsfreudigkeit genug gehabt, gegen diese Bezeichnung zu protestieren. Keiner hat erklärt: Wenn man mir nachsagt, daß ich bei einem so verantwortungsvollen Schritt, wie eine Rebellion, nur ein Mitläufer war, wenn man von mir behauptet, daß ich eine solche Handlung aus Blindheit mitmache, meine Pflicht nicht kenne, so leugnet man mein Führertum, meine Offiziersqualifikation überhaupt. Ich stehe zu meiner Tat. Ein einziger — Zivilist — hat es gewagt, so zu handeln — nachdem er im Ausland in Sicherheit war. Und als Kapp sich freiwillig stellte, tat er es nur, weil er nach dem Vorgang des Jagowprozesses wußte, daß er keine oder fast keine Strafe zu erwarten hatte.

Eine weitere Ungerechtigkeit der damals gewährten Amnestie besteht darin, daß sie sich nur auf die gegen *das Reich* gerichteten Unternehmen bezog. Dagegen galt die bayrische Räterepublik als ein nur gegen Bayern gerichtetes Unternehmen, obwohl die Räterepublik die Beziehungen zum Reich abgebrochen hatte und dem bayrischen Gesandten Weisung gegeben hatte, seinen Posten zu verlassen. So wurden die Räterepublikaner eingesperrt, die Kappanhänger amnestiert.

Interessant ist übrigens, daß eine gelegentlich des Kapp-Putsches herausgegebene Verordnung des Reichspräsidenten *Ebert* vom 19. März 1920 „zur Wiederherstellung der öffentlichen Sicherheit und Ordnung", welche außerordentliche Kriegsgerichte einsetzte, sich nicht gegen Kapp und seine Anhänger richtete, sondern gegen die bei der Niederwerfung des Kapp-Putsches entstandenen kleineren Unruhen von Links. Obwohl der Kapp-Putsch eine viel größere Ausdehnung besessen hatte, wurde gegen ihn nicht mit Hilfe der Sondergerichtsbarkeit eingeschritten. (Vgl. Halle, Sondergerichtsbarkeit.)

Die folgenden Tabellen zeigen das Schicksal der Anhänger und Führer beim Kapp-Putsch und bei der bayrischen Räterepublik.

KAPPREGIERUNG

Lfd. Nr.	Name	Rang	Schicksal
1	Wolfgang Kapp	Reichskanzler	gestorben
2	Bang	Finanzminister	in Freiheit
3	Dr. Traub	Preuß. Kultusminister	amnestiert
4	Gottl. v. Jagow	Minister des Innern	5 J. Festung
5	Zumbroich	Reichsjustizminister	in Freiheit
6	Trebitsch-Lincoln	Oberzensor	im Ausland
7	Dr. Schiele	Reichswirtschaftsminister	Verf. eingest,
8	Krämer	Preuß. Wirtschaftsminister	in Freiheit
9	v. Falkenhausen	Chef der Reichskanzlei	in Freiheit
10	Dr. Sönksen	Reichspostminister	in Freiheit
11	Frhr. v. Wangenheim	Preuß. Landwirtschaftsminister	in Freiheit
12	Eduard Meyer	Universitätsrektor	blieb im Amt
13	Müller-Lobwitz	tätig in der Reichskanzlei	in Freiheit
14	Stubbendorf	tätig in der Reichskanzlei	in Freiheit
15	Dr. Bredereck	Pressechef	in Freiheit
16	W. Harnisch	Pressechef	in Freiheit
17	Dr. Grabowski	Propagandist	in Freiheit
18	Lensch	im Presseamt	in Freiheit
19	A. de la Croix	im Presseamt	in Freiheit

BAYRISCHE RÄTEREGIERUNG

Lfd. Nr.	Name	Rang	Schicksal
1	E. Leviné	Vorsitzender d. Vollzugsrates der Betriebsräte	erschossen
2	Dr. Tobia Axelrod	Mitglied des Vollzugsrats	15 Jahre Zuchthaus, n. Rußl. ausgetauscht
3	Ewald Ochel	Mitglied des Vollzugsrats	1 J. 5 Mon. Festung durch Schutzhaft
4	Wilh. Duske	Mitglied des Vollzugsrats	2 J. Festung
5	Fritz Schürg	Mitglied des Vollzugsrats	2 J. Festung
6	Dr. A. Wadler	Wohnungskommissar	8 J. Zuchthaus
7	Ernst Niekisch	Vorsitzender des Zentralrats	2 Jahre Festung
8	Gust. Landauer	Volksbeauftragter für Volksaufklärung	im Gefängn. erschlagen
9	Dr. O. Neurath	Vorsitzender der Sozialisierungskommission	1½ Jahre Fest., entlassen
10	Hans Dosch	Polizeipräsident	3 J. Festung
11	Ernst Mehrer	Stadtkommandant	1½ J. Festung
12	K. Petermaier	Adjutant des Stadtkommandanten	1½ J. Festung
13	Paulukum	Verkehrsminister	2½ J. Festung
14	Paul Zamert	Propagandist	3 J. Festung
15	E. Kiesewetter	Verkehrskommission	2½ J. Festung
16	Daudistel	Kommission zur Unterstützung der politischen Flüchtlinge	6 J. Festung
17	Jos. Weigand	Schreiber bei der Komm. zur Bekämpfung der Gegenrevolution	3 J. Festung
18	Hans Kullmann	Betriebsrat	3 J. Festung

KAPPREGIERUNG

Die strafgerichtliche Behandlung des Kapp-Putsches

(Mitteilung des Reichsjustizminister an den Reichstag vom 21. Mai 1921)

Zahl der amtlich bekanntgewordenen Kapp-Verbrechensfälle 705

Davon:

Amnestiert 412

Durch Tod und andere Gründe in Wegfall gekommen . . 109

Verfahren eingestellt . . 176

Noch nicht erledigt . . . 7

Bestraft 1

BAYRISCHE RÄTEREGIERUNG

Lfd. Nr.	Name	Rang	Schicksal
19	Ad. Schmidt II	im Ministerium f. soziale Fürsorge	1 J. 6 M. Fest.
20	Karl Götz	Kommission zur Bekämpfung der Gegenrevolution	1 J. 3 M. Fest.
21	Frieda Rubiner	Propagandaausschuß K.P.D.	1 J. 9 M. mit Bewährungsf.
22	H. Wiedemann	Propagandist	1 J. 3 M. Fest.
23	Frau Reichel	Beihilfe z. Flucht Tollers	2 Mon. Festung
24	Hans Reichel	Beihilfe z. Flucht Tollers	4 Mon. Festung
25	E. Trautner	Beihilfe z. Flucht Tollers	5 M. Gefängnis
26	Willy Reue	Kommission zur Bekämpfung der Gegenrevolution	1 J. 3 M. Fest.
27	Max Strobl	Leiter der Kommission z. Bekämpfung d. Gegenrevolution	7 J. Zuchthaus
28	F. Mairgünther	Polizeipräsident in München	2 J. Gefängnis
29	L. Mühlbauer	Mitglied des Revolutionstribunals	3 J. Festung / 1¼ J. Festung mit Bewähr.-Frist
30	Erich Mühsam	Propagandist	15 J. Festung
31	Paul Grassl	Mitglied des Revolutionstribunals	1 J. 10 M. Fest.
32	S. Wiedenmann	Obmann der K.P.D.	4 J. Festung
33	V. Baumann	Redakteur der Münchener Roten Fahne	1½ J. Festung
34	Alex. Strasser	revolutionärer Hochschulrat	1½ J. Festungshaft m. Bewährungsfrist

KAPPREGIERUNG

Schicksal von 775 Offizieren, die am Kapputsch beteiligt waren

("Amtliche Ergebnisse des Ausschusses zur Prüfung des Verhaltens der Offiziere während der Märzvorgänge")

Art der Erledigung	Zahl der Offiziere in der Marine	Zahl der Offiziere im Landheer	Gesamtzahl der Offiziere
Einstellung des Verfahrens	119	367	486
Beurlaubung	40	51	91
Versetzung	37	20	57
Dienstenthebung	18	30	48
Disziplinare Erledigung	12	1	13
Noch keine Entscheidung	5	69	74
Verabschiedung	4	2	6
	235	540	775

Gesamtstrafe: 5 Jahre

BAYRISCHE RÄTEREGIERUNG

Lfd. Nr.	Name	Rang	Schicksal
35	Otto Hausdorf	revolutionärer Hochschulrat	1½ J. Festung m.Bewährungsfr.
36	Cillebiller		desgl.
37	Gertraud Kaestner		desgl.
38	Wilh. Hagen		1 J. 4 M. Fest. m. Bewähr.-F.
39	Lessie Sachs	Sekretärin im Kriegsministerium	1 J. 3 M. Fest.
40	Dr. Rothenfelder	Propagandist	7 J. Festungsh.
41	Wilh. Gerhards	Betriebsrat	1½ Jahre Fest.
42	Willy Ertel	Sektionsführer d. K. P. D.	3 J. Festungsh.
43	Sontheimer	Propagandist	erschlagen
44	K. Steinhardt	Betriebsrat	9 M. Festungshaft
45	Ferd. Rotter	Vors. d. Betriebsobleute	7 J. Zuchthaus
46	Kirmayer	Komm. z. Bek. d. Gegenrevolution	4 J. Zuchthaus
47	Hans Schroll	in der Verhaftungskomm.	5 J. Zuchthaus
48	Wernich	in d. Beschlagnahmekom.	3 J. Zuchthaus
49	Max Weber	stellv. Polizeipräsident	1¼ J. Festung
50	Mortens	Vors. Wirtschaftskomm.	6 J. Festung
51	Sondheimer	Propagandist	1¼ J. Festung
52	Kronauer	Mitgl. d. Rev.-Tribunals	1¼ J. Festung

Gesamtstrafe: 135 Jahre 2 Monate

MILITÄRS DER KAPP-REGIERUNG

Lfd. Nr.	Name	Rang	Schicksal
1	Ludendorff	General (nahm an allen Kabinettsitzungen der Kappregierung teil)	keine Anklage
2	Freih. v. Lüttwitz	Reichswehrminister und Oberbefehlshaber	im Ausland
3	v. Hülsen	Adjutant d. Oberbefehlsh.	in Freiheit
4	v. Klewitz	Stabschef b. v. Hülsen	in Freiheit
5	v. Trotha	Admiral	in Freiheit
6	v. Oven	General	in Freiheit
7	v. Dassel	General	in Freiheit
8	v. Watter	General	in die Ebertreg. übernommen
9	v. Loßberg	Generalmajor	in Freiheit
10	Bauer	Oberst	im Ausland
11	Ehrhardt	Kapitän (Eroberer v. Berlin)	steckbrieflich verfolgt
12	Hpt. Pabst	persönlicher Adj. Kapps	
13	Freih. v. Lützow	Freikorpsführer	in Freiheit
14	Maj. Schulz	Freikorpsführer	in Freiheit
15	Ltn. Roßbach	Freikorpsführer	in Freiheit
16	Hpt. Pfeffer v. Salomon	Freikorpsführer	
17	v. Löwenfeld	Freikorpsführer	in Freiheit

MILITÄRS DER RÄTE-REGIERUNG

Lfd. Nr.	Name	Rang	Schicksal
1	R. Eglhofer	Oberkommandierender	erschlagen
2	Eugen Maria Karpf	Adj. d. Oberkommand.	12 J. Festung
3	Wilh. Reichart	Mitgl. d. Militärkomm.	3 J. Festung
4	Ernst Toller	Kommand. im Abschnitt Dachau	5 J. Festung
5	G. Klingelhöfer	Adj. des Kommandeurs	5½ J. Festung
6	E. Wollenberg	Kommandeur d. Infanterie	2 J. Festung
7	H.F.S.Bachmair	Kommandeur d. Artillerie	1½ J. Festung
8	R. Podubecky	Kommand. d. Fernsprechtruppen	3 J. Festung
9	Winkler	Kommand. eines Abschn.	4 J. Zuchthaus
10	G. Riedinger	Adj. d. Kommandeurs in Starnberg	1½ J. Festung entlass.
11	Er. Günther	in d. Kommandant. Dachau	1 J. 9 M. Fest.
12	Fritz Walter	Rotgardist	3 J. Festung
13	Max Schwab	im Kriegsministerium	4 J. Festung
14	H. Taubenberger	Streckenkommandant in Dachau	3 J. Festung
15	Gottfr. Bareth	Rotgardist	1½ J. Festung
16	Max Huber	Rotgardist	3 J. Festung
17	Peter Regler	Rotgardist	2 J. Festung
18	Haßlinger	Rotgardist	5 J. Festg. (begnadigt)
19	And. Rauscher	Rotgardist	1 J. 4 M. Fest.
20	M. Reichert	Rotgardist u.Propagandist	1 J. 3 M. Fest.
21	Jos. Vogt	Rotgardist	3 J. Festung
22	Josef Faust	Rotgardist	3 J. Zuchthaus
23	Rentsch	Rotgardist	5 J. Zuchthaus
24	Zöllner	Rotgardist	3 J. Zuchthaus

MILITÄRS DER KAPP-REGIERUNG

Lfd. Nr.	Name	Rang	Schicksal
18	Aulock	Freikorpsführer	in Freiheit
19	Vaupel	Hauptmann	in Freiheit
20	v. Kessel	Polizeihauptmann	in Freiheit
21	v. Puttkammer	Hauptmann	in Freiheit
22	v. Patow	Hauptmann im Oberkom.	in Freiheit
23	Reinhardt	Oberst (erschien ohne Befehl b. d. Brigade 15)	in Freiheit
24	Neubarth	Batterieführer	in Freiheit
25	v. Hülsen jun.	Leutnant	in Freiheit
26	v. Borries	Leutnant	in Freiheit
27	v. Knobelsdorff	Oberleutnant	in Freiheit
28	v. Amman	Major	in Freiheit
29	v. Auer	Major	in Freiheit
30	v. Borries	General	in Freiheit
31	v. Bock	Major	in Freiheit
32	Frh. v. Blomberg	Oberst	in Freiheit
33	v. Bernuth	Gen.-Leutnant	in Freiheit
34	Frh. v. Czettritz u. Neuhaus	Oberleutnant	in Freiheit
35	Frh. v. Durant	Rittmeister	in Freiheit
36	Frh. v. Erfla	Leutnant	in Freiheit
37	v. Falkenhausen	Major	in Freiheit
38	v. Frantzin	Hauptmann	in Freiheit
39	v. Grothe	Oberstleutnant	in Freiheit

MILITÄRS DER RÄTE-REGIERUNG

Lfd. Nr.	Name	Rang	Schicksal
25	Karl Zimmet	Soldatenrat	1 J. 3 M. Fest.
26	Karl Höhrat	Soldatenrat	6 J. Festung
27	Kuhn	Rotgardist	2 J. F., 2 J. 2 Mon. Gef.
28	Josef Seidel	Wachkommandant	3 J. Festung
29	Seidel	Rotgardist	4 J. Festung
30	Ernst Bauer	Rotgardist	2 J. Festung
31	Rich. Wagner	Rotgardist	2 J. Festung
32	Thekla Egl	Krankenschw. u. Parlamentärin	1 J. 3 M. Fest.
33	A. Schinnagel	Arzt in der Roten Armee	15 Mon. Fest.
34	70	Angehörige d. Leibregiments wegen Erstürmung von Rosenheim	ie 1¼ J. Fest. (n. Abbüß. einTeils entlass.)
35	Ziller	Soldatenr. Eisenb.-Abt. I.	3 J. Zuchthaus
36	Joh. Tanzmeier	Polizeiwachtmeister	4 J. Festung
37	Murböck	Transportführer	4 J. Zuchth. (ia Fest. verwdlt.)
38	Marschall	Kurier	3 J. Festung
39	Jos. Anreither	Rotgardist	3 J. Festung
40	Jak. Nickl	Rotgardist	2½ J. Festung
41	W. Seyler	Adj. d. Kriegsministers	1 J. 6 M. Festg.
42	K. Kaltdorf	im Kriegsministerium	1 J. 6 M. Festg.
43	H. Tannen	Rotgardist	2 J. Gefängnis
44	Hans Frank	Parlamentär d. Augsburger Arbeiterrats	erschossen
45	Karl Gans	Zugführer	5 J. Zuchthaus
46	Joh. Demstedt	Zugführer	6 J. Zuchthaus
47	J. Jackermeier	Zweiter Obmann K.P.D.	5 J. Zuchthaus
48	Joh. Wittmann	Rotgardist (Rosenheim)	5 J. Zuchthaus
49	Jos. Hagel	Kriminalpolizist	4½ J. Zuchth.

MILITÄRS DER KAPP-REGIERUNG

Lfd. Nr.	Name	Rang	Schicksal
40	v. d. Hardt	General	in Freiheit
41	Frh. v. Hadeln	Oberstleutnant	in Freiheit
42	Frh. v. Hummerstein	Oberleutnant	in Freiheit
43	v. Hagen	Major (Dessau)	in Freiheit
44	v. Knobelsdorff	Oberst (Pasewalk)	in Freiheit
45	v. Kleist	Rittmeister	in Freiheit
46	v. Lefort	Leutnant	in Freiheit
47	v. Möhl	Generalmajor	in Freiheit
48	Frh. v. Mirbach	Rittmeister	in Freiheit
49	v. Neufville	Rittmeister	in Freiheit
50	v. Platen	Major	in Freiheit
51	v. Rudolphi	Major	in Freiheit
52	v. Rössing	Oberstleutnant	in Freiheit
53	v. Rosen	Oberst	in Freiheit
54	v. Seydlitz	Rittmeister	in Freiheit
55	Frh. v. Schade	Hauptmann	in Freiheit
56	Frh. v. Treusch v. Buttlar-Brandenfels	Leutnant	in Freiheit
57	v. Uechtritz	Rittmeister	in Freiheit
58	v. Wulffen	Major	in Freiheit
59	v. Ziehlberg	Major	in Freiheit
60	v. Heimburg,	Oberleutnant	in Freiheit

Gesamtstrafe: Null

MILITÄRS DER RÄTE-REGIERUNG

Lfd. Nr.	Name	Rang	Schicksal
50	Georg Graf	Militärpolizei	12 J. Zuchthaus
51	Phil. Böhrer	Rev. Arbeiterrat (Augsb.)	12 J. Zuchthaus
52	Hiltner	Rotgardist	2 J. Festung
53	Otto Knieriem	Akt.-Ausschuß Würzburg	5 J. Festung
54	Michl. Schmidt	Rotgardist	2 J. Festung
55	Albert Berger	Erwerbslosenr.(Augsburg)	3 J. Festung
56	Appler	Rotgardist	4 J. Festung
57	Berk	Flugzeugführer	4 J. Festung
58	Ibel	Zahlmeister	1 J. 4. M. Fest.
59	J. Tobiasch	Proviantmstr. i. Dachau	2½ J. Festung
60	Kolbinger	Rotgardist	2 Jahre Festung
61	J. Wittmann	Rotgardist	2½ J. Festung
62	Joh. Strauss	Soldatenrat	1 J. 6 M. Fest.
63	Ludwig Hörl	Bahnhofswache	3 J. Festung
64	Erzberger	Lazarettchef	1½ J. Festung (entkommen)
65	Martin Gruber	Abteilungsführer	3 J. Festung
66	Hans Strasser	Bhf.-Kommand. (Dachau)	1 J. 6 M. Fest.
67	Otto Mehrer	Mitgl. d. Militärkomm.	1 J. 6 M. Fest.
68	Hofer	Kriegsministerium, Abtlg. Infanterie	4 J. Festung
69	Ferd. Killer	Soldatenrat	5 J. Festung
70	Karl Gans	Rotgardist	6 J. Zuchthaus
71	Paul Hübsch	Propagandist	1 J. 6 M. Gefg.
72	Max Pletz	Stadtkommandantur München	1 J. 6 M. Fest.

Gesamtstrafe: 276 Jahre 6 Mon. Einsperrung, 2 Erschießungen

KAPPISTEN IN DER PROVINZ

Lfd. Nr.	Name	Rang	Schicksal
1	v. Levetzow	Konteradmiral a. D.	in Freiheit
2	v. Winterfeld	Leiter der Sipo in Kiel	in Freiheit
3	Lindemann	Früh. Oberbürgermeister in Kiel	in Freiheit
4	Frh. von u. zu Steinfurth	Landrat	in Freiheit
5	v. Pauly	Regierungspräsid. (Kiel)	in Freiheit
6	Frh. v. Wangenheim	Garnisonältester, Oberst (Hamburg)	in Freiheit
7	Völkers	Oberst (Hamburg)	in Freiheit
8	Ledebour	Oberst (Hamburg)	in Freiheit
9	Heide	Hauptmann (Hamburg)	in Freiheit
10	v. Rauchhaupt	Rittmeister (Hamburg)	in Freiheit
11	v. Mackensen	Hauptmann (Hamburg)	in Freiheit
12	Dr. Jakobsohn, Rechtsanwalt	Propagandist (Hamburg)	in Freiheit
13	v. Sydow	Major (Hamburg)	in Freiheit
14	v. Menges	Oberst b. d. Sipo (Altona)	in Freiheit
15	v. Lettow-Vorbeck	Generalmaj. (Mecklenbg.)	in Freiheit
16	Dr. Wendthausen	Ministerpräsident (Mecklenburg)	in Freiheit
17	Ribbentropp	Generalmajor (Mecklbg.)	in Freiheit

RÄTEREPUBLIKANER IN DER PROVINZ

Lfd. Nr.	Name	Rang	Schicksal
1	Guido Kopp	Vors. K.P.D. Rosenheim	4 J. Zuchthaus
2	Gg. Schumm	Art.-Kommandeur in Rosenheim	6 J. Zuchthaus
3	Josef Renner	Truppenführer in Rosenheim	4 J. Festung
4	Hans Meier	Wirtschaftskomm. (Rosenheim)	1¼ J. Festung
5	M. Gnad	Rotgardist (Augsburg)	2½ J. Festung
6	W. Olschewsky	Truppenführer in Augsbg.	7 J. Festung
7	Max Weber	Propagandist i. Augsbg.	1½ J. Festung
8	Karl Marx	Politisch. Leiter in Augsburg	4 J. Festung
9	Dr. A. Maier	Politisch. Leiter i. Starnberg	6 J. Festung
10	Joh. Elbert	Soldatenrat (Lohr)	2 J. Festung
11	Toni Waibel	Vorsitzender d. Aktionsausschusses in Würzbg.	15 J. Festung (entkomm.)
12	H. Schuchardt	Aktionsausschß, Würzbg.	1½ J. Festung
13	Val. Hartig	Mitgl. d. Aktionsaussch.	7 J. Festung
14	Rudolf Hartig	Mitgl. d. Aktionsaussch.	2 J. Festung
15	Fritz Sauber	Propagandist (Würzburg)	12 J. Festung
16	A. Hagemeister	Propagandist (Würzburg)	10 J. Festung
17	L. Egensberger	Kommandeur (Würzburg)	7 J. Festung
18	Georg Hornung	Mitgl. d. Aktionsaussch. Würzburg, Kriegsministerium München	10 J. Festung
19	Leo Reichert	Soldatenrat (Würzburg)	2 J. Festung
20	Paul Förster	Soldatenrat (Würzburg)	3 J. Festung
21	A. Westrich	Korps-Soldatenrat (Würzburg)	6 J. Festung
22	Ludw. Bedacht	Soldatenrat (Würzburg)	5 J. Festung

KAPPISTEN IN DER PROVINZ

Lfd. Nr.	Name	Rang	Schicksal
18	v. Estorff	Generalleutnant (Königsberg)	in Freiheit
19	August Winnig	Oberpräsid. (Königsberg)	in Freiheit
20	Graf Schmettow	Generalleutnant (Breslau)	in Freiheit
21	v. Friedeburg	General (Breslau)	in Freiheit
22	Obst. Schwerk	Polizeipräsident (Breslau)	in Freiheit
23	v. Kessel (Ob.-Glauche)	Oberpräsident v. Schles.	gestorben
24	v. Grodegg	Propagandist (Magdebg.)	in Freiheit
25	v. Brüning	früh. Landrat (Darmstadt)	in Freiheit
26	v. Hagenberg	Generalmajor (Weimar)	in Freiheit
27	Heims	Major (Gotha)	in Freiheit
28	v. Schöler	General (Kassel)	in Freiheit
29	Frh. v. Schenk	Bezirksbefehlshab. (Marburg)	in Freiheit
30	Banke	Major	in Freiheit
31	Czettritz	Oberst	in Freiheit
32	Frh. v. Coburg	Major	in Freiheit
33	Guhr	Oberstleutnant	in Freiheit
34	Eckardt	Leutnant, Rgt. 30	in Freiheit
35	Gallmeister	Hauptmann	in Freiheit
36	Humann	Freg.-Kapitän	in Freiheit

RÄTEREPUBLIKANER IN DER PROVINZ

Lfd. Nr.	Name	Rang	Schicksal
23	Adolf Schmidt	Mitgl. d. Aktionsaussch., Kempten	3 J. Festung
24	Cl. Schreiber	Mitgl. d. Aktionsaussch., Kempten	2 J. Festung
25	M. Bohnenberger	Mitgl. d. Aktionsaussch., Kempten	1¼ J. Festung
26	Heinr. Pfeiffer	Mitgl. d. Aktionsaussch. Landshut	1½ J. Festung
27	Ludwig Vogl	im Aktionsaussch. Landshut	1 J. 4 M. Fest.
28	Franz Müller	Soldatenrat Landshut	1 J. 4 M. Fest.
29	Peter Blössl	Aktionsaussch. Augsburg	10 J. Festung
30	Aug. Hoeck	Rev. Arbeiterrat Augsbg.	4 J. Festung
31	E. Ringelmann	Zensor in Würzburg	5 J. Festung
32	Göplert	Bürgermeister v. Rosenheim	15 M. Festung
33	Langenegger	Wohnungskommissar, Rosenheim	3 J. Festung
34	J. Rheinheimer	Stadtkommand., Rosenheim	4 J. Festung
35	Hans Elbert	Propagandist, Aschaffenburg	2 J. Festung
36	M. Schneller	Arbeiterrat, Kempten	1 J. 3 M.
37	W. Schmidt I	Aktionsaussch., Kempten	1 J. 3 M. Fest.
38	H. Bohnenberger	Aktionsaussch., Kempten	6 M. Festung
39	Alfr. Kleiner	Rev. Arbeiterrat, Kempten	1 J. 3 M. Fest.
40	Rich. Blühr	Propagand., Reichartshofen	1 J. 3 M. Fest.
41	Dreidt	Rev. Arbeiterrat, Kempten	6 Mon.-Fest. m. Bewährungsfr.
42	Penzl	Revolut.-Trib. Miesbach	3 J. Zuchthaus
43	Bergmaier	Revolut.-Trib. Miesbach	3 J. Zuchthaus

KAPPISTEN IN DER PROVINZ

Lfd. Nr.	Name	Rang	Schicksal
37	*Hünecke*	Major	in Freiheit
38	*v. Heusinger*	Rittmeister	in Freiheit
39	*Kleindienst*	Leutnant	in Freiheit
40	*Lynker*	Major	in Freiheit
41	*Meinshausen*	Hauptmann	in Freiheit
42	*Notnagel*	Oberstleutnant	in Freiheit
43	*Nettesheim*	Leutnant a. D.	in Freiheit
44	*Rörig*	Oberleutnant	in Freiheit
45	*Scheele*	Leutnant (Altenburg)	in Freiheit
46	*Schmidt*	Leutnant (Altenburg)	in Freiheit
47	*Schulz*	Oberleutnant, Art. 9	in Freiheit
48	*Stolz*	Oberst	in Freiheit
49	*Strauch*	Hauptmann	in Freiheit
50	*Sturt*	Oberleutnant	in Freiheit
51	*Waas*	Hauptmann	in Freiheit

Gesamtstrafe: Null

RÄTEREPUBLIKANER IN DER PROVINZ

Lfd. Nr.	Name	Rang	Schicksal
44	*Ertl*	Revolut.-Trib. Miesbach	
45	*Rass*	Revolut.-Trib. Miesbach	
46	*Gruber*	Revolut.-Trib. Miesbach	
47	*Griesbeck*	Revolut.-Trib. Miesbach	je 1 J. 3 M. bis 2. J. Festung
48	*Zimmermann*	Revolut.-Trib. Miesbach	
49	*Priller*	Revolut.-Trib. Miesbach	
50	*Waizmann*	Revolut.-Trib. Miesbach	
51	*Stohwasser*	Revolut.-Trib. Miesbach	
52	*R. Steuer*	Untersuchungsführer b. Rev.-Gericht, Kempten	1 J. 3 M. Fest.
53	*J. Miglitsch*	Sicherheitsdienst d. A.- u. S.-Räte	1 J. 3 M. Fest.
54	*Ch. Raiberger*	Propagandist	6 M. Festung
55	*Lichtenbauer*	Rotgardist (Kempten)	2 J. Gefängnis
56	*Jos. Zäuner*	Arbeiterrat (Ingolstadt)	1 J. 3. Mon. Gef.
57	*Ellenbeck*	Entwaffnung von Schutz-leuten	3 J. Festung
58	*Hehret*	Entwaffnung von Schutz-leuten	2½ J. Festung
59	*Hans Kain*	Propagandist (Starnberg)	6 J. Festung
60	*Hans Seffert*	Polit. Leiter (Starnberg)	3 J. Festung

Gesamtstrafe: 204 Jahre, 2 Monate Einsperrung

Demnach sind gegen die Anhänger der bayrischen Räterepublik Strafen von insgesamt 616 Jahren Einsperrung verhängt worden. Gegen die Anhänger des Kapp-Putsches 5 Jahre Einsperrung. Dabei ist noch zu beachten, daß die bayrischen Zahlen unvollständig, die Kapp-Zahlen vollständig sind.

DIE RECHTSNATUR DER BAYRISCHEN STAND-GERICHTE UND DAS SCHICKSAL DER HINTER-BLIEBENEN

Nach der Einnahme von München durch die Regierungstruppen am 1. Mai 1919 setzten sie „Standgerichte" genannte, wilde Feldgerichte ein, bei denen irgend ein Leutnant oder sonst jemand in der Weise Gericht spielte, daß er die Erschießung einfach anordnete. Sogar Unteroffiziere waren so Richter über Leben und Tod. Die Gerichte tagten in irgend einer Schenke ohne Anwendung irgend eines Gesetzbuchs. Akten wurden nicht geführt. In wenigen Minuten wurde das „Urteil" gefällt und an irgend einer Wand durch Erschießen vollstreckt.

Eine Unterscheidung zwischen den „tödlich Verunglückten" (184) und „standrechtlich Erschossenen" (186) (vergl. S. 31) ist, da alle Unterscheidungsmerkmale fehlten, gar nicht durchführbar. So sind z. B. „standrechtliche" Erschießungen wegen Beleidigung des Offizierkorps vorgekommen, ebenso wurden zahlreiche Personen erschossen, weil man angeblich bei ihnen Waffen gefunden hatte, und zwar zu einer Zeit, in welcher die von der Regierung und vom Oberkommando gesetzte Waffenablieferungsfrist noch nicht abgelaufen war.

Die 53 unbewaffneten Russen

Mit welcher Willkür bei diesem „Standrecht" vorgegangen wurde, beweist der Fall der 53 unbewaffneten Russen in Gräfelfing. Die Räteregierung hatte die in den Gefangenenlagern befindlichen Russen befreit und zum Eintritt in die Rote Armee aufgefordert. Am 1. Mai wurden am Bahnhof Pasing 53 Russen, ohne Waffen, in deutscher Uniform, die aus München kamen, festgenommen. Sie wurden nach Lochham gebracht und dort, wie Augenzeugen berichten, schrecklich mißhandelt. Als einer aus der Reihe treten wollte, um seine Unschuld zu beteuern, wurde er niedergeschossen. Die andern wurden ins Feuerhaus in Gräfelfing eingesperrt. Die dort liegende württembergische Sicherheitskompagnie Nr. 21 forderte wütend ihre sofortige Erschießung. Am 2. Mai um ½6 Uhr morgens wurden alle 52 von einem „Standgericht" auf einmal zum Tode verurteilt. Die Russen beteuerten, an Kämpfen nicht teilgenommen zu haben. Den Gegenbeweis hat das Standgericht gar nicht zu führen versucht. In der ganzen Umgebung war nicht gekämpft worden. Um ½9 Uhr vormittags wurden sie in einer Kiesgrube erschossen. Der Fall wurde vom Staatsanwalt untersucht, doch fand er keinen Grund einzuschreiten. („Der Kampf", München, 4. Dezember 1919.)

Das Standrecht des Dr. Roth

Generalmajor Haas, Oberbefehlshaber der Gruppe West, hatte unter juristischem Beistand durch den späteren *bayrischen Justizminister Dr. Roth* am 1. Mai folgenden Tagesbefehl erlassen:
I. a 628.
Zur Klärung der Befugnisse der Truppen gegenüber der Bevölkerung wird bekannt gegeben:

1. Wer den Regierungstruppen mit Waffen in der Hand gegenübertritt, wird ohne weiteres erschossen.

2. Für Gefangene, die sonst während des Kampfes gemacht werden und nicht unter Ziffer 1 fallen, hat der Gruppenkommandeur wie im Felde Feldgerichte zu bilden, die über die standgerichtliche Erschießung zu befehlen haben.
   Das Urteil ist sofort zu vollstrecken unter Aufnahme einer Niederschrift.

3. In allen übrigen Fällen und wenn in Fall 2 nicht auf Erschießung erkannt ist, ist Ueberweisung der Festgenommenen an das standrechtliche Gericht nötig.

gez. Haas.

Auf Grund dieses Tagesbefehls wurde am 3. Mai der Angestellte am städtischen Schlacht- und Viehhof Josef *Boesl* (20 Jahre alt) nach einem „standgerichtlichen" Verfahren wegen angeblicher Teilnahme an den Kämpfen in München mit sechs anderen Personen in der Kapuzinerstraße erschossen. Das gegen den Generalmajor eingeleitete kriegsgerichtliche Ermittlungsverfahren wegen fahrlässiger Tötung wurde durch Verfügung des Gerichtsherrn des Württg. Gerichts der 27. Division, Abt. III, vom 16. März 1920 eingestellt.
In der Begründung heißt es: „Dieser Befehl wurde von Generalmajor Haas, dessen Stabschef Major Seiser und von Hauptmann d. R. Roth, Bezirkshauptmann bei der Polizeidirektion in München als juristischem Berater entworfen, beraten und gutgeheißen und vom Kommandeur verantwortlich gezeichnet. *In seiner Ziffer 2 hatte dieser Befehl keine Stütze in den bestehenden Gesetzen"* . . . „Der Kampf der alten Regierung gegen die Räteregierung war ein Bürgerkrieg. Im Nationalitätenkrieg gelten geschriebene und ungeschriebene Gesetze, den Bürgerkrieg dagegen charakterisiert eine gewisse Gesetzlosigkeit. . . . .
Jedenfalls befanden und fühlten sich die Regierungstruppen gegenüber den Rätetruppen in einem fortdauernden Zustand der Notwehr, auf Grund dessen schließlich jede Tat eine Entschuldigung hätte finden können. Um die Rechte der Regierungstruppen zu um-

schreiben und nicht jeden Exzeß zu dulden, erging der Befehl; ein Befehl, der Exzesse verhindern, nicht sie fördern wollte, der auf keinen Vorgang Bezug nehmen konnte und für einen gesetzlosen Zustand erst eine feste Form schaffen mußte. Wenn dieser Befehl allein aus der Not geboren zu der voreiligen Füsilierung geführt hat, so ist dies entfernt nicht in der Absicht dessen gewesen, der ihn verantwortlich gezeichnet hat, auch konnte dieser Erfolg nicht vorausgesehen werden .... Wenn trotzdem Fehlgriffe in Gestalt übereilter Urteile und allzu rascher Vollstreckung derselben vorgekommen sind, so kann dem Beschuldigten hieraus kein Vorwurf, auch nicht der Vorwurf der Fahrlässigkeit der Verhinderung der Vollstreckung der Urteile gemacht werden, weil er von dieser überhaupt nichts erfuhr. Sich die Bestätigung jedes Todesurteils vorzubehalten, war bei den bestehenden Zuständen rein unmöglich und *ein derartiger Befehl wäre von den Truppen gar nicht respektiert worden.* Ausschreitungen waren leider in jenen kritischen Tagen nicht selten, aber sie hatten ihren Grund in der allgemeinen krankhaften Erregung aller; den Einzelnen dafür verantwortlich zu machen, hieße keineswegs der Gerechtigkeit dienen. ...."

Der Vater des Erschossenen wandte sich am 3. Juli 1919 mit einer Eingabe an das Generalkommando Oven. Dieses teilte ihm am 11. Juli 1919 mit, daß die Eingabe dem bayrischen Ministerium für militärische Angelegenheiten zur Begutachtung weitergeleitet wurde. Das Abwicklungsamt des früheren bayrischen Ministeriums für militärische Angelegenheiten teilte am 18. Oktober 1919 auf Anfrage des Vaters mit, daß die Erhebungen betreffend der Erschießung seines Sohnes Josef Boesl noch nicht zum Abschluß gebracht seien. Am 6. Dezember 1919 wurde von der gleichen Stelle mitgeteilt, daß sein Sohn von einem Standgericht des 1. Württg. Freiwilligen-Regts. wegen Beteiligung am Kampfe gegen die Regierungstruppen zum Tode verurteilt worden sei und daß das Urteil von diesem Regiment vollstreckt wurde. Seine Gesuche seien daher an das Abwicklungsamt Württemberg abgegeben worden. Das Kriegsministerium Stuttgart teilte mit Postkarte vom 10. Dezember 1919 mit, daß das Schreiben des Vaters vom 6. Dezember 1919 dem Wehrkreiskommando übergeben worden sei. Das Wehrkreiskommando teilte unterm 17. Dezember 1919 mit, das Schreiben sei dem Gericht der früheren 27. Division in Ulm zur zuständigen Verfügung übergeben worden. Eine Eingabe des Vaters an den Reichswehrminister vom 22. Mai 1920 wurde an das Heeresabwicklungsamt Preußen, Verpflegungsabteilung abgegeben, das dem Vater sachliche Belehrung erteilte. Ein weiteres Schreiben des Vaters vom 11. Juli 1920 an das Reichsabwicklungsamt wurde nach dessen Mitteilung an das Heeresabwicklungsamt-Hauptamt zur weiteren Bearbeitung geleitet. Das Heeresabwicklungsamt Württemberg teilte ihm unterm 7. Dezember 1920 auf den Schadensersatzantrag vom 10. Mai 1920 wörtlich mit: „Eine Rechtsverpflichtung der Heeresverwaltung

110

zum Schadenersatz liegt nicht vor. Das Heeresabwicklungsamt Württemberg bedauert, dem dortigen Gesuch nicht entsprechen zu können. Eine Wiederholung des Gesuches wäre zwecklos; die Auflösung der Abwicklungsstellen des alten Heeres ist außerdem zum 31. Dezember d. Js. angeordnet."

Diese Behandlung der Hinterbliebenen ist typisch für die ganzen Münchener Fälle.

Der Ingenieur August *Dorfmeister* wurde am 2. Mai 1919 im Krüppelheim in der Harlachingerstr. erschossen. Nach den Feststellungen des Tumultschadenausschusses ist laut Bericht des Kriegsgerichtsrates bei der Reichswehrbrigade 13. Abteilung Ulm, „wahrscheinlich" von einem Standgericht verurteilt worden, das auf Grund des Befehls des Generalmajors Haas eingesetzt war. Der Beschluß des Tumultschadenausschusses stellt fest, daß dieser Befehl ungesetzlich war, und daß dem Toten irgend welche Beteiligung an den Kämpfen oder Gewalttätigkeiten bei der Verfolgung seiner politischen Ziele nicht nachgewiesen worden seien.

Die in erster Instanz zuerkannte Rente wurde vom Reichswirtschaftsgericht nach ständiger Praxis gestrichen. Klage zum ordentlichen Gerichte ist anhängig.

Die Staatsanwaltschaft hat das Verfahren gegen Unbekannt eingestellt.

Ein Befehl des General v. Oven

Einen Beweis dafür, daß sogar dem Militär die Rechtswidrigkeit der standrechtlichen Erschießungen bekannt war, bildet der folgende Befehl vom 5. Mai 1919:

Freikorps Lützow   O. U., München, den 7. Mai 1919.
III Br. B. Nr. 0595

Abschrift von Abschrift.

Generalkommando v. Oven.

Ia/119/V/19   K. H. Qu., den 5. Mai 1919.

Betr. Verfahren gegen die Bevölkerung.

1. Wer mit der Waffe in der Hand betroffen wird, wird auf der Stelle erschossen.

2. Wer festgenommen ist, kann nur noch gerichtlich abgeurteilt werden; zuständig ist das standrechtliche Gericht.

3. Das standrechtliche Gericht wird seinen Sitz im Gebäude des Amtsgerichts haben.

4. *Jedes andere Verfahren gegen Festgenommene ist unzulässig, insbesondere die Aburteilung durch militärische Feldgerichte. Wo derartige militärische Feldgerichte gebildet sind, sind sie sofort aufzuheben; etwa von ihnen gefällte Urteile dürfen nicht vollstreckt werden; mit dem Beschuldigten ist nach Ziffer 2 zu verfahren.*

5. Die bisher von den Truppen festgenommenen Personen, die sich noch im militärischen Gewahrsam befinden, sind von den Truppenteilen in Listen aufzunehmen. Diese Liste mit den beizulegenden Tatberichten sind der Stadtkommandantur zu übersenden.

gez. v. Oven,
Generalleutnant.
F. d. R.
V. s. d. G. K.
D. Ch. d. G. St.
gez. v. Unruh,
Major.

Zusatz des Freikorps. Sofort.
Vorstehende Bestimmungen sind den Mannschaften eingehend bekannt zu geben.

A. B. gez. Körner, Rittmeister.

Trotz dieses Befehls sind „standrechtliche" Erschießungen noch am 7.; „tödliche Unglücksfälle" noch am 8. Mai vorgekommen.

Die Rechtswidrigkeit der bayrischen standrechtlichen Erschießungen

Durch die Verordnung des bayrischen Gesamtministeriums vom 25. April 1919 wurde für das rechtsrheinische Bayern das Standgericht verhängt und Standgerichte im Sinne des Kriegszustandes wurden eingesetzt. Aber die „standrechtlichen" Erschießungen sind nicht von diesen Standgerichten angeordnet worden.

Von dem gesetzmäßigen bayrischen Standrecht ist nur ein einziges Todesurteil gefällt worden, nämlich gegen Dr. *Eugen Leviné.*

Denn das bayrische Standrecht beruhte auf dem bayrischen Landesgesetze über den Kriegszustand vom 5. November 1912. (Gesetz- und Verordnungsblatt, S. 1161, Webers Gesetzsammlung, Bd. 41, S. 180.) Zu dem Gesetz sind Vollzugsvorschriften über das standrechtliche Verfahren ergangen in einer Ministerialbekanntmachung vom 13. März 1913 (Gesetz- und Verordnungsblatt, S. 97, Webers Gesetzsammlung, Bd. 41, S. 349.), sowie in einer Ministerialbekanntmachung die Vollstreckung der militärgerichtlich und standrechtlich erkannten Todesstrafen betreffend vom 17. März 1913. (Bayr. Justiz-Ministerialblatt, 1913, S. 53.)

Ein gesetzliches standrechtliches Verfahren im Sinne des Kriegszustandsgesetzes und seiner Ausführungsbestimmungen lag danach nur dann vor, wenn das standrechtliche Gericht nach Maßgabe des Gesetzes und seiner Ausführungsbestimmungen zusammengesetzt war und das gesetzmäßig vorgeschriebene Verfahren beachtete. Als Besetzung waren drei Berufsrichter, zwei Militärpersonen und zwei Laienbeisitzer ohne Stimmrecht (die Letzteren als eine Art

Kontrollpersonen) vorgeschrieben. Bezüglich des Verfahrens waren Art. 7. des Kriegszustandgesetzes, die dort angegebenen Vorschriften des bayr. Feuerbachschen Strafgesetzbuches von 1813 (Webers Gesetzsammlung, Bd. 1, S. 414) mit den in Art. 7 und den Ausführungsbestimmungen dazu vorgeschriebenen Abänderungen maßgebend.

Da jedoch bei den sogenannten Standgerichten keine einzige dieser Bedingungen eingehalten worden ist, so waren diese „Standgerichte", welche ohne Einsetzung durch eine dazu befugte Stelle und ohne irgend welche gesetzmäßige und verwaltungsmäßige Kontrolle tätig waren, nicht nur ungesetzliche, sondern durchaus gesetzwidrige Einrichtungen.

Dem somit bewiesenen Satz, daß die gesamten bayrischen Standrechtsurteile völlig ungesetzlich waren, haben sich, wie oben gezeigt, auch die maßgebenden Behörden angeschlossen.

Gesamtzahl der in München willkürlich Getöteten

Für die bayrischen Standgerichte waren also keinerlei gesetzliche Grundlagen vorhanden. Es ist auch von Regierungsseite nie versucht worden, das Vorgehen der Truppen als legal zu rechtfertigen. Trotzdem ist gegen keinen der Soldaten, die an den 184 „standrechtlichen" Erschießungen mitgewirkt haben, irgendeine Anklage erhoben worden. Im Fall Lacher dagegen, wo Rotgardisten ein ungesetzliches Standrecht eingesetzt hatten, wurden Gefängnisstrafen im Gesamtbetrag von über 50 Jahren verhängt.

Auch die Erschießungen wegen angeblicher oder tatsächlicher Beteiligung am Kampf waren natürlich, da sie von solchen „Standgerichten" angeordnet wurden, völlig ungesetzlich.

Faßt man die im Stadtbezirk „standrechtlich" Erschossenen 186 Mann und die 184 tötlichen „Unglücksfälle" zusammen und rechnet man dazu die 53 in Gräfelfing erschossenen Russen, die 20 in Starnberg, die 4 in Possenhofen, die 3 in Großhesselohe bezw. Grünwald und die 3 in Großhadern Erschossenen, ferner die in Schleißheim, Harlaching, Schäftlarn und Großföhren Erschossenen (je einer), so kommt man auf eine Gesamtzahl von *457 in München willkürlich Getöteten*. Auch diese Zahl ist, da sie größtenteils auf amtlichen Angaben beruht, sicher zu klein. Im obigen Text (vergl. S. 50) habe ich jedoch nur die amtlich als tödlich verunglückt Bezeichneten als ermordet gerechnet.

Dabei hatte sich der die Operation gegen München leitende General von Oven in Ingolstadt dem Ministerpräsidenten Hoffmann gegenüber verpflichtet, daß er willkürliche Erschießungen nicht dulden würde. Vielmehr sollten alle Gefangenen, auch die Russen der Roten Armee vor ein Gericht gestellt werden. (Persönliche Mitteilung des jetzigen Abgeordneten Hoffmann.)

Die Rechtslage der Hinterbliebenen

Trotz der Rechtswidrigkeit der Tötung ist die Rechtslage der Hinterbliebenen so ungünstig wie möglich. In allen Fällen, in denen wegen derartiger Erschießungen Anzeige gemacht wurde, wurde die Untersuchung durch die Militärgerichte und die Militärbehörde geführt. Abgesehen von den Mördern der katholischen Gesellenvereinsmitglieder, von denen zwei wegen Diebstahls und zwei wegen Totschlags verurteilt wurden, haben diese Behörden keinen einzigen Täter ermitteln können. In zahllosen Fällen, in welchen Mordanzeigen unter genauer Angabe der Persönlichkeiten der Täter, der Tatumstände und unter Anbietung von Beweisen gemacht wurden, geschah nichts. In einigen Fällen, wie z. B. der Ermordung von Gustav Landauer, wurde der betreffende Täter mit der Begründung freigesprochen, er hätte geglaubt auf Befehl zu handeln.

Die Geltendmachung zivilrechtlicher Ansprüche war von vornherein dadurch ungeheuer erschwert, daß drei Kontingente, das bayrische, preußische und württembergische (Reichswehr gab es damals noch nicht) in Frage kamen, daß also die Ersatzansprüche zivilrechtlicher Art sich naturgemäß gegen denjenigen Fiskus richten müssen, welchem der Täter wirklich oder mutmaßlich angehörte.

Nach Artikel 2 des bayrischen Ausführungsgesetzes zur Zivilprozeßordnung vom 23. Februar 1879 (Ges.- und Verordnungsblatt, 1879, Seite 63 und 1899, Seite 401) konnte dabei der Klageweg gegen den Fiskus nur beschritten werden, wenn zuvor die höchste zuständige Verwaltungsbehörde (damals das bayrische Militärministerium) um Abhilfe angegangen worden war und innerhalb sechs Wochen das Abhilfegesuch entweder nicht oder abschlägig beantwortet hatte. Für den Ersatzanspruch kommt nach Bayrischem Rechte der Artikel 60 des bayrischen Ausführungsgesetzes zu B.G.B. vom 9. 6. 1899 und das bayrische Landesgesetz vom 6. Dezember 1913 über die Haftung des Militärfiskus für Handlungen von Militärpersonen (Gesetz- und Verordnungsblatt, Nr. 13, Seite 905) in Betracht. Nach diesen Bestimmungen konnte der in § 839 B.G.B. bezeichnete Anspruch nur dann gegen den Fiskus gerichtet werden, wenn eine Amtspflichtverletzung der in Frage kommenden Militärpersonen festgestellt werden konnte. Nicht dagegen, wenn eine rechtswidrige Handlung nur bei Gelegenheit der Amtsausübung begangen wurde. Die Feststellung einer Amtspflichtverletzung durch die Gerichte und eine Klage auf Schadenersatz wegen Amtspflichtverletzung ist nach bayrischem Landesrecht wiederum nur möglich, wenn zuvor der bayrische Verwaltungsgerichtshof eine „Vorentscheidung" darüber gefällt hat, daß die betreffende Militärperson in Ausübung der ihr anvertrauten öffentlichen Gewalt den Schaden vorsätzlich oder fahrlässig einem Dritten unter Ueberschreitung ihrer Amtsbefugnis oder Unterlassung einer ihr obliegenden Amtspflicht zugefügt hat. (Vgl. Artikel 7 Abs. II d. Bayer. Verwaltungsgerichtsgesetzes vom 8. August 1878, Ausgabe von Prof. Dr. Ant. Dyroff.)

114

Infolge dieser überaus komplizierten Rechtslage und des Umstandes, daß als Gegner im Zivilprozeß gerade diejenigen Militärfisci figurierten, welche zugleich die Untersuchung der Sache hatten und begreiflicher Weise mit dem Material zu ihrer eignen Haftbarmachung nicht herausrückten, ist in Bayern *keine einzige Haftbarmachung des Fiskus wegen rechtswidriger Erschießung in den Maitagen gelungen.*

Eine weitere Komplikation ergab sich daraus, daß es zweifelhaft war, welchen Fiskus die Haftung nach Aufhebung des bayrischen Militärfiskus und Organisation der Reichswehr eigentlich zu treffen habe, da die fraglichen Staatsverträge sich wohlweislich über diesen Punkt ausschwiegen.

Die Auffassung des Reichswirtschaftsgerichts

In Hinblick auf diese Schwierigkeiten suchen nun die betreffenden Hinterbliebenen sich dadurch zu helfen, daß sie sich wegen Entschädigung an die nach dem Reichsgesetz über die durch innere Unruhen verursachten Schäden vom 12. Mai 1920 vorgesehenen Feststellungsausschüsse wenden. (§ 6 des Reichsaufruhrschädenges.)

Gemäß § 1 dieses Gesetzes bestehen Ersatzansprüche gegen das Reich wegen der Schäden an beweglichem und unbeweglichem Eigentum sowie an Leib und Leben, die im Zusammenhange mit inneren Unruhen durch offene Gewalt oder durch ihre Abwehr unmittelbar verursacht wurden. Auf Grund dieser Bestimmung haben die drei Münchener Ausschüsse zur Feststellung von Aufruhrschäden einer großen Anzahl von Hinterbliebenen die nach dem Aufruhrgesetz zuständigen Renten zuerkannt. Diese sämtlichen Bescheide sind auf Beschwerde der Fiskusvertreter von dem nach § 7 des Aufruhrschadengesetzes als Beschwerdeinstanz zuständigen Reichswirtschaftsgericht unter Abweisung der Schadenersatzansprüche aufgehoben worden. Die dürftigen Begründungen besagten, daß die Erschießung keine offene Gewalt im Sinne des § 1 sei, weil die Täter wenigstens amtliche Befugnisse wahrzunehmen glaubten und keine durch Abwehr offener Gewalt unmittelbar verursachten Schäden, weil durch die Verhaftung der Erschossenen der Kausalzusammenhang nach § 1 unterbrochen sei, d. h. wie das Reichswirtschaftsgericht sich sehr gewunden ausdrückt, weil durch die Verhaftung der Erschossenen diese dem Kreise der Maßnahmen entrückt waren, welche der unmittelbaren Abwehr der von den Aufrührern geübten offenen Gewalt dienen sollten. (Vergl. Seite 36.)

Die grundlegende Entscheidung hat das Reichswirtschaftsgericht am 24. August 1921 in der Sache der Wwe. Josefa Fichtner von Perlach und 12 Genossen unter XVII A.V. 747/21 gefällt. Seitdem ist eine große Reihe gleichartiger Entscheidungen ergangen, welche die fraglichen Ansprüche einfach schematisch abweisen.

In diesen Bescheiden weist das Reichswirtschaftsgericht regelmäßig, was der reinste Hohn ist, darauf hin, daß die Betroffenen ja die Haftung des Militärfiskus auf Grund des § 839 und der landesrechtlichen Ausführungsgesetze über die Haftung des Militärfiskus in Anspruch nehmen können, wenn sie glauben, eine Amtspflichtverletzung von Militärpersonen feststellen zu können.

Das Resultat war in allen fraglichen Fällen bisher, daß die Hinterbliebenen der widerrechtlich Erschossenen der Armenpflege zur Last gefallen sind.

Die juristischen Grundlagen der Erschießungen „auf der Flucht"

Diese Kniffe der Gerichte sind übrigens keineswegs bayrische Sonderrechte. So lehnte das Oberlandesgericht Hamm eine einstweilige Verfügung zu Gunsten der Hinterbliebenen des angeblich auf der Flucht erschossenen Max Maurer (vergl. S. 60) am 31. Oktober 1921 mit folgender Begründung ab:

„Die Klägerinnen konnten mit ihrem Antrag nur durchdringen, wenn sie glaubhaft machten, daß den Mannschaften des Marineregiments 6 eine vorsätzliche oder fahrlässige Dienstverletzung zur Last fällt, gemäß den Bestimmungen des Preußischen Gesetzes über den Waffengebrauch des Militärs vom 20. März 1837. Dieses Gesetz ist weder früher (Entscheidung des Reichsgerichts, Bd. 100, S. 28) noch seit der Revolution abgeändert oder aufgehoben worden. Nach den §§ 1 und 5 des Gesetzes ist das Militär in allen Fällen zum Waffengebrauch befugt, wenn Verhaftete, Arrestanten oder Gefangene, welche ihnen zur Bewachung anvertraut sind, zu entspringen oder beim Transporte zu entfliehen suchen. Im § 10 des Gesetzes heißt es: „Daß beim Gebrauch der Waffen das Militär innerhalb der Schranken seiner Befugnisse gehandelt habe, wird vermutet, bis das Gegenteil erwiesen ist." Diese Vermutung gilt, wie mit dem Reichsgericht anzunehmen ist, als Beweisregel des militärischen Rechtes, solange, bis sie durch den Nachweis des Gegenteils entkräftet ist. Der Behauptung des Beklagten gegenüber, daß der Ehemann und der Vater der Klägerinnen bei seinem Abtransport nach Gladbeck in der Nähe von Bottrop einen Fluchtversuch gemacht habe und dabei erschossen worden sei, war also von den Klägerinnen glaubhaft zu machen, daß ihr Ehemann und Vater ohne einen Fluchtversuch unternommen zu haben erschossen worden sei. Dieses konnte aber nicht für glaubhaft gemacht erachtet werden. Die Klägerinnen haben sich zur Glaubhaftmachung auf die Bekundung des Zeugen Sprenger bezogen, nach welcher Militärpersonen, welche Maurer festnahmen, erklärt haben, die Frau Maurer solle sich nur nicht so anstellen, der Mann komme nicht wieder. Aus dieser Aeußerung der Marinemannschaften wollen die Klägerinnen entnehmen, daß diese von vornherein die Absicht gehabt haben, ihren Ehemann und Vater ohne weiteres zu erschießen. Dadurch

116

sei, so machen die Klägerinnen geltend, die Behauptung des Beklagten, daß Maurer bei einem Fluchtversuch erschossen sei, widerlegt. Dem kann aber nicht beigetreten werden. Die Erklärung
der Marinemannschaft, der Mann komme nicht wieder, von der gar
nicht feststeht, in welchem Sinne sie abgegeben ist, beweist allein
nichts gegen die Richtigkeit dieser Behauptung. Auch die Schuß-
verletzungen, welche die Leiche des Maurer nach dem Attest des
Dr. med. Farrenkopf zu Bottrop aufwies, sprechen nicht gegen diese
Behauptung des Beklagten. Außer mehreren Schüssen im Rücken
hat Maurer allerdings einen Halsschuß in der Höhe des Kehlkopfes
ungefähr 2 cm links von der Mittellinie erhalten. Es sei aber nicht
ausgeschlossen, daß er sich auf der Flucht umgesehen und dabei
diesen letzten Schuß bekommen hat. Kann hiernach die Behauptung
des Beklagten, daß Maurer einen Fluchtversuch gemacht habe und
hierbei erschossen worden sei, nicht für durch die Klägerin widerlegt erachtet werden, so wird diese Behauptung im Gegenteil durch
die übereinstimmende Bekundung des Obermaschinisten Fuchs, des
Gefreiten Gaul und des Gefreiten Kruppe bestätigt. Nach diesen
Bekundungen hat auf dem Transport nach Gladbeck in der Nähe
von Bottrop, als der Gefreite Gaul kurze Zeit zurückblieb, Maurer
diese Gelegenheit benutzt, um über das Feld davon zu laufen. Der
Gefreite Kruppe hat ihm dreimal „Halt" zugerufen und dann, da
Maurer weiterlief, mit dem Gefreiten Gaul zusammen eine Reihe
von Schüssen auf ihn abgegeben, bis er zusammenbrach.

Bei dieser Sachlage konnte jedenfalls nicht für glaubhaft erachtet werden, daß den oben genannten Marinemannschaften nach
den Bestimmungen des Gesetzes über den Waffengebrauch des Militärs vom 30. März 1837 eine Dienstverletzung zur Last fällt.

Der Antrag der Klägerinnen auf Erlaß einer einstweiligen Verfügung war daher zurückzuweisen. Die Kosten des Verfahrens
waren nach § 91 Z.P.O. den Klägerinnen aufzuerlegen.
gez. Eickenbusch, gez. Frencking, Graul, Kalthoff, Gernheim.
(Aktenzeichen 3 U 43—210 L G Hamm.)"

Die Begründung lautet also folgendermaßen: Wenn jemand
von Soldaten erschossen wird, so ist nach dem Gesetz vom 20. März
1837 prinzipiell anzunehmen, daß die Soldaten dazu ein Recht
hatten. Die Soldaten brauchen dies gar nicht zu beweisen, sondern
die Hinterbliebenen müssen beweisen, daß die Soldaten bei der Erschießung ihre Befugnis überschritten haben und daß ein Fluchtversuch nicht vorgelegen hat, was natürlich so gut wie unmöglich
ist. Die hier vorliegenden Beweise, die den „Fluchtversuch" widerlegen, werden nicht anerkannt. Der Ausspruch: „Ihr Mann kommt
nicht wieder", und der Schuß von vorn in den Hals beweisen nichts
gegen den Fluchtversuch.

Nach diesem Preußischen Gesetz vom 20. März 1837, das
nach dem Reichsgericht zu Recht besteht, *ist also durch das Zeug-*

nis der Täter der Beweis der Rechtmäßigkeit der Tötung ein-
wandfrei erbracht. Man ist es zwar in Deutschland gewohnt, daß
die Mörder strafrechtlich nicht gefaßt werden. Bisher hatten aber
wenigstens einige Zivilgerichte die Objektivität, den Angehörigen
der Opfer eine zivilrechtliche Entschädigung zuzubilligen. Nach
der Rechtsprechung des Reichsgerichts wird selbst diese Möglichkeit so gut wie beseitigt.

REGIERUNGSÄUSSERUNGEN ZU DEN POLITISCHEN MORDEN

Die Stellung des Reichsjustizministers

Prof. Dr. Radbruch hatte in der Reichstagssitzung vom 5. Juli
1921 unter Berufung auf die Broschüre „Zwei Jahre Mord" sich für
eine Bestrafung der politischen Morde eingesetzt. Als er selbst
Reichsjustizminister geworden war, schrieb er dem Autor dieser
Zeilen folgenden Brief:

Der Reichsminister der Justiz
Nr. IV c 6900 W   Berlin W 9, den 3. Dez. 1921.
                        Voßstr. 4.

Für die auf Ihre Veranlassung durch den Verlag erfolgte Uebersendung eines Exemplars der 4. Auflage der Broschüre „Zwei Jahre
Mord" danke ich verbindlichst. Schon mein Herr Amtsvorgänger
hat Veranlassung genommen, mit den Justizverwaltungen von
Preußen, Bayern und Mecklenburg in Verbindung zu treten. Nach
den Mitteilungen der genannten Justizverwaltungen war in einer
Reihe der in der Broschüre angegebenen Fälle ein Verfahren noch
anhängig, in anderen Fällen wurde auf Grund der Angaben der
Broschüre erneut geprüft, ob sich Handhaben für ein strafrechtliches
Einschreiten bieten. Ich habe meinerseits die Aufmerksamkeit der
Justizverwaltungen auf den erweiterten Inhalt der neuen Auflage
hingelenkt und um kurze Mitteilungen des Sachverhalts und des
Gangs des Verfahrens in den einzelnen Fällen gebeten: Mitteilung
der Ergebnisse an den Reichstag ist beabsichtigt.

Auf Seite 50 der Broschüre wird zur Kennzeichnung des Verfahrens gegen Kapp darauf hingewiesen, daß sich der Reichsjustizminister Dr. Heintze in der Sitzung des Reichstags vom 27. Januar
dieses Jahres wie folgt geäußert habe: „Auch wird man einer Vermögensbeschlagnahme gegen Kapp nähertreten". Demgegenüber
darf ich, um Irrtümern vorzubeugen, folgendes bemerken: Der
Reichsjustizminister hat sich in der Sitzung des Reichstags vom
26. Januar dieses Jahres zu den Maßnahmen geäußert, die zur Verfolgung von Kapp und Genossen ergriffen sind. Nach den stenographischen Berichten des Reichstags, 57. Sitzung, S. 2148, lautete seine
Ausführung wörtlich wie folgt:

„Gegen die Herren Kapp und die übrigen, die an der hochverräterischen Unternehmung beteiligt und strafrechtlich verfolgt sind,

ist Haftbefehl und Steckbrief erlassen und die Vermögensbeschlagnahme angeordnet und selbstverständlich pflichtgemäß die Maßnahmen getroffen, die zur Durchführung dieser Vermögensbeschlagnahme zu treffen sind."

Dr. Radbruch.

Demnach hat der Reichsjustizminister auf die Behauptung, daß in Deutschland in drei Jahren über 300 politische Morde von Rechts unbestraft geblieben sind, nur erwidert, eine Ministerrede sei falsch zitiert. Dieses falsche Zitat wurde natürlich in der vorliegenden Ausgabe sofort beseitigt.

Die Kommunisten haben die Radbruch'sche Interpellation im Reichstag wieder aufgenommen. Die Abgeordneten Plettner, Hoffmann und Bartz haben am 14. September 1921 folgende kleine Anfrage Nr. 1027 an die Regierung gerichtet:

„Herr E. J. Gumbel hat in einer Broschüre „Zwei Jahre Mord" eine Zusammenstellung der politischen Morde seit dem 9. November 1918 der Oeffentlichkeit übergeben. Herr Gumbel stellt fest, daß während dieser Zeit sich die von Rechts begangenen Mordtaten auf 314 belaufen, 26 namentlich aufgeführte Personen stehen unter den starken Verdacht der Mordbegünstigung oder Anstiftung, 35 namentlich aufgeführte Personen stehen unter den dringenden Verdacht der Mordausführung. Herr Gumbel stellt weiter fest, daß bis heute noch kein politisches sowie militärisches Mitglied der Kappregierung bestraft wurde, wogegen allein gegen Mitglieder der bayrischen Räteregierung 519 Jahre 9 Monate Freiheitsstrafen und eine Anzahl Todesurteile vollstreckt worden sind.

In der Reichstagssitzung vom 5. Juli 1921 hat der Abgeordnete Radbruch obengenannte Broschüre dem Herrn Justizminister überreicht mit der formellen, öffentlichen Aufforderung, den einzelnen Fällen nachzugehen und über das Ergebnis seiner Untersuchung Auskunft zu geben.

Wir fragen an: Hat die Reichsregierung entsprechend der an sie gerichteten Aufforderung eine Untersuchung der in der Gumbelschen Broschüre aufgeführten Fälle veranlaßt?

Zu welchem Ergebnis hat die Untersuchung geführt?

Was gedenkt die Reichsregierung zu tun gegen die Staatsanwälte und Richter, die unter völliger Außerachtlassung jeder richterlichen Objektivität die Angeklagten freigesprochen oder das eingeleitete Verfahren eingestellt haben?"

In der Reichstagssitzung vom 30. September 1921 hat darauf Herr Werner, Geh. Regierungsrat, Ministerialrat im Reichsjustizministerium, Kommissar der Reichsregierung, folgendes geantwortet:

„Die strafrechtliche Verfolgung der Vorfälle, die den Gegenstand der Broschüre „Zwei Jahre Mord" bilden, gehört nicht zur Zuständigkeit von Organen der Reichsjustizverwaltung. Der Reichsminister der Justiz hat aber Veranlassung genommen, die Aufmerksamkeit der Justizverwaltungen von Preußen, Bayern und Mecklenburg auf die Broschüre zu lenken. Nach den von diesen eingegangenen Mitteilungen ist in einer Reihe der in der Broschüre angegebenen Fälle ein Verfahren anhängig, in anderen Fällen wird der Inhalt durch die zuständigen Organe der Landesjustizverwaltungen einer Prüfung nach der Richtung unterworfen, ob die gemachten Angaben neue Handhaben zu einem strafrechtlichen Einschreiten bieten."

Darauf fragte der Abgeordnete Bartz weiter: „Ist die Regierung in der Lage, anzugeben, in welchen Fällen ein Verfahren eingeleitet worden ist?" Der Präsident Loebe aber schnitt die Diskussion ab mit den Worten: „Das Wort wird nicht weiter gewünscht, die Anfrage ist erledigt."

Die Regierung hat also eine Untersuchung angestellt und das Resultat ist: Sie kann nicht behaupten (was sie doch sicher gern getan hätte), daß auch nur ein einziger der vielen dargestellten Fälle unrichtig sei. Damit ist also die Richtigkeit der Behauptungen zugegeben.

Die von Herrn Radbruch bereits am 3. Dezember 1921 angekündigte Denkschrift ist noch immer nicht erschienen. Als der Verfasser in einer Versammlung äußerte, daß diese Denkschrift nie erscheinen werde, schrieb ihm Herr Radbruch folgenden Brief:

Der Reichsminister der Justiz.
Nr. IV c 1144. W.   Berlin W 9, den 2. Mai 1922.
                         Voßstr. 5.

In der von dem „Bund Neues Vaterland" einberufenen öffentlichen Volksversammlung am 27. April d. Js. haben Sie Zeitungsnachrichten zufolge ausgeführt, daß ich zwar eine Denkschrift über die Fälle in Ihrer Broschüre „Zwei Jahre Mord" in Aussicht gestellt habe, daß diese Denkschrift aber niemals erscheinen werde. Demgegenüber lege ich Wert darauf, Ihnen an Hand der Akten Kenntnis von den Schritten zu geben, die ich unternommen habe, um dem Reichstag eine Darstellung des Sachverhalts und des Ganges des strafrechtlichen Verfahrens in den einzelnen Fällen zugänglich zu machen; ich würde es deshalb begrüßen, wenn ich Ihrem Besuch in der nächsten Zeit entgegensehen dürfte. Wegen des Zeitpunktes bitte ich um vorherigen telephonischen Anruf.

                                        Dr. Radbruch.

Als der Schreiber dieser Zeilen darauf Herrn Radbruch besuchte, zeigte er ihm mit anerkennenswerter Offenheit die Vorarbeiten zu dem Weißbuch. Darin sind alle Behauptungen dieses Buches mit dürren Worten amtlich bestätigt. Noch mehr: Die Wirklichkeit übertrifft die Angaben um vieles. *Und gerade deswegen ist der Autor dieser Zeilen heute mehr denn je überzeugt, daß die angekündigte Denkschrift trotz der guten Absichten des Ministers nie erscheinen wird.*

120

Die unzuständigen Staatsanwälte

Die Broschüre „Zwei Jahre Mord" war an sämtliche Staatsanwaltschaften Deutschlands geschickt worden, in deren Bereich Morde passiert waren. Im folgenden die Antworten:

Der Oberstaatsanwalt bei dem Landgericht.

IX./199.   Potsdam, den 28. Aug. 1921.

Den Empfang Ihrer mir zugesandten Broschüre „Zwei Jahre Mord" bestätige ich Ihnen mit Dank.

Insofern scheint aber bei Ihrer Zuschrift ein Irrtum obzuwalten, als Sie meine Zuständigkeit für die strafrechtliche Verfolgung „einer Reihe von Morden" annehmen. Ich habe bei der Durchsicht des Buches keinen einzigen Fall finden können, in dem durch den Ort der Tat meine Zuständigkeit in Betracht kommt. Es haben auch nach Ihrer eigenen Darstellung in allen Fällen bereits strafrechtliche Ermittlungsverfahren seitens der zuständigen Stellen stattgefunden.

In Vertretung: Unterschrift unleserlich.

Der Oberstaatsanwalt.   Marburg, den 31. August 1921.

3 a J 817/21

Auf Ihr am 29. August 1921 eingegangenes Schreiben unter gleichzeitiger Uebersendung der Broschüre „Zwei Jahre Mord" erhalten Sie den Bescheid, daß ich nicht in der Lage bin, wegen der darin geschilderten angeblichen Straftaten einzuschreiten, da in keinem der Fälle der Tatort im hiesigen Bezirk liegt, und auch keiner der Täter im hiesigen Bezirk seinen Wohnsitz hat.

I. V.: Ludwig.

Der Oberstaatsanwalt.   Hagen i. W., den 19. Sept. 1921.

XV. 11/2227.

Betrifft:

Uebersendung des Buches:

„Zwei Jahre Mord".

Von den in dem Buch geschilderten Ereignissen hat keines sich in dem mir unterstellten Bezirk abgespielt. Ich habe daher zu Maßnahmen keinen Anlaß.

gez. Scherk.

Stempel.   Beglaubigt.   Hoffmann, Kanzleiangestellter.

Verfahren schwebt

Der Generalstaatsanwalt.   Hamm, den 8. September 1921.

Geschäfts-Nr. I.350

1. 3771.

Soweit die in Ihrem Buch „Zwei Jahre Mord" erwähnten Fälle sich im hiesigen Bezirke ereignet haben, schweben Ermittlungsverfahren.

I. V.: gez. Dr. Wilde.

Stempel.   begl.: Fritz, Kzl.-Inspektor.

Der erste Staatsanwalt
bei dem   Rostock, den 19. Sept. 1921.
Mecklenburg-Schwerinschen Landgericht
zu Rostock i. Meckl.
Nr. J. 3334/21.

Zu Ihrer Vernehmung vom 5. 9. 1921 betr. Ihre Broschüre „Zwei Jahre Mord" teile ich Ihnen hierdurch folgendes mit:

Ihre Ansicht, daß auch die angeblich in Niendorf bei Wismar begangene Bluttat zur Zuständigkeit der Rostocker Staatsanwaltschaft gehöre, ist falsch.

Es kommt Niendorf bei Kleinen in Frage, welches zur Zuständigkeit der Staatsanwaltschaft Schwerin gehört. Sie schreiben ja auch selbst, daß die Staatsanwaltschaft in Schwerin das Verfahren eingestellt hat.

Wegen des von Ihnen unter der Ueberschrift „Taten der Demminer Ulanen" behandelten Tatbestandes bemerke ich folgendes:

1. Wegen der Erschießung des Arbeiters Gräbler ist bei der hiesigen Staatsanwaltschaft seit Juni v. J. ein Ermittlungsverfahren anhängig, welches, da die Ermittlungen sehr schwierig und zeitraubend sind, bis heute noch nicht hat abgeschlossen werden können.

2. Wegen der Schicksale der übrigen seinerseits in Gnoien verhafteten Arbeiter hat hier gleichfalls zunächst ein Ermittlungsverfahren geschwebt. Nachdem sich aber herausgestellt hatte, daß die gelegentlich des Abtransportes der Gefangenen vorgekommenen Bluttaten auf preußischem Gebiet vor Demmin und in Demmin sich zugetragen haben, habe ich das betr. Verfahren insoweit zuständigkeitshalber am 14. Dezember 1920 an den 1. Staatsanwalt in Greifswald abgegeben.

3. Für die Erschießung des Stadtrates Seidel in Stavenhagen bin ich gleichfalls nicht zuständig.

Soviel ich weiß, ist dieserhalb ein Ermittlungsverfahren beim 1. Staatsanwalt in Güstrow anhängig gewesen.

Unterschrift unleserlich.

Der Oberstaatsanwalt bei dem Landgericht.
II 38/93   Breslau, den 31. August 1921.

Ihr Buch „Zwei Jahre Mord" habe ich erhalten. Zu meinem Bedauern bin ich aber auf Grund der bestehenden gesetzlichen Bestimmungen nicht in der Lage, Ihnen Auskünfte über schwebende oder abgeschlossene Strafverfahren zu erteilen, soweit sie in Ihrem Buch behandelt sind und in den Bereich meiner Zuständigkeit fallen.

I. V.: Poppendick, Erster Staatsanwalt.
Stempel.   Sterk, Kzl.-Inspektor.
Beglaubigt.

Der Generalstaatsanwalt
beim Landgericht I.
i J. *328/22.*

Berlin NW 52, Turmstr. 91, den 25. April 1922.

In Ihrer Broschüre „Zwei Jahre Mord" 4. Aufl. S. 19, berichten Sie über die Erschießung des Gastwirts Wilhelm Bilski und geben an, daß nach Aussage von Zeugen der die Erschießung leitende Offizier ein Leutnant Baum gewesen sei. Da sich diese Angabe in den Akten nicht befindet, so bitte ich Sie ergebenst um schleunige Mitteilung, worauf Ihre Kenntnis des Sachverhalts besteht und um Benennung aller Personen, die über die Tat oder die Täter irgend welche Auskunft zu geben vermögen.

I. A.: gez. Dr. Burchardi, Staatsanwaltschaftsrat.

Beglaubigt.

Stempel.   Schmidt, Kanzleiangestellter.

V e r f a h r e n   e i n g e s t e l l t

Der Oberstaatsanwalt.
3 J *2889/20*   Flensburg, den 20. Okt. 1921.
5

Ihre Schrift „Zwei Jahre Mord" ist mir in Ihrem Auftrage vom Verlage „Neues Vaterland" zugesandt worden, da in ihm aufgenommen sind „eine Reihe von Morden, die innerhalb des für mich zuständigen Gebietes vorgekommen sind". In Frage kommt aber lediglich die mit der Ueberschrift „Der Arbeiter Paul Hoffmann in Flensburg" auf Seite 47 erwähnte Erschießung dieses Mannes in der Nacht zum 19. Dezember 1920. Ueber diesen Vorfall ist am 29. Dezember 1920 ein Ermittlungsverfahren eingeleitet und am 3. Januar 1921 Voruntersuchung gegen den Major von Plüskow, Leutnant Dewald, Wachtmeister Arend und Kaufmann Reichardt beantragt worden. Nach ihrem Abschluß sind die Angeschuldigten durch Beschluß der Strafkammer des Landgerichts Flensburg vom 12. April 1921 außer Verfolgung gesetzt worden.

Da Sie nach dem Inhalt Ihrer Schrift sowie dem Begleitschreiben mit der Strafprozeßordnung sicher soweit vertraut sind, um zu wissen, daß ich in einem Fall wie dem des Arbeiters Hoffmann von Amts wegen einzuschreiten habe, trotzdem es aber nicht für richtig gehalten haben, vor Herausgabe Ihrer Schrift Auskunft über das Ergebnis meiner Ermittlungen zu erfordern, mir diese vielmehr erst zugesandt haben, nachdem sie in zweiter Auflage erschienen ist, glaube ich davon ausgehen zu dürfen, daß meine Begründung des Antrages auf Außerverfolgungsetzung der Angeschuldigten und die Gründe des ihm stattgegebenen Strafkammerbeschlusses für Sie ohne Interesse sind.

Eine frühere Antwort war nicht möglich, da die Akten versandt waren.

I. A.: gez. St.-A.-Rat Stolterfoth.

Beglaubigt: Boese, Kanzleiinspektor.
Stempel.

Der Oberstaatsanwalt.

18 J 738/20   Essen, den 31. Oktober 1921.

Auf Ihre am 28. August 1921 hier eingegangene Strafanzeige betreffend die Erschießung zweier Arbeiter in Essen.
In der fraglichen Angelegenheit sind bereits April 1920 von mir und seitens der Militärbehörde eingehende Ermittlungen angestellt worden. Sämtliche in Frage kommenden Zeugen, auch die in Ihrer Broschüre benannten, sind vernommen worden. Die Täter haben jedoch nicht ermittelt werden können. Ich habe daher das Verfahren eingestellt.

Unterschrift: Unleserlich.

Von den 35 Staatsanwaltschaften haben 26 nicht geantwortet, insbesondere die Staatsanwaltschaft München, wo die meisten Fälle passiert waren. Alle Antworten betreffen entweder Zuständigkeitsfragen oder sie lehnen Auskunft ab oder sie geben die Richtigkeit meiner Angaben zu. Auf die Materie selbst geht keine Antwort näher ein. Kein Staatsanwalt hat versucht, die Richtigkeit meiner Darstellung zu bestreiten. Aber auch kein Staatsanwalt hat auf Grund der hier mitgeteilten Tatsachen ein eingestelltes Verfahren wieder aufgenommen oder ein neues eröffnet. 330 politische Morde, wovon 4 von links und 326 von rechts begangen wurden, sind und bleiben unbestraft.

DIE ORGANISATION DER POLITISCHEN MORDE

Ich habe die Mörderorganisationen als Illusion, als Hirngespinst, als exaltierte Meinung Einzelner angesehen, die irgendwelche Erscheinungen verallgemeinerten. Ich muß mit tiefer Erschütterung feststellen, daß ich an dieser Feststellung nicht mehr festhalten kann.
Abg. Stresemann, Reichstag am 5. Juli 1922

Wie oben gezeigt, sind in den letzten Jahren die meisten bedeutenden Führer der extremen und gemäßigten Linken bis in die Reihen des Zentrums durch ungesetzliche Handlungen beseitigt, dagegen ist kein einziger Führer der extremen Rechten getötet worden. Ueberhaupt sind von den Linksradikalen nur wenige Morde begangen worden, von den Rechtsradikalen sehr viele. Diese Morde sind außerordentlich differenziert. Jeder hat seine Eigenheit. Trotzdem lassen sich die bisherigen politischen Morde von Rechts auf drei Typen zurückführen, die sich im wesentlichen mit der Zeit ablösten.

Die unorganisierten Morde

Es bricht ein Linksaufstand aus oder es wird ein solcher provoziert (Typ 1919). Einwohnerwehr, Studentenkorps und Freiwilligenverbände arbeiten an seiner Unterwerfung. Bei dieser Gelegenheit murkst man im Zeichen der „Ruhe und Ordnung" die persönlich oder durch Denunziation guter Freunde bekannten, ehrlichen Republikaner ab: Das sind Spartakisten. Weg damit!

Die Truppen begehen zum Teil im angetrunkenen Zustand, zum Teil durch falsche Nachrichten aufgestachelt eine Reihe von weiteren Scheußlichkeiten. Die Offiziere sind fast immer beteiligt.

Das bürgerliche Publikum, die sogenannte öffentliche Meinung, sieht in seiner blinden Angst um das heilige Eigentum nur die Gefahr, die ihm in dem Aufstand von Links droht. Die Verletzung des Rechtes aber, die in der Ermordung von angeblich am Aufruhr Beteiligten, meistens aber völlig Unbeteiligten besteht, läßt es kalt. Denn der Satz, daß ein Aufrührer auch ein Recht auf seinen Richter hat und nicht von einem kleinen Leutnant umgebracht werden darf, ist ihm keine Realität. Dies ist ein abstrakter Satz, der nichts mit dem Schutz des Eigentums zu tun hat.

Dieser sozusagen handwerksmäßige Mord ist im kleinen Umkreis wirksam. Doch nur hier. Unfähig ist er, die großen, bekannten Republikaner zu erfassen. Hierzu dienen andere, bessere Methoden industrieller Art.

Die halborganisierten Morde

Ein Putsch von Rechts wird benützt. Viel unverhüllter kann hier gemordet werden. Trotzdem legt man großen Wert auf Aufrechterhaltung der Fiktionen. So wird die Behauptung verbreitet, ein Aufstand von Links sei vorbereitet und man wolle nur der rechtmäßigen Regierung dagegen helfen. Dann verfährt man wie oben. Aber während man vorher willkürlich mordete, ist man jetzt bereits auf Auswahl der „Richtigen" bedacht. Längst durch geheime Organisationen vorbereitete Listen dienen diesem Zweck. Man ist nicht etwa weniger blutdürstig und scheut auch nicht vor Massenmord zurück, aber man ist zielstrebiger geworden. Die Widerstrebenden, die sich „dem Aufbau", der „Regierung der Arbeit" widersetzen, werden „auf Grund der erlassenen Gesetze" durch Standrecht beseitigt. Gelingt der Putsch, um so besser, mißlingt er, so werden die Gerichte schon dafür sorgen, daß den Mördern nichts passiert. Und sie haben dafür gesorgt. Kein einziger Mord von Rechts ist wirklich gesühnt. Selbst gegen geständige Mörder wird das Verfahren auf Grund der Kapp-Amnestie eingestellt.

Die beiden Methoden sind trotz ihrer Wirksamkeit nicht zu allen Zeiten brauchbar. Vor allem nicht in ruhigen. Doch sind sie Vorarbeit; Bausteine zum Ziel: Tod allen Republikanern; Methoden zum Ausbau der Organisation.

Der hochorganisierte Mord

Am auffälligsten sind die Morde, die in Zeiten vollkommener Ruhe begangen wurden, wo weder ein wirklicher noch ein fiktiver Aufstand von Links vorlag. Hier versagen die bisherigen Entschuldigungen und Beschönigungen. Es bleiben nur zwei Methoden übrig. Erstens wird gesagt, es lohne nicht, darüber so viel Aufsehens zu machen. Der Mann war ja verrückt, er litt an Verfolgungswahn. Er glaubte, er werde eines Tages umgebracht. Ist dies nicht Beweis genug, daß er sein kommendes Los erkannte? Man sieht, was für Menschen zur Linken gehören. Indem man dem Toten sein einziges Gut, seinen guten Namen raubt, befreit man sich durch diesen leichenschänderischen Dreh von jeder Verantwortung. Immerhin verspricht die Regierung natürlich eine strenge Untersuchung. Von Zeit zu Zeit kommen immer kürzere Berichte über den ordnungsgemäßen Verlauf. Neue politische Probleme füllen die Zeitungen, nach einiger Zeit ebbt es in der Blätterflut ab. Nur einige Zeitungen, die immer schreien, kläffen noch. Bald ist der Tote vergessen.

Oder der Mord wird schon vorher der Oeffentlichkeit plausibel gemacht. Das Opfer muß derart verdächtigt werden, daß seine Ermordung als ein befreiender Schritt, als eine Heldentat angesehen wird. „Endlich ist Deutschland diesen Menschen los, der so viel Unglück über sein Vaterland gebracht hat“. Viele Feinarbeit, hohe Kultur, glänzende Vorbereitung, planmäßiges Zusammenwirken gehören dazu, bis das Opfer erliegt. Angesagt zählt doppelt. Daher zunächst in der Oeffentlichkeit systematische Hetze zum Mord: „Der Mann ist ein Schädling. Er muß weg. Nur die nationale Einheitsfront kann helfen.“ So belfert die Presse. Bis selbst der Letzte der Letzten in Kleinkuhdorf das weiß.

Gibt es Mordorganisationen?

Mordorganisationen im eigentlichen Sinn des Wortes, d. h. Organisationen, deren einziger Zweck der politische Mord ist, gibt es im heutigen Deutschland wahrscheinlich nicht. Wohl aber Organisationen, die den politischen Mord als Nebenzweck oder als Mittel zum Zweck bejahen. Ihre eigentlichen Ziele sind nationalistische. Drei an sich trennbare Ziele vereinen sich in ihnen. Das erste ist das *monarchistische.* Daher wenden sich diese Organisationen gegen die Republik und vor allem gegen ihre Repräsentanten. Dabei sind sich jedoch die verschiedenen Organisationen weder über die Form der kommenden Monarchie (ob absolut oder konstitutionell) noch über ihren Umfang (Deutscher Einheitsstaat oder Rückkehr aller Herrscher) noch über die Person des künftigen Monarchen (Wittelsbach oder Hohenzollern) einig. Vor allem fehlt ein populärer Thronkandidat. Dieser glückliche Zufall wird vielleicht ähnlich wie in Frankreich nach 1870 die Republik retten.

Die zweite Tendenz ist die *imperialistische.* Der Friedensvertrag von Versailles hat Deutschland zerstückelt und hat ihm Gebiete mit deutscher Bevölkerung genommen. Demgegenüber sind Bestrebungen auf Wiedergewinnung der gegen ihren Willen von Deutschland abgetrennten Gebiete und auf Verbesserung von Deutschlands ökonomischer Lage vollkommen berechtigt. Darüber hinaus befürworten diese Vereine eine ausgesprochen imperialistische Politik, insbesondere den Rachekrieg.

Die dritte Wurzel dieser Bewegungen ist der *Antisemitismus.* Er geht von ganz übertriebenen Vorstellungen über die Bedeutung und den Einfluß der Juden aus.

Auch diese drei Programme werden zum Teil offiziell nicht zugegeben. Sie treten der Oeffentlichkeit gegenüber hinter berufsständischen, anderen politischen, wissenschaftlichen und kulturellen Zielen zurück. Bei manchen Organisationen wird sogar streng an der Fiktion der politischen Neutralität festgehalten. Ueberall spielen die Offiziere der alten Armee die größte Rolle.

Die drei Bewegungen kommen meistens untereinander vermengt vor. Die meisten Geheimbündler sind gleichzeitig Monarchisten, Imperialisten und Antisemiten. Die extremistische Einstellung der Organisationen führt sie zu dem Glauben, daß man mit der Tötung eines politischen Gegners gleichzeitig die von ihm vertretenen Ideen beseitigen könne. Eine zweite, davon prinzipiell verschiedene Wurzel von politischen Morden ist die manchmal zwingend auftretende Notwendigkeit der Beseitigung von unbequemen Mitwissern, von denen man einen Verrat der Organisation befürchtet.

Kommunistische Geheimorganisationen

Daß es auch kommunistische Geheimorganisationen gab, ist nicht zu bestreiten. Nach der Mentalität dieser Partei, die z. B. den Märzaufstand 1921 verursacht hat, ist an deren Existenz kaum zu zweifeln. Aber die Nachrichten hierüber haben sich in allen Fällen als maßlos übertrieben herausgestellt. Wo solche Organisationen tatsächlich bestanden, haben stets Spitzel und Provokateure von Rechtsparteien eine große Rolle gespielt. Das liegt daran, daß die Partei überhaupt mit Spitzeln stark durchsetzt ist. In München hat man sogar Bezirksführer, also Funktionäre, als Angehörige der Polizei entlarvt.

In vielen Fällen waren auch die Nachrichten über kommunistische Geheimorganisationen nach der bewährten Methode „Haltet den Dieb" einfach aus der Luft gegriffen. Zur Verbreitung der Berichte dienten eigene deutschnationale Nachrichtenstellen.

Auch ein Mann, dem man dies eigentlich nicht zutrauen sollte, General Ludendorff, hat sich neuerdings diesem Verfahren angeschlossen. In einem Interview mit dem Berliner Korrespondenten der „Daily Expreß" („Vossische Zeitung", 25. Juli 1922) sagte er: „Die Erklärung der Ermordung Dr. Rathenaus liegt in der Tatsache, daß die Ermordung deutscher Minister vor mehr als einem Jahr von kommunistischen Organisationen beschlossen worden ist. In ernsten politischen Kreisen gibt es keine Mörderorganisation." Einen Beweis für diese Behauptung hat Ludendorff nicht angetreten.

Ich will natürlich die Möglichkeit kommunistischer Geheimorganisationen nicht leugnen. Wahrscheinlich haben sie auch politische Schäden angerichtet. Sicher aber ist, daß sie für keinen einzigen politischen Mord verantwortlich zu machen sind.

Geschichte der Geheimorganisationen

Die Geheimbünde sind erwachsen auf dem Boden der Deutschen Vaterlandspartei. Nach der Revolution sammelten sie sich wieder in den offiziell unpolitischen Bürgerräten, Einwohnerwehren, Freikorps. Den größten Sammelherd, aus dem pilzartig die Geheimorganisationen entsprangen, bildete das Baltikumabenteuer. Unter einem angeblichen Fürsten Awalow-Bermondt und unter dem Grafen v. d. Goltz bildeten sich Armeen, z. B. die eiserne Division, die sogar eigenes Papiergeld (gedeckt durch die der deutschen Regierung gehörigen Waffenvorräte) ausgaben. Die Hoffnung auf Land trieb viele demobilisierte Soldaten dazu, sich von den von der deutschen Regierung öffentlich unterstützten Verbänden anwerben zu lassen. Nach dem kläglichen Scheitern des zuerst gegen die Bolschewisten, dann gegen die lettische Regierung geführten Kampfes fluteten die Baltikumer nach Deutschland zurück. Sie waren die Grundlage für den Kapp-Putsch, der ja auch mit der Fiktion des Kampfes gegen den Bolschewismus inszeniert wurde. Kaum war er gescheitert, so rief die Ebertregierung, die vor den aufrührerischen Truppen hatte flüchten müssen, dieselben Truppen zum Kampf gegen die Arbeiter ins Rheinland. Natürlich mußten so die am Kapp-Putsch beteiligten Truppen dieses Unternehmen für vollkommen legal halten.

Die Freikorps wurden zum großen Teil auf Betreiben der Entente aufgelöst. Dies ging nicht immer einfach vor sich. So sollte z. B. in Soest im Juni 1920 die Maschinengewehrkompagnie Libau (eine baltische Formation, die seit dem November 1919 in Deutschland verpflegt wurde) aufgelöst werden. Sie leistete Widerstand und es kam zu einer Schießerei mit der Reichswehr, bei der fünf Reichswehrsoldaten getötet und mehrere schwer verwundet wurden. Vor dem Kriegsgericht in Münster kam es zur Verhandlung. Die Baltikumer gaben an, sie hätten geglaubt, Bolschewiki vor sich zu haben und wurden auf Grund dieses Putativ-Spartakismus freigesprochen. („Freiheit", 23. Juni 1920.)

Dagegen wurde ein Soldat namens Kaiser, der sich nach dem Kapp-Putsch unerlaubt aus der Ehrhardt-Brigade entfernt hatte, weil er von einem Offizier mißhandelt worden war, zu sechs Wochen Gefängnis verurteilt. (Preuß. Landtag, 22. Mai 1922.) Auf eine Interpellation antwortete die Regierung, die Strafe bestehe zu Recht, weil die Marinebrigade des Kapitän Ehrhardt eine Truppe im Sinne des Militärstrafgesetzes gewesen sei.

Aus dem Lebenslauf der einzelnen Individuen kann man den Werdegang der ganzen illegalen Bewegung studieren. Ein großer Teil der Mitglieder, soweit sie bekannt geworden sind, war nicht im Feld, weil sie damals noch zu jung waren. Zum Teil dienten sie als Hilfsdienstpflichtige oder als Jugendwehr. Dann wurden sie Mitglied einer Einwohnerwehr, kämpften in Freikorps gegen die bayerische Räterepublik, dann im Baltikum, machten den Kapp-Putsch mit und zuletzt finden wir sie beim Selbstschutz in Oberschlesien.

Oberschlesien

Zwei Zentren hat die Bewegung: Oberschlesien und München. Beide sind intim verknüpft. So hat z. B. das Freikorps Oberland in beiden „gekämpft".

In Oberschlesien sollte nach dem Vertrag von Versailles eine Volksabstimmung stattfinden. Die Entente verschob jedoch den Termin der Abstimmung von Monat zu Monat. So entstand unerhörte politische Spannung. Resultat waren drei Aufstände der Polen. Die polnische Regierung lehnte zwar offiziell jede Beteiligung daran ab. Doch kann man es als gesichert hinnehmen, daß sie die Bestrebungen, ein fait accompli zu schaffen, wie etwa in Posen oder Wilna, insgeheim begünstigte. Den ersten Aufstand schlugen deutsche Truppen nieder. Von beiden Seiten sind dabei unerhörte Grausamkeiten vorgekommen. Beim zweiten Aufstand sammelten sich die Deutschen in eigenen Organisationen, dem sogenannten Selbstschutz, der ursprünglich nur aus geborenen Oberschlesiern bestehen sollte, dann aber auch aus dem übrigen Reich regen Zuspruch erhielt. Bald ging man dazu über, auch diejenigen Deutschen zu bekämpfen, denen man mit Recht oder Unrecht internationale Neigungen zuschrieb. Auch Angehörige der Besatzungstruppen wurden ermordet. Aus dem großen diesbezüglichen Material mögen nur einige typische Fälle aufgeführt werden: Dr. Milecki aus Kattowitz wurde am 17. August 1919 gelegentlich der Hilfeleistung bei einem polnischen Verwundeten ermordet. In Hallimba wurden am 17. August 1919 zwei Arbeiter „auf der Flucht" erschossen. Ende Mai 1920 wurde der Besitzer des Hotels „Deutsches Haus" in Krappitz, Valentzyk, aus dem Gefängnis geholt. Die Mannschaft bestand aus dem Pferdewärter Eduard Seirer aus Pasing, dem Kriminalinspektor Fischer aus Bernburg (alias

Friedrich) und dem Kriminalwachtmeister Josef Bump aus Carls-kron. In Valentzyks Hotel war während der Besatzungszeit die französische Intendantur untergebracht gewesen. Auf Befehl des Freikorps Oberland wurde er an eine entlegene Stelle im Wald geführt und dort von *Bump* erschossen.

Am 30. Juli 1920 wurden drei Gefangene des Freikorps Oberland, Karl Görlitz aus Görlitz, Stefan Stellmach aus Bismarckhütte und ein gewisser Kauert, angeblich Kommunist, früher Freiwilliger des Bataillons Oesterreicher, von der Straße nach Kasimir weg in den Wald geführt und von Mußweiler (alias Weiland) erschossen. DieLeichen wurden ausgeplündert. (PaulFröhlich „Wider den weißen Mord".) Am 30. Juni 1921 wurde der Betriebsrat der „Bismarck-hütte", Bruno Bochymek „auf der Flucht" erschossen. Man erinnere sich ferner an den Ueberfall in Petersdorf, wo u. a. der Spitzel Seichter ermordet wurde. (WTB., 18. Mai 1922.) Auch in allerneuester Zeit sind Lynchungen durch den Selbstschutz vorgekommen. In Oppeln, Gleiwitz und anderen Orten Oberschlesiens wurden Frauen, die sich während der Besatzungszeit mit Franzosen eingelassen hatten, nackt ausgezogen, kahlgeschoren, mit Teer angestrichen und mit Peitschen durch die Straßen gehetzt. („Deutsche Zeitung", 13. Juli 1922.)

Der bayrische Partikularismus

Der Brennpunkt der ganzen Bewegung ist in München zu suchen. Der Ausnahmezustand, der dort jahrelang aufrecht erhalten wurde und die Sondergerichte, beides Organisationen, die sich ausschließlich gegen Links wandten, begünstigten in hohem Maß die Bildung und verbrecherische Tätigkeit der Geheimorganisationen.

Der andauernde Kampf gegen das Reich hat zum großen Teil den Sinn, die Geheimbünde zu schützen. Denn sie sind die Hauptträger der monarchistischen Propaganda und sind daher bei den im Grunde genommen monarchistischen Regierungen Kahr und Lerchenfeld beliebt. Die angeblich altbayrische Tradition der bayrischen Regierung ist eine reine Fiktion; denn Bayern war früher keineswegs ausgesprochen monarchistisch. Dazu kommt, daß die Hauptträger dieser bayrischen Fronde tatsächlich Ludendorff und die ihn umgebenden Teilnehmer der früheren obersten Heeresleitung, also gar keine Bayern sind.

Seit dem Reichenhaller Kongreß der russischen Monarchisten beginnen auch diese in Bayern eine Rolle zu spielen. In der Oeffentlichkeit treten sie natürlich nicht hervor.

Die augenblicklich in Bayern herrschende Stimmung wird wohl am besten durch die Tatsache beleuchtet, daß ein anerkannter katholischer Gelehrter, Domdekan Kiefel aus Regensburg, im Vorwort seines Buchs „Katholizismus und modernes Denken" vom Grafen Arco, dem Mörder Eisners, schreiben konnte: „Unser jugendlicher Nationalheld, dessen selbstloser Idealismus allein in unserem Volk neues Leben entzünden könnte". Das Bild Arcos ist in vielen Schaufenstern zu sehen. Seine Heimatgemeinde gab sogar Notgeld mit seinem Bild heraus, das allerdings bald aus dem Verkehr gezogen wurde.

Namen von Geheimorganisationen

Im Folgenden einige Namen von solchen Organisationen: Verband nationalgesinnter Soldaten, Bund der Aufrechten, Deutschvölkischer Schutz- und Trutzbund, Stahlhelm, Organisation „C". Freikorps und Reichsfahne Oberland, Bund der Getreuen, Kleinkaliberschützen, Deutschnationaler Jugendbund, Notwehrverband, Jungsturm, Nationalverband Deutscher Offiziere, Orgesch, Roßbach, Bund der Kaisertreuen, Reichsbund Schwarz-Weiß-Rot, Deutschsoziale Partei, Deutscher Orden, Eos, Verein ehemaliger Baltikumer, Turnverein Theodor Körner, Allgemeiner deutschvölkischer Turnverein, Heimatssucher, Alte Kameraden, Unverzagt, Deutsche Eiche, Jungdeutscher Orden, Hermansorden, Nationalverband deutscher Soldaten, Militärorganisation der Deutschsozialen und Nationalsozialisten, Olympia (Bund für Leibesübungen), Deutscher Orden, Bund für Freiheit und Ordnung, Jungsturm, Jungdeutschlandbund, Jung-Bismarckbund, Frontbund, Deutscher Waffenring (Studentenkorps), Andreas-Hofer-Bund, Orka, Orzentz, Heimatbund der Königstreuen, Knappenschaft, Hochschulring deutscher Art, Deutschvölkische Jugend, Alldeutscher Verband, Christliche Pfadfinder, Deutschnationaler Beamtenbund, Bund der Niederdeutschen, Teja-Bund, Jungsturm, Deutschbund, Hermannsbund, Adler und Falke, Deutschland-Bund, Junglehrer-Bund, Jugendwanderriegen-Verband, Wandervögel völkischer Art, Reichsbund ehemaliger Kadetten.

Ein großer Teil dieser Organisationen wurde auf Grund des Gesetzes zum Schutz der Republik aufgelöst. Bayern hat keinen dieser Verbände aufgelöst.

Betrachten wir die Organisationen im Einzelnen. Der *Schutz- und Trutzbund* ist wesentlich antisemitischer Natur, außenpolitisch nicht betont, jedoch zählt er in seinen Reihen zahlreiche Terroristen. Er soll 200 000 Mitglieder umfassen.

Der *Alldeutsche Verband* ist wesentlich monarchistisch. Er will das Kaisertum durch einen Diktator vorbereiten. Außenpolitisch ist er agressiv, vor allem gegen Frankreich und Polen, Mitgliederzahl ca. 80 000. Sein Werk war der Kapp-Putsch.

Der *Jungdeutsche Orden* ist im Gegensatz zu den beiden obigen Verbänden militärisch organisiert und besitzt wohl heimliche

Waffenlager. Seine Mitglieder — angeblich ca. 80 000 — haben sich durch einen Eid zu Gehorsam verpflichtet. Er gliedert sich in Gefolgschaften, Bruderschaften und Balleien.

Der *Stahlhelm* besitzt 300 Ortsgruppen und ca. 25 000 Mitglieder.

Der Sportklub *Olympia* ist ein Versuch, das aufgelöste Regiment Reinhardt fortzusetzen.

Die *Orka* (Organisation Kanzler) steht in enger Beziehung zu dem früheren bayerischen Ministerpräsidenten v. Kahr und dem ehemaligen Kronprinz Rupprecht. Sie ist entstanden aus der Tiroler Abteilung der Orgesch.

Der *Deutsche Waffenring* ist eine Zusammenfassung der nationalistischen Studentenorganisationen.

Der *Bund für Freiheit und Ordnung* ist ein Versuch der Fortführung der aufgelösten Selbstschutzverbände von Groß-Berlin.

Orgesch und Freikorps *Oberland* sind spezifisch bayerische Organisationen, die zweifellos Waffenlager besitzen. Freikorps Oberland zählt nur wenige Mitglieder, ca. 2000, die Orgesch vielleicht 200 000.

Am straffsten organisiert sind die *Arbeitsgemeinschaften.* Es sind dies frühere kleine Truppenteile, die in corpore auf einem großen Rittergut untergebracht sind. Die bekannteste ist die Arbeitsgemeinschaft *Roßbach,* welche aus Teilen des gleichnamigen Freikorps besteht. Der Stab verbirgt sich hinter der Firma „Deutsches Auskunfts- und Detektivbüro" Wannsee, Otto-Erich-Str. 10. In Mecklenburg heißt er „Bund für Berufsausbildung landwirtschaftlicher Arbeiter". Aehnliche Organisationen sind: *Hubertus, Aulock, Heidebrecht, Dewitz* und *Grenzmark.*

Die Organisation der *„Brüder vom Stein"* wurde am 6. Juli 1921 im Hotel Hauffe, Leipzig, von derselben Versammlung gegründet, in der sich auf Befehl des Forstrats Escherich die dortige Orgesch auflöste. Geldgeber waren die Finanzausschüsse der sächsischen Industrie mit Hilfe der Bürgerbünde. Der Verein wurde beim Amtsgericht Leipzig eingetragen. Am 2. November besaß er bereits 700 000 Mark Vermögen. Major a. D. Schneider in Bautzen war Leiter einer Selbstschutzorganisation, welche eine Fortsetzung der 1920 von der Orgesch und den Bürgerbünden aufgestellten Organisationen war. Der Fortbildungsschullehrer Ebersbach hatte hierfür in Cunnersdorf bei Frankenberg ein Waffenlager von über 600 Gewehren und vier Maschinengewehren errichtet, das am 27. Oktober 1921 beschlagnahmt wurde.

Auch die Brigade *Ehrhardt* hatte in Sachsen eine Abteilung im Klubgebäude der Studentenverbindung Saxonia, Elsterstraße, Leipzig. Dazu kam dann noch die Ritterschaft *Zollern,* eine geheime Jugendorganisation in Leipzig. In ihr war der Bruder von Tillessen Verbindungsmann der Organisation C.

Der Sportverein *Silbernes Schild* stellte die Fortsetzung der aufgelösten militärischen Organisation der Zeitfreiwilligen dar. Dieser Sportverein hatte eine militärische Leitung und war geschlossen der Orgesch angegliedert. (Mitteilung des sächs. Innenministers Lipinski, 2. November 1921.)

Die soziale Struktur der Geheimbünde

Manche dieser Organisationen verschwinden schon nach kurzer Existenz. Eine Reihe von neuen wird gegründet. Dies scheint völlig planlos und chaotisch vor sich zu gehen und ist doch sehr einfach. Die Zersplitterung in Wanderklubs, Arbeitsgemeinschaften, Sportorganisationen, Regimentsvereine, Schützengilden, Kriegervereine, Offiziersbünde, Organisationen für völkischen, nationalen und monarchistischen Aufbau, das ständige Verschwinden einiger dieser Gruppen und das Auftauchen neuer hat nur den Zweck der Verschleierung. Dieses Verfahren ermöglicht bei Verboten die Organisation weiterzuführen, jede beliebige Verbindung zu leugnen, jede Identität zu bestreiten und etwa eingedrungene Spitzel durch rasche Umstellung auszuschalten. Die Verbindung von den leitenden Stellen bis zu den letzten Ausläufern der Bewegung ist manchmal sehr lose. Stets muß die Oberleitung in der Lage sein, jede solche Verbindung zu dementieren.

Wie lose diese Verbindungen bei strengem, gegenseitigem Vertrauen gehalten sind, zeigt das Attentat auf Harden, wo die einzelnen Stellen miteinander nur postlagernd verkehrten, ohne daß der Anstifter des Attentats seine vorgesetzte Stelle, die ihm das Geld schickte, überhaupt dem Namen nach kannte. Die Verbindung klappt so gut, daß es den Behörden bisher nicht gelungen ist, die Auftrag- und Geldgeber beim Rathenaumord festzustellen. Man hat zwar die Küchenmeister verhaftet, nicht aber die Köche, die diesen Brei rühren ließen.

Eine große Zahl der Teilnehmer steht in jugendlichem Alter. Studenten, ja sogar Gymnasiasten stellen das Hauptkontingent. Gymnasiasten von 17 Jahren haben bei der Ermordung Rathenaus entscheidend mitgewirkt. Da die heutigen Kinder trotz aller sozialdemokratischen Unterrichtsminister noch immer aus den alten Lehrbüchern lernen, welche auf das Kaisertum zugeschnitten sind, müssen sie die Ueberzeugung bekommen, daß das Kaisertum die einzig wahre Regierungsform ist und die Republik eine bedauerliche Verirrung, die man möglichst bald wieder gut machen müsse. Die jungen Terroristen handeln also durchaus bona fide und glauben echte Freiheitskämpfer zu sein, echte Nachfolger des Harmodius und Aristogeiton, des Brutus, wenn sie die wenigen Republikaner Deutschlands umbringen.

Durch die große Zahl dieser Organisationen darf man sich nicht zu der Meinung verleiten lassen, daß sie alle selbständig wären. Sie bestehen vielmehr zum großen Teil aus denselben

Leuten. Ein und dieselbe Person ist oft unter verschiedenen Namen Mitglied von zehn solchen Organisationen. Der Gesamtbestand der illegalen und halblegalen deutschnationalen Organisationen dürfte eine Viertelmillion nicht überschreiten. Was die Bewaffnung betrifft, so wird dieselbe auf allerhöchstens 150 000 Gewehre mit je 10 Schuß Munition, 2000 leichte und 500 schwere Maschinengewehre geschätzt. Schwere Kampfwaffen dürften kaum in nennenswerter Zahl vorhanden sein.

Das größte Dunkel schwebt über den Geldgebern. Zu vermuten ist, daß die Großindustrie und die großen Rittergüter Geld zur Verfügung stellen. Ueber die Herkunft des Geldes ist im einzelnen nichts zu ermitteln. Nur die Herkunft kleinerer Summen hat sich nachweisen lassen:

Der Major a. D. Erich Hansen hatte in Preußen die Einwohnerwehren organisiert und war dann in die entsprechende Stelle des Reichswehr-Ministeriums gerufen worden. Die Mitglieder der Einwohnerwehren wurden bei zwei Versicherungsgesellschaften versichert. Die Provision von insgesamt 60 000 Mark verwendete Hansen für einen schwarzen Fonds, der zur Vorbereitung des Kapp-Putsches diente. Hansen wurde wegen Bestechung angezeigt, aber vom Landgericht I freigesprochen. („Berliner Tageblatt", 24. Mai 1922.)

Wie leicht es möglich ist, für solche Zwecke Geld zu bekommen, zeigt folgender Fall: Als der Kapitänleutnant Killinger von der Organisation C (der Vorgesetzte der Erzberger-Mörder Schulz und Tillessen) wegen des Verdachtes der Teilnahme an der Ermordung Erzbergers in Haft saß, besuchte sein früherer Bursche Rabenschlag den Generalmajor von Chrismar in Freiburg, den Major Hildenbrandt in Oberkirch, den Major Max Fröhlich in Oberkirch und den Obersten von Pilgrim in Karlsruhe, Schatzmeister einer deutschvölkischen Organisation, und erhielt von ihnen unter dem Vorwand, für Killinger sorgen zu wollen und zu versuchen, ihn zu befreien, ohne weiteres über 22 000 Mark, die Rabenschlag für sich selbst verbrauchte. In einem im Zusammenhang damit wegen Betrugs gegen die Staatskasse angestrengten Prozeß verweigerten die Offiziere die Auskunft („Berliner Tageblatt", 17. August 1922, Prozeßberichte in allen Berliner Zeitungen). Ein Verfahren gegen die Offiziere wurde nicht eingeleitet. Rabenschlag wurde wegen dieser und anderer Schwindeleien zu vier Monaten Gefängnis verurteilt.

Die Besorgung falscher Papiere

Einen interessanten Beitrag zur Kenntnis der illegalen deutschnationalen Organisationen liefert das Geständnis Runges. Es heißt darin: „Am 19. Mai 1921 wurde ich aus dem Gefängnis entlassen. Ein Kommissar und ein Rittmeister von der Sipo kamen in meine Wohnung und erklärten mir, ich müsse noch in der Nacht weggebracht werden, die Spartakisten könnten kommen und mich aufhängen. Ich wurde unter dem Namen Lange nach der Paulsborner Straße 4, Klinik von Professor Dr. Grauert, gebracht. Inzwischen war Leutnant Krull verhaftet worden und ich wurde als Zeuge gesucht. In die Klinik kam ein Dr. Schiffer, der in Schöneberg, Am Park 18, wohnt und einer nationalen Partei angehört. Schiffer verbot mir in ziemlich schroffer Weise, zur Vernehmung in Sachen Krull zu gehen und verschaffte mir falsche Papiere, die auf den Namen des Sergeanten Wilhelm Franz Rudolf aus Posen lauteten. Das erste Papier ist ein Entlassungsschein, datiert vom 1. April 1920, unterschrieben I. A.: Seeliger, Oberleutnant zur See. Es trägt den Stempel der Schiffsstammdivision der Ostsee. Das zweite Papier ist ein Stammrollenauszug auf denselben Namen mit der gleichen Unterschrift. Das dritte Schreiben ist ein Dienstleistungszeugnis für den Bürodiener Rudolf, ausgestellt vom Generalkommando des 7. Armeekorps. Es trägt das Datum: Münster, 15. Juni 1921 und ist unterzeichnet von Hauptmann von Chaulin. Man hat mich von der nationalen Klinik gar nicht erst nach Hause gelassen, sondern gleich mit einem Leutnant von Grabow nach Blankensee (Hinterpommern) geschickt. Später wurde ich nach Mecklenburg gebracht; immer auf den falschen Namen Rudolf.

Inzwischen wurde ich weiter als Zeuge in dem Prozeß gegen den Leutnant Krull gesucht. Es wurden nun alle Anstrengungen gemacht, damit ich nicht gefunden wurde. Nun ließ der Untersuchungsrichter in Sachen Krull, Herr Dr. Leiden, mir durch meinen Stiefsohn mitteilen, ich sollte angeben, wo ich bin. Diese Mitteilung erhielt ich in Mecklenburg auf dem Gut Kalsow bei Kadlow, Kreis Wismar. Es war dort eine militärische Organisation untergebracht. Die Leute lagen als angebliche Landarbeiter auf den Gütern herum, um im Bedarfsfalle als Soldaten bereit zu sein. Leiter war der Major Weber. Diesem sagte ich: „Ich fahre jetzt nach Berlin, ich werde immer tiefer in die Sache hineingerissen." Darauf ließ man mich nach Berlin fahren, gab mir aber drei Offiziere, Leutnant Bender, Leutnant Fuss und Leutnant v. Dallwitz als Begleiter mit, die mich nicht aus den Augen ließen. Diese drei Offiziere brachten mich gleich nach Wannsee, Otto-Friedrich-Straße 10, wo das Büro der Arbeitsgemeinschaft Roßbach ist. Dort wirkten Leutnant Roßbach sowie andere Offiziere namens Barthold, Köpke usw. auf mich ein. Ich sollte die Sache totschweigen und einfach sagen, ich kenne Krull nicht, ich könnte mich auf nichts mehr erinnern. Dafür sollte ich eine gute Stellung bekommen. Ich habe mich bei meiner Aussage, bei der ich nicht vereidigt wurde, leider durch das Drängen dieser Leute dahin beeinflussen lassen, daß ich in ähnlichem Sinne ausgesagt habe. Darauf sollte ich nun nach Oberschlesien zur Arbeitsgemeinschaft Roßbach abgeleitet werden. Ich bin nicht nach Schlesien gefahren." („Vorwärts", 30. Mai 1922.)

Freikorps Oberland

Hauptorganisator des Freikorps Oberland und der sogenannten Nachrichtenzentrale München ist ein Hauptmann *von Kessel* (alias Kiefer). Sein Büro befand sich 1921 Fürstenfelder Str. 13 II. Andere Büros liegen am Isartorplatz, im Gasthaus Adelmann. Es existieren verschiedene Unterabteilungen, so eine Spionageabteilung gegen das feindliche Ausland (Leutnant Pongratz, alias Geher), eine Einbruchsabteilung (Oberleutnant Rail, er führt auch die Kasse), eine Abteilung zur Beseitigung und Beobachtung Unzuverlässiger in den eigenen Reihen (Fehme), und eine Spionageabteilung gegen politische Gegner (Oberleutnant Graf). Außerdem existiert ein *Rollkommando,* in Oberschlesien Wurfkommando genannt, in dem nur ganz zuverlässige Offiziere Verwendung finden. Führer ist Hauptmann Oesterreicher (Lullu). Diese Abteilung dürfte eine Mordorganisation im eigentlichen Sinn sein. Einzelheiten über die gut funktionierende Organisation sind schwer zu erlangen, da nicht einmal die Mitglieder der einzelnen Abteilungen miteinander in Berührung kommen. Zum Befehlsempfang werden die einzelnen Leute, meistens frühere Offiziere, zu verschiedener Zeit in die einzelnen Büros bestellt. Mitglieder der Organisation sind: Leutnant Gröhl, Fischer, Stremer, Hauptmann Römer, genannt Peppo, Oberleutnant Reindl, Friedrich, Weinzierl und Sondermayer. Gauleiter ist Major Horodam, Knöbelstr. 8, Stabsleiter Georg Ashton, Heßstraße 6. Dort ist ebenfalls ein Büro. Waffenoffizier ist Oberleutnant Knaut, Fürstenstr. 18. Leutnant Brandt ist Leiter der Waffen- und Munitionsbeschaffungsabteilung, Oberleutnant Fuhrmann hat die Transportmittel und das Kraftfahrwesen, Leutnant Lembert ist Offizier für das Artilleriewesen.

Das Depot der Wirtschaftsstelle ist in der Luftschifferkaserne. Ein Waffenmeister namens Schurk wohnt in der Morassistraße, der andere Waffenmeister Dieter in der Herzog-Wilhelm-Straße.

In der Fürstenstr. 18a liegen die Stammrollen sämtlicher Offiziere und Mannschaften. Die Turn- und Sportabteilung der Nationalsozialisten arbeitet zusammen mit den Zeitfreiwilligen-Kompagnien 4 und 13.

In den Satzungen der Reichsfahne Oberland heißt es: „Wir werden uns nie auflösen, kein feindliches Diktat wird uns wehrlos und somit ehrlos machen." Jedes Mitglied der Reichsfahne Oberland versichert ehrenwörtlich, der Reichsfahne Mannestreue zu halten bis in den Tod und unbedingten Gehorsam allen Führern der Reichsfahne zu halten. „Verräter und Wortbrüchige verfallen der Fehme." Das Zeichen des Freikorps Oberland ist ein Dolch mit Eichenlaub und schwarzweißroter Binde.

Interessant ist ein Telegramm vom 4. September 1921 aus München an den angeblichen Geheimrat Berger, in dem es u. a. heißt: „Kohlen eingetroffen und Berichte. Ich bitte folgendes ungesäumt durchzuführen: Außer Nicke und Bürckmayer alles restlos sofort nach Plan entlassen oder hierher beordern. Entlassener Stefan denunziert bei Neitze. Letzteren aufklären, ersteren zu Tiefstein schicken. Verhandlungen mit Festigkeit, Ruhe und Taktik führen. Nicht abreisen ohne Ziel völlig erreicht und möglichst weiter Etappisierung der umgewandelten N. Z. erreicht zu haben. Erbitte Vollzugsmeldung." („Münchener Post" vom 1. Oktober 1921.)

Nicke ist der Zahlmeister Ludwig Nicke aus der Kaulbachstraße, München. Er kam ins Gefängnis nach Breslau, weil er der Gruppe „Süd" 80 000 Mark unterschlagen haben soll. Der Freiwillige Stefan hatte erzählt, daß er dem Kriminalkommissar Heinze in Neiße Mitteilungen über das Freikorps machen wollte. Dies wurde bekannt und deshalb sollte Stefan nach „Tiefstein" geschickt werden. Das bedeutete die Anweisung an die Abteilung „Friedrich" des Freikorps, den Stefan umzubringen. Der Ausdruck Tiefstein kommt daher, weil die Abteilung Friedrich ein früheres Mitglied Hochstein wegen Verrat erschossen hatte. Herr Ashton schickte natürlich der Münchener Post eine Berichtigung, welche all diese Dinge bestritt. („Münchener Post", 10. Oktober 1921. Die gesamten hier gebrachten Angaben stellen den Zustand von 1921 dar.)

Kessel wurde am 1. Oktober 1921 auf Veranlassung der Staatsanwaltschaft Breslau wegen Mordverdacht verhaftet, aber gleich darauf wieder entlassen. Am 23. Dezember 1921 wiederholte der Untersuchungsrichter beim Amtsgericht Breslau den Haftbefehl. Jetzt aber war Kessel natürlich längst über alle Berge.

Der Hauptmann Dr. Fritz Römer, ein sehr rühriges Mitglied des Freikorps Oberland, wurde zu 5 Monaten Gefängnis verurteilt. Er hatte, um die Bundeskasse aufzufüllen, vorgeschlagen, ein nach Oberammergau fahrendes Fremdenauto zu überfallen. („Berliner Tageblatt", 12. September 1922.)

Ein Geheimschreiben der 25. Alarmkompagnie, Maschinengewehr-Sturmriege in München, das Verhaltungsmaßregeln für den Fall eines Rechtsputsches enthält, gibt interessante Einblicke in die dem Freikorps Oberland näherstehenden Kreise. Es heißt darin („Freiheit", 24. September 1921.): „Mit dem standrechtlichen Erschießen darf jetzt nicht mehr human verfahren werden, insbesondere müssen wir auf die Führer der republikanischen, sozialistischen und gewerkschaftlichen Organisationen unsere Späher wie auf das Wild hetzen . . . Sozialistenführer und größere Schreier in der Wohnung gleich erschießen. Die Juden festnehmen und in den 4. Reserveplatz führen, wo sie samt und sonders gehenkt werden. Eher noch mit Sozialdemokraten Erbarmen haben, als mit Juden. Die Presse, mit Ausnahme der rechtsdemokratischen, nationalen und antisemitischen, ist sofort zu besetzen. Weigern sich Druckereiarbeiter für uns zu arbeiten, so sind die nächsten fünf zu erschießen und in den Druckereiräumen liegen zu lassen. Bei Sabotage an den Maschinen ist jeder sechste Mann zu erschießen. Straßenabsperrungen müssen rücksichtslos durchgeführt werden. Wer trotz des Verbotes die Straße betritt, gleich ob Bürger oder Proletarier, wird erschossen."

Die Affaire Dobner, der Ausgangspunkt zu einer Reihe von bayrischen Morden, zeigt, daß die Nationalisten auch bereit sind, vom Wort zur Tat überzugehen. Der frühere Reichswehrsoldat Dobner hatte erfahren, daß in Schloß Mirskofen Waffen versteckt waren. Er teilte dies durch Vermittlung des Polizeisekretärs Glaser (alias Seyfried) und des Polizeispitzels Bracher dem Oberleutnant und Tattersallbesitzer German Böhm (Polizeinahme Pollinger) mit und erhielt hierfür 3000 Mark ausbezahlt. Im Auftrag Böhms sollte Dobner die Waffen den Studenten Schuster und Hermann Berchtold zeigen. In einem Auto Böhms, das Neunzer führte, wurde Dobner am 21. Oktober 1920 mit einem eisenbeschlagenen Stock auf den Kopf geschlagen und geknebelt. Die Studenten leuchteten mit einer Taschenlampe an ihm herum und sagten: „Der ist schon hin." Der Chauffeur fragte: „Seid Ihr auch sicher, daß er schon tot ist?" Es gelang Dobner aus dem fahrenden Auto zu springen und zu entfliehen. Die Vermutung liegt nahe, daß man ihn beseitigen wollte, weil er das Waffenlager kannte. Im Prozeß wurde festgestellt, daß der Kaufmann Alfred Heller, Böhm und andere Angehörige der Polizei eine Waffenerwerbungskommission bildeten, welche die illegalen Waffenlager gegen Verrat (an das Reich, nicht etwa an die Entente) schützen sollten. Schuster und Berchtold wurden am 26. Januar 1921 zu je 250 Mark Geldstrafe verurteilt. Die Waffen, die einem Baron Fürstenberg gehörten, wurden gleich, nachdem die Sache publik war, weiter verschoben (Prozeßbericht in allen Münchener Zeitungen.)

Die Ermordung des Abgeordneten Gareis hängt eng mit der Affäre Dobner zusammen. Gareis hatte sich sehr für die Aufdeckung dieser Sache eingesetzt. Er kannte geheime Protokolle der Einwohnerwehren und ihre Waffenlager. Man befürchtete, daß er sie an das Reich verraten könnte. Der Abgeordnete Unterleitner stellte im Reichstag am 17. Juni 1921 die Behauptung auf, daß der Mörder der Münchener politischen Polizei nahestehe. Er nannte als beteiligt Alfred Heller, Bezirksführer der Einwohnerwehr, den bereits genannten Böhm und Glaser und die Studenten Schuster und Berchtold. Nach anderen Auffassungen ist Hans Schweighart, der vermutliche Mörder des Dienstmädchens Sandmeyer, auch der Mörder von Gareis. Die Untersuchung der Falles Gareis durch die Münchener Staatsanwaltschaft ist bisher vollkommen ergebnislos verlaufen.

Die Rolle der Münchener Polizei

Die Münchener Polizeidirektion unter Pöhner arbeitete mit dem Oberland zusammen. Die Verbindung wurde durch einen Leutnant Weil aufrecht erhalten. Zahlreiche Akten des Freikorps

Oberland gingen nach Zimmer 117 der Polizeidirektion, Referat 6 a, politische Abteilung, Regierungsrat Frick. Auch ist der Verdacht geäußert worden, daß die Flucht der Mörder Erzbergers nach Ungarn mit Hilfe falscher Pässe bewerkstelligt wurde, die der Münchener Polizeipräsident Pöhner ausgestellt hat. Folgender Fall macht diese Vermutung wahrscheinlich. In einem Münchener Hotel wurde ein Kaufmann Hans Eickmann von einem Polizisten verhaftet, weil er zwei Pässe hatte. Als Eickmann dann dem Polizeipräsidenten vorgeführt wurde, sagte Pöhner: „Der eine Paß ist falsch, geben sie ihn sofort her. Ich habe den Herrn in einer politischen Sache nach Ungarn gesandt. Der Mann wird entlassen, führen Sie ihn aber nicht durch die politische Abteilung." (Reichstag, 17. Juni 1921.)

Aller Wahrscheinlichkeit nach fällt die Ermordung der Sandmeyer, des Abgeordneten Gareis, das Attentat auf Auer, die Ermordung des Leutnant Schweighardt und des Spitzels Hartung auf das Konto des Freikorps Oberland oder von Kreisen, die ihm nahe stehen.

Bei alledem darf man sich nicht etwa vorstellen, daß in Bayern ständig eine bis zur Gluthitze gesteigerte politische Atmosphäre herrscht. Im Gegenteil, das offizielle Vertuschungssystem hat es mit sich gebracht, daß der Durchschnittsbürger von all diesen Vorgängen entweder überhaupt nichts erfährt oder sie als selbstverständlich betrachtet, ihre Erwähnungen aber als eine Berliner Hetze auffaßt. Denn die Presse, die abgesehen von den paar sozialistischen Organen politisch vollkommen rechts steht, auch wo sie sich demokratisch nennt, macht dieses Vertuschungssystem vollkommen mit.

Die Organisation „C"

Soweit Außenstehende dies zu beurteilen vermögen, scheint diejenige Organisation, in der die meisten Fäden zusammenlaufen, die Organisation „C" zu sein. Erwachsen ist sie ursprünglich aus einem Geheimbund der Garde-Kavallerie-Schützendivision. Heute stellt sie die direkte Fortsetzung der Brigade Ehrhardt dar. Ihr Name kommt daher, daß ihr Leiter, der frühere Kapitän Ehrhardt, innerhalb der Organisation den Namen Consul trug. Alle Mitglieder führen nämlich besondere Decknamen. Die Organisation zerfällt in eine Kampforganisation und eine Fehme. Die Fehme hat den Zweck, Persönlichkeiten, die sich den Zielen der Organisation widersetzen, zu bestrafen und unter Umständen zu ermorden. Ehrhardt hält sich gewöhnlich in Innsbruck auf, doch war er öfters auch in Budapest. Im Mai 1921 war er, obwohl steckbrieflich verfolgt, in Leipzig und traf dort mit Karl Tillessen zusammen. 1921 wurde aus der Organisation Consul der „Neudeutsche Bund", ein gerichtlich eingetragener Verein, gegründet. Sein Leiter ist wiederum Kapitän Ehrhardt. (Vergl. „Berliner Tageblatt", 19. August

1922.) Zur Finanzierung wurde versucht, eine Ehrhardt-Bank zu gründen. Die Leiter des deutschen Konsortiums waren Eberhardt von Puttkamer und Emil Schäfer; einer der Angestellten der mit der Ermordung Rathenaus in Zusammenhang stehende ehemalige Kadett Ernst von Salomon („Berliner Tageblatt", 17. August 1922). Schäfer war früher in der Schweiz wegen einer Reihe von Schiebungen zu mehreren Jahren Zuchthaus und Landesverweisung verurteilt worden („Freiheit", 17. August 1922). An der Münchener Stelle der Organisation C arbeitet Müldner, Franz-Josef-Str. 3, der Oberamtmann Frick und der schon oben genannte Kriminalkommissar Glaser.

Die Organisation C hat nachweislich die Ermordung Erzbergers und Rathenaus und die Attentate auf Scheidemann und Harden durchgeführt.

Bei dem Studenten Günther, einem der Mitwisser des Rathenaumordes, der als Kurier der Organisation C zwischen Berlin und München hin- und herfuhr, wurden bei seiner Verhaftung zwei interessante Briefe entdeckt. Der eine ging vom Grafen Reventlow an den Dr. von Scheubner-Richter, München, Georgenstr. 42, der einen Wirtschaftsverband „Aufbau" leitet. Dieser dürfte die Verbindungsstelle zwischen den deutschen und russischen Monarchisten extremer Richtung darstellen. Der andere rührt von einem Mitarbeiter Reventlows, Petersen, her und ist an den Sanitätsrat Dr. Pittinger in München, den Nachfolger Escherichs bei den Einwohnerwehren, gerichtet. Die Briefe behandeln interne Differenzen zwischen den verschiedenen Organisationen und sind außerordentlich vorsichtig gehalten. (Vergl. „Vorwärts", 9. Juli 1922.) Ludendorff wird darin mit Onkel Ludwig, Escherich als Onkel Emil bezeichnet. Man fand bei Günther auch einen Bericht über einen Besuch bei Herrn von Jagow in der Festung Gollnow und eine daran anschließende Münchener Reise. Herr Hemmeter, Nachfolger des Herrn v. Killinger in der Organisation C, teilte nach diesen Aufzeichnungen dem Günther mit, eine Wiederaufnahme des Jagowprozesses sei in München unerwünscht, weil man fürchte, Onkel Ludwig werde dabei vollends kompromittiert.

Wie man Mörder mietet

Am 3. Juli 1922 wurde Maximilian Harden in der Nähe seiner Wohnung im Grunewald von dem ehemaligen Leutnant Walter Ankermann und dem landwirtschaftlichen Beamten Herbert Weichhard aus Oldenburg überfallen und mit einer schweren Eisenstange niedergeschlagen. Harden wurde aus mehreren Wunden blutend von Passanten gefunden. „Nach der Festnahme Weichhards fand man in den Wohnungen der Beiden Stücke eines zerrissenen Telegramms, das auf Albert Wilhelm Grenz in Oldenburg als Anstifter hindeutete. Grenz und seine Frau wurden verhaftet. Nach anfänglichem Leugnen gestand er seine Beteiligung. Grenz vertreibt antisemitische Schriften und ist Leiter und Vorsitzender der deutschvölkischen Organisation in Ostfriesland, ebenso Vorsitzender des deutschen Treubundes. In seiner Behausung wurde eine Liste aller deutschvölkischen Anhänger, die zu Taten bereit wären, und eine Liste der in Ostfriesland wohnenden Juden gefunden. Wie Grenz angab, erhielt er Anfang März einen anonymen Brief aus München, der die Aufforderung enthielt, zwei junge, tatenfrohe Männer zu suchen, die bereit seien, für ihr Vaterland alles zu tun. Ihre Sicherstellung werde erfolgen. Antwort umgehend unter A.W.G. 500, Hauptpostamt München. Grenz trat an Weichard heran, der sich sofort zur Tat bereit erklärte und kurz darauf mit Ankermann bei Grenz erschien. Nun schrieb Grenz an die angegebene Adresse nach München, er habe zwei brave deutsche Männer gefunden. Schon wenige Tage darauf kam aus München ein brieflicher Dank für Grenz und für die beiden Männer. Und die weitere Mitteilung, sofort nach Frankfurt a. M. zu fahren, wo unter A.W.G. 500 hauptpostlagernd weitere Nachricht für Grenz liege.

Diesem Verlangen kam Grenz nach; und bei seinem Eintreffen in Frankfurt a. M. lag dort ein Brief, in dem es heißt, daß zur Ausführung der Tat eine Summe beiliege, die entsprechend zu verteilen sei. Auch solle Grenz die beiden Leute förmlich verpflichten. Nach der Tat würde den beiden eine weitere Summe gezahlt werden, die die anliegende (es waren 23 000 oder 25 000 M.) erheblich übersteige. Außerdem wird beiden Leuten, wenn sie Wert darauf legen, durch Vermittlung *Anstellung im bayerischen Staatsdienst in Aussicht gestellt.* Ein beigefügter Zettel in Maschinenschrift enthielt nur die Worte „Maximilian Harden". Ein anderer Zettel gab folgende Verhaltungsmaßregeln: „Keine Briefe und keine Telegramme senden, tunlichst Auto benutzen, nicht viel reden, alles auf die Sache Bezügliche vernichten, nach der Tat nach verschiedenen Himmelsrichtungen auseinandergehen." Grenz fuhr nach Oldenburg zurück und benachrichtigte die beiden in Aussicht genommenen Täter. Er verpflichtete sie in seiner Wohnung durch Handschlag förmlich und machte sie darauf aufmerksam, daß den Verräter die gleiche Strafe treffen würde, die Maximilian Harden zugedacht sei. Ankermann erhielt 10 000 Mark, Weichard 7 000 bis 8 000 Mark. Die beiden reisten ab, führten aber nicht, wie verabredet, noch Ende März oder Anfang April die Tat aus, trieben sich vielmehr zuerst in Berlin herum, besuchten Bars und schrieben erst nach der Ermordung Rathenaus an Grenz, daß trotz der ungünstigen Konjunktur das Geschäft binnen kurzem perfekt gemacht werde. Der Brief, der die Ermordung „spätestens Dienstag" melden sollte, lag in der Wohnung der Täter fertig. Hier sein Wortlaut: „Sehr geehrter Herr, wir teilen Ihnen hiermit höflichst mit, daß uns trotz ungünstigster Konjunktur der Geschäftsabschluß geglückt ist.

Wir sehen nunmehr Ihrem persönlichen schnellmöglichsten Kommen hierher entgegen und bitten höflichst und dringendst, alles

Nötige zur Aufrechterhaltung der einmal eingegangenen Geschäftsverbindungen in die Wege zu leiten und mitzubringen.

Nach dem jeweiligen Stand unserer Valuta halte ich baldmöglichstes Anbahnen der beabsichtigten Geschäftsverbindung mit der pp. Firma im Süden für unbedingt erforderlich. Ich verstehe darunter vorzugsweise die geplante baldigste Festanstellung unserer beiden Herren bei der pp. Firma, die ihnen ja auch vertragsmäßig in Aussicht gestellt ist. Für ihre und ihrer Familien Uebersiedlung ist naturgemäß Sorge zu tragen.

Gleichzeitig bitten wir, bei Einlösung der Devisen dafür Sorge tragen zu wollen, daß die vereinbarte Anzahlung auch die entstandenen Unkosten und Verpflichtungen decken kann, also mindestens sechzigtausend Mark. Wünschenswert wäre, wenn unser Chef sich dazu verstehen könnte, die Schuldsumme in Höhe von dreißigtausend Mark extra auszuwerfen, sodaß die Herren Agenten keine Einbuße des ihnen Zustehenden erleiden.

In der Hoffnung, daß unserem Bericht Ihrerseits der genügende Nachdruck verliehen wird, zeichnen wir mit ganz vorzüglicher Hochachtung   immer die Alten.

Da Ihnen unsere Anschrift bekannt ist, bitten wir, die Duplikatfrachtbriefe uns so schnell wie möglich zukommen zu lassen. Mündlich mehr."

„Duplikatfrachtbriefe": falsche Pässe und Prämien, „Firma im Süden": Organisation „Consul". Ankermann, einst Couleurstudent mit weißem Stürmer, dann Oberleutnant mit Eisernem Kreuz erster Klasse, Liebling und Kostgänger öffentlich umlaufender Mädchen, trat am Morgen nach dem völkisch-heldischen Versuch, von hinten, „ohne Risiko", einem Wehrlosen den Schädel einzuschlagen, in das Berliner Büro der deutschnationalen Partei und fragte nach dem Herrn von Dryander. Nicht anwesend. Wer denn? Graf York. Zu diesem Grafen sprach der Herr Oberleutnant: „Ich habe gestern befehlsgemäß Harden erledigt, muß deshalb verschwinden und komme, mir Reisegeld zu holen." Antwort: „Ich kann da nichts machen, glaube aber, daß wir Herrn von Dryander im Meister-Saal finden werden; kommen Sie mit." Das bekundet Graf York; behauptet, in der Etage allein, drum außerstande zur Sistierung gewesen zu sein; die Meisterfalle habe Ankermann gerochen und sei ausgerückt. Die drei Herren blieben auf freiem Fuß." („Zukunft", 8. Juli 1922.)

DIE ÖFFENTLICHE MEINUNG UND DIE MORDE

Die Nachwirkungen der politischen Morde

Während noch das Opfer zuckt, stimmt die Presse schon den entsprechenden Ton an. „Entsetzlich, entsetzlich" schreien „Lokalanzeiger", „Zeit", „Tägl. Rundschau", „Deutsche Tageszeitung", usw.:

„Wir mißbilligen politischen Mord von jeder Seite." Doch schon ein leiser Unterton, der bald lauter und lauter wird: „Ja ist denn bewiesen, daß dies eine deutschnationale Tat ist?" Dick fließen die Krokodilstränen. Die Regierung erwacht für Minuten aus ihrer Lethargie: Scharfe Gesetze sollen die Republik schützen. Die Linken erheben laut Anklage gegen die Mörder. Da verstärkt sich der Unterton: „Wir sind gegen solche Ausschreitungen", d. h. wir mißbilligen, daß man aufrichtig gegen den Mord ist, daß man eine Katze eine Katze und die deutschnationalen Geheimbündler Mörder nennt.

Die Mörder entkommen. Die großen Ueberschriften in den Zeitungen klingen ab. Die „Gesetze zum Schutz der Republik" werden von überzeugten Antirepublikanern ihren Zwecken leicht dienstbar gemacht. Die Zeitungen sprechen von den vom „kommunistischen Ausland" gedungenen Mördern: „Ein Deutscher kann so etwas nicht tun."

Am interessantesten ist, was sich gleich nach dem Mord abspielt: Große Empörung im ganzen Land, besonders bei den Arbeitern, vereinzelt auch bei der Bourgeoisie. Als Protest gegen den Mord rufen die Arbeiterparteien entsprechend ihrer Einstellung zu Massenaktionen, Demonstrationsstreiks und Umzügen auf. Man weiß, daß bei besonnener Haltung der Polizei, insbesondere wenn man sie von der Straße vollkommen zurückzieht, infolge der großen Disziplin, die im allgemeinen bei den organisierten sozialistischen Parteien herrscht, eine solche Demonstration vollkommen ruhig ablaufen kann. Dies hat die Erfahrung in hunderten von Umzügen gezeigt. Aber ein solch ruhiger Verlauf liegt keineswegs im Interesse der Rechtsstehenden. Bezahlte agents provokateure, die durch Aufhetzung für Unruhe sorgen und provozierte Haltung der Polizei sorgen dafür, daß die Ruhe gestört wird. Es kommt zu einem Zusammenstoß der Menge mit der Polizei. Irgend woher fällt der berühmte erste Schuß. (Später kann nie festgestellt werden, von welcher Seite.) Rücksichtslos haut, schießt, schlägt, trampelt die gut organisierte Polizei auf die unbewaffnete Menge ein. Dutzende von toten Demonstranten, nicht etwa Polizisten, bedecken das Feld. Dies nimmt die Presse zu begründetem Anlaß, den fortwährenden Terror von Links, die Exzesse, nicht etwa der Polizei, sondern der Demonstranten, auf schärfste zu verurteilen, und zu schließen, daß die Demokratie, die Freiheit, die Verfassung bedroht sei — nicht etwa durch die Mörder, sondern durch die „von Hetzern sinnlos aufgepeitschten Arbeitermassen." Diese Argumentation ist besonders wirkungsvoll, wenn die Arbeiter im Laufe der Demonstration irgendwelche Symbole des Kaisertums zerstört haben.

Bald ist die nötige Stimmung erreicht. Nicht die Mörder, die man bald vergißt, sind die Feinde der Republik, sondern die „Hetzer", die zum ehrlichen Schutz der Republik riefen. Dann ist es nur gerecht, daß man die Mörder in Ruhe läßt und die Demonstranten einsperrt. Dieses Verfahren hat sich mit widerwärtiger Eintönigkeit bei jedem der letzten politischen Morde wiederholt und ist beinahe empörender als die Morde selbst.

Die Haltung der deutschnationalen Presse

Nachdem allmählich die Erinnerung an den Rathenaumord verblaßt, geht die deutschnationale Presse wieder zum Angriff über. So hat die „Deutsche Zeitung" in Berlin, in der Nummer vom 3. August 1922 eine Liste von 276 angeblichen Morden von Links veröffentlicht. Diese Liste ist dann in vielen deutschnationalen Zeitungen nachgedruckt worden. Selbst wenn die Zahl 276 richtig wäre, wären demnach die politischen Morde von Links noch immer seltener als die von Rechts. Aber die Zusammenstellung entbehrt jeder Grundlage. Denn die „Deutsche Zeitung" hat alle diejenigen Kautelen gröblich verletzt, die bei der Statistik der politischen Morde zu beachten sind.

Zunächst sind in der Liste ca. 150 im Kampf Gefallene aufgenommen, ferner ist in keinem einzelnen Fall genau untersucht, ob überhaupt politische Motive dem betreffenden Mord zugrunde liegen. Endlich sind nur in 38 Fällen die Namen angegeben. In ganz wenigen Fällen sind präzise Angaben aufgeführt über Ort und Tat, so daß eine Identifikation des betreffenden Falles möglich ist. In den meisten Fällen handelt es sich um leere Behauptungen, die überhaupt nicht nachprüfbar sind, wie z. B.: „Im März 1920 wurde im Ruhrgebiet ein Soldat aufs grausamste ermordet." Dazu kommen noch eine ganze Reihe von Rechenfehlern, welche zeigen, daß die Arbeit in ganz oberflächlicher Weise durchgeführt wurde.

So heißt es in dieser Statistik:

10. 7. März 1919. Ein Feldwebel mißhandelt und erschossen.
11. 7. März 1919. Ein Regierungssoldat mißhandelt und erstochen.
12. 7. März 1919. Ein Offizier niedergeschlagen und erschossen.
13. Zwischen 6. und 10. März 1919. Ein Regierungssoldat erschossen.
14. 6. März 1919. Ein Gefreiter getötet.
15—31. In der Zeit vom 7. bis 10. März 1919. 16 Regierungssoldaten und ein Offizier erschossen oder totgeschlagen.
32. 7. März 1919. Ein Regierungssoldat mißhandelt und erschossen.
33. 7. März 1919. Ein Soldat Fritz Engler mißhandelt und erschossen.
34—37. 7. März 1919. Vier Soldaten durch Handgranaten getötet.
38. 8. März 1919. Ein Regierungssoldat mißhandelt und erschossen.
39. 8. März 1919. Zahlmeister W. Specht mit eigenem Revolver erschossen.
40. 9. März 1919. Ein Soldat erschossen.
41. 9. März 1919. Krankenträger Pinkernell erschossen.
42—43. 9. März 1919. Sicherheitssoldaten Hoffmann und Ehrhardt erschossen.

Hier werden also einzeln 16 Soldaten und ein Offizier aufgezählt, die angeblich während der Märzvorgänge in Berlin ermordet wurden. Und dann werden 16 Soldaten und ein Offizier auf einmal aufgeführt, die in derselben Zeit und derselben Stadt ermordet wurden. Man ist zur Annahme gezwungen, daß hierbei einfach dieselben Fälle zweimal gezählt wurden.

Beim Märzaufstand 1921 führt der Verfasser 104 Bewohner Mitteldeutschlands ohne weitere Spezifikation als ermordet an. Auf Grund wessen soll man das glauben? Ein weiterer Beweis für die Ungenauigkeit dieser Statistik ist die Tatsache, daß sogar einige bekannte Fälle von Morden von Links fehlen.

Bei jeder Statistik ist es eine selbstverständliche Forderung, daß man die Quellen angibt, aus denen man geschöpft hat, sodaß eine Nachprüfung der betreffenden Angaben möglich ist. Da ich in meiner Naivität annahm, daß solche Grundlagen auch dem Artikel der „Deutschen Zeitung" zugrunde lagen, schrieb ich ihr einen höflichen Brief, in dem ich sie um diesbezügliche nähere Angaben bat — und habe natürlich niemals eine Antwort bekommen.

Zusammenfassend kan man also sagen, daß es sich bei der Liste der Deutschen Zeitung um eine ganz willkürliche Zusammenstellung handelt, der jede Beweiskraft fehlt.

Politische Differenzierung der Mordtechnik

Wie ist die ungeheure Differenz von 354 Morden von Rechts zu 22 von Links zu erklären? Falsch wäre es meines Erachtens ohne weiteres zu sagen: „Die Linken stehen eben moralisch höher." Dies kann schon deswegen nicht geschlossen werden, weil ja hier nur eine einzige Verbrechensart untersucht wurde. So sind die Eigentumsverbrechen z. B. nicht in den Kreis der Betrachtung gezogen. Bei ihnen könnte man vielleicht vermuten, daß sie sich entsprechend der sozialen Struktur im linken Lager häufiger als im rechten finden. Freilich darf hierbei wiederum nicht vergessen werden, daß die Eigentumsverbrechen im Gegensatz zu den Verbrechen gegen das Leben auch eine soziale Komponente haben, daß sie durch die Tatsache der heutigen Eigentumsverteilung zum größten Teil selbst erzeugt werden. Und in einer Gesellschaftsordnung, die dem Einzelnen den Kampf ums Dasein erleichtert, sich sicher zahlenmäßig sehr vermindern würden. Daß aber auch die Eigentumsverbrechen, die von Rechts geschehen, keineswegs selten sind, ersieht man aus den zahlreichen Plünderungen und Ausraubungen der Leichen. So wurden von 184 in München tödlich „Verunglückten" in 68 Fällen die Leichen ausgeplündert.

Der wirkliche Unterschied zwischen den Parteien ist meines Erachtens kein moralischer, sondern ein technischer. Die Anhänger der Linksparteien sind durch Jahrzehnte gewerkschaftlicher Schulung gegangen, die ihnen die Massenaktion als einzig wirksames Kampfmittel predigte. Denn der linken Bewegung liegt die materialistische Geschichtsauffassung zugrunde, welche die ökonomischen und technischen Momente als in der Geschichte wirkende Faktoren betont.

Bei der Rechten fehlt eine solche Gewerkschafts-Schulung. Ihr handelt es sich darum, die für sie durch die Worte „Ruhe und Ordnung" charakterisierte anarchische Wirtschaftsordnung aufrecht zu erhalten. Und diesem Ziel entsprechen individuelle Mittel, die in ihrer Wirkung der anarchistischen „Propaganda der Tat" identisch sind. Denn die Rechte ist Anhängerin der heroischen Geschichtsauffassung, wonach der Held die Geschichte „macht". Entsprechend ist die Rechte geneigt zu hoffen, sie könne die linke Opposition, die getragen ist durch die Hoffnung auf eine radikal andere Wirtschaftsordnung, dadurch vernichten, daß sie die Führer beseitigt. Und sie hat es getan: Alle Führer der Linken, die sich offen dem Krieg entgegensetzten, zu denen die *Arbeiterschaft Vertrauen hatte, Liebknecht, Rosa Luxemburg, Eisner, Landauer, Jogisches usw. sind tot. In neuerer Zeit geht man, wie die Attentate auf Erzberger, Auer, Scheidemann und Rathenau beweisen, auch dazu über, die Führer der gemäßigten Parteien zu ermorden.

Die Wirksamkeit dieser Technik für den Augenblick ist unbestreitbar. Die Linke hat keinen bedeutenden Führer mehr, keinen Menschen, von dem die Massen das Gefühl haben: Er hat soviel um uns gelitten, soviel für uns gewagt, daß wir ihm blindlings vertrauen können. Dadurch ist die Arbeiterbewegung zweifellos um Jahre zurückgeworfen. Der Erfolg ist um so größer, als in keinem Fall eine Bestrafung eingetreten ist.

Daß diese Methoden beim Militär (die ganzen Morde von rechts sind von Offizieren oder Soldaten begangen worden) eine solche Verbreitung fanden, liegt natürlich an der psychischen Verrohung durch den Krieg, wo das Leben des Einzelnen nichts mehr gelten durfte. Einen besonders großen Einfluß hatten in dieser Hinsicht die zahlreichen ausgesprochenen und unausgesprochenen Befehle, keine Gefangenen zu machen.

Politische Morde einst und jetzt

Auch die Gleichgültigkeit, mit der man heute in Deutschland den politischen Morden und den Opfern von turbulent verlaufenen Straßendemonstrationen gegenübersteht, ist nur durch die Tatsache zu erklären, daß der Krieg uns gegenüber dem Wert des Menschenlebens abgestumpft hat.

Die unglaubliche Milde des Gerichts ist den Tätern wohl bekannt. So unterscheiden sich die heutigen politischen Morde in Deutschland von den früher in anderen Ländern üblichen durch zwei Momente: Ihre Massenhaftigkeit und ihre Unbestraftheit. Früher gehörte zum politischen Mord immerhin eine gewisse Entschlußkraft. Ein gewisser Heroismus war dabei nicht zu leugnen: Der Täter riskierte Leib und Leben. Flucht war nur unter außerordentlichen Mühen möglich. Heute riskiert der Täter gar nichts. Mächtige Organisationen mit ausgebreiteten Vertrauensleuten im ganzen Lande sichern ihm Unterkunft, Schutz und materielles Fortkommen. „Gutgesinnte" Beamte, Polizeipräsidenten geben falsche „richtige Papiere", zur eventuell nötigen Auslandsreise. Diese Technik hat sich seit den Tagen des Oberleutnant Vogel sehr gehoben. Man lebt in den besten Hotels herrlich und in Freuden. Kurz, der politische Mord ist aus einer heroischen Tat zur alltäglichen Handlung, ja beinahe zu einer leichten Erwerbsquelle für „rasch entschlossene Käufer" geworden.

Die Mitschuld der Gerichte

Diese Zustände wären natürlich ohne die allerdings vielleicht unbewußte Mithilfe der Gerichte undenkbar. Man kann es sogar geographisch beweisen. Im Rheinland, im besetzten Gebiet, ist die Morddichte viel geringer, als im übrigen Reich. Man weiß, daß dort die Rheinland-Kommission nicht den Interessenstandpunkt der deutschen Richter teilen würde. (Wenn in ihrem Land ähnliche Dinge vorkommen würden, so würde sie natürlich wahrscheinlich genau so urteilen.) Ein weiterer Beweis der unbewußten Mitschuld der Gerichte an den Morden liegt in der Tatsache, daß die wörtliche Aufforderung zur Ermordung namhafter Pazifisten keineswegs als Delikt angesehen wird. Einige Papiermark Strafe — und der Verbreiter der Aufforderung kann weiter die Saat des Hasses schüren. Am Tag nach der Ermordung Erzbergers stand im „Spandauer Tageblatt": „Aufs Schaffott! Das zweite Opfer, Hello von Gerlach!" Der Autor, Lehmann, erhielt dafür von der Strafkammer des Landgerichts II 200 Mark Geldstrafe.

Diese meine These, daß die Milde der deutschen Gerichte eine Voraussetzung der politischen Morde ist, wird auch von den meisten rechtsradikalen Blättern vertreten. Häufig kann man dort Sätze lesen, wie: „Es ist schade, daß der Landesverräter Soundso (ein Pazifist, dem in strafrechtlicher Hinsicht nicht das Mindeste auch nur nachgesagt werden kann) nicht in Deutschland, sondern in einem andern Lande lebt. Dort kann ihn leider nicht wie Erzberger der Arm der strafenden Gerechtigkeit erreichen". Man kann demnach einen politischen Gegner, der im Ausland wohnt, nicht ermorden, aber nicht etwa, weil es technisch unmöglich wäre (dies ist nicht der Fall) sondern weil man dort das Risiko trägt, bestraft zu werden.

Trotz dieser grauenhaften Tatsachen möchte ich die Behauptung, daß die deutschen Richter mit Bewußtsein das Recht beugen, nicht unbedingt bejahen. Sie lassen zwar über 300 Morde straflos ausgehen. Aber ich möchte für sie auf mildernde Umstände plaidieren. Es fehlt ihnen das Bewußtsein der Strafbarkeit ihrer Handlungen.

Aus der alten Zeit her, wo das heutige Wirtschaftssystem von äußeren Angriffen unbedingt geschützt war und wo die Anhänger der Rechtsparteien unbestritten die oberen Schichten bildeten, ist ihnen der Gedanke, daß aus dieser Kaste eine Reihe von Mördern und Mordanstiftern hervorgehen könne, unvorstellbar. Daher werden die Mörder freigesprochen.

Der größte Teil der öffentlichen Meinung stellt sich demgegenüber auf den von den zugrundeliegenden Interessen aus begreiflichen Standpunkt: „Roma locuta, causa finita"; die Gerichte haben die als Mörder Angeklagten freigesprochen. Sie sind unparteiisch. Die Sache ist erledigt. Nur ein geringer Teil protestierte und zwar im wesentlichen immer nur die Parteiangehörigen des jeweils Ermordeten. Diese Fiktion der Unparteilichkeit der deutschen Gerichte hat übrigens auch eine außenpolitische Ursache: Es soll gegenüber der Entente jeder Zweifel beseitigt werden, daß gegen die Kriegsverbrecher in Deutschland selbst gerechtermaßen eingeschritten wird.

Die Technik des Freispruchs

Die relativ wenigen Attentate gegen Reaktionäre sind so gut wie sämtlich durch schwere Strafe gesühnt, von den sehr zahlreichen Attentaten gegen Männer der Linken ist dagegen kein einziges gesühnt. Gutgläubigkeit, falsch verstandene Befehle, tatsächliche oder angebliche Verrücktheit waren hier immer Entschuldigungsgründe, soweit überhaupt ein Verfahren stattfand. Die meisten Verfahren werden von der Staatsanwaltschaft, die andern von den Strafkammern eingestellt.

Wenn der Mörder und der Verlauf der Tat genau bekannt ist, so entwickelt sich folgende juristische Komödie. Ein Offizier hat einen Befehl gegeben, der dahin aufgefaßt werden konnte, Spartakisten sind zu erschießen. Der Untergebene erschießt Menschen, die er für Spartakisten hält, und wird freigesprochen, weil er in dem Glauben sein könnte, auf Befehl zu handeln. Er wird also wegen „Putativspartakismus" freigesprochen. Genau wie seinerzeit der Leutnant Forster wegen Putativnotwehr. Gegen den Offizier wird aber nicht eingeschritten. Denn der Befehl hat entweder nicht so gelautet oder, wenn er so gelautet hat, dann war er eben kein Dienstbefehl. Der „Spartakist" ist natürlich tot. Schuld ist... das Karnickel. So endet das Verfahren vor dem Staatsanwalt. Am interessantesten ist dieser Vorgang dann, wenn in einem gleichzeitig angestrengten Zivilprozeß der Fiskus wegen der durch einen Soldaten oder Offizier durchgeführten Ermordung zu Schadenersatz verurteilt wird. Denn dann ist es gerichtsnotorisch, daß die Tötung ungesetzlich war. Trotzdem geschieht nichts gegen die Täter.

Die öffentliche Meinung billigt im allgemeinen dies Verfahren. Denn eine geschickte Propaganda hat ihr beigebracht, jeder Feind des Militarismus sei ein Spartakist, also ein Feind der Menschheit, also vogelfrei.

Wird ein Anhänger der linken Parteien von Rechts ermordet, so kann sich eben der Richter unwillkürlich nicht von der Vorstellung loslösen, daß der Ermordete sein Feind war, und schon durch seine Gesinnung eine schwere Strafe verdient hätte. Daß der Mörder eigentlich doch nur der strafenden Gerechtigkeit zuvorgekommen ist. Und schon deswegen mild zu behandeln ist. So kommt es häufig vor, daß bei der Gerichtsverhandlung nicht der Mörder, sondern der Ermordete moralisch vor dem Richter steht. Der Mörder aber gehört derselben sozialen Schicht, demselben Leben an wie der Richter. Unzählige soziale Bande verknüpfen den Mörder-Offizier mit dem Richter, der ihn freisprechen wird, dem Staatsanwalt, der das Verfahren einstellen wird, dem Zeugen, der den „Fluchtversuch" eingehend schildert. Sie sind Fleisch von einem Fleisch, Blut von einem Blut. Der Richter versteht ihre Sprache, ihr Fühlen, ihr Denken. Zart schwingt seine Seele unter der schweren Maske des Formalismus mit den Mördern mit. Der Mörder geht frei aus.

Wehe aber, wenn der Mörder links steht. Dem Richter, der selbst zu den früher auch offiziell „oberen" Klassen gehört, ist der Gedanke, daß diese Wirtschaftsordnung geschützt werden müsse, von altersher vertraut. Beruht doch auf ihr seine eigene Stellung. Und jeder Gegner dieser Wirtschaftsordnung ist an sich verwerflich. Der Angeklagte ist jeder Schandtat fähig. Und kann er auch nur annähernd überführt werden, so ist strengste Bestrafung sein sicheres Los.

Ich bin nicht optimistisch genug, um zu glauben, daß auf Grund meiner Arbeit auch nur einer der Mörder bestraft werden wird oder daß die politischen Morde aufhören. Sollte ich aber durch meine Zeilen dazu beigetragen haben, daß wenigstens die kommenden politischen Morde eine Sühne finden, so würde ich meine Aufgabe für erfüllt betrachten.

INHALTSVERZEICHNIS

E. J. GUMBEL / DENKSCHRIFT

DENKSCHRIFT

DES REICHSJUSTIZMINISTERS

ZU

„VIER JAHRE POLITISCHER MORD"

HERAUSGEGEBEN VON
E. J. GUMBEL

DER MALIK-VERLAG / BERLIN W9

Wer vorsätzlich einen Menschen tötet, wird, wenn er die Tötung mit Überlegung ausgeführt hat, wegen Mordes mit dem Tode bestraft.

Wer vorsätzlich einen Menschen tötet, wird, wenn er die Tötung nicht mit Überlegung ausgeführt hat, wegen Totschlages mit Zuchthaus nicht unter 5 Jahren bestraft.

Sind mildernde Umstände vorhanden, so tritt Gefängnisstrafe nicht unter 6 Monaten ein.

Strafgesetzbuch §§ 211, 212, 213.

Die Entstehung der Denkschrift

Es mag seltsam erscheinen, daß eine amtliche Denkschrift des Reichsjustizministers von einem privaten, noch dazu oppositionell orientierten Schriftsteller und in einem privaten Verlag herausgegeben wird. Dieser Vorgang bedarf einer Erklärung.

In Deutschland sind in den Jahren 1918 bis 1923 Hunderte von politischen Morden vorgekommen. Der überwältigende Teil der Täter steht politisch rechts. Eine Reihe in der Öffentlichkeit bekannte, hervorragende Persönlichkeiten, frühere und aktive Minister, Reichstagsabgeordnete, Professoren und bekannte Publizisten sind ihnen zum Opfer gefallen. Man erinnere sich an Eisner, Liebknecht, Luxemburg, Paasche, Erzberger, Gareis, Rathenau, um nur einige der Opfer zu nennen. Immer und immer wieder forderte die öffentliche Meinung strenge Untersuchung, Bestrafung der Schuldigen und Unterdrückung der Mordorganisationen. So forderte der damalige Abgeordnete Prof. Dr. R a d b r u c h am 5. Juli 1921 den Reichsjustizminister H e i n z e auf, die einzelnen Fälle zu untersuchen und dem Reichstag über das Ergebnis seiner Untersuchungen Auskunft zu geben. Daraufhin setzte sich Herr Heinze mit den Justizverwaltungen von Preußen, Bayern und Mecklenburg in Verbindung. Im Herbst 1921 wurde Radbruch dann selbst Reichsjustizminister. Er lenkte die Aufmerksamkeit der Justizverwaltungen erneut auf diesen Gegenstand und beabsichtigte, die Ergebnisse seiner Rundfrage dem Reichstag zu unterbreiten.

Die Kommunisten nahmen die Radbruchsche Interpellation im Reichstag wieder auf und fragten bei der Regierung an, ob die einzelnen Fälle untersucht worden seien und zu welchem Ergebnis die Untersuchung geführt habe. Die Regierung antwortete darauf wiederum (Reichstagssitzung vom 30. September 1921), daß die Fälle von den Landesjustizverwaltungen geprüft würden und daß das Ergebnis dem Reichstag vorgelegt werde. S k e p t i s c h e L e u t e w a r e n s c h o n d a m a l s d e r A n s i c h t, d a ß d i e s e v o n d e r R e g i e r u n g i n A u s s i c h t g e s t e l l t e D e n k s c h r i f t n i e e r s c h e i n e n w e r d e. Immerhin aber hat der Reichsjustizminister Dr. Radbruch mehrfach sich ausdrücklich dahin ausgesprochen, die Denkschrift erscheinen zu lassen. Die Mitteilungen der einzelnen Länder lagen bereits im Mai 1922 vor. Es fehlten nur noch einige Antworten auf Rückfragen.

Das Erscheinen der Denkschrift unterblieb jedoch damals, weil Herr Radbruch das Reichsjustizministerium bereits verlassen hatte. Im Jahre 1923 war Radbruch wiederum Reichsjustizminister und wiederum erklärte er, daß die Darstellung dem Reichstag vorgelegt werden würde. So schrieb er mir folgenden Brief:

Der Reichsminister der Justiz   Berlin W 9, den 20. September 1923
    Nr. IV c 2300 L.   Voßstraße 5 — Zentrum 15240—44

Auf das gefällige Schreiben vom 21. August d. J. erwidere ich ergebenst, daß ich die mir von den Justizverwaltungen der Länder bereits übersandten oder für die allernächste Zeit in Aussicht gestellten Darstellungen zu den Fällen Ihrer Broschüre „Zwei Jahre Mord" alsbald nach Eingang gesammelt dem Reichstag vorlegen werde. Ich hoffe, hierzu bis Mitte Oktober d. J. in der Lage zu sein.

Dr. Radbruch

Wiederum erschien die Denkschrift nicht, weil Radbruch vorher als Reichsjustizminister zurücktrat. Immerhin aber war die Denkschrift beim zweiten Rücktritt Radbruchs im Oktober 1923 bereits fertig. Zweieinhalb Jahre hat also die Denkschrift gebraucht, um nicht zu erscheinen.

Das ist bei einer so unangenehmen Geschichte sozusagen ein normaler Verlauf.

Aber jetzt passierten ganz komische Dinge. Denn im Oktober 1923 hieß es im Reichsjustizministerium, daß die Denkschrift dem Reichstag d e m n ä c h s t vorgelegt werde. Und das geschah in der Tat. Am 23. November teilte das Justizministerium dem Schreiber dieser Zeilen mit, d i e D e n k s c h r i f t s e i v o r g e l e g t.

Der Reichsminister der Justiz   Berlin W 9, den 23. November 1923
    Nr. IV b 2598 Gr.   Voßstraße 5 — Zentrum 15240—44

Im Anschluß an mein Schreiben vom 20. September d. J. teile ich ergebenst mit, daß ich die von den Landesjustizverwaltungen inzwischen eingegangenen Darstellungen zu den Fällen Ihrer Broschüre „Zwei Jahre Mord" dem Reichstage vorgelegt habe.

In Vertretung: *Dr. Joel*

Naive Leute konnten damals annehmen, daß man also beim Erscheinen der nächsten Reichstagsdrucksache mit Befriedigung lesen werde, was die Justizverwaltungen der Länder zu der Behauptung zu sagen haben, daß in den letzten Jahren etwa 400 politische Morde vorgekommen sind, daß sie alle von rechtsradikaler Seite begangen wurden und daß so ziemlich keine Bestrafungen erfolgt seien. Man erwartete entweder eine Widerlegung dieser Behauptung oder eine Bestätigung, auf jeden Fall aber eine Antwort. Aber die Sache kam anders. Als ich nämlich um ein Exemplar der Denkschrift bat, erklärte das Bureau des Reichstags, diese Denkschrift werde nicht als Reichstagsdrucksache erscheinen:

Berlin, den 12. Dezember 1923

Auf das Schreiben vom 6. Dezember 1923.

Die Denkschrift über die politischen Morde in Deutschland ist dem Reichstag zur Kenntnisnahme mitgeteilt worden, erscheint aber nicht als Reichstagsdrucksache.

Bureau des Reichstags

I. A.: *Hampe*

Vielleicht glaubte das Bureau des Reichstags, daß für die Denkschrift kein genügendes Interesse vorhanden war. Der Schreiber dieser Zeilen wandte sich darauf an das Reichsjustizministerium und erbat eine Abschrift der Denkschrift. Hierauf erhielt er folgende Antwort:

Der Reichsminister der Justiz   Berlin W 9, 7. Dezember 1923
Nr. IV b 2780 Gr.   Voßstraße 5 — Zentrum 15240—44

Auf das Schreiben vom 5. d. M. erwidere ich ergebenst, daß ich Ihrem Wunsche zu meinem Bedauern nicht zu entsprechen vermag, da die von den Landesjustizverwaltungen eingegangenen Darstellungen zu den Fällen Ihrer Broschüre dem Reichstage im Original vorgelegt und Abschriften hier nicht zurückbehalten worden sind.

Im Auftrage: *Werner.*

Das Reichsjustizministerium erklärte also, es habe überhaupt keine Abschrift dieser Denkschrift herstellen lassen. Vielleicht, damit nicht die Möglichkeit bestehe, daß die Abschrift in ungeeignete Hände von „Hetzern" fallen würde, die Behauptungen aufstellen könnten, wie die: „Na also, die Landesjustizverwaltungen geben alles zu, was die oppositionelle Öffentlichkeit über politische Morde behauptet."

Man argumentierte im Justizministerium ganz ernsthaft, daß die Drucklegung wegen der „ungeheueren Kosten und der gebotenen Sparsamkeit" unterbleiben müsse. Dies in einer Zeit, in der Rechnungsberichte und Nachprüfungen von amtswegen gedruckt wurden, in denen hemmungslos 100 Mark vom Jahr 1922 und 100 Milliarden Mark vom Jahr 1923 addiert werden. Gegenüber den Druckkosten solcher wirtschaftlichen Unsinnigkeiten und gegenüber den sonstigen Kosten der Reichstagsdrucksachen hätte die Veröffentlichung der Denkschrift natürlich finanziell keine Rolle gespielt.

Die Denkschrift ist also in einem Exemplar dem Reichstag vorgelegt worden und wurde nicht gedruckt. Bei der Flut der Mitteilungen, die der Reichstag über sich ergehen lassen muß, und bei der Unmenge der gesetzgeberischen Arbeiten bedeutet diese Art der Vorlage dasselbe, wie wenn sie niemals geschrieben worden wäre. Wozu sind die vielen Untersuchungen von der Behörde angestellt worden, wenn dieser Versuch einer Rechtfertigung gar nicht erscheint? Es ist einfach lächerlich, wenn auf diese Weise die Denkschrift dem Reichstag „vorgelegt", aber der Inhalt nicht bekanntgegeben wird.

Diese merkwürdige Art des Erscheinens bedeutete eine positive Verhöhnung der öffentlichen Meinung. Denn sie hat ein gewisses Interesse, von authentischer Stelle zu erfahren, ob die in der Presse gemachten Angaben über die politischen Morde der letzten Jahre wahr sind und vor allem, was die Justiz, wie es ihre Pflicht ist oder wäre, gegen die Täter unternommen hat. Vielleicht auch unterblieb die Bekanntgabe, weil es gewisse Stellen unserer Verwaltung gibt, die in den Geheimbünden, deren Tätigkeit in der Denkschrift allerdings nur zart angedeutet wird, sozusagen Organe des öffentlichen Lebens sehen, welche eines staatlichen Schutzes bedürfen.

Die Drucklegung unterblieb also. Immerhin aber kam man mir persönlich entgegen und ließ auf meine Kosten von dem einzigen vorhandenen Exemplar eine Abschrift für mich anfertigen. Mit meiner Behauptung, daß die Denkschrift (sc. amtlich) nicht erscheinen werde, habe ich also leider recht behalten. Doch hoffe ich durch die vorliegende, von mir veranstaltete Ausgabe diese Lücke auszufüllen.

Im folgenden wird zunächst die Denkschrift des Reichsjustizministers wörtlich abgedruckt. Nach jedem Artikel folgt ein Kommentar. Um eine nochmalige Darstellung der tatsächlichen Vorgänge zu vermeiden, muß ich den Leser in den meisten Fällen auf das Buch „Vier Jahre politischer Mord" (Malik-Verlag) verweisen. Doch herrscht im allgemeinen zwischen den beiden Darstellungen vollkommene Übereinstimmung.

In dem Buch „Vier Jahre politischer Mord" hatte ich nur eine Materialsammlung vorgenommen, versucht, die Tatsachen selbst sprechen zu lassen und mich in den meisten Fällen jeder eigenen Stellungnahme enthalten. Da das Problem der Erkenntnis der tatsächlichen Vorgänge heute bei sehr vielen Fällen gelöst ist, halte ich es für meine Pflicht, in dem vorliegenden Buch mit meiner eigenen Meinung über die Morde und ihre Ursachen nicht mehr zurückzuhalten.

Denkschrift des preußischen Justizministers

Der Reichsminister der Justiz.   Berlin W. 9, den 23. November 1923
                                      Voßstraße 5. Zentrum 152 40—44.

Nr. IV b 2598 Gr.

An den

Herrn Präsidenten des Reichstags

Anlagen:

1. Darstellung des Herrn Preußischen Justiz-
   ministers vom 22. September d. J. — IV c
   2671 i — nebst Abschrift des Anschreibens.
2. Darstellung des Bayerischen Staatsministeriums
   der Justiz vom 12. Oktober v. J. — Nr. 48965 —
   nebst Abschrift des Anschreibens, Nachtrag
   vom 23. v. M. — Nr. 42987 — nebst Abschrift
   des Anschreibens und der darin genannten
   Schreiben.
3. Darstellung des Mecklenburg-Schwerinschen
   Justizministeriums vom 21. Januar v. J.
   — 3 J 1569 — nebst Abschrift des Anschreibens, Nachtrag vom 23. Dezember v. J.
   — 3 J 26844 — nebst Abschrift des Anschreibens, Abschriften der Schreiben vom
   23. Januar — 3 J 1713 — nebst Anlage,
   1, Februar — 3 J 2508 a — nebst Anlage,
   8. März d. J. — 3 J 5359 a — nebst Anlage
   und auszugsweise Abschrift des Schreibens
   vom 17. d. M. — 3 J 26907.

Reichstag, 4. Dezember 1923.
Verkündet in der 394. Sitzung.

In der Sitzung des Reichstags am 5. Juli 1921 hat der Reichstags-
Abgeordnete Professor Dr. R a d b r u c h eine im Verlage „Neues
Vaterland", E. Berger & Co., Berlin, erschienene Broschüre „Zwei Jahre
Mord" von E. J. Gumbel, dem damaligen Reichsminister der Justiz
mit der Aufforderung übergeben, den darin geschilderten Fällen nach-
zugehen und dem Reichstage über das Ergebnis der Nachforschungen
Mitteilung zu machen. Dieser Vorgang hat Veranlassung gegeben,
mit den Justizverwaltungen der in Betracht kommenden Länder in
Verbindung zu treten und sie um Mitteilung einer Darstellung des
Sachverhalts und des Ganges des strafrechtlichen Verfahrens in den
einzelnen Fällen zu bitten. Die erbetenen Darstellungen sind nunmehr
vollständig eingegangen. Ich gestatte mir, sie in der Anlage zur
Kenntnis des Reichstags zu bringen.

In Vertretung: *Dr. Joel.*

Abschrift zu R. J. M. Nr. IV b 2598 Gr.

Der Preußische Justizminister   Berlin W 8, den 22: September 1923.
Wilhelmstraße 65.
IV c 2671 i.

Auf das gefällige Schreiben vom 1. d. M.
— Nr. IV c 1059 W. —
Anlage 1 Denkschrift.

In der Anlage übersende ich ergebenst eine Denkschrift zu der Broschüre von E. J. Gumbel „Zwei Jahre Mord". Eine Abschrift der Denkschrift habe ich dem Herrn Präsidenten des preußischen Landtags überreicht.

Unterschrift.

An den Herrn Reichsminister der Justiz.

In der nachfolgenden Zusammenstellung sind die von Gumbel in der vierten Auflage seiner Broschüre „Zwei Jahre Mord" angeführten Fälle dargestellt, soweit preußische Justizbehörden mit ihnen befaßt gewesen sind und die Verfahren ihren Abschluß gefunden haben. Nicht behandelt sind:

1. Die Fälle, in denen Strafverfahren noch schweben: Hierzu gehören insbesondere die unter der Überschrift „Morde im Ruhrgebiet" aufgeführten Fälle, weil in diesen die Verfahren zum größten Teil noch nicht abgeschlossen sind,

2. die in dem Schlußkapitel erwähnten Fälle, weil diese von Gumbel selbst aus seiner eigentlichen Darstellung ausgeschieden sind.

In den nichtbehandelten Fällen werden Ermittlungen von den zuständigen Staatsanwaltschaften angestellt.

Die Darstellung umfaßt danach folgende Fälle:

	Seite des Buches*)	Seite der Denkschrift
1. Die Vorwärtsparlamentäre	9	11
2. Dr. Karl Liebknecht und Dr. Rosa Luxemburg . .	10	13
3. Die vier im Tegeler Forst Erschossenen	14	15
4. Ein Mord von Links	14	16
5. Morde im Rheinland 1919	14	16
6. Verschiedene Morde während der Märztage, Fall Hauschild	23	17
7. Die Erschießung des 16jährigen Kurt Friedrich und seiner beiden Freunde	19	18
8. Leere Patronenrahmen und Handgranatenstiele als Erschießungsgrund, Fall Dänschel	20	19

*) Anm. In der Denkschrift ist stets die vergriffene Broschüre „Zwei Jahre Mord" zitiert. Da diese wörtlich in dem Buche „Vier Jahre politischer Mord" enthalten ist, ist im folgenden stets die entsprechende Seite des Buches angegeben. Ebenso stammen die hier angegebenen Seitenzahlen der „Denkschrift" von mir.

E. J. G.

Von den in der 5. Aufl. „Vier Jahre politischer Mord" neu erwähnten Fällen gelangen im Anhang diejenigen zur Darstellung, in denen die Verfahren zum endgültigen Abschluß gelangt sind.

1. Die Vorwärtsparlamentäre

Am Sonnabend, den 11. Januar 1919, vormittags zwischen 10 und 12 Uhr wurden sieben Leute, die in der Nähe des Vorwärtsgebäudes gefangen genommen waren, in der Dragonerkaserne in der Belle-Alliance-Straße erschossen. Wegen dieser Erschießung hat zunächst ein militärgerichtliches Verfahren geschwebt, das später vom Landgericht II übernommen ist und sich gegen den Major Stephani, Wachtmeister Weber und den Gefreiten Selzer richtete.

Der Fall ist seinerzeit von dem Untersuchungsausschuß der preußischen Landesversammlung über die Januarunruhen 1919 in Berlin eingehend behandelt worden. In dem Bericht über diese Verhandlungen heißt es, daß kein Beweis dafür erbracht worden ist, daß Major von Stephani die Erschießung der Gefangenen befohlen oder bewußt dazu angereizt habe. Mit diesem Urteil stimmt das Ergebnis überein, das nach Ansicht des Landgerichts die Voruntersuchung gehabt hat.

Die Gründe, aus denen die Strafkammer die Angeschuldigten außer Verfolgung gesetzt hat, sind, kurz zusammengefaßt, folgende:

Die Strafkammer geht davon aus, daß die Erschießung objektiv rechtswidrig war, um dann zu prüfen, wer für sie verantwortlich zu machen ist. Major Stephani war der Führer der gegen den „Vorwärts" eingesetzten Truppen. Seine Angabe, daß er zur Zeit der Erschießung nicht auf dem Hof war, ist als unwiderlegbar erachtet worden. Da die Erschießung von einem regellosen Soldatenhaufen vorgenommen und Stephani nicht dabei war, so ist er auch nicht in der Lage gewesen, die Erschießung zu verhindern. Seine angebliche Äußerung: „Wer" oder „Was aus dem Vorwärts kommt, wird erschossen!" ist von der Strafkammer in Übereinstimmung mit dem Untersuchungsausschuß um deswillen für nicht geeignet erachtet worden, seine Verantwortlichkeit für die Erschießung der Gefangenen zu begründen, weil nach dem Ergebnis der Voruntersuchung und der ganzen Sachlage mit Wahrscheinlichkeit anzunehmen sei, daß die Tötung aus reiner Lynchjustiz von den erbitterten Soldaten ausgeführt worden sei, ohne daß sie überhaupt Kenntnis von jener Äußerung hatten. Im übrigen hat das Gericht auch die Deutung, die Stephani seiner Äußerung gegeben hat, er habe nicht einen B e f e h l erteilt, sondern nur die erregten Soldaten beruhigen wollen, um sie von Mißhandlungen der Gefangenen abzuhalten, nicht für völlig ausgeschlossen erachtet. Das Gericht ist deshalb zu der Überzeugung gelangt, daß bei den einander widersprechenden Ansichten der Sachverhalt nicht so geklärt ist, um hinreichenden Tatverdacht gegen Stephani zu begründen. Der Belastungszeuge Herms ist vom Gericht wie vom Untersuchungsausschuß mit Rücksicht auf sein Vorleben und seine geistige Minderwertigkeit nicht als klassischer Zeuge angesehen worden. Der Zeuge Stettin hat seine anfangs belastenden Aussagen später nicht mehr aufrecht erhalten. Er hat hervorgehoben, er könne nicht mehr mit Bestimmtheit angeben, daß Stephani bei der Erschießung auf dem Kasernenhof zugegen gewesen sei. Der Zeuge Köhn hat bekundet, Stephani habe sich im Regimentsbureau aufgehalten und auch der Zeuge Schickram hat Stephani nicht belastet. Das Gericht hat endlich geprüft, ob Stephani sich nicht aus § 143 M. St.-G.-B. strafbar gemacht hat. Danach wäre er als Täter zu bestrafen gewesen, wenn er die ihm unterstellten Soldaten die Tötung wissentlich hätte begehen lassen, während er die Tötung hätte hindern können oder zu verhindern dienstlich verpflichtet war. Das Gericht ist zur Überzeugung gelangt, daß dies zu verneinen sei.

Was den Angeschuldigten Selzer angeht, der seine Beteiligung an der Erschießung der Gefangenen bestreitet, so ist dieser ursprünglich von einem Zeugen Hergt belastet worden. Hergt hat aber seine Angabe, daß Selzer an der Erschießung beteiligt gewesen sei, später dahin eingeschränkt, er könne nicht mit Bestimmtheit sagen, ob Selzer und wer überhaupt an der Erschießung teilgenommen habe. Da andere Zeugen nicht zu ermitteln waren, ist bezüglich Selzers hinreichender Tatverdacht nicht für gegeben erachtet worden.

Weber hat sich dahin eingelassen, der Mann sei wiederholt auf ihn zugestürzt und von ihm zurückgestoßen worden und schließlich von ihm, da er sich in seinem Leben bedroht fühlte, erschossen worden. Das Gericht hat zwar diese Angaben für wenig glaubwürdig, indes in Ermangelung von Zeugen nicht für widerlegbar erachtet.

Da eine Ergänzung der Voruntersuchung nach zwei Jahren nach keiner Richtung Erfolg versprach, hat das Gericht die Außerverfolgungsetzung der Angeschuldigten ausgesprochen. Der Beschluß ist rechtskräftig. Die Angabe Gumbels, daß Staatsanwaltschaftsrat Ortmann abgelehnt habe, einen Haftbefehl gegen von Stephani zu erwirken, ist unzutreffend.

2. Dr. Karl Liebknecht und Dr. Rosa Luxemburg

Wegen der Erschießung des Dr. Liebknecht und der Frau Rosa Luxemburg haben mehrere Verfahren geschwebt:

1. beim Feldkriegsgericht des Gardekavallerie-(Schützen-)Korps gegen den Husaren Runge, den Kapitänleutnant Horst von Pflugk-Hartung, Oberleutnant zur See von Ritgen, Leutnant zur See Riege, Leutnant zur See Schulze, Leutnant der Reserve Liepmann wegen Mordes an Dr. Liebknecht, gegen Liepmann auch wegen Begünstigung des Runge, den Hauptmann Heinz von Pflugk-Hartung wegen Beihilfe zum Mord an Liebknecht, den Oberleutnant Vogel wegen Mordes an Frau Luxemburg, Dienstvergehens usw., Hauptmann der Landwehr Weller wegen Begünstigung Runges und Vogels.

   Durch rechtskräftiges Urteil vom 14. Mai 1919 sind verurteilt worden:

   Runge wegen versuchten Totschlags in Tateinheit mit gefährlicher Körperverletzung, Wachtvergehens, Mißbrauch der Waffe, Gebrauch falscher Urkunden zu zwei Jahr Gefängnis und zwei Wochen Haft, vier Jahren Ehrverlust und Entfernung aus dem Heer. Er hatte auf Dr. Liebknecht und Frau Luxemburg Kolbenschläge geführt, die aber nicht den Tod zur Folge hatten. Strafmildernd ist berücksichtigt worden, daß er nach dem Gutachten der in der Hauptverhandlung vernommenen Gerichtsärzte Leppmann und Straßmann ein geistig minderwertiger Psychopath ist.

Vogel wegen Begünstigung, Wachtvergehens, Erstattung einer falschen Meldung zu vier Monaten Gefängnis.

Liepmann wegen Anmaßung einer Befehlsbefugnis in Tateinheit mit Begünstigung zu sechs Wochen geschärftem Stubenarrest.

2. Bei der Staatsanwaltschaft des Landgerichts II gegen von Rzewuski. Dieser wurde am 27. Mai 1919 zu einem Monat Gefängnis und einer Woche Haft verurteilt wegen Körperverletzung mittels einer das Leben gefährdenden Behandlung (im Falle Liebknecht) und groben Unfugs (im Falle Luxemburg).

3. Gegen zwei Mitglieder der Wilmersdorfer Bürgerwehr, Lindner und Meering, die sich an der Festnahme der Getöteten beteiligt hatten. Das Verfahren mußte eingestellt werden, da sie an den Mißhandlungen nicht teilgenommen hatten.

4. Gegen den Kraftfahrer Janschkow. Das Verfahren ist ebenfalls eingestellt worden, da ihm Mißhandlungen und Beteiligung an der Tötung der Frau Luxemburg nicht nachzuweisen waren.

Als Runge in einem in der „Freiheit" am 4. Januar 1921 abgedruckten Brief und sodann in einer Vernehmung durch den Oberstaatsanwalt beim Landgericht II erklärte, seine früheren Angaben seien durch eine Reihe von Offizieren und den Kriegsgerichtsrat Jörns beeinflußt worden, wurden neue Verfahren eingeleitet.

5. Gegen Jörns wegen Begünstigung. Das Verfahren ist eingestellt worden, weil sich die Anschuldigung als völlig unbegründet herausstellte.

6. Gegen Oberleutnant Vogel, Kapitänleutnant v. Pflugk-Hartung, Hauptmann Papst und einen unbekannten Offizier wegen Anstiftung zur Ermordung Dr. Liebknechts und der Frau Luxemburg. Als der unbekannte Offizier wurde Leutnant Krull verhaftet, der sich dadurch verdächtig gemacht hatte, daß er Sachen der Frau Luxemburg besaß. Gegen ihn wurde Voruntersuchung eröffnet, da er verdächtigt wurde, den Schuß auf Frau Luxemburg abgegeben zu haben. Sie führte zu keinem Ergebnis. Krull mußte außer Verfolgung gesetzt werden, nachdem Runge bei der Gegenüberstellung erklärt hatte, Krull sei ihm völlig unbekannt.

Gegen Krull und dem Oberleutnant Bracht ist dann aber Anklage wegen Diebstahl und Hehlerei an Sachen der Frau Luxemburg erhoben worden. Krull wurde zu drei Monaten Gefängnis, Bracht zu 500 Mark Geldstrafe verurteilt. Der Einleitung der Voruntersuchung gegen Vogel und v. Pflugk-Hartung stand nach dem Gesetze das rechtskräftige freisprechende Urteil entgegen.

7. Ein weiteres Verfahren gegen eine Reihe von Offizieren wegen Begünstigung Runges schwebt noch in der Voruntersuchung.

Ende Mai 1922 hat Runge dem Redakteur des „Vorwärts“, Abgeordneten Kuttner, gegenüber seine Angaben abermals abgeändert und behauptet, daß er von rechtsstehenden Persönlichkeiten veranlaßt sei, in dem Verfahren gegen Krull zu dessen Gunsten auszusagen, insbesondere auch zu erklären, daß er ihn nicht kenne; Krull sei jedoch derjenige gewesen, der auf das Auto gesprungen sei und auf Frau Luxemburg geschossen habe. Daraufhin ist gegen Krull erneut die Voruntersuchung eröffnet worden, die zur Zeit noch schwebt.

3. Die vier im Tegeler Forst Erschossenen

Am 12. Januar 1919 wurde das von Spartakisten besetzte Rathaus in Spandau auf Befehl des damaligen Oberbefehlshabers in den Marken, Noske, von regierungstreuen Truppen erstürmt. Die Insassen wurden gefangengenommen. Unter den Festgenommenen befanden sich der Kaufmann von Lojewski, der Tischler Hermann Merx, sein Bruder Georg, der Schlosser Jordan, der Vorarbeiter Milkert und die Arbeiter Simon, Hofert und Müller. Diese sollten in der Nacht vom 16. bis zum 17. Januar 1919 auf Anordnung des Soldatenrats auf zwei Lastkraftwagen in das Strafgefängnis Tegel überführt werden. Die vier Gefangenen von Lojewski, Hermann Merx, Jordan und Milkert befanden sich in dem zweiten Kraftwagen und sind unterwegs im Tegeler Forst von Begleitmannschaften getötet worden. In dem militärgerichtlichen Verfahren, in dem zunächst die Besichtigung der Leichen erfolgte, gaben die im Innern des Kraftwagens befindlich gewesenen Begleitmannschaften übereinstimmend an, daß den ersten Anlaß zu dem Vorgehen gegen die Gefangenen ein Schuß gegeben habe, auf den die Gefangenen aufgesprungen und Anstalten getroffen hätten, aus dem Kraftwagen hinauszuspringen. Der Trainfahrer Binner und die Grenadiere Dalke und Maywald bekundeten, daß von Lojewski nach dem Karabiner gegriffen, den Schuß abgegeben habe und daß dann sofort sämtliche Gefangenen aufgesprungen seien und zu entfliehen Miene gemacht hätten. Als diejenigen, welche auf die Gefangenen geschossen hätten, bekannten sich die Kraftfahrer Sasse, Binner, Dalke und Grenadier Eden. Sie erklärten, dazu berechtigt und verpflichtet gewesen zu sein, da es sich um einen gewaltsamen Fluchtversuch gehandelt habe, der durch den von von Lojewski abgegebenen Schuß eingeleitet worden sei. Daß bei einem Fluchtversuch von der Waffe Gebrauch zu machen sei, war den Begleitmannschaften vor dem Transport noch besonders eingeschärft und dén Gefangenen bekanntgegeben worden.

Die Bearbeitung ist im Mai 1920 von der Staatsanwaltschaft des Landgerichts II übernommen worden.

In der beim Landgericht II anhängigen Voruntersuchung bestritten nun Eden und Dalke, geschossen zu haben. Dalke und der Zeuge Mikath wollten sich an die Vorgänge nicht mehr genau erinnern können, da ihr Gedächtnis infolge der Einwirkungen des Kriegsdienstes gelitten habe. Belastet wurden die Angeschuldigten im wesentlichen durch den Zeugen Maywald, der in unvereinbarem Gegensatz zu seiner früheren Aussage bekundete, daß, nachdem die Kraftwagen sich im Tegeler Forst nach kurzer Unterbrechung des Transports wieder in Bewegung gesetzt hätten, plötzlich ein Schuß gefallen sei, der den Gefangenen Milkert getroffen habe, und daß unmittelbar darauf die drei anderen Gefangenen zu Boden gestreckt worden seien. Ein Fluchtversuch von ihnen habe nicht vorgelegen. Die an Hand dieser Bekundung angestellten Ermittlungen haben zur Aufklärung mehrerer Widersprüche eine nochmalige Vernehmung des Zeugen Maywald erforderlich gemacht. Sie konnte indes nicht erfolgen, da Maywald sich am 23. Juli 1922 in Ziegenhals in Schlesien das Leben genommen hatte. Nunmehr beschloß das Gericht, da eine weitere Aufklärung nicht möglich war, entsprechend dem Antrage der Staatsanwaltschaft die Außerverfolgungsetzung der Angeschuldigten mit Ausnahme des einen von ihnen, der sich im Ausland aufhält. Gegen ihn ist das Verfahren wegen Abwesenheit vorläufig eingestellt worden. Aus den Todesermittlungsakten bezüglich Maywalds ergibt sich nichts über die Beweggründe seines Selbstmordes. Die Angabe Gumbels, daß kein Verfahren eingeleitet worden sei, ist danach unzutreffend, im Gegenteil geht aus den Akten hervor, daß sich schon am 20. Januar 1919 der zuständige Dezernent bei der Staatsanwaltschaft des Landgerichts III mit dem Kommandanturgericht in Spandau in Verbindung gesetzt hat, um zu prüfen, ob seine Zuständigkeit wegen Mitbeteiligung von Zivilpersonen gegeben war. Die Zuständigkeit war nicht begründet, da die Beschuldigten sämtlich aktive Soldaten waren. Als der von Gumbel zitierte Artikel in der „Freiheit" erschien, ist die Zuständigkeit an Hand der neuen Angaben der „Freiheit" sofort nochmals einer Prüfung unterworfen worden. Die Zuständigkeit der Staatsanwaltschaft III war aber damals aus demselben Grunde nicht gegeben.

4. Ein Mord von links

Die Darstellung Gumbels ist zutreffend. Die Bergleute Eduard Albrecht und Karl Arnold sind wegen Mordes an dem Bureauvorsteher Kohlmann zum Tode verurteilt und zu lebenslänglichem Zuchthaus begnadigt worden.

5. Morde im Rheinland 1919

1. Wegen der Erschießung des Aloys Fulneczek aus Bottrop ist von der Staatsanwaltschaft Essen ein Ermittlungsverfahren eingeleitet worden. Es mußte eingestellt werden, weil der beschuldigte Heuer

bereits durch rechtskräftiges Urteil des Kriegsgerichts der 13. Division
in Münster vom 27. März 1919 von der Anklage des Totschlags
freigesprochen worden war. Das Kriegsgericht hatte angenommen,
daß Heuer in Putativnotwehr gehandelt hatte, und ihm für die unschuldig erlittene Untersuchungshaft Entschädigung zugebilligt. Der
von der Witwe und den Kindern des Fulneczek gegen das Reich
angestrengte Entschädigungsprozeß schwebt noch.

2. Wegen der Erschießung des Moritz Steinicke aus Gelsenkirchen
war bei der Staatsanwaltschaft Essen ein Verfahren gegen den
Wachtmann Blumberg anhängig. Das Verfahren ist am 1. Dezember 1919 eingestellt worden.

Die Ermittelungen haben ergeben, daß die Festnahme des Steinicke
und die Durchsuchung seiner Wohnung nach Waffen im Auftrage der
Kriminalpolizei in Gelsenkirchen erfolgt ist. Die Soldaten, die bei der
Festnahme und Durchsuchung mitgewirkt haben, waren Angehörige
der Sicherheitswehr; sie unterstand der Polizei. Die Vornahme der
Durchsuchung zur Nachtzeit war damit begründet worden, daß
Steinicke Anführer von revolutionären Umtrieben sei, die auch tatsächlich im Februar aller Orten in erheblichem Umfange ausgebrochen
sind, und ferner, daß er Waffen an Anhänger der spartakistischen
Partei ausgegeben habe. Bei der Gefährlichkeit der geplanten Unter-
nehmungen lag Gefahr im Verzuge vor, so daß die für Normalfälle
vorgesehene Beschränkung von Durchsuchungen auf die Tageszeit hier
nicht eingehalten werden brauchte.

Steinicke hat nun während des Transports zur Wache trotz
Warnung einen Fluchtversuch unternommen und ist auf die wiederholten Haltrufe des Wachtmannes Blumberg nicht stehengeblieben.
Daraufhin hat Blumberg zur Verhinderung des Fluchtversuchs von
seiner Waffe Gebrauch gemacht und den Schuß abgegeben. Er handelte
hier gemäß der auch ihm erteilten allgemeinen Instruktion. Eine strafbare Handlung kann in seinem Verhalten nicht erblickt werden.

Die gegen die Einstellungsverfügung eingelegte Beschwerde ist
von dem Generalstaatsanwalt in Hamm am 8. Januar 1920 als unbegründet zurückgewiesen. Ein Antrag auf gerichtliche Entscheidung
ist durch Beschluß des Strafsenats des Oberlandesgerichts in Hamm
vom 13. Februar 1920 als unbegründet verworfen worden.

6. Verschiedene Morde während der Märztage 1919
(Fall Hauschild)

Hauschild wurde auf Befehl des Hauptmanns Knörzer „standrechtlich erschossen". Ein Verschulden war Knörzer nach Ansicht
der Militärbehörden nicht zur Last zu legen, da er einen unklar gefaßten Befehl unrichtig ausgelegt, sich also in einem Irrtum befunden

habe, der ihn nach § 59 St.-G.-B. straflos erscheinen lasse. Das Verfahren ist dieserhalb von dem Militärgericht eingestellt worden. Neuerdings ist es von der Staatsanwaltschaft beim Landgericht I wieder aufgenommen worden, da es zweifelhaft war, ob dem Knörzer der angeführte Schuldausschließungsgrund zugebilligt werden konnte. Die Voruntersuchung ist dadurch zu vorzeitigem Abschluß gelangt, daß Knörzer verstorben ist.

Der Fall Musick ist in dem Abschnitt „Die sechs in der Langenstraße Erschossenen" behandelt. Wegen der Erschießung Biedermanns und Gottschalks schwebt das Ermittelungsverfahren noch.

7. Die Erschießung des 16jährigen Kurt Friedrich und seiner beiden Freunde

Auf die Denunziation einer unbekannten Frau wurden Hans Galuska, Otto Werner und Kurt Friedrich am 10. März 1919 von zwei Gardedragonern wegen Verdachts spartakistischer Umtriebe festgenommen und dem Gerichtsoffizier im Freikorps Lützow vorgeführt. Sie wurden dann nach dem Polizeipräsidium gebracht. Dort wurden sie vernommen und in einen Raum gebracht, in dem sich noch andere Gefangene befanden. Die sich nun abspielenden Vorgänge schildert der beschuldigte Fahrer Bartelt folgendermaßen: Er, Bartelt, habe in dem Raum ein vergittertes Fenster öffnen wollen, um frische Luft hereinzulassen, dabei sei er von einem Gefangenen von hinten überfallen worden, der versucht habe, ihm die Kehle zuzudrücken. Er habe den Angreifer mit seinem Revolver erschossen und sich dann zur Tür gewandt, um den Kriminalkommissaren von dem Vorfall Kenntnis zu geben. Die Gefangenen seien ihm gefolgt und durch die Tür gedrungen. Eine Anzahl sei auf dem Flur wieder ergriffen, anderen dagegen wäre es gelungen, bis nach dem Lichthof und zu dem Ausgang nach der Dircksenstraße zu gelangen, wo zwei von ihm und mehreren anderen Soldaten erschossen worden seien.

In dem militärgerichtlichen Ermittelungsverfahren gelang es nicht, den Aufenthalt Bartelts ausfindig zu machen. Das Verfahren ist nach Übergang der Militärgerichtsbarkeit auf die bürgerlichen Gerichte von der Staatsanwaltschaft beim Landgericht I aufgenommen worden. Ihren Bemühungen und denen des Generalstaatsanwalts beim Kammergericht ist es schließlich geglückt, den Aufenthalt Bartelts festzustellen. Es ist gegen ihn Voruntersuchung wegen Totschlags geführt worden. Auf Antrag der Staatsanwaltschaft ist er aber durch Beschluss vom 24. Oktober 1922 außer Verfolgung gesetzt worden. Seine Angaben, daß er in Notwehr und gegenüber den Flüchtlingen in Erfüllung seiner Pflicht gehandelt habe, waren nicht zu widerlegen. In Ermangelung von Zeugen versprach somit die Erhebung der Anklage keinen Erfolg.

Der Untersuchungsrichter hatte durch öffentliche Bekanntmachung im „Vorwärts" und in der „Freiheit" zur Angabe von Tatzeugen aufgefordert. Die Aufforderung ist aber ergebnislos geblieben. Die Angabe Gumbels, daß kein Verfahren eingeleitet war, ist also unzutreffend.

8. Leere Patronenrahmen und Handgranatenstiele als Erschießungsgrund
(Fall Dänschel)

Am 11. März 1919 wurde in der Wohnung des Etuiarbeiters Paul Dänschel in Berlin von einem Unteroffizier und zwei Soldaten eine Haussuchung nach Waffen vorgenommen. Es wurde ein Ring von einer Handgranate gefunden, den der Sohn des Paul Dänschel, der Gürtler Alfred Dänschel, mitgebracht hatte.

Am nächsten Morgen kamen dieselben Soldaten mit einem vierten wieder und forderten die beiden Dänschel auf, mitzukommen. Gegen Mittag desselben Tages wurde Frau Dänschel mitgeteilt, daß sich die Leichen ihres Mannes und Sohnes im Urbankrankenhause befänden.

Diese Darstellung beruht auf den Angaben der Frau Dänschel.

Wegen Erschießung der beiden Dänschel hat ein militärgerichtliches Verfahren geschwebt. Leutnant Winter, der beschuldigt wurde, den Befehl zur Erschießung gegeben zu haben, hat dies bestritten und angegeben, daß er die Erschossenen nicht gekannt habe.

Nach Übergang der Sache auf die bürgerlichen Gerichte wurde festgestellt, daß Leutnant Winter bereits vorher ins Ausland gegangen war. Das Verfahren mußte daher wegen Abwesenheit des Beschuldigten vorläufig eingestellt werden.

Das Ermittelungsverfahren wegen Erschießung des Tischlers Richard Borchard schwebt noch.

9. Abrahamson und Wallmann

Am 13. März 1919 sind der Holzmarktstraße 5 wohnende Klempner Wallmann und der Holzmarktstraße 61 wohnende Rentner Abrahamson von Soldaten des Freikorps von Lützow erschossen worden, das zur Unterdrückung des im März 1919 durch die Spartakisten verursachten Aufstandes herangezogen war. Der Leutnant Czekalla erklärte hierzu folgendes:

Es seien verschiedene Anzeigen eingegangen, daß aus dem Hause Holzmarktstraße 5 auf die Regierungstruppen geschossen worden sei, er habe infolgedessen Befehl erhalten, das Haus nach Waffen zu durchsuchen. Er habe den Wallmann vor der Durchsuchung seiner Wohnung gefragt, ob er im Besitz von Waffen sei, was Wallmann wiederholt verneint habe. Er habe ihn darauf aufmerksam gemacht, daß er das Schlimmste zu befürchten habe, wenn Waffen bei ihm gefunden würden. Bei der Durchsuchung des Schreibtischkastens seien Eierhandgranaten und deutsche und französische Gewehrmunition gefunden worden. In einem Uhrgehäuse, aus dem das Uhrwerk entfernt worden sei, habe er einen geladenen Revolver und in der Werkstatt ein französisches Militärgewehr gefunden, das tadellos geölt und gereinigt gewesen sei. Im Geldschrank in der Werkstatt habe er eine große Anzahl dazu passende Munition vorgefunden. Er habe nun Wallmann seinem Vorgesetzten, dem Rittmeister v. Oertzen, vorgeführt, der befohlen habe, daß Wallmann erschossen werde. Diesen Befehl habe er ausgeführt.

Hinsichtlich der Erschießung des Abrahamson hat Czekalla folgendes erklärt:

Die Anzeigen, daß aus den Häusern der Holzmarktstraße geschossen sei, hätten sich auch auf das Haus Holzmarktstraße 61 bezogen, in dem Abrahamsohn gewohnt habe. Er habe deshalb auch dieses Haus durchsucht. Vor der Durchsuchung habe er dem Abrahamsohn erklärt, daß er ihn nach den gegebenen Befehlen erschießen müsse, wenn bei ihm Waffen gefunden würden, obwohl er deren Besitz abgeleugnet habe. Abrahamsohn habe trotzdem wiederholt den Besitz von Waffen verneint. Bei der Durchsuchung seien in dem Wäscheschrank Patronen gefunden worden. Auch jetzt noch habe Abrahamsohn den Besitz von Waffen verneint. Er habe darauf der Wirtschafterin des Abrahamsohn befohlen, den Keller zu zeigen. Im Keller habe er die Waschmaschine näher untersuchen wollen, da habe Abrahamsohn aus dem Innern der Maschine zwei geladene Revolver zutage gefördert. Die Läufe seien stark und frisch angeraucht gewesen. Er habe darauf mit seinen Leuten beraten, was zu tun sei. Mit Rücksicht auf die von seinem Rittmeister gegebenen Befehle sei er zu dem Entschluß gekommen, Abrahamsohn zu erschießen. Die Erschießung habe er dann auf dem Hofe ausführen lassen.

In diesem Falle habe er im Rahmen der allgemein erteilten Befehle gehandelt. Der sogenannte „Noskebefehl" vom 9. März 1919, der den Wortlaut habe: „Jede Person, die im Kampfe gegen Regierungstruppen mit der Waffe in der Hand betroffen wird, ist sofort zu erschießen", habe ihm schriftlich nie vorgelegen, die von seinem Vorgesetzten gegebenen Richtlinien hätten wesentlich schärfer gelautet, und zwar dem Sinne nach so, daß erschossen werden sollte, wer auf Befragen den Besitz von Waffen verneine, bei dem aber doch Waffen gefunden würden.

v. Oertzen hat bestritten, den Befehl zur Erschießung Wallmanns gegeben zu haben. Er könne jetzt nicht mehr sagen, was er damals über die Auslegung des Noskebefehls seinen Offizieren gesagt habe. Er sei der Ansicht gewesen, daß Leute erschossen werden konnten, wenn sie den Besitz von Waffen bestritten, solche dann aber doch bei ihnen gefunden wurden; dieses aber natürlich nur dann, wenn die Regierungssoldaten das Gefühl gehabt hätten, daß die Leute tatsächlich gegen sie geschossen hätten. Neben dem Noskebefehl habe es seines Wissens auch noch einen Geheimbefehl gegeben, der jedem Soldaten die weitgehendste Deckung zusicherte, falls er in der Aufregung etwas zu scharf vorginge. Er selbst habe seinen Offizieren immer nur gesagt, sie sollten nach dem Noskebefehl handeln.

Der Führer des Freikorps, Major v. Lützow, hat bekundet, daß er bei der damaligen Lage es für glaubhaft halte, daß Czekalla den Noskebefehl in dem von ihm angewandten Sinne ausgelegt habe.

Der Schlosser Eichelkraut, der bei der I. Schwadron des Freikorps Lützow stand, und den Wallmann mit erschossen hat, hat bekundet, seiner Erinnerung nach habe ihre Instruktion dahin gelautet, daß alle Leute erschossen werden sollten, bei denen Waffen gefunden würden, wenn sie trotz mehrmaligen Befragens den Besitz abgeleugnet hätten.

Czekalla ist wegen Totschlags, v. Oertzen wegen Anstiftung hierzu unter Anklage gestellt worden.

In der Hauptverhandlung vom 16. Oktober 1922 ist ein Befehl der Gardekavallerie-Schützendivision vom 11. März 1919 zur Verlesung gebracht worden, nach dem alle Bewohner von Häusern, aus denen geschossen wäre und in deren Wohnungen Waffen gefunden würden, sofort zu erschießen seien. Der frühere Reichswehrminister Noske hat als Zeuge hierzu erklärt: „Ich habe auch von diesem Befehl gehört: er deckt sich ja nur zur Hälfte mit meinen Anordnungen. Es besteht kein Zweifel daran, daß jeder Offizier berechtigt war, Waffenträger zu erschießen. Dafür trage ich die moralische Verantwortung. Bei der Heftigkeit der damaligen Kämpfe und der bestialischen Art und Weise, mit der viele Soldaten niedergemacht worden sind, war natürlich die Erregung unter den Truppen groß. Nach ehrlicher Prüfung muß ich auch heute sagen, daß vieles, was heute in ruhigen Zeiten grauenhaft wirken mag, damals doch von einem ganz anderen Gesichtspunkt aus betrachtet werden mußte."

Die Geschworenen verneinten entsprechend dem im wesentlichen auf diese Zeugenaussagen gestützten Antrage der Staatsanwaltschaft die Schuldfragen, so daß das Gericht zur Freisprechung beider Angeklagten kam.

10. Der Zigarrenhändler Johannes Müller

Müller ist auf Befehl des Leutnants Baum erschossen worden. Baum hatte durch eine Zivilperson erfahren, daß Müller auf Regierungstruppen geschossen habe. Man fand bei Müller revolutionäre Schriften, eine Karte von Berlin mit eingezeichneten Stellungen, ein

Opernglas und dergleichen. Das Militärgericht hat Baum freigesprochen, weil er den Befehl des Reichswehrministers Noske so aufgefaßt habe, als ginge seine Befugnis auch dahin, Personen zu erschießen, die nicht er selbst, sondern Dritte mit den Waffen in der Hand gegen Regierungstruppen kämpfend anträfen. Dieser Irrtum sei ein solcher über eine außerhalb des Strafrechts liegende militärdienstliche Vorschrift, ihren Inhalt und ihre Tragweite und somit, da er nicht auf Fahrlässigkeit beruhe, beachtlich gewesen. Nach der Ansicht des Militärgerichts ist ferner Baum auf Grund der ihm glaubhaft erscheinenden Angabe der Zivilperson der Überzeugung gewesen, daß Müller gegen Regierungstruppen gekämpft habe. Das Urteil ist rechtskräftig. Eine Wiederaufnahme kommt nicht in Frage.

11. Eine weitere Erschießung durch Leutnant Baum

Wegen der Erschießung Bilskis hat ein militärgerichtliches Verfahren geschwebt. Das Verfahren ist vom Militärgericht am 14. April 1920 vorläufig eingestellt worden, da die Täter nicht ermittelt werden konnten. Nach Aufhebung der Militärgerichtsbarkeit hat der Generalstaatsanwalt beim Landgericht I Berlin das Verfahren, weil auch die weiteren Ermittelungen ergebnislos verliefen, am 12. November 1920 eingestellt.

Nachdem Gumbel in seiner Broschüre Leutnant Baum als den leitenden Offizier bei der Erschießung bezeichnet hatte, wurde das Verfahren wieder aufgenommen. Gumbel teilte auf Anfrage der Staatsanwaltschaft mit, daß Baum, dessen Name bisher in den Akten, auch von Frau Bilski, nicht genannt war, von Frau Bilski als leitender Offizier bezeichnet worden sei. Auch sei Rechtsanwalt Theodor Liebknecht in der Lage, nähere Angaben zu machen. Auf Anfrage erwiderte letzterer, er wüßte aus Eigenem nichts, sondern habe den Namen Baums von Frau Bilski erfahren. Frau Bilski wurde vernommen und erklärte, sie vermöchte nicht mehr anzugeben, wer ihr seinerzeit nach der Erschießung ihres Ehemannes als befehlshabender Offizier einen Oberleutnant Baum genannt habe. Da sich der Verdacht einer Beteiligung Baums nicht bestätigte, und die in anderer Richtung angestellten Ermittelungen keinen Erfolg hatten, ist das Verfahren am 14. September 1922 wieder eingestellt worden.

12. Die sechs in der Langenstraße Erschossenen
(Verschiedene Morde während der Märztage 1919 — Fall Musick)

Gegen den Vizewachtmeister Markus ist die Voruntersuchung wegen Ermordung von sechs Personen (Karl Löffelmacher, Karl Becker, Alwine Dale, Schülerin Slovek, Bruno Pianowski, Eisenbahnarbeiter Musick) geführt worden.

Wegen der Anschuldigung der Ermordung Löffelmachers, der Dale, Pianowskis und Musicks ist er außer Verfolgung gesetzt worden. Die Ermittelungen haben in diesen Fällen folgendes ergeben:

1. Fall Löffelmacher:

Wie die Zeugin Frau Löffelmacher bekundet hat, ist ihr Ehemann Karl Löffelmacher am 13. März, morgens 8 Uhr, nach einer Durchsuchung ihrer Wohnung von Soldaten mitgenommen worden. Löffelmacher wurde nach der Andreasschule gebracht und dort erschossen. Der Angeschuldigte bestritt, mit der Erschießung etwas zu tun gehabt zu haben, oder auch nur von ihr zu wissen. Frau Löffelmacher erkannte ihn nicht wieder; auch die übrigen Zeugen haben bestimmte Bekundungen, die zu seiner Überführung ausreichen, nicht machen können.

2. Fall Pianowski:

Wie die Zeugin Frau Thoms, die Wirtin Pianowskis, bekundet hat, ist Pianowski am 10. März 1919 festgenommen worden, und zwar nicht von Markus, sondern von anderen Soldaten. Pianowski ist dann am 26. April 1919 an der Waisenbrücke aus der Spree gelandet worden. Auch mit dem Tode des Pianowski will der Angeschuldigte nichts zu tun haben. Er habe nur, als er eines Tages mit mehreren Soldaten eine Durchsuchung in der Wohnung des Pianowski gehalten habe, von dem vor der Haustür stehenden Verwalter Glassinski gehört, daß der bereits früher festgenommene Pianowski schon erschossen sei und schwimme; das habe er dann der Thoms wiedererzählt. Die Zeugin Thoms bestätigt, daß Markus ihr diese Mitteilung gemacht habe.

3. Fall Musick: (Von Gumbel in dem Abschnitt „Verschiedene Morde während der Märztage 1919" behandelt):

Wie die Zeugin Frau Musick bekundet hat, wurde ihr Mann am 12. März 1919, nachmittags zwischen 5 bis 6 Uhr, zusammen mit anderen Hausbewohnern von Soldaten abgeführt. Während die übrigen Hausbewohner im Laufe der nächsten Zeit zurückkehrten, ist ihr Mann nicht wiedergekommen. Vielmehr fand sie ihn am 19. März 1919 in der Leichensammelstelle Diestelmeierstraße 3 als Leiche mit sehr erheblichen Verletzungen vor. Markus bestritt, an der Tötung des Musick beteiligt zu sein. Er gab an, ihm sei eines Tages mitgeteilt worden, daß in einer Wirtschaft in der Koppenstraße ein schwerverwundeter Spartakist — offenbar Musick — sich aufhalte. Er, Markus, habe darauf, nachdem er dies gemeldet, auf Befehl den Mann nach der Andreasschule geholt. Dort sei der Mann verbunden und auf einen Strohsack gelegt worden, wobei er, Markus, noch die Decke geholt und ihn damit zugedeckt habe. Er, Markus, habe sich dann entfernt. Diese Angaben waren nach dem Ergebnis der Voruntersuchung nicht mit hinreichender Sicherheit zu widerlegen.

In den Fällen Löffelmacher, Pianowski und Musick bestand danach zwar der Verdacht, daß Markus bei ihrer Erschießung tätig gewesen ist. Der Verdacht reichte jedoch zur Erhebung der Anklage nicht aus.

Der Sachverhalt in den Fällen Dale, Becker und Slovek ist folgender gewesen:

Markus, der, wie er behauptet, den Befehl erhalten hatte, mit seinen Leuten die Langestraße abzusperren, schritt am 12. März, nachmittags, diese Straße unter dem wiederholten Rufe: „Straße frei!", „Fenster zu!" auf und ab. Letzteres rief er auch der aus einem Fenster der im dritten Stock des Hauses Nr. 13 heraussehenden zwölfjährigen Schülerin Helene Slovek zu. Diese schloß sofort das Fenster und trat zwischen dieses und die Gardine. Trotzdem schoß Markus durch die Scheibe und tötete das Kind durch einen Kopfschuß. Den auf der entgegengesetzten Straßenseite gehenden 72jährigen Fliesenleger Becker tötete er durch Brustschuß. Dieselbe Kugel traf als Querschläger die in der Eingangstüre eines Ladens im Hause Nr. 12 stehende unverehelichte Dale. Daß Markus auf letztere gezielt oder sie auch nur gesehen hat, bzw. daß er hätte voraussehen müssen, er werde sie treffen, ist für nicht erwiesen erachtet worden.

In den Fällen Becker und Slovek ist gegen ihn, der insgesamt 20 Monate in Untersuchungshaft gesessen hat, Anklage wegen Totschlags erhoben worden. Die Geschworenen haben jedoch die Schuldfragen verneint. Das freisprechende Urteil ist rechtskräftig.

13. Jogisches und Dorrenbach

Am 10. März 1919 wurde der Redakteur Leo Jogisches verhaftet. Als er nach seiner Vernehmung im Kriminalgericht von dort nach dem Untersuchungsgefängnis geführt werden sollte, versuchte er zu entfliehen. Daraufhin machten die beiden Begleiter, der Feldpolizeibeamte Grahn und der Kriminalwachtmeister Tamschik, von ihrer Schußwaffe Gebrauch. Jogisches wurde tödlich getroffen. Noch am Tage der Erschießung ist vom Gericht des mobil. 4. Garde-Regiments zu Fuß ein Ermittelungsverfahren eingeleitet worden. Es mußte ebenso wie ein nach Aufhebung der Militärgerichtsbarkeit von der Staatsanwaltschaft beim Landgericht I erneut eingeleitetes Ermittelungsverfahren eingestellt werden. Die Angaben Grahns und Tamschiks haben sich, da andere Tatzeugen fehlten, nicht widerlegen lassen. Eine strafbare Handlung war ihnen nicht nachzuweisen.

Über Dorrenbachs Erschießung haben in der gegen ihn wegen spartakistischer Umtriebe anhängig gewordenen Strafsache (67 J. 885/19 der Staatsanwaltschaft beim Landgericht I Berlin) eingehende Ermittelungen stattgefunden. Unbeteiligte Zeugen (ein Rechtsanwalt, ein Justizwachtmeister und ein Journalist) haben die Angabe des Kriminalwachtmeisters Tamschik, der den Schuß auf Dorrenbach abgegeben hatte, bestätigt, daß Dorrenbach beim Abtransport in das Untersuchungsgefängnis im Gebäude des Kriminalgerichts einen Fluchtversuch gemacht hat. Dorrenbach war bei seiner Vernehmung durch den Staatsanwalt von Tamschik ausdrücklich darauf hingewiesen worden, daß im Falle eines Fluchtversuches geschossen werde, und der Staatsanwalt hatte darauf zu Dorrenbach gesagt: „Sie haben gehört, welche Folgen ein Fluchtversuch haben würde." Dorrenbach erwiderte „Ich weiß Bescheid".

14. Lynchungen im Lehrter Gefängnis
Fall der Erschießung der beiden Galizier

Im März 1919 wurden im Gefängnis in der Lehrterstraße zwei Personen eingeliefert, die die Transporteure als Galizier bezeichneten. Es entstand das Gerücht, daß diese Personen auf Soldaten geschossen und geplündert hätten. Die durch die damals auftauchenden Gerüchte und Meldungen, daß Soldaten von Spartakisten niedergeschossen und mißhandelt seien, erregten Wachmannschaften im Lehrter Gefängnis, schlugen auf die Eingelieferten ein; hierbei taten sich der Landwirtschaftsgehilfe Arndt und der Student Schneider hervor. Es wurden auch auf die Gefangenen Schüsse abgegeben, durch die diese getötet wurden.

Gegen Arndt und Schneider hat ein Verfahren vor den Militärgerichten geschwebt. Nach Aufhebung der Militärgerichtsbarkeit sind die Beschuldigten am 21. März 1922 vom Schwurgericht beim Landgericht I abgeurteilt worden. Die Geschworenen haben Arndt und Schneider der gefährlichen Körperverletzung und des versuchten Totschlages in Tateinheit mit rechtswidrigem Waffengebrauch für schuldig befunden und das Vorliegen mildernder Umstände verneint. Das Gericht hat gegen jeden von ihnen eine Gesamtstrafe von ein Jahr sechs Monaten Zuchthaus ausgesprochen. Bei der Strafzumessung ist berücksichtigt worden, daß beide Verurteilten bei Begehung der Tat noch sehr jugendlich waren und unter der ungeheuren Erregung, die sich gerade am Tage der Tat der Wachmannschaften bemächtigt hatte, gehandelt hatten. Beide Verurteilten haben das Wiederaufnahmeverfahren betrieben und sind vom Schwurgericht am 21. April 1923, insoweit sie wegen versuchten Totschlages und rechtswidrigen Waffengebrauchs verurteilt waren, freigesprochen worden. Insoweit Schneider wegen gefährlicher Körperverletzung zu neun Monaten und Arndt wegen des gleichen Vergehens und wegen Unterschlagung zu sieben Monaten Gefängnis verurteilt waren, blieb das frühere Urteil aufrechterhalten.

Das Ermittelungsverfahren wegen der Erschießung des Matrosen Peters schwebt noch.

15. Die 29 Matrosen in der Französischen Straße

Wegen der Matrosenerschießung ist Marloh vom zuständigen Militärgericht freigesprochen worden. Hauptmann von Kessel hat das Schwurgericht von der Anklage des Meineides entgegen dem Antrage der Staatsanwaltschaft ebenfalls freigesprochen.

16. Der Polizeiagent Blau

In der Strafsache gegen Fichtmann und Genossen wegen Ermordung des Inspektors Blau sind in der Hauptverhandlung vor dem Schwurgericht beim Landgericht I in Berlin vom 24. Juni bis 5. Juli 1920 die Zeugen Schreiber und Toifl — von denen ersterer sich in der Schweiz aufhielt und zur Verhandlung nicht erschien, letzterer eidlich vernommen wurde — der Teilnahme an der Ermordung des Blau verdächtigt worden. Die Verdächtigungen entbehrten aber jeder Grundlage.

Wegen des Raubüberfalls auf den Diamantenhändler Orlowski hat vor dem außerordentlichen Kriegsgericht beim Landgericht II Berlin ein Strafverfahren geschwebt, in dem nur Fichtmann und Manske angeklagt und am 25. Oktober 1919 verurteilt wurden. Toifl wurde in der Hauptverhandlung als Zeuge vernommen. Wie die Urteilsgründe ergeben, hat Toifl allerdings an dem Unternehmen als „Regierungsagent" teilgenommen. Das Gericht betonte aber ausdrücklich, daß Toifl notgedrungen die Rolle des Führers übernehmen mußte, um nicht Verdacht zu erregen und als „Regierungsagent" entlarvt zu werden. Und daß es seinen — wenn auch uneidlichen Angaben vollen Glauben geschenkt habe.

Bei dieser Sachlage ist mangels begründeten Verdachts einer strafbaren Teilnahme von der Strafverfolgung des Toifl und Schreiber Abstand genommen worden.

17. Der Köpenicker Stadtverordnete Futran

Wegen der von Gumbel unter dieser Überschrift erwähnten Tötungen Futrans sowie der Arbeiter Dürre, Kegel, Gratzke und Wienicke schweben noch Ermittelungsverfahren.

18. Schottländer, Demmig

Schottländer wurde am 13. März 1920 in Breslau auf Befehl eines Generalstabsoffiziers verhaftet. Dieser Befehl ist von dem Freikorpsführer v. Aulock erteilt worden. v. Aulock hat den Befehl an Leutnant Jordan, einen seiner Kompagnieführer, der damals Wachthabender im Generalkommando war, weitergegeben. v. Aulock hat dann weder mit der Wegschaffung Schottländers in das Strafgefängnis noch mit seiner Abholung von dort zu tun gehabt. Für seine Beteiligung an der Beseitigung Schottländers fehlt jeder Anhalt. Jordan hat auf Grund des ihm erteilten Auftrags Schottländer im Generalkommando festgenommen. Schottländer ist am 13. März 1920 unzweifelhaft lebend in das Gefängnis Kletschkaustraße von einem Kommando der 3. Marinebrigade eingeliefert worden. In der Nacht zum 16. März wurde er dort von 3 Männern abgeholt. Leutnant von Pannwitz steht unter der Anschuldigung der Ermordung Schottländers. Er ist flüchtig. Haftbefehl und Steckbrief sind gegen ihn erlassen worden.

Oberleutnant Schmitz, der der Teilnahme an der Tötung des Reisenden Demmig verdächtigt ist, befindet sich nicht mehr in Pillau, wie Gumbel bemerkt, sondern hat sich ins Ausland, wahrscheinlich nach Amerika, begeben, wo er auch vor dem Kriege war. Die Ermittelungen haben ferner ergeben, daß Leutnant Kaufmann an der Tötung Demmigs nicht beteiligt war. Im übrigen sind die Ermittelungen wegen der Erschießung Demmigs noch nicht abgeschlossen.

19. Schramme, Boronow, Romane

Der Maschinenschlosser Schramme (nicht Schramm), der Bankbeamte Boronow und der Kohlenarbeiter Romane sind am 13. März 1921 in Breslau durch den Leutnant Kaufmann und mehrere Soldaten festgenommen worden. Boronow wurde in die Wache am Freiburger Bahnhof gebracht, ist später aber wieder von dort abgeholt und mit den beiden anderen Gefangenen nach der Carlowitzer Kaserne geschafft worden. Wo sie erschossen sind, hat sich nicht feststellen lassen, desgleichen nicht, wer an ihrer Tötung beteiligt gewesen ist. Kapitänleutnant a. D. Zacharias Langhans steht in dem Verdacht, zu ihrer Tötung angestiftet zu haben. Er ist flüchtig; Haftbefehl und Steckbrief sind gegen ihn erlassen. Er war bereits einmal in Holland festgenommen worden. Seine Auslieferung ist aber abgelehnt worden, da eine politische Straftat vorliege.

20. Herkenrath, Böhm, Hoffmann

Der Koch Herkenrath wurde am 19. März 1920, kurze Zeit nachdem er von einer Patrouille der 3. Marinebrigade abgeholt war, erschossen aufgefunden. Es hat zunächst ein militärgerichtliches Verfahren geschwebt. Nach Übernahme durch die Staatsanwaltschaft ist die Voruntersuchung gegen den Kapitänleutnant Müller wegen Mordes geführt worden, die indes keine greifbaren Anhaltspunkte für seine Schuld ergeben hat. Er wurde daher durch Beschluß der Strafkammer des Landgerichts Breslau vom 28. Mai 1921 aus dem tat-

sächlichen Grunde des mangelnden Beweises außer Verfolgung gesetzt.
Andere Personen, die als Täter in Frage kämen, sind nicht ermittelt
worden.

Am 16. März 1920 wurden der Schlosser Wilhelm Böhm und
15 streikende Eisenbahnwerkstättenarbeiter im Streikbureau, das sich
in einer Gastwirtschaft in Breslau befand, von einer Militärpatrouille
festgenommen und nach dem Kohlenhof I bei der Eisenbahnwerkstätte
abgeführt. Hier wurden sie nach einem Verhör bis auf Böhm entlassen. Am Nachmittag desselben Tages hat ein Weichenwärter einen
Mann von dem Kohlenhof auf dem Bahndamm klettern sehen, der
umfiel, als nach ihm geschossen wurde. Dem Weichenwärter ist dann
von anderer, ihm nicht bekannter Seite erzählt worden, daß der vom
Militär festgenommene Böhm auf der Flucht auf dem Bahnkörper
erschossen worden sei. Trotz eingehender Ermittelungen hat sich
nicht feststellen lassen, welche Personen die Erschießung Böhms vorgenommen haben. Keine der vernommenen Auskunftspersonen hat
mit Sicherheit den Truppenteil angeben können, dem die zur Patrouille
abkommandierten Militärpersonen angehört haben. Auch die vom
Ausschuß zur Feststellung von Entschädigungen für Aufruhrschäden
angestellten Ermittelungen ergaben keine Anhaltspunkte für die Täterschaft bestimmter Personen. Die Staatsanwaltschaft hat deshalb das
Ermittelungsverfahren eingestellt.

Vor einer endgültigen Entschließung über ein Einschreiten gegen
bestimmte Personen wegen Erschießung des Schlossers Hoffmann,
zu dem die bisherigen Ermittelungen keinen ausreichenden Anlaß
gegeben haben, ist der Ausgang des beim Reichsversorgungsgericht
schwebenden Entschädigungsverfahrens abzuwarten.

21. Die 14 Arbeiter von Bad Thal

Wegen der Erschießung der 14 in Thal in Thüringen festgenommenen Personen bei Mechterstedt sind 14 Angehörige des „Marburger
Studentenkorps" wegen Todschlags und rechtswidrigen Waffengebrauchs unter Anklage gestellt worden. Sie wurden vom zuständigen
Kriegsgericht freigesprochen, weil für nicht widerlegbar erachtet
wurde, daß sie die Gefangenen bei einem Fluchtversuch erschossen
haben. Nach Aufhebung der Militärgerichtsbarkeit ist die Sache vor
dem Schwurgericht in Kassel verhandelt worden. In der Beweisaufnahme, die im wesentlichen denselben Tatbestand ergab wie die
Hauptverhandlung vor dem Kriegsgericht, standen sich die Aussagen
mehrerer als Zeugen vernommener Studenten und Arbeiter gegenüber.
Der Vertreter der Staatsanwaltschaft führte aus, daß er sämtliche Aussagen gleich bewerte. Bei den Studenten könnte man vielleicht sagen,
daß sie zugunsten der Angeklagten falsch ausgesagt hätten, um ihre

Kameraden zu retten. Dann könnte man aber ebensogut von den Arbeitern, deren Angaben die Angeklagten belasten, annehmen, daß sie mit unwahren Angaben die Absicht verfolgten, die erschossenen Arbeiter zu rächen. Dabei sei zu berücksichtigen, daß die Aussagen der Studenten durch nichts widerlegt seien, während die zweier Arbeiter durch hervorgetretene Widersprüche mit den Aussagen anderer Zeugen mindestens zweifelhaft geworden wären. Der Zeugenbeweis reiche zur Überführung der Angeklagten nicht aus, aber auch durch den objektiven Befund und die Angaben der Sachverständigen seien die Behauptungen der Angeklagten nicht widerlegt. Der Staatsanwalt betonte übrigens noch, daß die Geschworenen in keiner Weise an seinen Antrag auf „nichtschuldig" gebunden wären, sie könnten auch gegen seinen pflichtmäßig gestellten Antrag auf ein „schuldig" erkennen, falls sie die Beweisaufnahme anders bewerteten. Die Geschworenen haben dann die Schuldfragen verneint.

Die Angabe Gumbels, die Leichen der Arbeiter hätten fast alle nebeneinander gelegen, die Arbeiter seien aus nächster Nähe erschossen worden, ist unrichtig.

22. Zwei Morde von links (Fall Sametz)

Wegen Anstiftung zur Ermordung des Reichswehrsoldaten Sametz ist Karuseit vom Schwurgericht in Essen am 20. Dezember 1922 zum Tode verurteilt worden.

Das Verfahren wegen Erschießung des Ernst Langensiepen ist noch nicht endgültig abgeschlossen.

23. Tierarzt Neubert

Das Verfahren gegen vier Angehörige der Reichswehr hat seinen Abschluß dadurch gefunden, daß die Angeschuldigten Vizefeldwebel Lobzinski, Sergeant Otto und die Grenadiere Keller und Neumeister durch Beschluß der Strafkammer des Landgerichts Erfurt vom 19. Dezember 1921 aus dem tatsächlichen Grunde des mangelnden Beweises außer Verfolgung gesetzt wurden.

Der Tierarzt war von der Reichswehr festgenommen, floh während des Transports und blieb trotz „Haltrufens" nicht stehen.

In keinem der vorgenannten Angeschuldigten haben zwei Zeugen, die den Vorfall aus nächster Nähe beobachtet hatten, den Soldaten wiedererkannt, der Schüsse aus der Nähe unmittelbar vor dem Niederfallen Neuberts abgegeben hat.

Unmittelbar vor oder während der Flucht hat Neubert etwas aus der Tasche und zum Munde geführt. Bei der Leiche wurde eine Giftflasche mit der Aufschrift „Atropin" gefunden, welche auch einige kleine dünne weiße Tabletten enthielt. Es ist nicht unwahrscheinlich, daß Neubert, der als Tierarzt mit Giften vertraut war und sich solche verschaffen konnte, kurz vor seinem Tode Gift in Selbstmordabsicht zu sich genommen hat. Seine Ehefrau hat bestätigt, daß er Atropin besaß. Da Leichenöffnung kurz nach dem Tode, also zu einer Zeit, als das Verfahren noch vor dem Militärgericht geführt wurde, nicht stattgefunden hat, war es später nicht mehr möglich, festzustellen, ob der Tod durch Vergiftung oder durch Schußwunden eingetreten ist.

Die weiteren Ermittelungen ergaben sodann den Verdacht, daß sich der frühere Bahnbeamte Otto Weidenhammer an der Tötung Neuberts beteiligt hat. Gegen ihn ist deshalb Voruntersuchung geführt worden. Er ist aber außer Verfolgung gesetzt worden, da sich seine Nichtbeteiligung an der Tat zweifelsfrei herausgestellt hat.

Die Ermittelungen führten schließlich auf die Spur des Metzgergesellen Seyffart. Gegen ihn wurde Voruntersuchung wegen Mordes geführt. Durch Beschluß der Erfurter Strafkammer vom 2. Oktober 1922 ist er ebenfalls außer Verfolgung gesetzt worden. Ob der Tod Neuberts durch Vergiftung (Verschlucken von Atropin) oder durch einen Schuß Seyffarts herbeigeführt ist, wurde für nicht mehr feststellbar erachtet, auch nicht, ob gerade ein von Seyffart abgegebener Schuß der tötliche war.

24. Kapitänleutnant Paasche

Auf Anordnung des Regierungskommissars aus Schneidemühl vom 11. Mai 1920 wurde der Abschnitt Deutsch-Krone beauftragt, eine Haussuchung nach Waffen auf dem Gute des Kapitänleutnants a. D. Paasche durchzuführen. Es bestand der Verdacht, daß sich dort Waffen und Munition für die kommunistische Kampforganisation befänden.

Am 21. Mai führte der Oberleutnant Krappe diesen Auftrag durch. Er ließ die Ausgänge des Gutes mit Posten besetzen. Bevor er die Durchsuchung ausführte, hielt er es für richtig, sich mit Paasche persönlich in Verbindung zu setzen. Im Gutshause wurde ihm gesagt, daß Paasche sich am See befände. Er schickte daher den Obergendarmerie-Wachtmeister Wendlandt II aus Selchow, der vom Landrat aus Schönlanke zur örtlichen Beobachtung dorthin beordert war, zum See mit dem Auftrage, Paasche zu ihm zu bitten.

Krappe wartete inzwischen auf der Dorfstraße, bis Paasche zurückkommen sollte.

Paasche war den Worten des Gendarmen „Kommen Sie bitte mit zu Ihrem Hause, dort sind einige Herren, die Sie zu sprechen wünschen" ohne weiteres gefolgt, und beide waren nebeneinander zum Gutshaus gegangen. Als sie beide etwa 60 Schritte vor dem Hause waren, machte Paasche kurz kehrt und lief im Zickzack davon, offenbar, weil er plötzlich einen Soldaten vor sich sah. Der Versuch des Gendarmen, ihn zu greifen, mißlang, da der Gendarm in hohen Stiefeln war und einen Säbel trug, Paasche dagegen nur einen leichten Anzug trug und barfuß war. Auf fünfmaliges Zurufen blieb Paasche nicht stehen, worauf der Schütze Giesecke der 6. Komp. Schützen-Regt. 4 als Posten einen Schuß abgab, der aber fehlging. Nach etwa 10 bis 15 Sekunden, währenddem Paasche bereits durch Bäume verdeckt war, fielen zwei weitere Schüsse. Auf den vierten Schuß hin erfolgte ein Aufschrei, nach welchem Paasche tot zusammenbrach. Die Feststellung des Sanitätsfeldwebels ergab, daß es sich um einen Herzsteckschuß handelte. Der vierte Schuß wurde von dem linksstehenden Nachbarposten, Schützen Dieckmann, derselben Kompagnie abgegeben.

Der Oberstaatsanwalt in Schneidemühl hat das Ermittelungsverfahren eingestellt, weil eine strafbare Handlung nicht in Frage kommen könne. Er führt aus: Der Tod Paasches sei auf sein eigenes Verhalten und auf eine Reihe strafrechtlich von niemandem zu vertretender Zufälle zurückzuführen. Von einem strafrechtlichen Verschulden des die Haussuchung leitenden Offiziers, Oberleutnant Krappe, könne keine Rede sein. Der Landgendarm Wendlandt habe nicht voraussehen können, daß Paasche beim Anblick der Soldaten die Flucht ergreifen würde. Die schießenden Soldaten glaubten und mußten glauben, daß der in auffälliger Weise bekleidete flüchtende Mann, dem der Landjäger „Halt" nachrief, ein Häftling sei, dem gegenüber sie gemäß ihrer Dienstinstruktion zu handeln hätten, sie seien in diesem Glauben bestärkt worden durch das Anfassen des Revolvers und das anfängliche Nachlaufen des Landjägers. Bei ihnen liege ein entschuldbarer, ihre Strafbarkeit ausschließender Irrtum vor.

25. Der Arbeiter Hoffmann in Flensburg

Wegen der Erschießung des Arbeiters Hoffmann aus Flensburg hat Voruntersuchung geschwebt. Die Angeschuldigten Leutnant Dewald und Wachtmeister Arenz sind durch Beschluß der 2. Strafkammer des Landgerichts Flensburg vom 12. April 1921 außer Verfolgung gesetzt worden, da der Tod Hoffmanns ausschließlich darauf zurückzuführen sei, daß Hoffmann trotz eindringlicher Verwarnung zu fliehen versuchte.

Hoffmann, der sich in Haft befand, sollte von Arenz über den Kasernenhof in ein anderes Gebäude gebracht werden und versetzte dem Arenz einen derartigen Stoß, daß dieser zu Boden fiel. Nachdem sich Arenz wieder erhoben hatte, rief er viermal „Halt", gab, als Hoffmann tief gebückt in Zickzacklinie weiterlief, aus seinem Revolver zunächst einen Schreckschuß in die Luft ab und schoß, als dieser ohne

Wirkung blieb, auf Hoffmann. Dewald, der gleich hinter Arenz das Stabsgebäude verließ, sprang etwas zur Seite, zog seine Armeepistole aus der Waffenrocktasche und schoß zweimal auf Hoffmann, als dieser in dem Lichtkegel der elektrischen Lampe an der Innenseite des Portals der Ostkaserne auftauchte. Als Dewald schoß, brach Hoffmann zusammen.

Die Angaben der Angeschuldigten sind bestätigt worden, insbesondere dadurch, daß im hochgelegenen Erdgeschoß Spuren eines Schusses festgestellt sind, die von dem Schreckschuß herrühren, ferner durch die Fußspuren auf dem Kasernenhof, die bei der Leichenöffnung festgestellten Verletzungen und die Schußlöcher in der Kleidung, die übereinstimmend ergeben, daß Hoffmann, als die Angeschuldigten auf ihn schossen, in großen Seitensprüngen bald nach rechts, bald nach links sich wendend in gebückter Haltung geflohen ist, und schließlich durch die Aussagen von Zeugen, die vor den Schüssen Rufe gehört haben.

Von ihrer Schußwaffe Gebrauch zu machen waren Dewald und Arenz nach dem Erlaß des Ministers des Innern vom 27. Juli 1919 — IIa 1061 — berechtigt, da Hoffmann sich der Festnahme durch die Flucht zu entziehen suchte und der Aufforderung „Halt" nicht Folge leistete.

26. S ü l t

Wegen der Erschießung des Obermaschinisten Sült hat gegen den Kriminalbetriebsassistenten Albert Jannicke aus Berlin ein Strafverfahren geschwebt. Jannicke ist durch Beschluß der Strafkammer des Landgerichts I vom 18. Februar 1922 außer Verfolgung gesetzt worden. Der Beschluß führt folgendes aus:

Jannicke hat den Schuß, durch den der Tod des Sült herbeigeführt worden ist, abgegeben. Er war beauftragt, den Sült aus dem Polizeigefängnis zur Vernehmung in einem der oberen Stockwerke des Polizeipräsidiums vorzuführen. Auf dem Wege dorthin hat Sült, wie nach dem Ergebnis der Ermittelungen als sicher angenommen werden darf, einen Fluchtversuch gemacht. Die Angaben des Angeschuldigten hierüber sind von Zeugen aus dem Publikum bestätigt worden. Der Maler Cohn, der Augenzeuge des Vorfalls war, hat bekundet, daß Sült dem Angeschuldigten, kurz bevor sie den Fuß einer zum ersten Stockwerk hinaufführenden Treppe erreicht hatten, mit dem Ellenbogen einen heftigen Stoß vor die Brust gegeben hat, so daß der Angeschuldigte zurücktaumelte und auf den Steinfliesen ausrutschte, ohne indes hinzufallen, daß Sült die Treppe hinaufeilte, daß der Angeschuldigte ihm mehrmals „Halt" nachrief, sodann eine Schußwaffe aus der Tasche riß und auf den Fliehenden schoß, der gerade den Treppenabsatz zwischen der ersten und der zweiten halben Treppe erreicht hatte und dort getroffen niederstürzte. Diese Darstellung wird auch durch den Zeugen praktischen Arzt Dr. Bramer wesentlich bekräftigt, der zu gleicher Zeit die obere halbe Treppe herunterstieg, Haltrufe und darauf die Detonation eines Schusses hörte und Sült auf dem Treppenabsatz zusammenbrechen sah, ferner durch den Zeugen Dr. Stephan Gyorgewitz. Auch Zeugen aus dem Kreise der herausstürzenden Polizeibeamten, der Ziviltransporteur Rosenstock und der Kriminalbetriebsassistent Wickbold, haben die Rufe und dann den Knall des Schusses gehört.

Der Angeschuldigte will den Schuß auf Sült vom Fuß der Treppe, noch auf dem Korridor stehend, in dem Augenblick abgegeben haben, als Sült gerade den Treppenabsatz erreicht hatte und im Begriff stand, durch Betreten der oberen halben Treppe ihm aus dem Gesichtsfeld zu entschwinden. Seine Darstellung wird sowohl durch die Aussagen der Zeugen Cohn und Dr. Bramer als auch durch das Sektionsergebnis bestätigt, nach welcher der Schußkanal im Körper von hinten unten nach vorn oben, nämlich vom Rücken in der rechten Rumpfhälfte durch die rechte Niere, die Leber und das Zwerchfell nach der Brust zu verläuft. Das Sektionsgutachten des Direktors des pathologischen Instituts der Universität Berlin, des Geh. Medizinalrats Professor Dr. Lubarsch, geht dahin, daß der Schuß v o n h i n t e n i n g r ö ß e r e r E n t f e r n u n g abgegeben worden sei.

Diesem Beweisergebnis gegenüber kann den Angaben des Sült, die er am Nachmittag des 31. März 1921 im Lazarett des Untersuchungsgefängnisses seiner Ehefrau, Frau Maria Sült, seiner Mutter, Frau Anna Sobetzki und dem Rechtsanwalt Dr. Weinberg gegenüber gemacht hat, ein erhebliches Gewicht nicht beigemessen werden. Er hat sich zu den genannten Zeugen nach deren Angabe dahin geäußert, er sei nicht geflohen, vielmehr sei der Angeschuldigte ohne Grund zurückgeblieben, habe ihn die Treppe hinauf vorangehen lassen und dann, als die Entfernung zwischen ihnen 4—5 Meter betragen habe, plötzlich auf ihn geschossen. Sült hat allerdings nach der Bekundung der Zeugen Rosenstock, Cohn und des Kriminalbetriebsassistenten Dowe schon, als er verwundet auf dem Treppenabsatz lag, bestritten, einen Fluchtversuch gemacht zu haben. Im Gegensatz hierzu hat der Zeuge Dr. Bramer, der als einer der ersten zu dem Verwundeten eilte, und bis zu dessen Abtransport unmittelbar neben ihm stehen blieb, nichts von der Beteuerung Sülts, nicht geflohen zu sein, gehört. Vielmehr hat Sült, wie dieser Zeuge angibt, auf seinen Vorhalt, warum er denn geflohen sei, es sei doch ein Blödsinn gewesen — geschwiegen. Sollte aber Sült gleich nach seiner Verwundung beteuert haben, er sei nicht geflohen so wäre damit die Wahrheit seiner Behauptung durchaus nicht erwiesen. Eine solche Beteuerung des Verwundeten könnte sehr wohl ein angesichts seiner hilflosen Lage begreiflicher Versuch sein, den Angeschuldigten, der ihn so schwer getroffen hatte, vor den Umstehenden ins Unrecht zu setzen. Angesichts der bestimmten Bekundungen der gänzlich unbeteiligten Zeugen Cohn und Dr. Bramer muß Sülts Behauptung, er sei nicht geflohen, unglaubhaft erscheinen. Ein begründeter Verdacht, der Angeschuldigte habe durch lautes „Halt"-Rufen einen Fluchtversuch des Sült vortäuschen wollen, bestehe nicht.

Wenn der Zeuge, Parteisekretär Gohlke, bekundet hat, neben anderen Personen habe sich als angeblicher Augenzeuge des Vorfalles ein Kriminalbeamter bei ihm gemeldet, der seinen Namen nicht nennen wolle, und der genau beobachtet haben sollte, daß der Angeschuldigte zurückgeblieben sei und auf den die Treppe hinaufgehenden, nicht fliehenden Sült, geschossen habe, nachdem er durch Haltrufe dessen Flucht habe vortäuschen wollen, so kann diese Aussage, bevor nicht der angebliche Augenzeuge ermittelt ist, nicht zur Aufklärung des Sachverhalts verwertet werden. . . . Nach dem gesamten Ergebnis der Ermittelungen ist die Angabe des Angeschuldigten, er habe auf Sült geschossen, weil er geflohen sei, glaubhaft, jedenfalls aber nicht widerlegt. Dann hat aber Jannicke nicht widerrechtlich gehandelt, als er von der Schußwaffe Gebrauch machte. Für den Waffengebrauch durch die Beamten der Sicherheitswehr und der staatlichen Schutzmannschaft gelten die Ziffern 148—153 der Dienstvorschriften für die preußische Landgendarmerie vom 20. Juli 1906. Nach diesen Bestimmungen konnte der Angeschuldigte, falls gelinde Mittel nicht ausreichen, von den ihm anvertrauten Waffen nach pflichtmäßigem Ermessen Gebrauch machen, „zur Vereitelung der Flucht eines ihm unter Anwendung von Gewalt gegen seine Person entspringenden Gefangenen, solange er dessen unmittelbare Spur verfolgt". (Ziff. 149 c.) Diese Voraussetzungen treffen nach dem Ergebnis der Ermittelungen im vorliegenden Falle zu. Das Recht zum Waffengebrauch ist hier um so weniger zweifelhaft, als der Angeschuldigte, wie er glaubhaft angibt, den Sült vor dem Verlassen des Polizeigefängnisses darauf hingewiesen hat, daß er bei einem etwa erfolgenden Fluchtversuch genötigt sei, auf ihn zu schießen (vgl. Ziff. 153 der erwähnten Dienstvorschriften).

27. Der Gemeindevorsteher P. Müller von Klostermannsfeld

Wegen der Erschießung des Gemeindevorstehers Paul Müller aus Klostermannsfeld hat ein Verfahren gegen den Wachtmeister der Schutzpolizei Josef Schneider in Höxter geschwebt. Entgegen dem Antrag der Staatsanwaltschaft, die Schuldfrage nach Mord zu bejahen, haben die Geschworenen in Naumburg die Schuldfrage verneint. Schneider ist daraufhin freigesprochen worden.

28. Kriminaloberwachtmeister Buchholz

Am 15. Juni 1921 wurde in der Kaserne der Hundertschaft z. b. V. (zur besonderen Verwendung) der Charlottenburger Sicherheitspolizei im Geschäftszimmer der Kassenkommission Nr. 39 der Oberwachtmeister Buchholz erschossen aufgefunden. Die Leichenöffnung ergab, daß die Kugel durch das rechte Hinterhaupt eingedrungen war, die Felsenbeinpyramide durchschlagen hatte und, mit der Spitze nach vorn gerichtet, in einer Tasche saß, die neben dem rechten Nasenflügel von der Wangenhaut gebildet wurde. Die weiteren Untersuchungen des Medizinalrats Dr. Störmer in Verbindung mit den Schießversuchen des Hofbüchsenmachers Barella haben ergeben, daß der tödliche Schuß nicht von dem Getöteten selbst abgegeben sein könnte. Nach dem Ergebnis der Voruntersuchung war Mord anzunehmen.

Der Tat verdächtig waren der Polizeiunterwachtmeister Rudolf Erren und der Polizeihauptwachtmeister Hermann Meyer. Gegen beide ist Anklage wegen gemeinschaftlich begangenen Mordes erhoben worden.

Am 2. Dezember 1921 sind beide Angeklagten freigesprochen worden. Die Geschworenen hatten die Hauptfragen nach Mord sowie die Hilfsfragen nach Beihilfe zum Mord bei Meyer und nach Begünstigung bei Erren entgegen dem Antrage der Staatsanwaltschaft, die die Bejahung der Hauptfragen beantragt hatte, verneint. Die Behauptung Gumbels, daß die Untersuchung gegen die Hundertschaft zunächst niedergeschlagen sei, ist unrichtig. Die strafrechtliche Untersuchung hat sofort nach dem Tode des Buchholz eingesetzt und nie geruht. Erren ist alsbald nach der am 18. Juni erfolgten Obduktion der Leiche des Buchholz festgenommen worden; gegen ihn ist am 22. Juni 1921 die gerichtliche Voruntersuchung eröffnet und Haftbefehl erlassen worden. Seit dem 26. Juni hat sich Erren ununterbrochen in gerichtlicher Haft befunden.

29. Erzberger

Die Darstellung Gumbels ist zutreffend. Das Urteil ist vom Schwurgericht beim Landgericht I gefällt worden. Der Vertreter der Staatsanwaltschaft hatte Bejahung der Schuldfragen wegen versuchten Mordes beantragt. Strafmildernd ist dem Angeklagten von Hirschfeld zugute gehalten, daß er bei Begehung der Tat noch sehr jung war und nach dem Gutachten des Gerichtsarztes geistig minderwertig ist. v. Hirschfeld ist während der Strafhaft vorübergehend beurlaubt worden. Die Beurlaubung erfolgte auf Grund des Gutachtens des Strafanstaltsarztes, es liege „Gefahr vor, daß Hirschfeld bei längerer Haft in Geisteskrankheit verfällt und eine nicht wieder gutzumachende Schädigung seiner Gesundheit davonträgt". Hirschfeld hat dann bis Ende August v. J. seine Strafe verbüßt.

ANHANG

30. „Wegen eines Streichholzes erschossen"

Am 12. März 1919 wurde der Arbeiter Johann Piontek in Berlin-Lichtenberg von Reichswehrsoldaten getötet. Piontek war von dem zu einer Patrouille gehörigen Gefreiten Walter Ritter um Feuer für seine Zigarette gebeten worden und hatte dies mit einer Bemerkung abgelehnt. Ritter teilte die Bemerkung, die nach seiner Angabe lautete: „Noskehunden gebe ich kein Feuer", dem Führer der Patrouille mit, der daraufhin die Festnahme Pionteks veranlaßte. Auf dem Wege zum Rathause Berlin-Lichtenberg stieß der Bergmann Hugo Wendler, der damals zu einer Artillerie-Abteilung gehörte, zu dem Trupp und erfuhr von Ritter, daß Piontek festgenommen sei, weil er ihm kein Feuer habe geben wollen. In der Normannenstraße wurde Piontek von Ritter und Wendler erschossen. Ritter gab mehrere Schüsse auf Piontek ab, von denen einige fehlgingen, die anderen ihn nur verwundeten, Wendler riß schließlich dem Ritter den Karabiner aus der Hand und schoß Piontek in den Hinterkopf, um das Leiden des Piontek abzukürzen.

Ritter und Wendler wurden wegen gemeinschaftlich begangenen Mordes angeklagt. In der Hauptverhandlung beantragte der Anklagevertreter hinsichtlich der Schuldfrage gegen Ritter Bejahung wegen versuchten Mordes, gegen Wendler Bejahung wegen Totschlags. Die Hauptverhandlung habe ergeben, daß Wendler nur ganz zufällig dazugekommen sei und durch sein Dazwischentreten eine weitere Tätigkeit des ihm bis dahin völlig unbekannten Ritter habe verhindern wollen. Damit entfalle die Gemeinschaftlichkeit des Handelns. Da ferner als erwiesen angesehen werden müsse, daß beim Eintreten des Wendler der Getötete noch gelebt hatte, komme bei Ritter nur versuchter Mord in Frage. Bei Wendler sei die Überlegung nicht feststellbar, weil ihm nicht widerlegt werden könne, daß er, empört über die Handlungsweise des Ritter, dem Schwerverletzten nur aus Mitleid noch einen Gnadenschuß gegeben habe, um ihn von seinen Leiden zu erlösen.

Die Geschworenen haben bei Ritter die Überlegung verneint und ihn unter Zubilligung mildernder Umstände des versuchten Totschlages für schuldig erkannt; bei Wendler haben sie die Schuldfrage verneint. Ritter ist zu drei Jahren Gefängnis unter Anrechnung von 9 Monaten Untersuchungshaft verurteilt worden.

31. Zehn Offiziere gegen einen Geisteskranken

Am Abend des 24. März 1920 versuchte der geisteskranke Heizer Weigelt aus Berlin in die damals militärisch besetzte Hauptkadettenanstalt in Berlin-Lichterfelde einzudringen. Er wurde von dem Posten am Eingange angehalten und nach einem Ausweis gefragt. Als er einen

solchen hervorholen wollte, bemerkte man, daß er einen Gummiknüppel versteckt bei sich trug. Auf dem Wege zur Wache, die nicht
weit vom Eingang entfernt lag, ist er geschlagen worden, angeblich,
weil er wiederholt laut „Achtung" gerufen und man angenommen hat,
daß er ein spartakistischer Spitzel sei. Von der Wache wurde er nach
dem Hauptgebäude in ein neben dem Geschäftszimmer des Leutnants
Schütz liegendes Zimmer gebracht. Er versuchte zu entfliehen, und
es gelang ihm auch, in das Geschäftszimmer des Schütz zu kommen.
Hier geriet er mit Leutnant Mielke, der ihn festhalten wollte, ins Hand-
gemenge. Weigelt stand dabei neben einem Tisch, auf dem der geladene Revolver des Schütz lag. Diesen ergriff Schütz und schoß den
Weigelt zweimal in den Kopf, so daß er tot zu Boden sank. Schütz
hat angegeben, daß er angenommen habe, Weigelt werde die Waffe
an sich reißen und seine Verfolger niederschießen. Die Geschworenen
verneinten entgegen dem Antrage der Staatsanwaltschaft die auf Totschlag und rechtswidrigen Waffengebrauch lautenden Schuldfragen und
ebenso die Schuldfrage auf Körperverletzung mit Todeserfolg. Von der
Verteidigung war der Standpunkt vertreten worden, daß Schütz in
wirklicher oder vermeintlicher Notwehr eventuell unter strafloser
Überschreitung ihrer Grenzen gehandelt habe.

32. Linksmorde beim Kapp-Putsch
(Fall Walther)

Am 19. März 1920 wurde auf der Grube „Alwiner Verein" der
Gutsbesitzer Kurt Walther aus Klein-Kugel erschossen aufgefunden.
Der Tat verdächtig war der Schlosser Wilhelm Rasch aus Klein-Kugel.
Rasch hatte schon vor der Tat mehrfach Reibereien mit Mitgliedern
der Familie Walther gehabt und im Jahre 1919 zu Walther geäußert:
„Warten Sie nur, es kommen andere Zeiten, wenn wir uns dann einmal
begegnen, werden wir abrechnen." In der Sitzung der Gemeinde-
vertretung erklärte er dem Vater des Getöteten „Kammerherr von
Bülow ist an der Revolution gestorben, Sie werden auch noch daran
sterben". Am 18. März 1920 wurde bei Rasch Haussuchung nach
Waffen gehalten; solche wurden auch gefunden. Rasch nahm an, daß
die Haussuchung von Walther veranlaßt worden sei.

Am 19. März 1920 wurde Walther, als er sich nach Halle begeben
wollte, um Gewehrschlösser abzuliefern, in Canena von bewaffneten
Arbeitern angehalten, durchsucht und in den Zechensaal der Grube
„Alwiner Verein" gebracht, wo der Aktionsausschuß von Bruckdorf
tagte. Man beschloß, Walther nach Ammendorf zu bringen.

Rasch, dessen persönliche Feindschaft gegen Walther man kannte,
äußerte aber: „Dieser Mann ist ein Reaktionär und hat erklärt, die

Spartakisten seien vogelfrei und ähnliches". Er führte dann Walther zusammen mit zwei anderen bewaffneten Arbeitern ab. In der Nähe eines Lokomotivschuppens trennten sich die beiden Begleiter — offenbar auf Veranlassung Raschs — und gingen nach dem Zechensaal zurück. Walther blickt sich nochmal nach beiden um, während Rasch äußerte: „Der Alte wäre mir lieber wie du" und gleich darauf auf Walther schoß, der sofort zu Tode getroffen umsank.

Rasch hat die Tat geleugnet. Ein unbeteiligter Zeuge Voigt hat aber den Vorfall aus der Ferne beobachtet. Die Geschworenen haben jedoch die Schuldfrage verneint.

Fall Hentze

Am 21. März 1920 traf auf dem Bahnhof Wallwitz ein Trupp bewaffneter Arbeiter in Stärke von etwa 200 Mann ein, die vom Vollzugsrat in Staßfurt den Befehl hatten, Halle vom Militär zu säubern. Zur Weiterfahrt wurden in der Umgebung Fuhrwerke zusammengeholt. Der Gutsbesitzer Hentze in Trebitz hatte sich geweigert, den Arbeitern Wagen und Pferde zur Verfügung zu stellen. Es wurde deshalb ein Kommando von 40 Mann ausgesandt, das dem Hentze einen Denkzettel erteilen und ein Fuhrwerk holen sollte. Bei diesem Kommando befanden sich auch der Kesselschmidt Erich Roll, der Arbeiter Karl Steinbach und der Arbeiter Karl Felix. Auf dem Gehöft des Hentze angekommen, wurde mit diesem gar nicht erst verhandelt, sondern die Menge drang auf ihn, der mit seiner Schwester und seinem Sohne vor der Haustür stand, ein. Felix schlug dem Hentze mit dem Gewehrkolben auf den Kopf, so daß er zusammenbrach. Als er zur Erde sank, brachte ihm Roll einen tödlichen Herz- und Leberschuß bei. Steinbach erschoß die Schwester des Hentze.

Roll, Steinbach und Felix wurden darauf vom Schwurgericht Halle a. S. am 19. November 1920 wegen Totschlags verurteilt, und zwar Roll und Steinbach zu je 12 Jahren und 10 Jahren Ehrverlust, Felix unter Zubilligung mildernder Umstände zu 5 Jahren Gefängnis und 5 Jahren Ehrverlust.

Die Erschießungen des Reichswehrsoldaten Sametz und des Ernst Langensiepen sind im Abschnitt 22 behandelt worden.

33. Wie Erschießung auf der Flucht inszeniert wird

Der Ortsvorsteher Mosenhauer aus Osmünde wurde am 31. März 1921 mit einigen anderen Personen bei Gröbers von der Schutzpolizei festgenommen und auf einem Kraftwagen mitgeführt. Auf einem zweiten Kraftwagen befanden sich die Leichen von gefallenen Polizeibeamten, die zum Teil grausame Verstümmelungen aufwiesen. Der Unterwachtmeister Böhm und seine Kameraden gerieten, als sie bei einem Halt die Leichen besichtigten, in große Erregung. Es kam zu Mißhandlungen der Gefangenen, unter anderm auch Mosenhauers. Dieserhalb schwebt ein Verfahren. Mosenhauer wurde dann von Beamten, weil er austreten wollte, aus dem Wagen gehoben. Als er aufs Feld ging, rief man: „schießt den Kerl tot". Ein Offizier trat aber dazwischen und befahl, Mosenhauer, der inzwischen wieder zurückgekommen war, in Ruhe zu lassen. Böhm erkundigte sich nun, wer dieser Mann sei, und erhielt die Antwort, es sei der Bürgermeister von Gröbers, der an den Verstümmelungen teilgenommen habe. Nunmehr ging Mosenhauer wieder aufs Feld, und zwar, wie von mehreren Zeugen bekundet ist, in beschleunigtem Schritt. Böhm will angenommen haben, daß Mosenhauer fliehen wollte. Er riß, da das Gelände, wie von den Zeugen bestätigt wurde, unübersichtlich war, einem Beamten das Gewehr fort und schoß auf Mosenhauer, der sofort zusammenbrach.

Böhm hat die Tat zugegeben und erklärt, nicht mehr zu wissen, ob er vorher Halt gerufen habe. Ein Zeuge hat bestimmt bekundet, er habe Böhm zweimal „Halt" rufen hören. Im Augenblick des Schusses war Mosenhauer stehengeblieben und hatte sich umgedreht, so daß der Schuß ihn von der Seite in die Brust traf. Während Böhm zum Wagen zurückging, schleppte man Mosenhauer, der offenbar noch nicht tot war, zu einer nahen Grube. Dort fiel ein zweiter Schuß. Später fand man die Leiche Mosenhauers mit einem Kopfschuß. Wer diesen abgegeben hat, blieb unaufgeklärt. Böhm war nicht mit zur Grube gegangen.

Gegen Böhm wurde Anklage wegen versuchten Totschlages erhoben, da, auch wenn Mosenhauer einen Fluchtversuch gemacht hätte, kein Anlaß für Böhm gegeben war, von seiner Schußwaffe Gebrauch zu machen. Auch hätte Böhm nach dem „Haltrufen" Mosenhauer noch soviel Zeit lassen müssen, um stehenzubleiben. Die Geschworenen haben die Schuldfrage verneint, so daß Böhm freigesprochen werden mußte.

Der Zeuge Lichtenberger hat vor dem Untersuchungsausschuß des Landtages, nicht, wie Gumbel behauptet, bekundet, daß Mosenhauer zweimal absichtlich ins' Feld geschickt war, damit man ihn erschießen könne. Er hat nur gesagt, wahrscheinlich wurde Mosenhauer ins Feld hineingeschickt. Dieser Aussage standen aber die Aussagen der anderen Zeugen entgegen, die den Vorfall, so wie oben dargelegt, geschildert haben.

Juristische Bemerkungen

von

Rechtsanwalt Dr. Ernst Emil Schweitzer, Berlin.

Die Vorwärtsparlamentäre (Nr. 1)

Die Entscheidung des Gerichts (LG. II) ist ungeheuerlich. Major von Stephani traf als Führer zunächst die Verantwortung für das Verhalten der Truppen. Er hatte dafür zu sorgen, daß keine Ausschreitungen vorkamen. Es wäre Sache des Gerichtes gewesen, in öffentlicher Verhandlung klarzustellen, ob nicht zum mindesten eine Fahrlässigkeit vorlag. Es liegt aber zweifellos ein hinreichender Verdacht vor, so daß das Gericht das Hauptverfahren eröffnen mußte. Wenn das Gericht sagt, die Angabe des Majors, daß er bei der Erschießung nicht auf dem Hofe war, sei als unwiderlegbar erachtet worden, und wenn das Gericht weiter ausführt, daß die fragliche Äußerung des Majors, die diesen aufs schwerste belastet, „mit Wahrscheinlichkeit" nicht zur Kenntnis der Soldaten gekommen sei, so geht daraus hervor, daß das Gericht selbst den Tatbestand nicht für ausreichend geklärt erachtete. Unter diesen Umständen war es nach der Strafprozeßordnung die unbedingte Pflicht des Gerichtes, das Hauptverfahren zu eröffnen, denn in der Hauptverhandlung, die sich in voller Öffentlichkeit abgespielt hätte, hätte die Möglichkeit bestanden, den Fall zu klären.

Es handelt sich also um eine Entscheidung des Gerichtes, die den schärfsten Tadel verdient, und die die strengste Nachprüfung erfordert. Während sonst oft auf Grund ganz nichtiger Verdachtsmomente die Anklage erhoben wird, wird hier, wo schwerster Verdacht vorliegt, und wo eine gerichtliche Aufklärung unbedingt geboten war, das Verfahren niedergeschlagen. Ganz unbeachtet geblieben ist auch § 116 des MStGB. (Vergl. RGM. Bd. II S. 294.) Schon auf Grund dieser Vorschrift hätte das Verfahren gegen Stephani unbedingt eröffnet werden müssen.

Fall Tegeler Forst (Nr. 3)

Auch hier muß die Einstellung der Untersuchung in hohem Grade befremdlich erscheinen. Die Angaben der Angeschuldigten sind so auffällig, daß zum mindesten ein hinreichender Verdacht für die Eröffnung des Hauptverfahrens vorlag. Es steht fest:

1. Vier Leute, die in einem Auto von Schwerbewaffneten transportiert wurden, sind erschossen worden.

Damit ist schon an sich ohne weiteres der Verdacht eines Verbrechens gegeben. Denn daß vier Entwaffnete, die noch dazu in einem Auto unter starker Besetzung transportiert werden, plötzlich aus dem fahrenden Auto gemeinsam herausspringen werden, klingt schon an sich im höchsten Grade unwahrscheinlich.

2. Die Angeschuldigten werden aufs schwerste belastet durch die Aussage des Zeugen Maywald. Der Umstand, daß Maywald inzwischen verstorben ist, schafft natürlich seine Aussage als Verdachtsmoment nicht aus der Welt.

3. Gegen die Angeschuldigten sprechen aufs schwerste die Aussagen von Eden und Dalke. Denn gerade der Umstand, daß diese sich eines derartigen Vorfalls nicht mehr deutlich erinnern wollen, beweist, daß sie mit der Wahrheit zurückhielten, denn es handelt sich um Vorfälle, die man nicht vergißt.

Unter diesen Umständen mußte es für jeden objektiven Richter selbstverständlich sein, das Hauptverfahren zu eröffnen, um so den Tatbestand zu klären.

Es wäre unbedingt im Interesse der Reinheit unserer Rechtspflege erforderlich, daß die Entscheidung des Gerichtes eventuell von dem Rechtsausschuß des Preußischen Landtages der strengsten Nachprüfung unterzogen wird. Genau so, wie im Falle der Vorwärtsparlamentäre sind gerade die Ausführungen der amtlichen Denkschrift geeignet, schwere Zweifel zu erwecken und nach diesen Ausführungen muß man eine weitere Nachprüfung unbedingt für geboten halten.

Morde im Rheinland (Nr. 5)

1. Fall Fulneczek.

Daß Fulneczek, der als Delegierter zu den Truppen gekommen ist, einen Angriff auf den Soldaten verübt hat, erscheint ohne weiteres unglaubhaft. Auch das Kriegsgericht hat dies nicht angenommen. Es hat aber angenommen, daß der Angeklagte Heuer in Putativnotwehr gehandelt habe.

Ein Freispruch wegen Putativnotwehr war nur dann zulässig, wenn Heuer den Eindruck hatte, daß Fulneczek einen Angriff gegen ihn ausübte, und daß er diesen Angriff nicht anders abwehren konnte, als wenn er den Fulneczek niederschoß.

Wie aber ist denkbar, daß Heuer sich ernsthaft bedroht fühlen konnte, in einem Falle, wo es sich um einen bewaffneten Soldaten handelte, der einem wehrlosen Gefangenen gegenüberstand, noch dazu einem Gefangenen, der in einem Gerichtsgefängnisse scharf bewacht war? Unter diesen Umständen hätten die Angaben der Denkschrift nur dann befriedigen können, wenn sie das Urteil des Kriegsgerichtes näher erklärt und begründet hätten. Wie hier auch nach der Denkschrift der Vorfall geschildert wird, bleibt die Freisprechung unverständlich.

Das Urteil des Kriegsgerichts begründet den Verdacht, wenn man sich lediglich an die Ausführungen der Denkschrift und die dort nicht bezweifelten Angaben des Buches von Gumbel hält, daß die Richter freigesprochen haben, obwohl sie sich bewußt waren, daß eine nach dem Gesetz strafbare Handlung vorliege. Dies würde aber eine Rechtsbeugung im Sinne des Strafgesetzbuches darstellen. Von diesem Gesichtspunkte aus wäre von der Justizaufsichtsbehörde der Tatbestand nachzuprüfen und mit Rücksicht hierauf eventuell eine Wiederaufnahme des Verfahrens in die Wege zu leiten. Auch hier wäre es m. E. die Pflicht des Rechtsausschusses des Preußischen Landtages, diese Angelegenheit in die Hand zu nehmen.

Hervorgehoben sei noch, daß nach der unwidersprochenen Angabe von Gumbel, Fulneczek von hinten erschossen worden ist. Unter diesen Umständen erscheint der Entschuldigungsgrund der Putativnotwehr doppelt unverständlich.

Die bloße Angabe der Denkschrift, daß der Entschädigungsprozeß noch schwebe, ist nichtssagend. Die Frage ist, ob sich die bisherigen Instanzen auf den Standpunkt gestellt haben, daß eine Putativnotwehr vorgelegen habe, oder ob diese Behauptung nur vom Fiskus vertreten wird.

Aber selbst, wenn keine strafbare Rechtsbeugung im Sinne des Gesetzes vorliegt — zu einem bestimmten Urteil hierüber könnte natürlich nur der Strafrichter nach genauer Prüfung der Akten kommen —, würde aller Wahrscheinlichkeit nach zum mindesten ein schweres Fehlurteil vorliegen. Es genügte nicht, daß man die Kriegsgerichte beseitigte. Man hätte vielmehr eine weitere Bestimmung einführen müssen, wonach bei schweren Delikten die Nachprüfung der Kriegsgerichtsurteile durch die ordentlichen Gerichte dann zugelassen worden wäre, wenn das Urteil des Kriegsgerichts offensichtlich dem Rechtsempfinden widerstreitet. Dies würde für alle seit der Revolution gefällten Kriegsgerichsurteile zu bestimmen sein, wobei es ja genügen würde, diese besondere Bestimmung auf solche Fälle zu beschränken, wo ein V e r b r e c h e n den Gegenstand der Anklage bildete. Hierdurch

würde die Möglichkeit gegeben werden, die zahlreichen empörenden
Fehlurteile zur Aufhebung zu bringen, die seit der Revolution in politischen Sachen von Kriegsgerichten gefällt worden sind.

Fall Biedermann und Gottschalk (Nr. 6)

Die Erschießung hat im Jahre 1919 stattgefunden. Die Denkschrift
teilt mit, daß das Ermittelungsverfahren noch schwebt. Man fragt,
wieso bei einem derartigen Kapitalverbrechen dieses Verfahren sich
so lange hinziehen konnte. Selbstverständlich würde in der Verschleppung einer derartigen wichtigen Angelegenheit eine schwere Verfehlung
zu erblicken sein. Wenn aber triftige Gründe bestanden, durch welche
ohne Verschulden der Justizbehörden das Verfahren verzögert worden
ist, so ist es auffällig, daß diese Gründe in der Denkschrift nicht
mitgeteilt worden sind.

Fall Friedrich und seine Freunde (Nr. 7)

Auch hier können die Angaben der Denkschrift in keiner Weise
genügen und auch hier erscheint eine Nachprüfung dringend erwünscht.
Nach der Denkschrift beruht die Außerverfolgungsetzung des Angeklagten Bartelt lediglich auf dessen eigener Aussage, und der Beschluß
des Gerichtes meint, „in Ermangelung von Zeugen versprach die Erhebung der Anklage keinen Erfolg". Dieser Beschluß widerstreitet ebenso der deutschen Strafprozeßordnung, wie er überhaupt dem Strafprozeß-
verfahren aller kultivierten Staaten widerstreitet. Wenn ein bewaffneter
Soldat Personen, die sich in polizeilichem Gewahrsam befinden, nieder-
macht und es sind keine Zeugen zugegen, so besteht die unbedingte
Pflicht des Gerichtes, das Hauptverfahren zu eröffnen, und das erkennende Gericht hat dann darüber zu entscheiden, ob ein Beweis
geführt worden ist oder nicht. Die einfache Niederschlagung eines
derartigen Verfahrens, lediglich auf die Aussage des Angeschuldigten hin,
widerstreitet offensichtlich dem Geiste unserer Strafprozeßordnung, sie
widerstreitet auch der ständigen Praxis der Gerichte hinsichtlich der
Bemessung des Verdachtsgrades, der zur Eröffnung des Hauptverfahrens in anderen unpolitischen Fällen ausreicht. Der erkennende
Richter, der in der öffentlichen Hauptverhandlung den Tatbestand
prüft, mag darüber entscheiden, ob er solchen Angaben eines Angeschuldigten Glauben schenkt.

Es ist im vorliegenden Falle insbesondere zu bedenken, daß
es sich um drei ganz junge Menschen handelt, Menschen, die sich nie
mit Politik beschäftigt hatten. Daß diese drei jungen Leute von 16 bis
18 Jahren auf dem Polizeipräsidium einen Angriff gegen einen be-

waffneten Soldaten riskiert hätten, und daß dieser Angriff nur durch Niedermetzelung der Gefangenen begegnet werden konnte, ist schon an sich im allerhöchsten Grade unglaubhaft. Es gilt also hier dasselbe, was hinsichtlich des Falles im Tegeler Forst über die Notwendigkeit einer strengen Nachprüfung gesagt wurde. Daß auch der Staatsanwalt die Niederschlagung der Anklage beantragte, ist besonders interessant. Auch diese Stellungnahme der Staatsanwaltschaft würde einer Nachprüfung zu unterziehen sein. Auch hier würde zu fragen sein, ob der Staatsanwalt bei diesem seinem Antrage sich noch innerhalb des Rahmens seiner Dienstpflicht gehalten hat.

Nach den Angaben der Denkschrift ist auch in keiner Weise dargetan, daß Staatsanwaltschaft und Gericht alles Erforderliche getan haben, um ein derartiges Kapitalverbrechen aufzuklären. Sind Aufrufe erlassen worden, um Zeugen zu finden? Ist nachgeprüft worden, ob sich die Verwundungen der drei Erschossenen mit den Angaben des Angeklagten vereinigen lassen? Hat man Erkundigungen über die Persönlichkeit des Angeklagten mit der erforderlichen Sorgfalt eingezogen? Derartige Nachforschungen wären ganz selbstverständlich gewesen, ehe man dem Angeklagten einfach Glauben schenkte, wofern man sich nicht dem Verdacht der Begünstigung und Rechtsbeugung aussetzen wollte.

Es wäre weiter aufzuklären gewesen, ob es sich bei den drei verhafteten jungen Leuten denn um gewalttätige Naturen handelte. Die von der Denkschrift nicht bestrittene Angabe der Mutter, daß die drei bei ihrer Verhaftung schrecklich geheult haben, scheint eine derartige Annahme nicht gerade zu rechtfertigen. Es wäre weiter klarzustellen gewesen, ob sofort nach der Straftat ein Protokoll darüber aufgenommen worden ist. Hätte der Angeklagte in Notwehr gehandelt, so hätte er doch sofort darüber Bericht erstattet, und es wäre gerade zu prüfen gewesen, ob die alsbaldigen Angaben des Angeklagten im Einklang mit seinen Angaben im Strafverfahren standen. Jeder Kriminalist weiß, daß gerade bei einem derartigen Kapitalverbrechen, welches ohne Zeugen begangen worden ist, besonderes Gewicht auf das Verhalten des Täters unmittelbar nach der Tat zu legen ist. Über all das geht der Beschluß des Gerichtes nach der Denkschrift völlig hinweg. Dies ist um so auffälliger, als nach dem Schreiben des Heeresabwicklungsamtes die umfangreichen Ermittelungen ergeben hätten, daß Friedrich „aus Anlaß eines Fluchtversuches" erschossen wurde. Diese Angabe harmoniert nicht mit der späteren Verteidigung des Angeklagten, wonach er in Notwehr gehandelt habe. Danach scheint es doch offensichtlich, daß der Angeklagte in den verschiedenen Zeitpunkten des Verfahrens verschiedene Angaben gemacht hat, und dies spricht natürlich vernichtend gegen ihn.

Die Denkschrift bemerkt dann weiter, daß es dem militärgerichtlichen Ermittelungsverfahren nicht gelungen sei, den Aufenthalt des Angeklagten ausfindig zu machen, dies wäre erst den Bemühungen der Staatsanwaltschaft „schließlich geglückt". Dies legt den Verdacht nahe, daß Bartelt sich verborgen gehalten hat. Dies würde natürlich gleichfalls stark gegen ihn sprechen.

Fall Dänschel (Nr. 8)

Daß es sich um einen Mord oder Totschlag handelt, wird auch von der Denkschrift nicht in Zweifel gezogen.

Es bleibt aufzuklären, wieso der Beschuldigte, Leutnant Winter, Gelegenheit hatte, ins Ausland zu gehen, und ob nicht insofern das Verbrechen der Begünstigung seitens der Strafverfolgungsbehörde bei Angehörigen der mit der Untersuchung vertrauten Militärbehörde gegeben ist.

Die Denkschrift legt offensichtlich Wert auf die Feststellung, daß Winter entflohen ist, bevor die Sache an die bürgerlichen Gerichte abgegeben worden ist. Das Verfahren wirft ein krasses Licht auf die Art, wie die Rechtspflege seitens der Militärbehörde betrieben worden ist, und auch die Denkschrift scheint Wert darauf zu legen, von einem derartigen Treiben abzurücken.

Vor allem aber genügen die Ausführungen der Denkschrift in keiner Weise, um die Zivilbehörde von dem auf ihr ruhenden Verdachte zu reinigen. Da es sich um einen Mord oder Totschlag handelte, war die Zivilbehörde verpflichtet, Steckbrief zu erlassen und die Auslieferung des Beschuldigten, wofern dessen Aufenthalt festgestellt wurde, zu betreiben. Hat man sich einfach mit der Feststellung begnügt, daß der Beschuldigte zur Zeit abwesend sei, so würde hierdurch der verantwortliche Beamte der Staatsanwaltschaft sich in der schwersten Weise vergangen haben und es wäre ein Disziplinarverfahren gegen ihn unbedingt geboten.

Daß die Erlassung eines Steckbriefes unterblieben ist, liegt nach dem Wortlaut der Denkschrift nahe. Es würde in dieser Hinsicht unbedingt eine Untersuchung erforderlich sein. So wie die Denkschrift jetzt ist, ist sie nur geeignet, die Anklage Gumbels zu verstärken und nicht, sie zu entkräften.

Fall Borchardt

Hier begnügt sich die Denkschrift mit der Mitteilung, daß das Verfahren noch schwebe. Es hätte aber gerade aufgeklärt werden müssen, inwiefern ohne pflichtwidrige Verschleppung der Angelegenheit die Untersuchung solange verzögert werden konnte.

Fall Abrahamsohn und Wallmann (Nr. 9)

Bevor man sich eine Meinung über das Urteil des Schwurgerichts und vor allem über den Antrag der Staatsanwaltschaft bildet, erscheint es notwendig, festzustellen, was Noske *) in der Verhandlung gesagt hat. An sich kann es keinem Zweifel unterliegen, daß das Verhalten des Angeklagten durch den Noskebefehl vom 9. März 1919 in keiner Weise gedeckt war, und daß trotz dieses Befehles eine Verurteilung unbedingt geboten war. Andererseits ist es natürlich, daß die Zeugenaussage von Noske bei einer derartigen Verhandlung auf die Geschworenen besonderen Eindruck machen mußte. Wenn also Noske als Zeuge eine derartige Erschießung für gerechtfertigt erklärte, so würde an der Brutalität dieser Erschießung zwar nichts geändert werden, aber der Freispruch durch die Geschworenen würde alsdann verständlich erscheinen.

Ich persönlich kann es mir nun nicht denken, daß Noske durch seine Zeugenaussage das Verhalten des Angeklagten rechtfertigen wollte. Die Aussage, wie sie in der Denkschrift wiedergegeben ist, läßt die Deutung zu, daß Noske in durchaus korrekter Weise im Gegenteil sagen wollte, daß das Verhalten des Angeklagten durch seinen Befehl nicht oder doch nur „zur Hälfte" gedeckt würde, und daß Noske mit den weiteren Ausführungen nicht sagen wollte, daß die Angeklagten schuldlos seien, sondern lediglich, daß man ihr Verhalten nicht so scharf beurteilen dürfe, wie in normalen Zeiten. Faßt man Noskes Aussage so auf, so würde sie in keiner Weise den Freispruch rechtfertigen. Aber es ist natürlich möglich, die Aussage Noskes auch anders auszulegen.

Unter diesen Umständen entsteht bei dem zweifellosen Gewicht, das auf der Aussage Noskes ruhte, und das auch von der Denkschrift wohl erkannt wird, die Frage: Ist seitens des Vorsitzenden nichts geschehen, um diese so bedeutungsvolle Zweideutigkeit der Noskeschen Aussage aufzuklären und warum ist vor allem etwa eine derartige Aufklärung durch den Vertreter der Staatsanwaltschaft unterblieben? Wäre eine derartige sachgemäße Befragung erfolgt, so würde wohl Noske selbst die Angeklagten nicht für schuldlos erklärt haben. Der Vertreter der Staatsanwaltschaft hätte eine derartige Aufklärung umsoweniger unterlassen sollen, als in einer derartigen Sache es in Wahrheit nicht die Geschworenen, sondern der Staatsanwalt ist, der die Verantwortung für das freisprechende Urteil trägt. Denn, wenn der Staatsanwalt selbst die Freisprechung beantragt, so sind zwar die Geschwo-

---

*) Ich habe diesbezüglich ein eingehenden Brief an Noske gerichtet, der sich im wesentlichen mit der hier vorgebrachten Argumentation deckt. Herr Noske hat leider auf diese meine Anfrage nicht geantwortet. E. J. G.

renen nach dem Buchstaben des Gesetzes noch immer befugt, auf eine Verurteilung zu erkennen, aber ernsthaft kommt dies natürlich gar nicht in Betracht. Vielmehr ist mit dem Antrage des Staatsanwaltes auf Freisprechung die Sache zugunsten des Angeklagten entschieden. Aus diesem Grunde ist den Geschworenen aus der Freisprechung grundsätzlich keinerlei Vorwurf zu machen.

Fall Zigarrenhändler Müller (Nr. 10)

Der Auszug aus den Urteilsgründen in der Denkschrift wirkt irreführend. Man muß ihn mit der Schilderung vergleichen, die Gumbel von dem Falle gibt und der von der Denkschrift nicht widersprochen wird. Dann erst gewinnt man ein Bild, mit welch sophistischer Begründung hier das Urteil des Militärgerichts die Freisprechung zu decken sucht.

An sich ging das Verhalten von Baum allerdings schon insofern über die ihm durch den Befehl des Reichswehrministers Noske erteilte Ermächtigung hinaus, als Müller nicht von ihm selbst beim Kampfe gegen die Regierungstruppen betroffen worden war. Nun sagt das Militärgericht, Baum hätte diesen Befehl so aufgefaßt, daß seine Befugnis auch dahin ginge, Personen zu erschießen, die nicht von ihm selbst, sondern von Dritten mit den Waffen in der Hand gegen Regierungstruppen kämpfend angetroffen wurden. Die hierauf gestützte Freisprechung durch das Militärgericht wäre verständlich gewesen, wenn Baum von unbedingt zuverlässiger dritter Seite die Mitteilung bekommen hätte, daß Müller auf die Regierungstruppen geschossen habe, und wenn Müller unmittelbar nach dieser Tat dem Baum vorgeführt worden wäre. Liest man nun aber die Darstellung, so stellt sich der Sachverhalt ganz anders dar. Ein unbekannter Mann ist auf Baum zugetreten und hat den Müller denunziert. Erst an einem anderen Tage hat sich Baum in die Wohnung des Müller begeben, und er hat den Müller nicht beim Schießen auf Regierungstruppen, sondern beim Rasieren vorgefunden.

Trotzdem erklärt die Denkschrift: „Eine Wiederaufnahme kommt nicht in Frage." Diese Ausführung ist unzutreffend, denn die Denkschrift übersieht hierbei offensichtlich, daß das Urteil des Militärgerichts gerade vom Gesichtspunkt der Rechtsbeugung nachzuprüfen wäre.

Der Leutnant Baum konnte sich darüber nicht im Zweifel sein, daß der Befehl Noskes ihn unmöglich dazu berechtigen könne, einen Menschen lediglich deshalb zu erschießen, weil dieser „revolutionäre Schriften" besitze, und weil er ihm von einer unbekannten Person denunziert worden war. Daß dies kein Betreffen auf frischer Tat ist, und in keiner Weise durch den Befehl Noskes gedeckt wird, leuchtet jedem vernünftigen Menschen ohne weiteres ein.

So mußte man eine vorsätzliche, rechtswidrige Tötung annehmen, zum mindesten aber mußte man zu einer Verurteilung aus dem Gesichtspunkte der Fahrlässigkeit kommen. Indem das Militärgericht selbst eine Verurteilung wegen Fahrlässigkeit ablehnte, hielt es sich außerhalb des Kreises des juristisch-diskutablen. Demnach entsteht der Eindruck, daß die Militärrichter nicht etwa nur i r r t ü m l i c h ein grobes Fehlurteil gefällt haben, sondern dieses Fehlurteil ist so offensichtlich, es widerspricht so sehr dem klaren Tat- und Rechtsbestande, daß den Militärrichtern nicht ohne weiteres zu glauben ist, daß sie sich bei Fällung des Urteils in einem Irrtum befanden. Diese Frage verdient eine Nachprüfung von Seiten der Justizaufsichtsbehörde vom Gesichtspunkt des Verdachts der Rechtsbeugung.

Für das offensichtliche Bestreben der Denkschrift, den üblen Eindruck des militärgerichtlichen Urteils abzuschwächen, ist folgendes charakteristisch. In der Denkschrift wird gesagt, man habe bei Müller eine Karte von Berlin mit eingezeichneten Stellungen gefunden. Das soll offenbar den Eindruck auf den Leser erwecken, daß tatsächlich ein starker Verdacht gegen Müller vorlag, er habe sich an den Kämpfen beteiligt. Liest man aber bei Gumbel nach, so hört man, daß Leutnant Baum bei der Verhaftung des Müller gesagt hat: „Sie haben acht Karten mit verdächtigen Punkten".

Dieser Darstellung Gumbels wird von der Denkschrift nicht wiedersprochen. Unter diesen Umständen ergibt sich aber der Verdacht, daß die Denkschrift die „Punkte", die sich auf einer Karte von Berlin befanden, zu „eingezeichneten Stellungen" gemacht hat. Daß Müller eine führende Rolle bei den revolutionären Truppen gespielt hätte, wird auch von der Denkschrift nicht behauptet. Es erscheint also schon an sich äußerst unwahrscheinlich, daß er das Interesse oder auch nur die Möglichkeit gehabt habe, sich auf Karten die Stellungen der Regierungstruppen und der revolutionären Verbände einzuzeichnen. Es entsteht daher der Eindruck, daß es sich hier um ein von dem Militärgericht ganz künstlich konstruiertes Beweisargument handelt. Es wäre aber die Pflicht des Verfassers der Denkschrift gewesen, diesem Argumente auf den Grund zu gehen und zu prüfen, ob wirklich in dem Militärgerichtsurteil ein Beweis für den militärischen Charakter der Karte geführt worden ist.

Der Fall des Zigarrenhändlers Müller ist grundsätzlich von hohem Interesse. Daß bei Unterdrückung von Unruhen die Truppen als befugt gelten, Bürger standrechtlich zu erschießen, die mit der Waffe in der Hand betroffen werden, ist internationale Rechtsgewohnheit. Deutschland hatte sich in seinen völkerrechtlich wichtigen Normen des Landkrieges auch vorbehalten, diese Standjustiz im Kriege beim Kampfe gegen Franktireurs in Anwendung zu bringen. Davon ist auch in Belgien Gebrauch gemacht worden. Gerade, wenn man dieses Recht des Militärs grundsätzlich anerkennt, muß man es als die unbedingte Pflicht der Militärbehörden ansehen, mit eiserner Strenge darüber zu wachen, daß sich die Soldaten innerhalb der Grenzen der ihnen hiermit gewährten Befugnisse halten. Wird aber ein derartiger offenkundiger Mißbrauch, wie er hier in Frage steht, durch die Militärgerichte und Justizbehörden gedeckt, so wird der Hunnen- und Greuelpropaganda der deutschfeindlichen Presse im Auslande Vorschub geleistet.

Eine weitere Erschießung durch Leutnant Baum
(Nr. 11)

Die Ausführungen Gumbels werden insofern berichtigt, als nach der Denkschrift Baum als Täter nicht in Betracht kommt.

Abgesehen von diesem Punkte werden aber die Angaben Gumbels bestätigt. Es bleibt also dabei, daß Bilski von Soldaten bei einer Haussuchung verhaftet und ohne gesetzliches Verfahren erschossen worden ist. Auch nach den Angaben der Denkschrift handelt es sich um ein offensichtliches Verbrechen, und es ist nach der Denkschrift lediglich deshalb keine Anklage erhoben worden, weil der Täter nicht ermittelt worden ist. Auch hier ist der stärkste Verdacht gegeben, daß seitens der Militärbehörden nicht das Hinreichende geschehen ist, um alsbald eine Ermittelung des Täters heibeizuführen. Da die Haussuchung offensichtlich von einer größeren Anzahl von Soldaten vorgenommen worden ist, so müßte es möglich sein, den fraglichen Truppenteil in Erfahrung zu bringen und dadurch den schuldigen Offizier zu ermitteln.

Es würde von Interesse sein, festzustellen, wann seitens der Militärbehörden die Untersuchung und Strafrechtsverfolgung des Falles begonnen hat. Der Mord hat bereits im März 1919 stattgefunden. Die Einstellung des Verfahrens durch die Militärbehörde datiert vom 14. April 1920.

Dieses läßt die Frage offen:

Wann ist die Mitteilung erfolgt, daß Bilski „standrechtlich" erschossen worden sei? Was ist auf Grund dieser Mitteilung veranlaßt worden?

Es wäre die Pflicht der Militärbehörde gewesen, sofort nach Kenntnis von diesem Vorfalle eine Untersuchung einzuleiten.

Die Denkschrift geht nicht ein auf die Behauptung Gumbels, daß die Akten von der Garde-Kav.-Schützen-Div. verschwunden seien. Es kommt insofern das Verbrechen der Vernichtung der sämtlichen Urkunden in Betracht. Warum ist in dieser Hinsicht kein Strafverfahren eingeleitet worden?

Die sechs in der Langen Straße Erschossenen
(Nr. 12)

Hinsichtlich der Fälle Löffelmacher, Pianowski und Musick kommt
die Denkschrift zu dem Ergebnis, es: „bestand danach der Verdacht,
daß Markus bei ihrer Erschießung tätig gewesen ist. Der Verdacht
reichte zur Erhebung der Anklage gegen ihn nicht aus". So weit es
sich um die Fälle Löffelmacher und Pianowski handelt, wird, wenn
man die Angaben der Denkschrift als zutreffend ansieht, damit lediglich gerechtfertigt, daß gegen Markus wegen der fraglichen Straftat
keine Anklage erhoben worden ist. Der Vorwurf, den Gumbel gegen
die Behörde erhoben hat, wird durch die Denkschrift nicht erschüttert,
sondern bestätigt. Auch hier ergeben sich genau dieselben Bedenken,
wie sie oben beim Falle Baum dargelegt worden sind. Wenn bei einem
Verbrechen, zu dem so viel Spuren führen, es noch nicht einmal dazu
kommt, daß eine Anklage erhoben wird, so legt dies nach allen Erfahrungen die Schlußfolgerung nahe, daß man seitens der Behörde die
rechtzeitige Aufklärung nicht betrieben, sondern im Gegenteil die Sache
zu vertuschen gesucht hat.

Es hätte auch nahegelegen, hier, wie in den ähnlichen Fällen
auch die Öffentlichkeit zur Ermittelung des Täters aufzurufen und eine
Belohnung auf die Beibringung von Material über die Straftat auszu-
setzen. Aber auch dieses hat man offensichtlich geflissentlich unterlassen. Ähnliches gilt auch vom Fall Pianowski.

In diesem Falle wirken die Angaben der Denkschrift besonders bedenklich und unzureichend. Der Angeklagte hat sich nämlich
in diesem Falle noch dadurch verdächtig gemacht, daß er der Frau
Thoms weiter erzählte, daß Pianowski schon erschossen sei und
schwimme. Markus hat sich nun damit verteidigt, daß er lediglich an
Frau Thoms eine Mitteilung wiedergegeben habe, die er erst von dem
Verwalter Glassinski erhalten habe. Hier wirkt nun der weitere Inhalt
der Denkschrift im höchsten Grade befremdlich, weil sie sich begnügt,
die Aussagen der Frau Thoms wiederzugeben. Hätte sich die preußische
Staatsanwaltschaft wirklich lediglich mit denjenigen Feststellungen begnügt, wie sie in der Denkschrift wiedergegeben werden, so ließe sich
der Staatsanwaltschaft nicht der Vorwurf ersparen, daß sie hier nicht
mit der genügenden Sorgfalt vorgegangen ist; denn offensichtlich dürfte
man sich bei der Aufklärung dieses Verbrechens nicht mit der Aussage der Zeugin Thoms beruhigen, sondern es wäre nunmehr Glassinski darüber zu vernehmen gewesen, ob er tatsächlich diese Mitteilung dem Markus gemacht hatte. Hätte Glassinski dies in Abrede
gestellt, so wäre damit der Verdacht gegen Markus bestätigt worden,
und es hätte nunmehr die Anklage gegen Markus erhoben werden
müssen.

Es entsteht also die Frage: Ist hier die Denkschrift vollständig? Wenn ja, so würde eine Nachlässigkeit seitens der Staatsanwaltschaft vorliegen, die Anlaß zu strafrechtlichem oder doch mindestens zu disziplinarischem Einschreiten gegen den schuldigen Beamten der Strafverfolgungsbehörde geben würde. Wenn nein, so würde dies sehr gegen die Denkschrift sprechen. Genau dieselben Fragen erheben sich hinsichtlich des Falles Musick. Auch hier entsteht der Zweifel. Entweder ist die Denkschrift mit einer verblüffenden Sorglosigkeit vorgegangen, oder aber die Denkschrift ist vollständig. Dann liegen so schwere Verfehlungen seitens der schuldigen Beamten der Strafverfolgungsbehörde vor, daß gegen diese, insbesondere aus § 346 StGB., zum mindesten aber im Disziplinarwege einzuschreiten wäre.

Nach der Darstellung bei Gumbel wurde Musick mit vier anderen Gefangenen beim Passieren der Schillingsbrücke angeschossen und ins Wasser geworfen. Gumbel nennt ausdrücklich den Oberleutnant Wecke, der den Transport geleitet hat, und er erwähnt die Aussage der Begleitmannschaft „die fünf schwimmen schon". Nun ist charakteristisch, daß die Denkschrift sich lediglich mit der Frage beschäftigt, warum gegen Markus nicht vorgegangen worden sei. Dagegen geht die Denkschrift in keiner Weise auf das Verhalten des Oberleutnant Wecke ein. Auch die Angaben Gumbels werden in keiner Weise bestritten. Sie werden sogar noch insofern bestätigt, als auch in der Denkschrift mitgeteilt wird, daß Musick bereits, als er aus der Wirtschaft in der Koppenstraße abgeholt wurde, schwer verwundet gewesen sei.

Es entsteht die Frage, warum man denn nicht gegen den Oberleutnant Wecke eine Strafverfolgung eingeleitet hat. Dies ist, wie man nach der Denkschrift annehmen muß, nicht geschehen, und zwar, obwohl die Straftat zur Kenntnis der Strafverfolgungsbehörde gelangte. In diesem Zusammenhang mag darauf hingewiesen werden, daß in Deutschland das Legalitätsprinzip besteht, indem ein Beamter der Staatsanwaltschaft, der trotz amtlicher Kenntnis von einer strafbaren Handlung nicht gegen den Täter einschreitet, sich eines Verbrechens gegen § 346 StGB. strafbar macht.

Was nun die Behandlung anbetrifft, die Musick in der Andreasschule erfuhr, so wäre auch hier dieses Verbrechen aller Wahrscheinlichkeit nach wohl aufzuklären gewesen, wenn man diese Aufklärung seitens der Behörde nur rechtzeitig mit der erforderlichen Energie betrieben hätte.

Im vorliegenden Falle versteht man nach der Denkschrift nicht, warum gegen Markus nicht öffentliche Anklage erhoben worden ist. Die Angaben der Denkschrift im Zusammenhang mit der Darstellung Gumbels erwecken den Verdacht, daß man trotz Vorliegens von Momenten, die bei gewöhnlichen Straftaten längst als ausreichend zur Erhebung einer Anklage angesehen werden, hier die Erhebung dieser Anklage unterlassen hat. Es steht fest, daß Markus es gewesen ist, der den schwer verwundeten Musick in die Andreasschule gebracht hat. Es steht weiter fest, daß Markus mit diesem Mann in der Andreasschule zu tun gehabt hat und daß Musick dann erschossen aufgefunden worden ist. Schließlich kommt in Betracht, daß Markus nach seinem erwiesenen Vorgehen in dem Falle Slovek eine Persönlichkeit ist, der man eine derartige Straftat ohne weiteres zutrauen könnte. Unter diesen Umständen lagen so viele gewichtige Verdachtsmomente vor, daß es die Pflicht der Staatsanwaltschaft war, die Aufklärung der Sache durch eine öffentliche Verhandlung zu versuchen. Zur Erhebung einer Anklage ist nicht der Beweis der Schuld des Angeklagten notwendig; denn dieser Beweis kann ja lediglich in der mündlichen Verhandlung geführt werden. Zur Erhebung der Anklage genügt vielmehr ein hinreichender Verdacht. Dieser Verdacht aber war vorhanden. Es wäre die Sache des erkennenden Gerichts gewesen, zu prüfen, ob die Angaben des Markus glaubhaft erscheinen.

Hierbei kommt insbesondere in Betracht, daß auch nach den Angaben der Denkschrift andere Personen, auf die sich der Verdacht richten könnte, anscheinend nicht vorhanden sind. Es war durchaus zu hoffen, daß durch eine öffentliche Verhandlung eine Aufklärung der Straftat nach dieser oder jener Richtung eintreten würde. Daß man im vorliegenden Falle die Erhebung der Anklage unterließ, muß daher stark befremden.

Hervorzuheben ist in diesem Zusammenhange noch, daß nach der Darstellung Gumbels Markus bei einem Gespräch unmittelbar nach der Tat sich mit dieser gerühmt habe. Auf diesen Punkt, der offensichtlich von größter Wichtigkeit ist, geht die Denkschrift überhaupt nicht ein.

Hinsichtlich des Falles Dale muß es befremdlich erscheinen, daß die Staatsanwaltschaft keine Anklage erhoben hat. Die Begründung, die die Denkschrift gibt, ist juristisch unhaltbar. Es kommt der Tatbestand des § 148 MStGB. in Betracht. Wenn jemand o h n e Grund in einer belebten Straße von der Schußwaffe Gebrauch macht, so muß er damit rechnen, daß er hierbei irgendeine Person des Publikums tödlich verletzt, und es kommt hierbei für die Bestrafung nicht darauf an, ob er gerade diese bestimmte Person gesehen hat oder sich alle Einzelheiten der Tötung vorgestellt hat.

§ 148 MStGB. lautet: „Wer durch unvorsichtige Behandlung von Waffen oder Munition einen Menschen körperlich verletzt, wird mit Freiheitsstrafe bis zu fünf Jahren, und wenn der Tod eines Menschen verursacht worden ist, mit Gefängnis oder Festungshaft bis zu fünf Jahren verurteilt."

Diese Strafbestimmung geht als Sondervorschrift der Bestimmung über fahrlässige Tötung in § 230 RStGB. vor. (Urteil des Reichsmilitärgerichts Bd. 2 S. 249, Bd. 9 S. 264.) Sie kann also in vorliegendem Falle allein in Betracht. Als solche unvorsichtige Behandlung von Waffen oder Munition gilt z. B. sogar das Wegstellen des geladenen Gewehrs. (Vergl. Kommentar von Romen-Rissom zum MStGB., 3. Auflage 1918 zu § 148. Erl. 4 a.) Ebenso mußte also ganz selbstverständlich Markus als haftbar für die Verletzung der Dale erscheinen, und zwar obwohl es sich bei der Kugel um einen Querschläger handelte und obwohl Markus die Dale nicht gesehen hatte. Entscheidend ist einzig und allein, daß Markus in einer belebten Gegend ohne Grund geschossen und damit das Publikum als Gesamtheit der Gefahr einer Verletzung ausgesetzt hat. Auch hier ist das Verhalten der Strafverfolgungsbehörde nicht zu billigen.

Die Erschießungen auf der Flucht

Fall Jogisches und Dorenbach. (Nr. 13.)
Fall Sült. (Nr. 26.)
Fall Paasche. (Nr. 24.)
Fall der 14 Arbeiter von Bad Thal. (Nr. 21.)
Vergl. ferner zahlreiche der im Buche S. 59 ff. unter „Morde im Ruhrgebiet" behandelten Fälle, auf die sich die Denkschrift nicht bezieht.

Es erscheint angebracht, bei der außerordentlichen Bedeutung, die die „Erschießungen auf der Flucht" bei den politischen Mordtaten gewonnen haben, diese Rechtsmaterie unter Berücksichtigung einer Anzahl charakteristischer Fälle im Zusammenhang zu behandeln.

Insbesondere sind die Entscheidungen in den Fällen Jogisches und Dorenbach kennzeichnend dafür, in wie befremdlicher Weise diese Rechtfertigungsgründe von den Strafverfolgungsbehörden mißbraucht worden sind, um Strafverfahren einzustellen, bei denen der schwerste Verdacht eines Kapitalverbrechens vorlag, ohne daß man den Tatbestand geprüft hätte.

Unterstellt man die Darstellung der Denkschrift in den Fällen Jogisches und Dorenbach als richtig, so stellt sich diese geradezu als eine furchtbare Anklage gegen die Strafverfolgungsbehörde dar, und es erscheint das Vorgehen der Behörde als ein Verhalten, wie es mit dem Ansehen eines Rechtsstaates durchaus unvereinbar ist.

Jogisches ist von seinen beiden Begleitern, dem Feldpolizeibeamten Grahn und dem Kriminalwachtmeister Tamschik, erschossen worden. Diese gaben zur Aufklärung ihres Verhaltens an, daß Jogisches bei der Überführung vom Kriminalgericht nach dem Untersuchungsgefängnis einen Fluchtversuch gemacht hätte. Das Strafverfahren ist von der Staatsanwaltschaft eingestellt worden, und zwar lediglich mit der Begründung, daß sich die Angaben der Angeschuldigten, „da andere Tatzeugen fehlten" nicht widerlegen lassen. Diese Begründung für die Einstellung eines Strafverfahrens in einer derartigen Sache muß vom juristischen Standpunkte geradezu den Eindruck der Frivolität machen, denn sie läßt in keiner Weise erkennen, daß die Strafverfolgungsbehörde irgendwie ernstlich bemüht gewesen wäre, den Tatbestand aufzuklären. Dies ist bei einem derartigen Kapitalverbrechen geeignet, den Verdacht zu erwecken, als ob man geradezu Interesse daran genommen hätte, den Tatbestand n i c h t aufzuklären. Es ist offensichtlich, daß, auch wenn andere Tatzeugen fehlten, die Strafverfolgungsbehörde die Möglichkeit gehabt hätte, eine nähere Aufklärung des Tatbestandes zu versuchen. Hierzu wäre vor allem die Sektion der Leiche erforderlich gewesen. Es hätte insbesondere festgestellt werden müssen, welcher Art die Verletzungen gewesen sind, denen Jogisches erlegen ist. Die Verletzungen lassen nämlich vielfach Rückschlüsse darauf zu, ob die Angabe, daß die Abgabe der Schüsse lediglich zum Zwecke der Verhinderung der Flucht erfolgt sei, glaubhaft ist oder nicht.

Daß bei einem Falle, wie bei dem vorliegenden die Strafverfolgungsbehörde zu einer Sektion verpflichtet ist, daß sie verpflichtet ist, alle Nachforschungen anzustellen, um die Art der Verletzungen zu ermitteln, kann keinem Zweifel unterliegen. Tatsächlich haben ja solche Sektionen auch in anderen Fällen stattgefunden. (Vergl. Fall Sült.) Ein Strafverfolgungsbeamter, der mit der Untersuchung eines derartigen Falles betraut ist und der die Vornahme einer Sektion absichtlich unterläßt, kann unter Umständen des Verbrechens des § 346 StGB. dringend verdächtig erscheinen; denn eine derartige ungewöhnliche Unterlassung wird im allgemeinen nur dadurch erklärlich sein, daß der Verfolgungsbeamte absichtlich die Tat nicht aufklären wollte und lediglich nach Entschuldigungsgründen suchte, um eine Bestrafung der Täter zu verhindern.

Es wäre also sehr wohl möglich gewesen, daß eine Sektion der Leiche ohne weiteres zu der Überzeugung geführt hätte, daß die Angaben der Angeschuldigten unwahr sind.

Ganz abgesehen davon reichte aber auch der Tatbestand, wie ihn die Denkschrift angibt, dazu aus, um eine Anklage zu erheben, und in keinem Rechtsstaate könnte bei einem derartigen Tatbestande das Verfahren einfach eingestellt werden.

Zur Eröffnung eines Strafverfahrens ist nicht notwendig der Beweis einer strafbaren Handlung, sondern es genügt der hinreichende Verdacht (vergl. oben). Darüber, ob der Beweis gegeben ist, hat dann nicht die abhängige Staatsanwaltschaft, sondern es hat das Gericht als unabhängige mit besonderen Rechtsgarantien ausgestattete Behörde auf Grund des Eindrucks der mündlichen Verhandlung zu entscheiden.

Für jeden, der an den Tatbestand der Denkschrift vom Standpunkte des rechtlich denkenden Menschen herantritt, kann es nun keinem Zweifel unterliegen, daß in einem Falle, wie dem vorliegenden, die Aufklärung des Sachverhaltes in der öffentlichen Verhandlung ver-

sucht werden muß, und daß die Staatsanwaltschaft pflichtwidrig handelt, wenn sie in einem derartigen Falle die Entscheidung dem ordentlichen Gerichte entzieht und von sich aus das Strafverfahren einstellt.
Es ist offensichtlich, daß im Falle Jogisches der schwerste Verdacht gegen die beiden Kriminalbeamten vorliegt, daß sie sich einer
strafbaren Handlung schuldig gemacht haben und daß die Angaben der
Kriminalbeamten in keiner Weise ausreichen, um diesen Verdacht zu
entkräften. Es ist richtig, daß die Kriminalbeamten berechtigt waren,
im Notfalle einen Fluchtversuch des Gefangenen auch mit der Waffe
zu verhindern. Maßgebend für dieses Recht des Militärs zum Waffengebrauch ist die Dienstvorschrift für das preußische Heer in der neuen
Fassung vom 19. März 1914, die wieder auf das preußische Gesetz vom
20. März 1837 zurückgeht. Ich gebe die Ziffer 1 dieser Verordnung
mit Ausnahme des hier belanglosen Absatzes b hier wörtlich wieder.
„1. Dem zur Aufrechterhaltung der öffentlichen Ordnung, Ruhe und
Sicherheit auftretenden Militär ist auf Wachen und Posten, bei Patrouillen, Transporten und allen anderen Kommandos der Gebrauch
der Waffen aus eigenem Recht zu jeder Zeit gestattet:
a) wenn es bei einer dieser Dienstleistungen angegriffen oder mit
einem Angriffe gefährlich bedroht wird, oder durch Tätlichkeit oder
gefährliche Drohung Widerstand findet, um den Angriff abzuwehren
und den Widerstand zu überwältigen;
c) wenn bei förmlichen Verhaftungen sowie bei vorläufigen Er-
greifungen und Festnahmen der bereits Verhaftete oder ein dem
Militär zur Abführung oder Bewachung anvertrauter Gefangener ent-
springt oder auch nur einen Versuch dazu macht.
(Als verhaftet gilt eine Person erst dann, wenn derselben unter
Handauflegen oder Berühren mit der Waffe ausdrücklich eröffnet ist,
daß sie verhaftet sei. Der bloße Haltruf oder der Zuruf „Sie sind
arretiert oder verhaftet" und dergleichen genügt nicht. Auch ist dem
Verhafteten sofort zu erklären, daß bei Fluchtversuch von der Waffe
Gebrauch gemacht werden würde.)
d) Zum Schutze der seiner Bewachung anvertrauten Personen
oder Sachen.
2. In den vorstehenden vier Fällen ist der Waffengebrauch
weder von einer Anforderung der Zivilbehörde abhängig, noch ist
erforderlich, daß dem Gebrauch der Waffen eine Androhung desselben
vorangehen muß. Selbst einzelne Posten können in diesen Fällen
zum Waffengebrauch schreiten.
3. Das Militär hat von seinen Waffen nur insoweit Gebrauch
zu machen, als es zur Erreichung der vorstehend angegebenen Zwecke
erforderlich ist. Der Gebrauch der Schußwaffe tritt nur dann ein, wenn
entweder ein besonderer Befehl dazu erteilt worden ist, oder wenn die
anderen Waffen unzureichend erscheinen. Der Zeitpunkt, wann der
Waffengebrauch eintreten soll, und die Art und Weise seiner Anwen-

dung, muß von dem handelnden Militär jedesmal selbst unter Berücksichtigung der vorliegenden Verhältnisse erwogen werden.

4. Niemals kann der Soldat eine Entschuldigung für die Nichterfüllung seiner Pflicht finden, wenn er nicht in den oben bezeichneten Fällen zur Erreichung der dort angegebenen Zwecke den gesetzlich bestimmten Gebrauch von seinen Waffen rechtzeitig und vollständig gemacht hat."

Diese Bestimmungen gehen zurück auf das preußische Gesetz vom 20. März 1837, denen sie im wesentlichen wörtlich entnommen sind. Die Schußwaffe kann zur Verhinderung eines Fluchtversuches Anwendung finden, aber nur, wenn andere Waffen unzureichend erscheinen. Des weiteren ist zu bedenken, daß dem Rechte zum Waffengebrauch bei dem Soldaten regelmäßig da, wo die Voraussetzungen hierfür vorhanden sind, eine Pflicht zu diesem entspricht. Ein Soldat, der einen Gefangenen entweichen läßt, weil er schuldhaft von seiner Waffe keinen Gebrauch macht, macht sich strafbar. In Betracht kommen §§ 144 und 141 MStGB. Alles dies muß man bei Würdigung der „Erschießungen auf der Flucht" zugunsten der Täter bedenken. Hinzu kommt der bekannte, in der Einleitung zur Felddienstordnung ausgesprochene Grundsatz, daß „vor allem entschlossenes Handeln für die vorliegenden Zwecke zu erfordern ist, und daß Unterlassen und Versäumnis den Soldaten regelmäßig mehr belasten, als ein Fehlgreifen in der Wahl der Mittel". Vergl. auch Romen-Rissom: Waffengebrauch und Festnahmerecht des Militärs, 1914. Erl. zu Ziff. 1 Abs. 4 Note 2.

Aber auch wenn man alle diese Gesichtspunkte in Betracht zieht, so wird dadurch das Verhalten der Strafverfolgungsbehörden in den hier bezeichneten Fällen keineswegs gerechtfertigt. Gerade der Umstand, daß das Recht des Militärs zum Waffengebrauch in Preußen in der jetzt geltenden Regelung bis auf das Jahr 1837 zurückgeht, und daß sich bis zum Jahre 1919, also volle 80 Jahre lang, keinerlei Mißstände hieraus ergeben haben, gibt zu denken. In diesen 80 Jahren haben die preußischen Gendarmen die gefährlichsten Verbrecher zu transportieren gehabt, und man hat nie davon gehört, daß eine Erschießung auf der Flucht vorgekommen wäre. Und jetzt plötzlich in den nachrevolutionären Jahren folgt eine derartige Erschießung nach der anderen, und diese Erschießungen kommen vor nicht bei Verbrechern, sondern bei politischen Gefangenen, also bei Personen, die eine besonders schwere Bestrafung vielfach gar nicht zu erwarten hatten, Personen, bei denen gar nicht anzunehmen ist, daß sie sich einer Verantwortung für ihre Taten entziehen wollten, endlich bei Journalisten, die doch ihrer ganzen Tätigkeit nach es viel weniger als irgendein gemeiner Verbrecher im allgemeinen auf einen physischen Kampf ankommen lassen werden.

Wenn nun in den 80 Jahren das Gesetz von 1837 keinerlei Anlaß zu besonderen Beanstandungen bot, so erklärt sich dies daraus, daß es keineswegs die Absicht des Gesetzes ist, irgendeine Brutalität des Militärs gegen einen wehrlosen Gefangenen zu dulden. Dem entspricht Ziff. 1 Abs. 3 der Verordnung von 1914, die wörtlich dem § 7 des Gesetzes von 1837 entnommen ist, und wo es heißt: „Das Militär hat von seinen Waffen nur insoweit Gebrauch zu machen, als es zur Erreichung der vorstehend angegebenen Zwecke erforderlich ist. Der Gebrauch der Schußwaffe tritt nur dann ein, wenn entweder ein besonderer Befehl dazu erteilt worden ist, oder wenn die anderen Waffen unzureichend erscheinen." Hieraus ergibt sich, daß es allerdings selbst zuzeiten der absoluten Monarchie wohl undenkbar gewesen wäre, daß ein Soldat, der einen wehrlosen Gefangenen niedergemacht hätte, sich einfach damit rechtfertigen konnte, er habe lediglich gemäß § 4 des Gesetzes von 1837 einen Fluchtversuch verhindern wollen.

In jener Zeit würde man wohl untersucht haben, ob diese Entschuldigung nach den Gesamtumständen des Falles glaubhaft erschien, und man würde weiter untersucht haben, ob ein bewaffneter Soldat den Fluchtversuch eines wehrlosen Gefangenen nicht anders vereiteln kann, als dadurch, daß er ihn niedermetzelt.

Wie wenig selbst dem alten preußischen Rechte die Duldung von Brutalitäten gegenüber Gefangenen entsprach, geht aus der Preußischen Instruktion vom 8. August 1850 hervor, die zur Ergänzung des Gesetzes von 1837 ergangen ist, und die noch jetzt geltendes Recht darstellt. Dort ist bestimmt:

§ 12.

Die Wache muß sich bei der Verhaftung, vorläufigen Ergreifung und Festnahme einer Person alles unnötigen Redens, sowie aller wörtlichen und tätlichen Beleidigungen ganz enthalten.

§ 13.

Sobald die Ergreifung oder Verhaftung erfolgt ist, steht der Festgenommene unter dem Schutze der Wache . . . Die Wachen müssen darauf bedacht sein, daß sowohl die Verhaftung, als die vorläufige Ergreifung und Festnahme einer Person mit Rücksicht auf die obwaltenden Verhältnisse auf die möglichst schonende Weise erfolge.

Wenn also in den nachrevolutionären Jahren das Recht des Militärs zum Waffengebrauch dazu mißbraucht wurde, daß eine Reihe von politischen Gefangenen niedergemetzelt wurden, ohne daß hierfür eine gerichtliche Sühne erfolgte, so liegt dies nicht an der bestehenden Gesetzgebung, sondern es liegt an den Strafverfolgungsbehörden, die unter schwerster Verletzung ihrer Pflichten ein Einschreiten gegen derartige Verbrechen unterließen. Dieses Verhalten widersprach durchaus den Traditionen der preußischen Behörden und in gleicher Weise der militärischen Auffassung, wie sie im a l t e n Preußen Geltung hatte.

Charakteristisch in dieser Hinsicht ist das bekannte von Kriegsgerichtsrat Dietz herausgegebene „Handwörterbuch des Militärrechts", 1912.
In diesem schreibt Kriegsgerichtsrat Grutzmacher: „Selbstverständlich hat er (der Soldat) mit der Vorsicht und Umsicht eines
besonnenen Mannes zu verfahren." „Das unentbehrliche Gegengewicht gegen das große Maß der ihnen zugeteilten Gewalt ist
die geschärfte Verantwortlichkeit der bewaffneten Staatsorgane für
jeden Mißbrauch. Je nachdem dieser den Tatbestand einer Nötigung,
Bedrohung, Körperverletzung, Tötung oder einen Mißbrauch der Dienstgewalt darstellt, wird er nach den betreffenden Bestimmungen des
Reichsstrafgesetzbuches und Militärstrafgesetzbuches bestraft . . .
Außerdem ist im § 144 MStGB. ein besonderes Delikt des rechtswidrigen Waffengebrauchs und der Aufforderung eines Untergebenen
dazu eingeführt."

Man war sich auch seitens der berufenen juristischen Vertreter des
Militärrechtes durchaus darüber im klaren, daß es die Pflicht der Behörden eines Rechtsstaates ist, die Gefangenen gegen jeden Mißbrauch
der Waffe durch das Militär zu schützen, und daß nur durch eine
sorgsame Untersuchung derjenigen Fälle, in denen ein solcher Mißbrauch in Frage steht, die elementaren Interessen sowohl des Publikums, wie auch der militärischen Disziplin gewahrt werden.

Hiergegen ist nun von der Strafverfolgungsbehörde in den nachrevolutionären Jahren offensichtlich in der schwersten Weise gefehlt
worden. In ganz besonders krasser Weise beweist dies der Fall Jogisches. Die Erklärung der beiden Kriminalbeamten, daß Jogisches
zur Verhinderung eines Fluchtversuches erschossen wurde, wird nach
der Denkschrift „da andere Tatzeugen fehlen" als genügende Entschuldigung angesehen. Schon der Umstand, daß hiervon nichts berichtet wird, deutet darauf hin, daß die Untersuchung nicht der Rechts-
verfolgung sondern der Rechtsvereitelung dient.

Hinzu kommt aber noch, daß die Erklärung, Jogisches sei bei
einem Fluchtversuch erschossen worden, völlig unzureichend ist. Jogisches ist von zwei Kriminalbeamten transportiert worden; der Transport fand statt vom Berliner Kriminalgericht zum Untersuchungsgefängnis, also innerhalb eines geschlossenen Gebäudes. Unter diesen
Umständen würde aber selbst, wenn man die Behauptung der Kriminalbeamten, Jogisches hätte einen Fluchtversuch gemacht, als wahr unter-
stellen wollte, hierdurch die Erschießung des Jogisches noch nicht
gerechtfertigt erscheinen, und die Einstellung des Strafverfahrens wäre
selbst dann noch zu mißbilligen. Denn es bliebe selbst dann noch zu
erwägen, ob nicht die Kriminalbeamten über das ihnen zustehende
Maß des Waffengebrauchs hinausgegangen sind, ob nicht insofern
mindestens eine Fahrlässigkeit begangen und dadurch eine Bestrafung
verwirkt worden ist. Hier kommt der oben wiedergegebene Absatz 3

der Ziffer 1 der Verordnung in Betracht, wonach das Militär „von seinen Waffen nur insoweit Gebrauch zu machen hat, als es zur Erreichung der vorstehend angegebenen Zwecke erforderlich ist."

Es ist charakteristisch für die Leichtfertigkeit, mit der — wenn man den Angaben der Denkschrift folgt — die Einstellung des Strafverfahrens in den Fällen Jogisches und Dorenbach erfolgte, daß es an jeder Bezugnahme auf diese Gesetzesbestimmung fehlt. Im Hinblick auf diese hätte es aber vom Standpunkte einer ordnungsmäßigen Rechtspflege einer eingehenden Untersuchung jener Fälle selbst dann bedurft, wenn man die Angaben, daß die Erschießung gelegentlich eines Fluchtversuches erfolgte, als wahr hinnehmen wollte.

Mit Rücksicht auf Absatz 3 der Ziffer 1 darf der Waffengebrauch bei Fluchtversuchen nur soweit gehen, als er erforderlich ist, um das Entspringen des Gefangenen zu verhindern. Der bloße Umstand, daß ein Gefangener einen Fluchtversuch macht, berechtigt die Wache nicht, ohne weiteres, den Gefangenen nun schleunigst mittels Erschießens vom Leben zum Tode zu bringen, sondern es darf und soll die Waffe nur soweit gebraucht werden, als es nötig ist, die Flucht zu verhüten. In dem Augenblick, wo dieses gelungen ist, muß der Waffengebrauch eingestellt werden. Soweit es sich um Fluchtversuche handelt, die angeblich auf offener Straße, vielleicht sogar in Waldesnähe oder in der Dunkelheit begangen sein sollen, ist es verständlich, wenn die Strafverfolgungsbehörden auf diese Einschränkung des Waffengebrauches kein Gewicht legten und daß sie, sofern sie überhaupt einen Fluchtversuch annahmen, hieraus ohne weiteres die Schlußfolgerung zogen, die Wache sei mit Rücksicht auf die Gefährlichkeit des Fluchtversuches berechtigt gewesen, von der Schußwaffe Gebrauch zu machen.

Ganz anders aber liegt der Sachverhalt, wenn, wie in den Fällen Jogisches, Dorenbach, Sült die Erschießung im geschlossenen Gebäude erfolgte. Hier ist allerdings mit allem Ernst zu fragen, ob, selbst wenn ein Fluchtversuch vorgekommen ist, es denn erforderlich war, von der Schußwaffe Gebrauch zu machen, auf die Gefahr hin, daß hierdurch eine Tötung des Gefangenen herbeigeführt würde. Ganz kraß liegt in dieser Hinsicht der Fall Jogisches. Die beiden Kriminalbeamten haben den Jogisches vom Berliner Kriminalgericht zum Untersuchungsgefängnis, also innerhalb eines geschlossenen Gebäudes, geführt. Selbst wenn Jogisches einen Fluchtversuch unternommen hätte, so hätten sie versuchen müssen, diesen Fluchtversuch ohne Gebrauch der Schußwaffe zu vereiteln, und dies wäre ihnen nach aller Lebenserfahrung auch gelungen. Der sofortige Gebrauch der Schußwaffe und die mittels dieser vorgenommenen Tötung des Jogisches würde also, selbst wenn man die Angaben der Kriminalbeamten als wahr unterstellt, zum mindesten eine fahrlässige Überschreitung der Befugnisse darstellen oder doch jedenfalls den dringenden Verdacht dieser Fahrlässigkeit hervorrufen, so daß schon aus diesem Grunde die Eröffnung des Hauptverfahrens

unbedingt geboten war. Die von der Denkschrift angegebene Begründung vermag also auch insofern die Einstellung des Verfahrens keineswegs zu rechtfertigen.

Im übrigen zeigen aber auch diese Erwägungen, wie unglaubhaft
die ganze Entschuldigung ist, daß Jogisches überhaupt zur Verhinderung
eines Fluchtversuches erschossen worden sei. Diese Erklärung ist so
befremdlich, daß unter den gegebenen Umständen in jedem zivilisierten
Rechtsstaate die Anklage wegen Mordes erhoben worden wäre, und daß
sich die Unterlassung der Strafverfolgung aus Rechtsgründen offensichtlich nicht motivieren läßt. Selbst bei gewöhnlichen Verbrechern, die eine hohe Strafe zu erwarten haben, kommt es
nur ganz vereinzelt vor, daß ein Gefangener im Polizeipräsidium
seinem Transporteur zu entfliehen sucht, eben weil ein solcher Fluchtversuch offensichtlich aussichtslos ist. Dazu kommt, daß jeder Gefangene weiß, in welche Gefahr er sich durch einen Fluchtversuch
begeben würde. Denn der Gefangene ist alsbald bei seiner Verhaftung
darauf hinzuweisen, daß das Militär befugt ist, einen Fluchtversuch
mit der Waffe zu verhindern.

Ganz unglaubhaft ist es nun, daß trotz solcher Warnungen ein
Mann wie Jogisches einen derartig törichten und für ihn gefähr-
lichen Fluchtversuch gemacht habe. Daß revolutionäre Führer durch
„Erschießungen auf der Flucht" beseitigt würden, war schon in jener
Zeit allgemein bekannt.

Jogisches wußte also ganz genau, daß er durch einen Fluchtversuch
feindlich gesinnten Kriminalbeamten nur eine willkommene Gelegenheit
bieten würde, ihn zu beseitigen. Schließlich kommt noch in Betracht,
daß Jogisches gar kein Interesse daran hatte, sich einer Strafverfolgung
durch Flucht zu entziehen. Ein Hochverratsprozeß konnte ihm nur
erwünschte Gelegenheit bieten, die eigenen Ideen zu propagieren und
in der Arbeiterschaft populär zu machen. Wenn Jogisches diese Gelegenheit nicht geboten worden ist, so sprechen alle Umstände dafür,
daß der Grund hierfür nicht in einer Flucht, sondern lediglich in einer
„Erschießung auf der Flucht" gegeben ist. Darin, daß man diesen
offensichtlichen Verdacht nicht aufgeklärt hat, liegt eine schwere Verfehlung der Strafverfolgungsbehörde. Dies wird auch derjenige anerkennen, der die von Jogisches vertretene politische Richtung bekämpft.

Bemerkt sei schließlich noch, daß Gumbel die am 10. März 1919
erfolgte Erschießung des Jogisches auf Grund eines Berichtes der
„Vossischen Zeitung" vom 11. März 1919 schildert. Danach griff
Jogisches den Soldaten an und wurde von ihm auf der Stelle niedergeschossen. Nach den Angaben der Denkschrift ist Jogisches erschossen
worden, weil er einen Fluchtversuch gemacht habe. Dies ist offensichtlich gerade das Gegenteil von einem Angriffe. Es ist charakteristisch,
daß die Denkschrift auf jenen Bericht der „Vossischen Zeitung"
mit keinem Worte eingeht. Es entsteht also der Verdacht, daß die

Erschießung zunächst mit einem Angriffe und erst später mit einem Fluchtversuche seitens der beteiligten Personen gerechtfertigt worden ist. Ein derartiger Widerspruch würde aber den Wert und die Glaubhaftigkeit jener Rechtfertigungsgründe in ein zweifelhaftes Licht stellen.

Der Fall Dorenbach (Nr. 13)

Nicht so kraß, wie der Fall Jogisches, liegt der Fall Dorenbach. Dorenbach ist nicht durch zwei, sondern nur durch einen Kriminalbeamten transportiert worden, so daß ein Fluchtversuch nicht so offensichtlich unsinnig gewesen wäre. Zudem war Dorenbach Offizier, also eine Persönlichkeit, bei der man immerhin eher als bei einem Manne der Feder zu glauben vermag, daß sie es auch auf eine physische Kraft- und Gewandtheitsprobe mit dem Kriminalbeamten ankommen lassen konnte, und endlich war Dorenbach nicht wie Jogisches ein ausgesprochener politischer Parteiführer, bei dem seiner ganzen Einstellung nach die Flucht vor der Verantwortung in einem politischen Prozesse, zumal in der damaligen Zeit, schon an sich unverständlich gewesen wäre. Dazu kommt, daß nach der Denkschrift die Angabe des Kriminalwachtmeisters, wonach Dorenbach geflohen sei, von drei unbeteiligten Zeugen bestätigt worden sei.

Trotzdem kann keine Rede davon sein, daß die Angaben der Denkschrift ausreichen würden, um das Verhalten der Staatsanwaltschaft bei dem Landgericht I, die das Verfahren in der Strafsache 67 J. 885/19 eingestellt hat, zu rechtfertigen. Vor allem erweckt es das größte Befremden, daß die Denkschrift die Namen der Augenzeugen verschweigt. Dies erscheint umso auffälliger, als sonst grundsätzlich in der Denkschrift die Namen der wesentlichen Personen angegeben werden. Gerade die Angabe des Namens dieses Anwaltes hätte ja aber ganz besonders wirksam sein müssen. Dann hätten diejenigen Kreise, die vielleicht den Angaben der Staatsanwaltschaft mit einer gewissen Skepsis gegenüberstehen, die Möglichkeit gehabt, sich durch ihre Juristen an jenen Anwalt mit der Bitte um eine private Auskunft zu wenden.

Zusammenfassend muß gesagt werden, daß, auch wenn man von den Angaben der Denkschrift ausgeht, das Verhalten der Staatsanwaltschaft schärfste Kritik herausfordert. Auch hier bleibt die ungeheuerliche Tatsache bestehen, daß — sofern man die Angaben der Denkschrift als vollständig ansieht — keine Sektion der Leiche vorgenommen worden ist. Die Angabe der Denkschrift, daß Dorenbach einen Fluchtversuch unternommen hat, kann für den Juristen in keiner Weise genügen, um die Tötung zu rechtfertigen. Selbst wenn ein Fluchtversuch vorgenommen worden ist, würde erst eine Prüfung der Einzelheiten dartun, ob durch diesen die Erschießung entschuldigt wird.

Zu alledem kommt hinzu, daß eine genaue Untersuchung des Falles um so dringender geboten gewesen wäre, als Dorenbach nach der unwidersprochenen Angabe des Buches vor seinem Tode seinem Verteidiger gegenüber bestritten hat, daß er geflohen sei.

Schließlich ist in Betracht zu ziehen, daß die Tötung von demselben Kriminalwachtmeister vorgenommen worden ist, der auch den Jogisches unter verdächtigen Umständen erschossen hat, und demgegenüber also besonderes Mißtrauen geboten war. Es ist ja schon an sich eine merkwürdige Tatsache, daß man nach einem derartigen höchst bedenklichen Ereignisse, wie der Erschießung des Jogisches, den Kriminalwachtmeister nicht sofort vom Dienste suspendierte, ja ihn sogar noch weiter mit dem Transport von Verhafteten betraute. Nachdem nun aber eine zweite derartige Erschießung vorgefallen war, wäre es doch nunmehr offensichtlich um so mehr die Pflicht der Staatsanwaltschaft gewesen, beiden Taten aufs sorgsamste nachzugehen und alles zu tun, um eine Aufklärung herbeizuführen. Wenn dies nicht geschah, wenn man es sogar unterließ, eine Sektion der Leiche vorzunehmen, so ist dies ein Verhalten, welches jedem elementaren Rechtsempfinden aufs gröblichste zuwiderläuft.

Daß Tamschik nach der unwidersprochenen Angabe des Buches später sogar noch zum Leutnant der Sicherheitspolizei befördert wurde, ist ein starkes Stück, fällt aber nicht den Justizbehörden zur Last, um die es sich an dieser Stelle handelt.

Der Fall Sült

Während bei den Fällen Jogisches und Dorenbach die Angaben der Denkschrift die Handlungsweise der Justizbehörden in keiner Weise entschuldigen können, ist im Falle Sült die von der Denkschrift mitgeteilte Entscheidung der Strafkammer des Landgerichts I wenigstens verständlich.

Vor allem kommt hier gerade der Umstand in Fortfall, der das Verhalten der Justizbehörden in den beiden andern Fällen so anstößig erscheinen läßt, nämlich die Unterlassung der Sektion der Leiche. Die Sektion hat hier stattgefunden, und ihr Ergebnis wird von der Strafkammer zugunsten des Angeschuldigten verwendet.

Für unzutreffend erachte ich freilich auch im vorliegenden Falle die Entscheidung: „Nach dem gesamten Ergebnis der Ermittelungen ist die Angabe des Angeschuldigten, er habe auf Sült geschossen, weil er geflohen sei, glaubhaft, jedenfalls aber nicht widerlegt."

Zur Unterstützung für diese These beruft sich der Beschluß der Strafkammer auf den Sektionsbefund, auf die Aussage des Dr. Bramer, auf die Aussage des Cohn.

Hierzu ist zu bemerken:

1. Der Sektionsbefund bestätigt, daß der Schuß von hinten in größerer Entfernung abgegeben worden ist.

Durch den Befund wird aber die Behauptung des Fluchtversuches nicht erwiesen, weil sich das Ergebnis auch mit der Angabe des Sült vereinbaren läßt, wonach der Kriminalbeamte zurückgeblieben sei, ihn die Treppe habe hinaufgehen lassen, und dann, als die Entfernung zwischen ihnen 4 bis 5 Meter betragen habe, plötzlich geschossen habe. Durch die voreilige Sektion war die Möglichkeit einer weiteren Aufklärung beseitigt.

Auf diese äußerst wichtigen Umstände geht der Beschluß der Strafkammer mit keinem Worte ein, und auch in der Denkschrift fehlt jede Aufklärung hinsichtlich dieser Angaben. Hier sind Lücken in den Ermittelungen vorhanden, die weitere Nachforschungen im staatlichen Interesse erforderlich machen.

Solche Nachforschungen sind aber um so dringender geboten, als Gumbel noch weitere neue Tatsachen dafür mitteilt, daß sich die beteiligten Polizeibeamten einer strafbaren Mißhandlung schuldig gemacht haben, als Sült bereits verwundet am Boden lag.

Es leuchtet ohne weiteres ein, daß die hier den Polizeibeamten zur Last gelegten strafbaren Handlungen in keiner Weise durch den mitgeteilten Beschluß der Strafkammer vom 18. Februar 1922 mit umfaßt werden. Darin, daß man den schwerverwundeten Sült lange Zeit ohne ärztliche Hilfe ließ, liegt unter allen Umständen eine schwere strafbare Handlung der hierfür verantwortlichen Polizeibeamten. Ganz abgesehen also, ob der Beschluß der Strafkammer bei dem damaligen Stande der Ermittelungen zutreffend oder unzutreffend war, erscheint schon im Hinblick auf § 210 StPO. eine Neuaufnahme der Ermittelungen deshalb geboten, weil durch das Buch Tatsachen dafür angegeben werden, daß nach dem Schusse eine strafbare Handlung (Tötung durch pflichtwidrige Unterlassung) von den beteiligten Polizeibeamten begangen worden ist.

2. Aber auch hinsichtlich der Vorgänge, die zu dem Schusse auf Sült führten, vermag der angeführte Beschluß nicht zu überzeugen. Wir sagten bereits, daß aus dem Sektionsbefund jedenfalls nichts Entscheidendes zugunsten des Kriminalbeamten gefolgert werden kann.

Die Aussage des Dr. Bramer, auf die sich der Beschluß weiter beruft, konnte nicht wesentlich zugunsten des Kriminalbeamten ins Gewicht fallen. Die Bekundung des Bramer läßt sich sehr wohl mit den Angaben des Sült vereinigen, wonach der Kriminalbeamte ihn absichtlich vorgehen ließ, um ihn dann von hinten zu erschießen. Der Beschluß meint zwar: „Ein begründeter Verdacht, der Angeschuldigte habe durch lautes Haltrufen einen Fluchtversuch des Sült vortäuschen wollen, besteht nicht." Aber dieser Verdacht ist eben gerade nach den eignen Angaben des Sült gegeben, und die Aussage des Bramer vermag ihn jedenfalls nicht zu widerlegen.

Es bleibt demnach lediglich die Bekundung des Malers Cohn; diese bestätigt in der Tat die Angaben der angeschuldigten Kriminalbeamten; es erscheint aber anfechtbar, daß das Gericht lediglich auf Grund der Aussage dieses einen Zeugen das Verfahren einstellte. Zum mindesten hätte in diesem Falle der Zeuge beeidigt werden müssen, was nach den Angaben der Denkschrift anscheinend nicht geschehen ist.

Im übrigen ist aber folgendes zu bedenken: die Erschießung einer verhafteten Person im Polizeipräsidium ist ein Vorfall, der geeignet ist, das Rechtsvertrauen des Publikums in schwerster Weise zu erschüttern. Daß ein Verhafteter im Polizeipräsidium selbst einen derartigen Fluchtversuch vornehmen könnte, daß die Erschießung gerechtfertigt würde, erscheint an sich in hohem Grade unglaubhaft. Dazu kam, daß Sült irgendeine besonders erhebliche Strafe keineswegs zu erwarten hatte, so daß auch aus diesem Grunde die Annahme, er sei geflohen, äußerst unwahrscheinlich erscheint.

Dazu kommen die Angaben, die Sült noch vor seinem Tode gemacht hat. So stellen sie jedenfalls eine außerordentlich schwere Belastung des Kriminalbeamten dar, und schon mit Rücksicht auf sie war die Aufklärung in einer öffentlichen Verhandlung geboten. Es ist zunächst nicht anzunehmen, daß jemand, der schwerverletzt am Boden liegt, noch den Willen haben würde, ein Märchen zu ersinnen. Gewiß konnte er von Haß gegen den Kriminalbeamten, der ihn so schwer verwundet hatte, erfüllt sein. Aber es entspricht der menschlichen Erfahrung, daß in einem solchen Falle der Verletzte seinen Haß nicht dadurch zum Ausdruck bringt, daß er kaltblütig ein Lügengespinst ersinnt, sondern vielmehr dadurch, daß er ganz ohne Rücksicht auf die Veranlassung zu der Bluttat durch Vorwürfe oder auch Schimpfworte dem Täter seinen Haß bekundet.

Alles dieses sind freilich nur Indizien, und wenn der Zeuge Cohn in der Hauptverhandlung unter seinem Eide die Angaben des Kriminalbeamten bestätigt hätte, so hätte dieser in der Tat freigesprochen werden müssen. Aber auf diese Hauptverhandlung mußte es das Gericht ankommen lassen. Es bedeutet einen schweren Verstoß gegen die Bestimmungen der Strafprozeßordnung, daß man bei diesem Gesamttatbestande die Eröffnung des Hauptverfahrens vermied und die Sache im nicht öffentlichen Vorverfahren gewissermaßen aus der Welt schaffte.

Hinzu kommt folgende Erwägung: nehme man einmal an, es würde tatsächlich durch einen Polizeibeamten ein derartiges Verbrechen begangen werden, so ist ohne weiteres zu befürchten, daß dieser Beamte auch in der Lage ist, Zeugen im Vorverfahren zu beeinflussen. Aus diesem Grunde kann naturgemäß eine befriedigende Aufklärung in einem solchen Falle nur in öffentlicher Verhandlung erfolgen.

Mit alledem will ich natürlich nicht sagen, daß ich den Kriminalbeamten für überführt und die Aussage des Zeugen Cohn für unwahr halte. Ich sage lediglich, daß bei streng wissenschaftlicher Prüfung die Aussage des Cohn nicht genügen durfte, um das Verfahren einzustellen.

Der Fall Paasche (Nr. 24)

Der Beschluß der Staatsanwaltschaft entspricht nicht dem Sinne der Bestimmungen unserer Strafprozeßordnung.

Der Fall liegt juristisch grundsätzlich verschieden von den andern „Erschießungen auf der Flucht", da zweifellos in dem Schuß auf Paasche eine o b j e k t i v rechtswidrige Handlung lag. Ein Recht des Militärs zum Waffengebrauch bestand nicht, weil Paasche noch nicht verhaftet war (vgl. 1 c der oben wiedergegebenen Bestimmungen).

Der Bescheid der Staatsanwaltschaft nimmt an, daß bei den schießenden Soldaten ein die Strafbarkeit ausschließender Rechtsirrtum vorgelegen habe, so daß trotz der objektiven Rechtswidrigkeit aus subjektivem Grunde die Straflosigkeit gegeben wäre. Aber gerade die Entscheidung hierüber und insbesondere darüber, ob nicht zum mindesten eine Fahrlässigkeit vorlag, hätte nach dem Sinn der strafprozessualen Bestimmungen von dem unabhängigen Richter getroffen werden müssen.

Auffällig bleibt, daß bei Paasche eine Haussuchung von 60 (!) Soldaten vorgenommen wurde, und zwar nach den Angaben des Buches lediglich auf Grund einer von Berlin ausgegangenen Denunziation, über die aber näheres weder in dem Beschlusse, noch in der Denkschrift gesagt wird. Auffällig bleibt weiter, daß der Gendarm, der Paasche herbeiholte, diesen nicht in sachlicher Weise über die Anwesenheit des Militärs orientierte, so daß Paasche naturgemäß, als er plötzlich der Postenkette ansichtig wurde, die Fassung verlieren und der Meinung sein konnte, ihm sei hier eine Falle gestellt worden. Es wäre Aufgabe der Untersuchung gewesen, über diese Umstände Klarheit zu schaffen. Gerade hier schweigt aber Beschluß und Denkschrift. Übrigens hätte eine solche Klarheit nur dann geschaffen werden können, wenn zunächst der beteiligte Offizier versetzt worden wäre. Denn solange wie dieser Vorgesetzter der Soldaten blieb, mußten die Untergebenen bei ihren Aussagen naturgemäß unter einem so schweren moralischen Druck stehen, daß den Aussagen ein besonderer Wert nicht beizumessen war.

Die Arbeiter von Bad Thal (Nr. 21)

Die Angeklagten sind vom Schwurgericht freigesprochen worden. Bedeutet das eine Rechtfertigung? In diesem Zusammenhang erscheinen einige prinzipielle Bemerkungen über die Institution der Schwurgerichte angebracht.

Zugegeben, daß die Urteile der gelehrten Richter in Strafsachen schlecht sind — aber die Schwurgerichte urteilen noch schlechter.

Jenes ungeheuerliche Fehlurteil, das am Beginn der Aera der politischen Morde in Deutschland steht: die Verurteilung des Oltwig von Hirschfeld zu 1½ Jahren Gefängnis — wir verdanken es dem Schwurgericht, das ein Revolver-Attentat nicht als Mordversuch, sondern als „gefährliche Körperverletzung" einschätzte. Als man den gelehrten Richtern in der Presse den Vorwurf machte, daß sie bei der Strafzumessung nicht auf eine höhere Strafe erkannt hätten, sagte der Vorsitzende Landgerichtsdirektor Dr. Weigert zu seiner Verteidigung: „Auch diese Strafe erschien den Geschworenen zu hoch, und sie haben nachher im Privatgespräch erklärt: wenn sie gewußt hätten, daß das Gericht den Angeklagten zu einer so hohen Strafe verurteilen würde, so hätten sie ihn ganz freigesprochen." Das entspricht der Psychologie der Geschworenen, und es ist die Karikatur jeder Rechtsprechung.

Geschworene waren es, die im Harden-Prozeß die deutsche Rechtsprechung vor der Welt bloßstellten. Geschworene waren es, die in Berlin einen Kommunisten aus politischer Leidenschaft zu Unrecht zum Tode verurteilten; die drei gelehrten Richter waren es, die von ihrem Recht Gebrauch machten und durch einstimmigen Beschluß das Geschworenenurteil als ein zuungunsten des Angeklagten ergangenes Fehlurteil aufhoben. Geschworene waren es, die rechtsrevolutionäre Mörder der Kapp-Tage freisprachen.

Man preist die Schwurgerichte als eine Errungenschaft von 1848. Aber auf den Barrikaden der Märztage standen die Arbeiter gemeinsam mit jenen Studenten, die in ihren neuen Generationen das Hakenkreuz tragen und das Ehrhardt-Lied singen. Damals gab es Ein Ethos und Eine Volksgemeinschaft. Man konnte damit rechnen, daß — auf wen immer das Los fallen mochte, Geschworener zu sein — bei zwölf Geschworenen die Beurteilung eines Kapitalverbrechens der ethischen Auffassung der Gesamtheit des Volkes entsprechen würde.

Heute ist das deutsche Volk ein in Klassen und Parteien zerrissenes Volk mit einer gerade auch in den gehobenen Bürgerschichten nicht mehr überall völlig intakten Moral. Denn krank erscheint die Moral von Kreisen, die die Attentate auf Erzberger und Harden, auf Scheidemann und Rathenau und zahllose andere Mordtaten entschuldigt oder gar gebilligt und gepriesen haben. Hier ist ein Fäulnisherd, vor dem die Justiz bewahrt werden muß. Die Gerichte sind das Salz des Volkes. Wenn aber das Salz faul ist — womit soll man salzen!

Nach alledem haftet also dem Urteil der Schwurgerichte meiner Überzeugung nach in hohem Grade die Gefahr parteipolitischer Willkür an, und der Umstand, daß jemand vom Schwurgericht freigesprochen wird, bedeutet ganz und gar keine Rechtfertigung*).

---

*) Anmerk. Welche Sicherungen man gegen Tendenzurteile der Schwurgerichte auf verwaltungs- und gesetzgeberischem Weg schaffen könnte und wie überhaupt eine wirksame Reform unserer Strafrechtspflege möglich wäre, habe ich in meinem Artikel „Die Lotterie der Schwurgerichte" in der „Weltbühne" 12. April 1923 darzulegen gesucht.

Gerade die amtlichen Kreise können in dem Freispruch durch die Schwurgerichte zu allerletzt eine Rechtfertigung sehen, denn gerade diese Kreise sind es, die immer wieder die Institution der Schwurgerichte aufs schwerste angegriffen haben, wie ja auch unter dem Ministerium Emminger die Schwurgerichte durch Notverordnung beseitigt worden sind. So wendet sich Dr. Dürr, Ministerialrat im Bayerischen Staatsministerium der Justiz, in der „Leipziger Zeitschrift für deutsches Recht" vom 20. März 1924 gegen die Schwurgerichte.

Und noch schärfer Dr. Rittweger, Ministerialdirektor im Thüringischen Justizministerium in der „Deutschen Juristenzeitung" vom 1. März 1924:

„Die Schwurgerichtsverhandlungen in Thüringen im verflossenen Vierteljahr haben leider eine so große Anzahl von Fehlsprüchen ergeben, daß dem Anspruch der Allgemeinheit auf eine geordnete Rechtspflege Gefahr drohte. Es muß mit aller Klarheit festgestellt werden, daß die Trennung der Richter- und Geschworenenbank, die Ablehnungsmöglichkeit ohne Gründe und damit die Beeinflussung der Zusammensetzung der Geschworenenbank die Erscheinung gezeitigt haben, daß die Schwurgerichte nicht mehr Horte der Gerechtigkeit, ein Schutz der Allgemeinheit gegen den Rechtsbrecher, sondern bei geschickter Ausnutzung aller Möglichkeiten die Gelegenheit für den einer schweren Straftat Schuldigen waren, sich den Folgen seines Handelns zu entziehen."

Gerade weil dies aber die grundsätzliche Auffassung unserer beamteten Juristen und ganz besonders auch unserer Richter über die Schwurgerichte ist, hätte man seitens der Behörde eine Angelegenheit wie die Erschießung von 14 Menschen nicht ohne weiteres mit dem Urteile des Marburger Gerichtes für erledigt erachten dürfen.

Zweierlei wäre zu fordern gewesen: zunächst eine sorgfältige Nachprüfung der Stellungnahme des Staatsanwaltes, der die Freisprechung beantragt hatte, sowie des Verhaltens des Vorsitzenden, der die Verhandlung geleitet hatte. Kein Zweifel besteht daran, daß, wenn der Vorsitzende oder gar der Staatsanwalt zugunsten des Angeklagten interveniert, auch der offensichtlich schuldige Angeklagte im allgemeinen freigesprochen werden wird. In einem solchen Falle liegt alle Verantwortung für die Freisprechung bei dem Staatsanwalt. Wenn der Staatsanwalt hier — wie in der Denkschrift hervorgehoben wird — die Geschworenen darauf aufmerksam gemacht hat, daß sie juristisch auch berechtigt seien, entgegen seinem Antrage den Angeklagten freizusprechen, so war das tatsächlich bedeutungslos. Denn wie oben (im Fall Abrahamsohn und Wallmann) ausgeführt, wird gerade der gewissenhafte Geschworene die moralische Verantwortung ablehnen, da zu verurteilen, wo sogar das Organ der Strafverfolgungsbehörde die Freisprechung beantragt hat. Die Institution der Schwur-

gerichte ist ihrer ganzen Idee nach gedacht als Korrektiv der Laien-
gerichtsbarkeit gegenüber übermäßiger Strenge der Justizbehörden; die
Geschworenen sollen den Angeklagten schützen, wenn ihn die beamteten Richter für schuldig erklären würden, die Volksmeinung ihn
aber nicht schuldig spricht. Die Schwurgerichte beruhen also darauf,
daß der Staat den beamteten Richtern das unbedingte Vertrauen ent-
gegenbringt, daß sie alles tun werden, um staatsfeindliche Elemente
zur Bestrafung zu ziehen. Die Gerichte müssen versagen, wenn die
Justizbehörden selbst ein Interesse daran nehmen, die Bestrafung des
Angeklagten zu verhindern.

Daß dies im vorliegenden Fall geschehen ist, will ich keineswegs
behaupten. Wohl aber meine ich, daß es die Pflicht der Justizbehörde
sei, zu prüfen, ob hier in anfechtbarer Weise vorgegangen worden ist.

Die von mir vertretene Auffassung entspricht der Praxis der
Justizbehörden in der kaiserlichen Zeit, wo strengste Kontrolle darüber
geübt wurde, ob fehlerhafte Freisprüche seitens der Schwurgerichte
vorgekommen seien. Über die Urteile der Schwurgerichte war ständig
der Justizaufsichtsbehörde Bericht zu erstatten, und ein fehlerhafter
Freispruch konnte dem Staatsanwalt, der die Anklage vertreten hatte,
und dem Richter, der den Vorsitz geführt hatte, selbst dann in der
Karriere schaden, wenn sich diese Beamten die redlichste Mühe gegeben hatten, eine Bestrafung zu erzielen. Darin also, daß die
Stellungnahme der Staatsanwaltschaft nicht seitens der Justizaufsichtsbehörde einer eingehenden Nachprüfung unterzogen wurde, liegt eine
bedauerliche Unterlassung. Es wäre zu wünschen, daß das Versäumte
nachgeholt wird, denn die spärlichen Angaben der Denkschrift können
für sich keineswegs genügen, um das Verhalten der Staatsanwaltschaft
aufzuklären.

Denkschrift des bayerischen Justizministers

Abschrift zu Nr. IV b 2598 Gr.   München, den 28. September 1921.

Nr. 48381.

Freistaat Bayern.

Staatsministerium der Justiz.

Zum Schreiben v. 21. d. M. Nr. IIc 5494 W.

Zu dem Bayern berührenden Inhalt der Gumbel'schen Broschüre „Zwei Jahre Mord" beehre ich mich folgendes mitzuteilen:

Von der auf Seite 28 des Buches erwähnten Erschießung von 20 roten Soldaten, die am 29. April 1919 in Starnberg unbewaffnet beim Essen überrascht worden waren, sowie von 3 Sanitätern, die in Possenhofen beim Verwundetentransport gewesen sein sollten, ist dem zuständigen Staatsanwalt bei dem Landgerichte München II bisher nichts bekannt geworden. Dagegen hat dieser Ermittelungen gepflogen wegen einer am 28. April 1919 durch württembergische Truppen vollzogenen Erschießung von 8 Spartakisten, die sich gegen die Regierungstruppen zur Wehr gesetzt hatten. Zu einem strafrechtlichen Einschreiten haben diese Ermittelungen keinen Anlaß geboten.

Das wegen der Tötung des Max Weinberger (Seite 29 des Buches) eingeleitete Strafverfahren wurde gegen eine Reihe von Beschuldigten mangels Beweises eingestellt. Gegen einen weiteren Beschuldigten, gegen den der Verdacht der Täterschaft gegenwärtig allein noch besteht, ist das Strafverfahren noch im Gang; es mußte jedoch vorläufig eingestellt werden, weil der Aufenthalt dieses Beschuldigten unbekannt ist.

Eingestellt wurde von dem Staatsanwalt bei dem Landgericht München I das Strafverfahren wegen der Erschießung eines Russen in Lochham am 1. Mai und 52 weiterer russischer Kriegsgefangener in Gräfelfing am 2. Mai 1919 (Seite 108 des Buches), weil im ersten Falle der Täter nicht ermittelt werden konnte und im zweiten Falle die Erschießung auf Grund eines feldgerichtlichen Urteils erfolgte. Nicht abgeschlossen ist dagegen das bei dem gleichen Staatsanwalt anhängige Strafverfahren wegen der Erschießung von 12 Männern aus Perlach (Seite 40). Das wegen der Erschießung des Matrosen Georg Kistler (Seite 32) und des Peter Huhn von Großhesselohe (Seite 32) von dem Gericht der Schützenbrigade 21 durchgeführte Strafverfahren wurde eingestellt, weil die Täter unbekannt, wegen der Erschießung des Feinmechanikers Höpfl (Seite 32) war gleichfalls beim Gericht der Schützenbrigade 21 ein Ermittelungsverfahren anhängig, dessen Ausgang dem Staatsministerium der Justiz nicht bekannt ist.

Wegen der Tötung von 21 Mitgliedern eines Gesellenvereins am 6. Mai 1919 (Seite 41) wurden drei Personen wegen Totschlags von dem Volksgericht München I verurteilt, ein Angeklagter aber freigesprochen. Gegen einen weiteren der Person nach ermittelten Täter, der flüchtig gegangen ist, ist das Strafverfahren vorläufig eingestellt. Soweit sich das Strafverfahren gegen den Hauptmann von Alt-Stutterheim richtete, erfolgte wiederholt Einstellung, nämlich durch die Beschlüsse der Landwehrbrigade 26 vom 6. September 1919, des Gerichts der Reichswehrbrigade 15 vom 24. Juli v. J. sowie des Staatsanwalts bei dem Landgericht München I vom 11. November v. J. Der gegen die letzte Einstellung eingelegten Beschwerde wurde bei dem Oberstaatsanwalt bei dem Oberlandesgerichte München mit ˙Bescheid vom 24. Januar d. J. Nr. 1112 keine Folge gegeben und ebenso wurde der Antrag auf gerichtliche Entscheidung von dem Oberlandesgerichte München am 23. März d. J. zurückgewiesen.

In dem militärgerichtlichen Strafverfahren wegen der Erschießung des Schriftstellers Gustav Landauer (Seite 33) konnte trotz eingehender Ermittelungen nicht festgestellt werden, wer neben dem von dem Gericht des Auflösungsstabes 56 (29. Division) abgeurteilten Ulanen Digele an der Abgabe der tödlichen Schüsse beteiligt war, weshalb am 19. Juli v. J. die Einstellung des militärgerichtlichen Verfahrens gegen die übrigen unbekannten Täter erfolgte.

Das wegen der Erschießung der Straßenbahnschaffnerin Kling (Seite 38), des Johann Trunk (Seite 49) und anderer Personen in Stadelheim eingeleitete Strafverfahren ist noch nicht abgeschlossen. Dagegen hat der Staatsanwalt bei dem Landgericht München I das wegen der Tötung des in der Broschüre fälschlich als Schlagenhofer bezeichneten Hans Schlagenhaufer (Seite 33) und des Max Hörl (Seite 45) eingeleitete Ermittelungsverfahren eingestellt. Eingestellt wurde von ihm auch nach umfangreichen Erhebungen das Strafverfahren wegen der Tötung Egelhofers (Seite 29), weil die Täter nicht zu ermitteln waren. Ebenso stellte das Gericht der Schützenbrigade 21 das gegen den Unteroffizier Schuster wegen der Erschießung des Sontheimer (Seite 43) eingeleitete Strafverfahren ein. Zu dem gleichen Ergebnisse führte das von dem Staatsanwalt bei dem Landgericht München I gegen den der Erschießung des Professors Horn (Seite 38) beschuldigten Unteroffizier Rannetsperger durchgeführte Ermittelungsverfahren, da sich der Verdacht gegen Rannetsperger nicht aufrecht erhalten ließ. Trotz umfassender Erhebungen haben sich dabei Verdachtsgründe gegen weitere Personen nicht ergeben.

Wegen Erschießung der beiden Faust (Seite 44), des Schlossers Ganserer (Seite 44), des Johann Schredinger (Seite 48), des Joseph Graf (Seite 41), des Wittner (Seite 31), des Sanitätssoldaten Joseph Siegl (Seite 41), des Anton Oswald (Seite 47) sowie des auf Seite 31 erwähnten Johann Erb waren vor dem Bekanntwerden der

Broschüre bei den zuständigen Staatsanwaltschaften Ermittelungsverfahren nicht anhängig. Dagegen ist beim Staatsanwalt bei dem
Landgericht München I wegen der Tötung des Invaliden Lohmar
(Seite 39) ein Strafverfahren anhängig, das aber vorläufig eingestellt
werden mußte, weil der Aufenthalt eines Zeugen und des Beschuldigten
unbekannt ist. Wegen der Erschießung des Journalisten Karl Mandel
(Seite 47) sowie des Philipp Seidner von Unterföhring (Seite 48) waren
bei militärischen Stellen Ermittelungsverfahren anhängig. Ihr Ergebnis ist hier nicht bekannt.

Auf Grund der in der Broschüre enthaltenen Angaben wird nun
von den zuständigen Staatsanwälten neuerlich geprüft, ob in Fällen,
in denen bisher Schuldige noch nicht zur Verantwortung gezogen
werden konnten, mit Aussicht auf Erfolg strafrechtlich eingeschritten
werden kann.

I. V.: Der Staatsrat, Unterschrift.

An den Herrn Reichsminister der Justiz.

Nr. 24126/22.   München, den 29. Mai 1922.

Freistaat Bayern.

Staatsministerium der Justiz.

Zum Schreiben vom 2. Mai 1922.
— Nr. IVc 1143 W. —

Auf das Schreiben vom 2. Mai 1922 Nr. IVc 1143 W beehre ich
mich folgendes zu erwidern:

Was die Broschüre „Zwei Jahre Mord" von E. J. Gumbel anlangt,
so darf ich, soweit ihr Inhalt Bayern berührt, zunächst auf mein
Schreiben vom 28. September 1921 Nr. 48381 Bezug nehmen. Inzwischen haben die Staatsanwälte in allen bekannt gewordenen und
damals noch nicht erledigten Fällen sehr eingehende und umfangreiche Erhebungen angestellt. Die Erhebungen sind großenteils außerordentlich zeitraubend und schwierig; sind doch nicht selten monate-
lange Nachforschungen notwendig, nur um die Persönlichkeit und den
Aufenthalt eines unentbehrlichen Zeugen festzustellen. Sobald alle
im Zusammenhang stehenden Verfahren endgültig abgeschlossen sind,
bin ich gerne bereit, Euer Hochwohlgeboren über das Ergebnis Mitteilung zu machen. Der im Schreiben vom 2. Mai 1922 erwähnte
Aufsatz von Gumbel im diesjährigen Aprilheft der Monatsschrift „Das
Forum" war mir bis jetzt unbekannt. Ich habe den Staatsanwalt bei
dem Landgericht München I auch auf diesen Aufsatz aufmerksam
gemacht und ihn angewiesen, zu prüfen, inwieweit die Angaben
Gumbels für die anhängigen Verfahren Bedeutung haben und Anhaltspunkte zu einem weiteren strafrechtlichen Vorgehen bieten.

Ich teile vollkommen die Auffassung, daß eine möglichst restlose
Aufklärung a l l e r Fälle, in denen Menschenleben zugrunde gegangen

sind, durchaus notwendig ist; ich habe mich deshalb stets über den Gang der Ermittelungen auf dem Laufenden gehalten und werde auch dem weiteren Gang der Verfahren mein besonderes Augenmerk zuwenden. Ich möchte aber nicht versäumen, Euer Hochwohlgeboren auf eines aufmerksam zu machen, was bedauerlicherweise vielfach übersehen wird:

Es wird bei der häufigen Erörterung der Münchener Rätebewegung vom Frühjahr 1919 von gewisser Seite mit großem Nachdruck immer wieder darauf hingewiesen, wie viele wirkliche oder angebliche Gesinnungsfreunde der damaligen Münchener Gewalthaber den Tod fanden. Es wird der bayerischen Justiz der Vorwurf gemacht, daß sie d i e s e Fälle teilweise nicht oder nicht vollständig aufzuklären vermochte. Auffallenderweise wird aber niemals der Fälle gedacht, in denen Angehörige der Regierungstruppen und sonstige unzweifelhafte Anhänger der Regierung Hoffmann gewaltsam das Leben verloren, ohne daß der Hergang aufgeklärt werden konnte. So sind in jener bewegten Zeit nachgewiesenermaßen viele Angehörige der Regierungstruppen von Angehörigen der roten Armee oder von Zivilpersonen aus dem Hinterhalt getötet worden; die Täter konnten aber bis heute nicht ausfindig gemacht werden. Es ist mehr oder weniger Zufall, wenn es heute noch gelingt, den einen oder anderen Fall restlos aufzudecken. So konnte z. B. erst in den letzten Wochen eine solche Tötung eines Regierungssoldaten abgeurteilt werden. Der Fall war lange den Behörden überhaupt nicht bekannt und konnte erst nach mehrjährigen Erhebungen aufgeklärt werden.

Ich wäre besonders dankbar, wenn Euer Hochwohlgeboren bei einer etwa notwendig werdenden Erörterung dieser Angelegenheit auch diesen meist wenig oder gar nicht beachteten Gesichtspunkt betonen möchten.

I. A.: Der Staatsrat
Unterschrift.

An den Herrn Reichsminister der Justiz.

Abschrift zu R. J. M. Nr. IV b 2598 Gr.　　　　München, den 12. Oktober 1922.

Ñr. 48965.

Freistaat Bayern
Staatsministerium der Justiz

Zu den Schreiben vom 17. November 1921, 7. Januar
und 2. Oktober 1922 — Nr. II c 6446 W, IV c 57 W
und IVc 1939 M — sowie mit einer Beilage.

Hiermit beehre ich mich, die mit Schreiben vom 29. Mai 1922 Nr. 24126 in Aussicht gestellte Darstellung des Sachverhaltes der Todesfälle zu geben, die von Gumbel in seiner Broschüre „Zwei Jahre

Mord" sowie in Heft 7 des laufenden Jahrgangs der Zeitschrift „Das Forum" in Zusammenhang mit der Umsturzbewegung in Bayern gebracht werden*). Bedauerlicherweise ist es wegen der Schwierig-keiten, die sich der Aufklärung des Sachverhaltes entgegenstellen, bisher noch nicht möglich gewesen, sämtliche einschlägigen Verfahren zum Abschluß zu bringen. Die Darstellung mußte daher auf die Fälle beschränkt werden, bei denen das Verfahren eine abschließende Be-urteilung zuläßt.

gez. Gürtner.

An den Herrn Reichsminister der Justiz.

I.

Abschrift zu Nr. 48965.

Der Umsturz in Bayern am 7./8. November 1918 hatte die poli-tische Macht in die Hände der revolutionären Regierung und Kurt Eisners als Ministerpräsidenten gebracht. Die Unzufriedenheit mit dieser Entwicklung der Dinge ließ in dem damals 22jährigen Leutnant und Studenten Graf Anton Arco-Valley den Plan reifen, Eisner gewalt-sam zu beseitigen. Der Plan wurde bei ihm im Laufe des 20. Februar 1919, des Tages vor der Eröffnung des neugewählten verfassung-gebenden Landtages, zu dem festen Entschluß, Eisner am folgenden Tage noch vor dem Betreten des Landtages zu erschießen. Graf Arco traf in der Frühe des 21. Februar die erforderlichen Vorbereitungen. Insbesondere vergewisserte er sich durch eine Anfrage im Landtag über die Zeit des Beginns der Sitzung und des Eintreffens des Minister-präsidenten. Er begab sich sodann mit einem Revolver nach der dem Staatsministerium des Äußeren gegenüberliegenden Ecke der Bayrischen Vereinsbank, um dort das Erscheinen Eisners abzuwarten, folgte ihm, als er das Ministerialgebäude verließ, eiligst nach und feuerte aus unmittelbarer Nähe zwei Schüsse ab, die Eisner in den Kopf trafen und alsbald den Tod herbeiführten. Durch das Eingreifen der Um-gebung des Ministerpräsidenten erhielt Graf Arco selbst eine schwere Schußverletzung, von der er erst nach längerer Zeit soweit genas, daß seine Aburteilung erfolgen konnte. Mit Urteil des Volksgerichts München I vom 16. Januar 1920 wurde er wegen eines Verbrechens des Mordes zum Tode verurteilt. Die Strafe wurde durch Beschluß des Ministerrats gnadenweise in lebenslängliche Festungshaft um-gewandelt.

Auf die Kunde von der Ermordung Eisners, die sich mit außer-ordentlicher Geschwindigkeit in München verbreitete, eilten der Metzger und Schenkkellner Alois Lindner, der Bäcker Georg Frisch, der Graveur Karl Merkert und der Lagerverwalter Georg Schlund, die als Mitglieder des revolutionären Arbeiterrats begeisterte Anhänger Eisners waren.

*) Anm. S. 43—49 des Buches *(E. J. G.).*

von ihren Arbeitsplätzen nach dem Landtagsgebäude, wo sie in dem von dem revolutionären Arbeiterrat belegten sogenannten roten Zimmer mit politischen Freunden zusammentrafen. Durch das, was sie dort an Einzelheiten über den Mord hörten, fand bei ihnen das Gerücht neue Nahrung, daß der durch seine politische Gegnerschaft gegen Eisner bei dessen Anhängern verhaßte mehrheitssozialdemokratische Minister Erhard Auer bei dem Attentat die Hand im Spiele gehabt habe. Als ihnen nun noch die Nachricht zuging, daß Auer eben im Sitzungssaale des Landtagsgebäudes, in dem inzwischen der Landtag zur Eröffnungssitzung zusammengetreten war, den Nachruf auf Eisner halte, beschlossen Lindner und Frisch, den Tod Eisners an Auer zu rächen. Sie gaben dem auch Ausdruck, erzwangen sich, als einige ihrer politischen Freunde ihnen den Weg aus dem roten Zimmer versperren wollten, mit Drohungen und Gewalt den Ausgang und stürzten mit dem Revolver in der Hand, Lindner voran, unter dem Rufe: „Die Bande, es müssen alle hin sein!" nach dem Sitzungssaal. Unterwegs stellten sie den Vorstand des Bureaus des Landtags, Regierungsdirektor Will, den sie offenbar für einen Abgeordneten hielten, und verfolgten ihn durch mehrere Zimmer unter der Drohung, ihn zu erschießen. Insbesondere Frisch rief dabei: „Du bist auch so ein Schlawiner, du mußt auch hin sein." Von Tätlichkeiten gegen Will wurden sie aber durch das Eingreifen eines Mitgliedes des revolutionären Arbeiterrats abgehalten. Ohne Schwierigkeiten fanden sie Einlaß in den Sitzungssaal und, während Frisch zur Deckung Lindners bei der Türe stehen blieb, ging Lindner auf Auer, der gerade seinen Nachruf beendet hatte, zu, und gab mit einem Schimpfwort aus nächster Nähe zwei Schüsse ab, die Auer in der linken Brustseite lebensgefährlich verletzten. Mit vorgehaltenem Revolver nahm er dann seinen Rückweg zur Tür. Dort stellte sich ihm völlig unbewaffnet Major von Jahreiß mit vorgestreckten leeren Händen entgegen, um ihn festzunehmen und von weiteren Tätlichkeiten abzuhalten. Im Verlauf des nun folgenden Ringens gelang es Lindner, seine rechte Hand frei zu machen und Jahreiß einen Schuß in die linke Brustseite beizubringen, an dessen Folgen Jahreiß am 22. Februar 1919 starb. Von wirklicher oder vermeintlicher Notwehr Lindners gegenüber Jahreiß kann hiernach keine Rede sein. Lindner schoß vielmehr von Jahreiß nur nieder, um sich der Festnahme zu entziehen. Lindner feuerte dann, bevor er mit Frisch den Sitzungssaal verließ, noch mehrere Schüsse in den Saal hinein, in dem die Abgeordneten in großer Bestürzung den Ausgängen zudrängten. Fast gleichzeitig mit den Schüssen Lindners fielen von verschiedenen Seiten, aus dem Saal und von den Tribünen, weitere Schüsse, deren Schützen nicht ermittelt werden konnten. Eine Kugel traf den Abgeordneten Osel tödlich. Nach der Tat fand Lindner, der sich durch Veränderung seines Äußeren unkenntlich zu machen suchte, zunächst bei Merkert Unterschlupf und flüchtete dann mit einem ihm von Schlund zur Verfügung gestellten und eigens in Stand gesetzten Kraftwagen nach Österreich. Er wurde aber ausgeliefert und durch das Urteil des Volksgerichts München I vom 15. Dezember 1919 wegen eines Verbrechens des versuchten Totschlags und eines Verbrechens des erschwerten Totschlags zur Gesamtstrafe von 14 Jahren Zuchthaus verurteilt. Durch das gleiche Urteil wurde gegen Frisch wegen eines Verbrechens des versuchten Totschlags eine Gefängnisstrafe von 3 Jahren 6 Monaten und gegen Merkert und Schlund wegen je eines Vergehens der Begünstigung Gefängnisstrafen von 1 Monat 15 Tagen und 6 Monaten ausgesprochen. Von der Anklage des Mordes an dem Abgeordneten Osel wurde Lindner freigesprochen, weil es das Gericht nicht für ausgeschlossen hielt, daß der tödliche Schuß auf Osel von einer anderen Person abgefeuert wurde.

II.

Die Gewalttaten am Vormittag des 21. Februar 1919 lösten in München eine außerordentlich heftige Volksbewegung aus, welche die Arbeiter-, Bauern- und Soldatenräte zum beherrschenden Machtfaktor in München machte. Der Landtag war auseinandergesprengt worden und konnte sich erst Mitte März wieder versammeln und eine neues Ministerium mit dem der mehrheitssozialdemokratischen Partei angehörenden Abgeordneten Hoffmann als Ministerpräsidenten bestellen. Am 7. April kam es dann aus Anlaß des Versuchs, den Landtag auf den 8. April erneut zusammenzuberufen, zur Ausrufung der Räterepublik, an deren Spitze ein revolutionärer Zentralrat trat. Die Mitglieder des Ministeriums Hoffmann mußten sich nach Bamberg flüchten. Auf einen von der Münchner Garnison am 13. April 1919 unternommenen Gegenstreich hin vollzog sich unter kommunistischer Führung ein neuer Umsturz. Die Leitung der Geschäfte übernahm ein Aktionsausschuß, aus dessen Mitte heraus wieder ein Vollzugsausschuß gebildet wurde. Den Vorsitz in beiden Ausschüssen führte der Russe Dr. Eugen Leviné, der hierwegen durch Urteil des standrechtlichen Gerichts München vom 3. Juni 1919 wegen Hochverrats zum Tode verurteilt wurde.

Zwischen den durch die Rätebewegung hochgekommenen Machthabern machten sich alsbald sachliche und persönliche Gegensätze bemerkbar. Ihnen ist der Tod des Schriftstellers Wilhelm Weinberger zuzuschreiben, der der K. P. D. angehörte und nach der Ernennung Egelhofers zum Oberkommandierenden der gesamten roten Truppen in München Stadtkommandant geworden war. Weinberger wurde aus den Reihen seiner eigenen Parteigenossen heraus heftig angefeindet, weil er nicht radikal genug war und auch im Verdacht stand, der Regierung Hoffmann in die Hände zu arbeiten. An der Spitze seiner Gegner standen Siegmund Wiedenmann, der vom Aktionsausschuß mit der Überwachung von Vollzugsorganen, darunter des Weinberger,

betraut worden war, ferner dessen Freunde Ferdinand Rotter, Wilhelm
Ertl und Max Huber. Deren Bemühungen gelang es, am 25. April 1919
von der sogenannten Verhaftungskommission einen Haftbefehl gegen
Weinberger zu erwirken, nachdem von ihnen schon ein oder zwei Tage
vorher seine Amtsenthebung durchgesetzt worden war. Auf Grund
dieses Haftbefehls wurde Weinberger noch am gleichen Tag in seiner
Wohnung, wo er durch einen Unfried ausgekundschaftet worden war,
von Rotgardisten unter der Führung Anton Rottenmeiers und Richard
Kaims verhaftet und nach der Polizeiwache in der Kazmairstraße verbracht. Angeblich sollte er alsbald in die Polizeidirektion überführt
werden. Um eine Befreiung auf dem Wege dahin zu verhindern,
sollte Weinberger nur einem Begleitkommando übergeben werden, das
sich durch einen Zettel mit der Aufschrift „Luxemburg" ausweise. Ein
solcher Zettel wurde am 26. April 1919 auch auf der Kazmairwache
von Huber vorgezeigt; Huber will den Zettel von einem unbekannten
Matrosen erhalten haben. Noch am gleichen Tag abends gegen 11 Uhr
wurde Weinberger von drei Personen, die sich durch Vorzeigen des
Zettels auswiesen, in Empfang genommen und in einem Kraftwagen in
der Richtung nach Harlaching fortgeführt. Der Führer des Kraftwagens ist ermittelt. An den ganzen Vorfällen ist er nachweislich nicht
im geringsten beteiligt. In der Nähe der Bäckerkunstmühle hielten
zwei bewaffnete Posten den Wagen an und zwangen die Insassen
zum Aussteigen. Es kam dann zwischen den Posten und den Wagen-
insassen zu einem Wortwechsel und Geräufe, in dessen Verlauf Weinberger erschossen wurde. Die Fahrgäste kehrten nicht mehr zu dem
Kraftwagen zurück. Die Leiche Weinbergers wurde am 29. April 1919
in der Nähe der Bäckerkunstmühle im Auermühlbach gefunden.
Nach den Erhebungen ist anzunehmen, daß der Überfall auf den
Kraftwagen nur vorgetäuscht wurde, um Weinberger, der sich im
Pionierbataillon eines großen Ansehens erfreute, unauffällig zu beseitigen. Wiedenmann, Rotter, Huber und Ertl dürften mit zwei
weiteren Personen (Schmid und Oswald) die geistigen Urheber der Tat
sein. Wiedenmann ordnete überdies die Verhaftung an; Ertl und
Huber erwirkten den Haftbefehl, Rotter und Huber stehen mit noch
vier weiteren Personen (Kundysek, Wandinger, Neuberger und Katzen-
schwanz) im Verdacht, die Personen zu sein, die Weinberger mit dem
Kraftwagen abholten. Rotter, Huber und Kundysek sind außerdem
verdächtig, den tödlichen Schuß abgegeben zu haben. Wandinger
und Neuberger werden als Überbringer des mit dem Kennwort
Luxemburg versehenen Zettels bezeichnet. Der Begünstigung des Huber
ist eine Katharina Grasmeier verdächtig, die kurz nach dem Mord
mit Huber flüchtig ging. Trotz eingehender Erhebungen — es sind
7 Bände Akten mit mehr als 1000 Blatt angefallen — konnte der Sachverhalt nicht so weit geklärt werden, daß eine Anklage hätte erhoben
werden können. Es ließ sich vor allem nicht zweifelsfrei feststellen,

inwieweit die beteiligten Personen eine nur auf die Verhaftung oder eine auf die Tötung gerichtete Tätigkeit entfaltet haben. Am 11. Juli 1921 stellte daher der Staatsanwalt bei dem Landgerichte München I das Verfahren gegen die vorgenannten Personen mit Ausnahme des Unfried mangels Beweises ein; gegen Unfried, der flüchtig ist, ist nur die vorläufige Einstellung verfügt.

Die Rätebewegung hatte von München aus auf die benachbarten Gebiete Südbayerns übergegriffen. Dabei bildete sich auch in Miesbach ein revolutionärer Aktionsausschuß. Beteiligt war daran der zwanzigjährige Münchner Kaufmann Lacher, der in der Folge Kommandant der roten Truppen von Miesbach wurde. Er wurde aber kurze Zeit darauf durch eine unter dem Einfluß eines Albert Radl stehende radikale Richtung dieses Amtes entsetzt, unter der Beschuldigung des Diebstahls verhaftet und vor das Revolutionstribunal nach München gebracht. Er erzielte dort seine Freisprechung, weil sich die Beschuldigung als völlig unbegründet erwies, und kehrte darauf in der Nacht vom 24. auf 25. April 1919 auf Geheiß Egelhofers, des Oberkommandierenden der roten Truppen, mit einer Abteilung von 32 Mann nach Miesbach zurück, um die dortigen roten Truppen wegen ihrer Ausschreitungen abzulösen und selbst wieder das Kommando zu übernehmen. Seine Leute fielen aber bei der Ankunft in Miesbach von ihm ab und verbrüderten sich mit der dortigen Besatzung. Lacher selbst wurde verhaftet und am 25. April 1919 dem Prokuristen Georg Graf vorgeführt, der als Leiter des geheimen militärischen Sicherheitsdienstes der Räterepublik gerade in Miesbach sich aufhielt. Graf sprach sich bei dieser Vernehmung ebenso wie Radl dafür aus, daß Lacher erschossen werden müsse. Er fand mit diesem Vorschlag bei den anwesenden Rotgardisten Beifall und ließ sie durch Aufheben der Hände darüber abstimmen. Alle stimmten für die Erschießung. Um jedoch den Schein eines gerichtlichen Verfahrens zu wahren, einigte man sich dahin, daß das Exekutivkomitee in einer gerichtlichen Verhandlung das Todesurteil fällen sollte. Graf reiste nach München zurück, sagte aber vorher zu, über die Angelegenheit Erkundigungen einzuziehen und nach deren Ausfall die erforderlichen Weisungen nach Miesbach geben zu wollen. Auf fernmündliche Anfrage des Rotgardisten Vogel gab er noch am gleichen Abend den Bescheid, daß Lacher zu erschießen sei. Auf mehrfache Anfragen, die am folgenden Tage Lachers wegen nach München gerichtet wurden, vor allem darüber, ob das Exekutivkomitee zur Aburteilung zuständig sei und ob vor der Vollstreckung des Todesurteils nochmals in München angefragt werden müsse, wurde geantwortet, daß weitere Anfragen entbehrlich seien und das Urteil vollstreckt werden könne. Die Verhandlung wurde alsdann am 27. April 1919 durchgeführt. Den Vorsitz führte der Werkführer Richard Käs, während als Beisitzer der Bergmann Michael Vogl, der Heizer Joseph Mühlbauer, sowie die Rotgardisten August Langer und Franz Penzl mitwirkten. Albert Radl vertrat die Anklage. Nach einer Verhandlung, bei der eine eingehende Klärung des Sachverhalts gar nicht versucht wurde, wurde Lacher auf Grund einstimmigen Urteils „wegen vollendeten Putsches gegen die Rote Armee in Miesbach" zum Tode verurteilt. Die Bitte Lachers um Umwandlung der Strafe in eine Gefängnisstrafe wurde abgelehnt. Die Vollstreckung des Urteils sollte nachmittags um 2 Uhr im Hofe des Amtsgerichtsgefängnisses stattfinden. Ein Versuch des Vorstandes des Amtsgerichts Miesbach, Käs von der Rechtswidrigkeit des Vorgehens gegen Lacher zu überzeugen, war erfolglos. Lacher wurde noch vor der festgesetzten Zeit von etwa 15 Rotgardisten unter Führung Radls erschossen. Als beteiligt konnten nur der Schlosser Johann Ebert, der Hilfsarbeiter Michael Blechinger und die Bäcker Georg Essig und Gottlob Anzenberger ermittelt werden.

Albert Radl ist während der Einnahme Münchens durch die Regierungstruppen gefallen. Graf wurde mit Urteil des Volksgerichts München II vom 13. Januar 1920 wegen Beihilfe zum Hochverrat in Tateinheit mit Beihilfe zum Mord zu 12 Jahren Zuchthaus verurteilt. Durch das gleiche Urteil wurden ferner wegen je eines Verbrechens der Beihilfe zum Mord unter Anrechnung der vom standrechtlichen Gericht München am 10. Juli 1919 gegen sie wegen Beihilfe zum Hochverrat ausgesprochenen Strafen verurteilt, Käs zu 6 Jahren Zuchthaus, Mühlbauer zu 3 Jahren 6 Monaten Zuchthaus und Vogl zu 4 Jahren Zuchthaus. Mit Urteil des gleichen Gerichts vom 21. Januar 1922 wurden die erst nachträglich ermittelten Ebert, Blechinger, Essig und Anzenberger wegen Beihilfe zum Totschlag verurteilt, und zwar die drei erstgenannten zu je 3 Jahren Gefängnis, Anzenberger zu 1 Jahr 6 Monaten Gefängnis.

In der Zwischenzeit war es der Regierung Hoffmann gelungen, Truppen zur Niederwerfung der Räterepublik zu sammeln und gegen München heranzuführen. Ende April war die Einschließung Münchens durch die Regierungstruppen beendet. Die hierdurch für die Räteregierung unsicher gewordene Lage veranlaßte den Rest des Vollzugsausschusses, aus Levien, Leviné und einigen anderen bestehend, seinen Sitz aus dem Wittelsbacher Palais nach dem Luitpoldgymnasium zu verlegen, das der 4. Abteilung der Roten Armee als Kaserne diente. Führer dieser Abteilung war der Obmann der Sektion IV der kommunistischen Partei Fritz Seidel. Aus dem gleichen Grunde wurden um dieselbe Zeit auch die Personen, die auf Veranlassung der Rätemachthaber wegen angeblicher politischer oder sonstiger Vergehen verhaftet worden waren, Fritz Seidel zur Verwahrung im Luitpoldgymnasium übergeben. Die Besatzung des Luitpoldgymnasiums wurde dabei angewiesen, die Verhafteten, die als Geiseln bezeichnet wurden, zu erschießen oder mit Handgranaten zu töten, falls dem Gymnasium Gefahr von den Regierungstruppen drohen sollte. Dies hatte man auch den

Gefangenen, insbesondere durch den Zimmermann Johann Schicklhofer, der bei Seidel im wesentlichen Feldwebelgeschäfte verrichtete,
eröffnen lassen. Am 26. April war die Sekretärin Gräfin Hella von
Westarp, der Bildhauer Walter Nauhaus, der Kunstgewerbezeichner
Walter Deicke, der Eisenbahnsekretär Anton Dàumenlang, der Prinz
von Thurn und Taxis, und am 27. April der Freiherr Friedrich Wilhelm
von Seydlitz, sämtlich Mitglieder der Thulegesellschaft auf Veranlassung der Stadtkommandantur verhaftet worden, weil in den Räumen
der Gesellschaft im Hotel Vier Jahreszeiten gefälschte Stempel mit dem
Namen Egelhofers und anderer Machthaber der Rätezeit gefunden
worden sein sollen. Obwohl sich bei dem im Beisein von Levien und
Egelhofer vorgenommenen Verhör nichts Belastendes ergab, wurden die
Verhaftungen aufrechterhalten und die Verhafteten nach einem vorübergehenden Aufenthalt im Polizeigefängnis am 28. April in das
Luitpoldgymnasium verbracht. Dort wurden sie in Abwesenheit Levien's
von Seidel in der bei ihm üblichen Weise mit dem Revolver in der
Hand über ihre Personalien vernommen und hierauf zunächst in einem
Keller untergebracht. Seidel gab dabei der Wachmannschaft die
Weisung: „Wenn der erste Schuß fällt, werden die Geiseln niedergemacht." Seidel stattete in der folgenden Nacht zusammen mit Levien
und Leviné und weiteren Mitgliedern des Volksausschusses den Gefangenen im Keller einen Besuch ab. Dabei ließ schon Schicklhofer
die Bemerkung fallen, die Gefangenen brauchten nichts mehr, morgen
gehe es doch um die Ecke. Am 29. April wurden die Gefangenen, mit
Ausnahme der Gräfin Westarp, der ein eigenes Zimmer angewiesen
wurde, mit weiteren Geiseln aus dem Keller in das im zweiten Stock
des Gebäudes gelegene Zimmer Nr. 49, in der Folge „Geiselzimmer"
genannt, verbracht. Dort wurden im Laufe des Tages noch drei von
der Roten Armee eingebrachte Gefangene, nämlich der dem Freikorps
Regensburg angehörige Freiherr Franz Karl von Teuchert sowie die
Husaren Fritz Linnenbrügger und Walter Hindorf untergebracht.

Am Morgen des 30. April wurde Seidel in seiner dem Gymnasium
gegenüberliegenden Privatwohnung von dem bei ihm Ordonnanzdienste
leistenden Hilfsarbeiter Alois Kammerstetter der Befehl Egelhofers übermittelt, die beiden Husaren zu erschießen. Ohne zu zögern, beauftragte
Seidel den Kammerstetter „die Sache zu machen", mit dem Beifügen,
daß er alsbald nachkommen werde. Kammerstetter ging in das Gymnasium zurück und setzte sich dort mit Schicklhofer ins Benehmen.
der bereits auf Befehl Seidels Augenbinden für die Erschießung zu-
rechtgeschnitten hatte. Schicklhofer suchte nun noch bei den im
Gymnasium untergebrachten Rotgardisten Unterschriften unter ein
„Todesurteil" gegen die Husaren zu sammeln und ein Vollstreckungs-
kommando zusammenzustellen. Es gelang ihm schließlich auch 8 bis
10 Mann, darunter den Hilfsarbeiter Josef Seidl und den Installateur
Josef Widl zu finden, die alsdann die Erschießung an der westlichen

Hofmauer, vor der Kammerstetter die Husaren aufgestellt hatte, im Beisein der übrigen Geiseln vollzogen. Ob Fritz Seidel oder sein Stellvertreter Hausmann der Erschießung im Hofe beiwohnte, konnte nicht festgestellt werden. Fritz Seidel gab aber unmittelbar nachher im Kommandantenzimmer Kammerstetter den Befehl, die Leichen nach Noskeausweisen und nach Wertsachen zu durchsuchen.

Im Laufe des Vormittags wurde noch der Professor und Kunstmaler Ernst Berger unter der Beschuldigung, einen Anschlag der Roten Armee abgerissen zu haben, ins Luitpoldgymnasium eingeliefert und nach einem Verhör durch Fritz Seidel gleichfalls im Geiselzimmer untergebracht.

Am Nachmittag erhielt Fritz Seidel vom Kriegsministerium aus die fernmündliche Weisung zur Rache für 11 angeblich in Grünwald erschossene Rotgardisten, 22 der im Luitpoldgymnasium untergebrachten Geiseln zu erschießen. Seidel verlangte aber einen schriftlichen Befehl. Dieser wurde ihm auch kurz darauf von dem Schreiner Johannes Kick und dem Bäcker Georg Pürzer, die unterwegs den Befehl gelesen hatten, überbracht. Seidel nahm den von Egelhofer eigenhändig geschriebenen und unterschriebenen Befehl mit dem Bemerken entgegen: „So, jetzt haben wir es auch schriftlich" und begab sich sodann in den dem Aktionsausschuß eingeräumten Naturkundensaal des Gymnasiums. Dort scheint er Egelhofer selbst getroffen zu haben, denn er bemerkte bei seiner Rückkehr zu Hausmann: „Jetzt können wir sie erschießen, Egelhofer hat es mir mündlich und schriftlich gegeben." Er händigte sodann den Befehl Hausmann mit dem Auftrag aus, die Erschießung zu übernehmen, und fügte bei: „Zuerst die aus den Vier Jahreszeiten". Hausmann begab sich daraufhin mit dem Kaufmann Karl Gsell, der bei Seidel Schreiberdienste versah, in das Geiselzimmer. Ihm folgte Kick und Pürzer sowie der Schreiber Hesselmann. Nach einer Besprechung mit Gsell und Hesselmann wählte Hausmann einzelne aus den Geiseln aus. Die von ihm bezeichneten Namen (Donaubauer, Nieß, von Seydlitz, Nauhaus, Deicke, Daumenlang, von Teuchert, Thurn und Taxis, Berger) wurden von Gsell und Hesselmann aufgezeichnet. Hesselmann fügte dem von ihm geschriebenen Verzeichnis zum Schluß noch bei: „Erschießen". Die aufgezeichneten Namen wurden sodann verlesen, und die verlesenen Personen von Hausmann und Hesselmann in drei Gruppen geteilt. Hesselmann bestimmte dabei noch die Reihenfolge der Abführung. Mehrere Soldaten, darunter Kick und Pürzer, führten dann die erste Gruppe in den Hof. Hesselmann und Gsell folgten mit dem Namensverzeichnis, um die Erschießung zu kontrollieren. Später wurden die andern Gruppen und dazwischen die Gräfin Westarp in den Hof geführt. Bei der zweiten Gruppe geschah dies durch den Kellner Luitpold Debus, der auch die weitere Bewachung dieser Gruppe im Hof vornahm. Während es Nieß und Donaubauer gelang, jetzt noch ihre Freilassung zu erwirken, wurden die andern

Geiseln (von Seydlitz, Nauhaus, Deicke, Daumenlang, von Teuchert, Thurn und Taxis, Berger und Gräfin Westarp) zwischen 4 und 5½ Uhr nachmittags einzeln von je 8—10 Schützen durch Gewehrsalven erschossen. Als letzter wurde Prinz Thurn und Taxis erschossen, nachdem er vorher wegen seiner eindringlichen Unschuldsbeteuerungen nochmals Fritz Seidel vorgeführt, von diesem aber mit der Bemerkung wieder fortgeschickt worden war: „Sie sind auch ein ‚von‘, ich habe jetzt keine Zeit, acht müssen wir haben". Die Auswahl und Aufstellung des Vollstreckungskommandos war wie am Vormittag von Schicklhofer vorgenommen worden. Der Feuerbefehl wurde in den ersten Fällen von Hausmann gegeben. Wer ihn später ablöste, ließ sich nicht mit Sicherheit feststellen. Nur ein geringer Teil der mitwirkenden Schützen konnte ermittelt werden, darunter außer dem vorgenannten Pürzer der Kutscher Johann Fehmer und der Metzger Heinrich Walleshauser. Dagegen konnte noch eine Reihe von Roten Soldaten (Kick, Lermer, Hannes, Huber, Riethmeier, Debus, Strelenko, Greiner) festgestellt werden, die sich bei den Erschießungen in allernächster Nähe der Schützen aufgehalten und diese dadurch sowie durch Zurufe, zum Teil auch durch Bereitschaft, nötigenfalls selbst mitzuschießen, in ihrem Tun wissentlich bestärkt und unterstützt haben.

Durch die Urteile des Volksgerichts München I vom 18. September 1919, 14. Oktober 1919 und 12. Juni 1920 wurden verurteilt Fritz Seidel und Schicklhofer wegen je zwei Verbrechen des Mordes zweimal zur Todesstrafe, Widl, Pürzer, Fehmer, Josef Seidl, Kammerstetter und Walleshauser wegen je eines Verbrechens des Mordes zur Todesstrafe, Kick, Gsell, Hesselmann, Lermer, Hannes, Huber, Riethmeier, Debus, Strelenko und Greiner wegen je eines Verbrechens der Beihilfe zum Mord zu 15 Jahren Zuchthaus. Hausmann entzog sich dem irdischen Richter durch Selbstmord.

III.

Für die Kampfhandlungen um München, die am 29. April 1919 einsetzten und besonders im südöstlichen Teil der Stadt bis zum 5. Mai einschließlich dauerten, hatten die Regierungstruppen den bestimmten Befehl erhalten, Personen, die ihnen mit der Waffe in der Hand gegenübertreten, ohne weiteres zu erschießen. Für die Truppen der Gruppe Haas war auch die Bildung von Feldgerichten angeordnet worden. Zugleich war dafür Sorge getragen worden, daß diese Anordnungen der Bevölkerung allgemein bekannt wurden. Als Beispiele hierfür seien die als Anlagen 1 und 2 abgedruckten Bekanntmachungen angeführt. Anlagen 1 und 2.

Über Todesfälle, die mit den Kampfhandlungen im Zusammenhang stehen oder in Zusammenhang gebracht werden, haben die Erhebungen folgendes ergeben:

Am Vormittag des 29. April 1919 stießen württembergische Truppen der Gruppe Haas, die bei Possenhofen ausgeladen worden waren, bei ihrem Vorgehen auf vorgeschobene Rote Truppenabteilungen, die bewaffneten Widerstand leisteten. In dem sich entwickelnden Gefecht wurden acht rote Soldaten getötet und einige verwundet. Um die Verwundeten nahmen sich Sanitätsmannschaften der Regierungstruppen an. Nachdem der Widerstand der roten Truppen bei Possenhofen gebrochen war, zogen sie sich kämpfend zurück. Ihr Widerstand versteifte sich aber wieder in der Nähe Starnbergs. Elf rote Soldaten, die hierbei den Regierungstruppen bewaffnet in die Hände fielen, wurden erschossen. Am Nachmittag des gleichen Tages wurden in Starnberg acht weitere Rotgardisten, die gleichfalls mit der Waffe in der Hand kämpfend gefangen genommen wurden, auf Grund feldgerichtlichen Urteils erschossen. Die in Aufrufen der Räteregierung behauptete Erschießung roter Sanitätsmannschaften ist durch die Erhebungen nicht bestätigt worden.

Tatsache ist nur, daß bei Possenhofen ein roter Soldat verwundet wurde, der im alten Heer Sanitäter gewesen war. Unwahr ist auch die manchmal aufgestellte Behauptung, daß bei Starnberg rote Soldaten erschossen worden seien, die dort unbewaffnet beim Essen überrascht wurden. — In allen diesen Fällen konnte der Tatbestand einer strafbaren Handlung nicht festgestellt werden.

Durch nachfolgende bayerische Truppen wurde am 29. April 1919 in Pöcking der der Roten Armee zugehörige Gärtner und Hausmeister Josef Steiner festgenommen, nachdem bei einer in seiner Wohnung vorgenommenen Durchsuchung Dum-Dum-Geschosse und Wischstricke sowie eine Pistole vorgefunden worden waren. Steiner wurde, nachdem er von Offizieren verhört worden war, über Nacht im Feuerhause verwahrt. Beim Vormarsch der Truppen am folgenden Tage wurde er mit zwei weiteren festgenommenen roten Soldaten einem kleinen Kommando übergeben, das ihn in das Gerichtsgefängnis Starnberg verbringen sollte. Unterwegs wurden die Gefangenen erschossen, als sie sich in einem längs der Straße sich hinziehenden Wald flüchten wollten. — Das zunächst beim Gericht der Schützenbrigade 21 anhängige Ermittelungsverfahren wurde nach Aufhebung der Militärgerichtsbarkeit von dem Staatsanwalt bei dem Landgerichte München II weitergeführt und am 28. Februar 1921 eingestellt.

Einer der rührigsten Anhänger der Rätebewegung in Starnberg, der Bahnmeister Josef Taschinger, war vor den einrückenden Regierungstruppen flüchtig gegangen. Er wurde aber gefangen genommen und nach Starnberg zurückgebracht. Durchsuchungen förderten Niederschriften und Telegrammentwürfe über Meldungen der Bewegungen der Regierungstruppen an die roten Truppen zutage. Taschinger wurde daraufhin vor ein von Angehörigen württembergischer Truppenteile gebildetes Feldgericht gestellt und von diesem zum Tode verurteilt. Das Urteil wurde sofort vollstreckt. Nach den Urteilsfeststellungen hat

Taschinger als Angehöriger der Roten Armee die ihm dienstlich bekanntgewordene Ankunft eines Zuges mit Regierungstruppen der Führung der roten Truppen verraten, zur Zerstörung und Sprengung des Bahnkörpers Tutzing—Starnberg Beihilfe geleistet und dadurch das Leben mehrerer hundert Mann Regierungstruppen gefährdet. Außerdem hat er über den weiteren Vormarsch und Bewegungen der Regierungstruppen, besonders über ihre Angriffsabsichten auf das Kloster Schäftlarn, den roten Truppen Nachricht geben. — Das wegen der Erschießung des Taschinger zunächst vom Gericht der 27. Division geführte Ermittelungsverfahren wurde später von dem Staatsanwalt bei dem Landgericht München II übernommen und am 18. April 1921 eingestellt.

Von weiteren württembergischen Truppen wurden in Pasing 53 in deutsche Uniformen gekleidete russische Kriegsgefangene, die sich freiwillig der Roten Armee angeschlossen hatten, aufgegriffen und nach Lochham verbracht. In ihrem Besitz wurde noch Munition, darunter Dum-Dum-Geschosse, vorgefunden; die Waffen hatten sie vorher weggeworfen. Die in Lochham liegenden Regierungssoldaten waren über die eingebrachten Russen außerordentlich erregt, weil sie am 29. April das von Russen verteidigte Fürstenfeldbruck unter Maschinengewehrfeuer hatten stürmen müssen. Nur mit Mühe konnten sie von ihren Offizieren davon abgehalten werden, die Gefangenen ohne weiteres zu erschießen. Um Ausschreitungen zu verhindern, brachte man daher die Russen in einer Werkzeughütte unter, konnte es aber nicht verhindern, daß ein unerkannt gebliebener Soldat die Tür der Hütte aufriß und einen Revolverschuß gegen die in einer Ecke zusammengedrängten Russen abgab, durch den einer der Russen tödlich verwundet wurde. Im Laufe des Nachmittags wurden die Gefangenen einzeln verhört. Auf dem Wege dahin wurden sie vielfach von Soldaten mißhandelt. Auch diese Täter konnten nicht ermittelt werden.

Am folgenden Morgen trat ein auf Grund der Anordnung des Gruppenkommandos West ordnungsmäßig gebildetes Feldgericht zusammen, das sämtliche 52 Russen zum Tode verurteilte, weil sie, wie in dem schriftlichen Urteil festgestellt ist, der roten Besatzung von Fürstenfeldbruck angehört hatten, dabei mit Gewehren ausgerüstet waren und am Morgen des 29. April beim Angriff der Regierungstruppen sich unter der Besatzung von Fürstenfeldbruck befunden hatten. Das Urteil wurde am 2. Mai 1919 in einer Kiesgrube bei Gräfelfing vollstreckt. Ausschreitungen gegen die Gefangenen kamen in Gräfelfing nicht vor. Das Verfahren war nach einleitenden Erhebungen durch den Staatsanwalt bei dem Landgericht München I von den Militärbehörden übernommen worden, nach Aufhebung der Militärgerichtsbarkeit aber wieder auf den Staatsanwalt bei dem Landgericht München I übergegangen. Es wurde am 21. Oktober 1920 von diesem eingestellt.

Nach dem Einrücken der Regierungstruppen in Grünwald am 1. Mai 1919 wurde auf Anordnung des Hauptmanns Schmidt der 1. Kompagnie des I. bayer. Schützenregiments der Feinmechaniker Höpfl, der von Ortseinwohnern als gefährlicher Spartakist bezeichnet worden war, festgenommen. Höpfl war bei der Bevölkerung gefürchtet, weil er, nachdem er bei dem Umsturz vom 7./8. November 1918 aus dem Militärgefängnis an der Leonrodstraße befreit worden war, im Januar 1919 häufig von seiner Wohnung aus Schüsse gab, bis ihm durch die Gendarmerie ein Gewehr und zwei Pistolen weggenommen wurden. Daß Höpfl an der Räterepublik tätigen Anteil genommen oder eine Kampftätigkeit gegen die Regierungstruppen entfaltet hat, konnte nicht festgestellt werden. Höpfl wurde beim weiteren Vormarsch der Regierungstruppen zunächst von der 1. Kompagnie mitgeführt, außerhalb Grünwalds aber der 2. Kompagnie übergeben, deren Führer dem Leutnant Konrad den Auftrag gab, Höpfl zur Gegenüberstellung mit Zeugen nach Grünwald zurückzubringen. Wie es dann zur Erschießung Höpfls kam, konnte nicht aufgeklärt werden, weil Leutnant Konrad vor seiner Vernehmung im Baltikum gestorben ist, die ihm beigegebenen Soldaten aber nicht zu ermitteln waren. — Das vom Gericht der Schützenbrigade 21 durchgeführte Ermittelungsverfahren ist daher eingestellt worden.

Von den in Unterföhring einrückenden Regierungstruppen wurde am 30. April 1919 auf Veranlassung eines der sozialdemokratischen Mehrheitspartei angehörigen Arbeiterrats der Führer der dortigen roten Truppen Philipp Seidner verhaftet und kurz darauf in Unterföhring erschossen. Wer die Erschießung angeordnet oder vollzogen hat, läßt sich nicht mehr feststellen. Die Erhebungen haben nur ergeben, daß Seidner am Tage seiner Festnahme mit Gewehr ausgerüstet eine Maschinengewehrstellung für die roten Truppen besichtigt und selbst ein Maschinengewehr nach Ismaning, gegen das Regierungstruppen im Anmarsch waren, vorgebracht hat. — Wegen der Erschießung Seidners war zunächst beim Gericht der Schützenbrigade 21 ein Ermittelungsverfahren anhängig. Es wurde am 28. September 1919 eingestellt, nach Aufhebung der Militärgerichtsbarkeit vom Staatsanwalt bei dem Landgericht München I aber wieder aufgenommen. Am 16. Januar 1922 erfolgte die neuerliche Einstellung.

Der gleichfalls in Unterföhring erschossene Wiesheu hatte im Verband der Roten Armee an Kampfhandlungen gegen die von Ismaning anrückenden Regierungstruppen teilgenommen. Er wurde am 1. Mai 1919 aus einer auf ihn einschlagenden Menschenmenge heraus von dem Rottmeister Martin Spenger festgenommen. Bei der körperlichen Durchsuchung fand Spenger in der Tasche des Wiesheu einen Revolver. Er führte daraufhin Wiesheu unter Schilderung des Tatbestandes einer Gruppe von Offizieren vor, von denen einer die Erschießung des Wiesheu anordnete. Spenger vollzog den Befehl auf einem nahegelegenen

Acker. Wer Spenger den Befehl gegeben hat, ließ sich nicht ermitteln. — Das zunächst von dem Gericht der bayer. 3. Reichswehrbrigade Nr. 24 betriebene, später vom Staatsanwalt bei dem Landgericht München I übernommene Ermittelungsverfahren wurde am 13. Januar 1921 eingestellt.

Über das Schicksal des seit dem 2. Mai 1919 vermißten Johann Erb fehlt jegliche Nachricht. Dafür, daß er bei den Kämpfen um München erschossen worden ist, liegt kein Anhalt vor. Von seinen Angehörigen wird er als schwermütig geschildert. Bei seinem letzten Weggang von zu Hause äußerte er seiner Tante gegenüber, er gehe fort und komme nie wieder. Das staatsanwaltschaftliche Ermittelungsverfahren ist seit dem 29. November 1921 eingestellt.

Der Schlosser Ludwig Ganserer warf am 2. Mai 1919 am Siegestor eine Eierhandgranate in eine Patrouille von Regierungstruppen, wodurch zwei Soldaten getötet und zwei weitere verwundet wurden. Er wurde sofort in die Residenz geführt und erschossen. Wer die Erschießung vorgenommen hat, kann nicht mehr festgestellt werden. Das Ermittelungsverfahren wurde am 14. Dezember 1921 vom Staatsanwalt bei dem Landgericht München I eingestellt.

Der am 2. Mai 1919 erschossene Ingenieur August Dorffmeister war während der Räteherrschaft als Mitglied der sogenannten Wirtschaftskommission und als Reiseagitator tätig. Nach den Angaben seiner Frau traf er am 1. Mai 1919 nachts Anstalten, von seiner Wohnung, Siebenbrunnstraße 1, aus einen Regierungsposten zu erschießen, der zur Sicherung der dort untergebrachten Regierungstruppen aufgestellt war. Nur den Bitten seiner Frau war es zuzuschreiben, daß er von der Ausführung seines Vorhabens Abstand nahm. In seiner Wohnung wurden später außer mehreren Pistolen ein Infanteriegewehr und zahlreiche Munition gefunden. Am 2. Mai 1919 wurde er von Regierungstruppen verhaftet und im Krüppelheim an der Harlachinger Straße erschossen. Über die Gründe, die unmittelbar zur Verhaftung und Erschießung führten, sowie über die Militärpersonen, die sie ausführten, konnten die Ermitelungen keinen Aufschluß geben. Das Verfahren wurde am 23. September 1919 eingestellt.

Der am 2. Mai 1919 getötete Schreiner Martin Faust wurde am Fenster seiner Wohnung, Kistlerstraße 1, stehend durch eine Infanteriekugel getroffen. Seinen Sohn Martin traf vor dem Anwesen Silberhornstraße 9 eine von oben herabkommende Kugel, als er für den Vater einen Arzt holen wollte. Ob der Tod beider durch verirrte oder auf sie gezielte Kugeln herbeigeführt wurde, läßt sich nicht feststellen. Die der Faustschen Wohnung gegenüberliegenden Anwesen Giesinger Volksgarten und Silberhornstraße Nr. 9 waren damals Brennpunkte der Kämpfe zwischen Roten und Regierungstruppen. Frau Faust nimmt an, daß beide Schüsse von Rotgardisten herrührten, weil zu der in

Frage stehenden Zeit die Regierungstruppen sich noch den Weg zum Giesinger Volksgarten von der äußeren Tegernseer Landstraße aus mittels Panzerwagens erkämpfen mußten. Das Ermittelungsverfahren wurde am 20. Dezember 1921 eingestellt.

Der schon früher insbesondere in Verbindung mit dem Geiselmord mehrfach genannten Oberbefehlshaber der roten Streitkräfte Egelhofer hatte sich beim Eindringen der Regierungstruppen in die Stadt dem Zugriff derselben durch Verbergen entziehen wollen. Er wurde aber entdeckt und der von der Regensburger Volkswehrkompagnie Sengmüller gestellten Residenzwache abgeliefert, wo man ihn zunächst in einem gegen den Odeonsplatz gelegenen Raum unterbrachte, später aber wegen der drohenden Haltung von Teilen der Münchener Bürgerwehr, die seine Erschießung forderten, in einem Keller beim Apothekenhof der Residenz verwahrte. Zu seiner Bewachung wurde eine besonders ausgewählte Abteilung abgestellt. Am 3. Mai früh gegen 6 Uhr erschienen bei dem wachhabenden Offizier zwei Soldaten und verlangten unter Vorzeigung eines mit dem Siegel der Stadtkommandantur versehenen Ausweises die Übergabe Egelhofers, damit er von ihnen nach der Stadtkommandantur zum Verhör gebracht werde. Als Egelhofer in Begleitung der beiden Soldaten das Wachlokal verlassen hatte, wurde von einer Menschenmenge, die sich um den Transport ansammelte, der Versuch gemacht, ihn seiner Begleitmannschaft zu entreißen. Während der wachhabende Offizier, um dies zu verhindern, die Wache alarmierte, fiel aus der Menge heraus ein Schuß, durch den Egelhofer tödlich getroffen wurde. Wer den Schuß abgegeben hat, ließ sich nicht ermitteln. Das von den Militärbehörden eingeleitete Ermittelungsverfahren wurde am 15. Juli 1919 vom Staatsanwalt bei dem Landgericht München I weitergeführt und am 4. Dezember 1919 eingestellt. Die Leiche Egelhofers wies außer der tödlichen Schußwunde keine Verletzung auf. Die Behauptung, er sei erschlagen worden, ist hiernach aus der Luft gegriffen.

Am Abend des 2. Mai 1919 war der als Spartakist verdächtige Professor Karl Horn vom Unteroffizier Rannetsperger des I. bayer. Schützenregiments in seiner Wohnung festgenommen und in das Strafvollstreckungsgefängnis Stadelheim verbracht worden. Nach seiner Vernehmung durch den später noch zu erwähnenden Leutnant Heuser wurde er wieder entlassen und von Leuten des Nachrichtenzuges des I. Schützenregiments in seine Wohnung zurückgeleitet. Am Morgen des 3. Mai 1919 wurde er wahrscheinlich auf Befehl des Leutnants beim Stab des I. Schützenregiments Dinglreiter erneut festgenommen und zunächst in das Haus Tegernseer Landstraße Nr. 98 verbracht, wo sich die Betaillonsbefehlsstelle befand. Leutnant Dinglreiter ordnete dort die Überführung nach Stadelheim an. Auf dem Wege dahin wurde Horn von einem der ihm zu seiner Begleitung beigegebenen Soldaten von rückwärts erschossen. Die Persönlichkeit dieser drei Soldaten hat sich nicht feststellen lassen. Auf Grund eigener mißverstandener Äußerungen lenkte sich zeitweise der Verdacht, Horn erschossen zu haben, auf Unteroffizier Rannetsperger. Der Verdacht ist aber durch die Erhebungen widerlegt worden. Insbesondere hat eine der Zivilpersonen, die Zeuge der Erschießung war, mit Bestimmtheit erklärt, daß sich Rannetsperger nicht unter der Bedeckungsmannschaft des Horn befand. — Das ursprünglich selbständig sowohl vom Staatsanwalt bei dem Landgericht München I wie von dem Gericht des bayer. Schützenkorps geführte Ermittelungsverfahren wurde vom 6. August 1919 ab von dem Staatsanwalt bei dem Landgericht München I allein weitergeführt, mußte aber am 25. Februar 1920 eingestellt werden.

Der am 3. Mai 1919 getötete Schriftleiter Karl Mandel, ein tschechoslowakischer Staatsangehöriger, war nach dem Umsturz als Vorsitzender des österreichischen Arbeiter- und Soldatenrats in München und als Urheber der Besetzung des österreichischen Konsulats durch linksradikale in München ansässige Österreicher bekannt geworden. Noch vor der Ermordung Eisners trat er zur kommunistischen Partei über und stand während der Räteherrschaft mit Egelhofer, Axelrod und anderen in engen Beziehungen. Nach den bisherigen Ermittelungen wurde er am 2. Mai 1919 in der Schellingstraße von Regierungstruppen verhaftet, als er gerade eine kommunistische Brandrede hielt, und in die Wachstube der Marinebrigade Wilhelmshaven in der Friedrichstraße eingeliefert, wo er in einem Raum untergebracht wurde, der zugleich drei Offizieren der Brigade als Aufenthalt diente. Als einer von diesen, der Oberleutnant zur See a. D. Kurt Schmitz, am Morgen des 3. Mai die Fensterläden öffnen wollte, sprang Mandel plötzlich auf den Tisch zu, auf dem die geladene Pistole eines der Offiziere lag und griff nach ihr. Schmitz gab daraufhin auf Mandel einen Schuß ab, weil er befürchtete, daß Mandel nicht nur fliehen, sondern auch ihn selbst und seine Kameraden angreifen wollte. Mandel wurde noch lebend in das Schwabinger Krankenhaus verbracht, verschied dort aber kurz darauf.

Völlig ungeklärt sind die Umstände, unter denen der Schmied Johann Schredinger getötet wurde. Nach den Angaben seiner Witwe hat er während der Rätezeit unter Vernachlässigung seiner Familie Tag und Nacht kommunistischen Sitzungen beigewohnt und sich hiervon auch durch Vorhaltungen seiner Frau nicht abbringen lassen. Er wurde am 3. Mai 1919 von Soldaten, deren Truppenteil nicht festgestellt werden kann, in seiner Wohnung verhaftet. Nach wiederholten vergeblichen Versuchen, ihn ausfindig zu machen, fand ihn seine Frau am 6. Mai 1919 unter den im Ostfriedhof ausgestellten Leichen. Das von dem Staatsanwalt bei dem Landgericht München I durchgeführte Ermittelungsverfahren wurde am 13. März 1922 eingestellt, weil sich weder über die Erschießung noch über deren Grund Näheres ermitteln ließ.

Gleichfalls nur ungenügend konnten die Umstände geklärt werden, die zur Erschießung des Schlossers Josef Graf und des Händlers Karl Kraus geführt haben. Graf hatte am 2. Mai 1919 an den Kämpfen in Giesing auf Seite der roten Truppen tätigen Anteil genommen und scheint sich besonders bei der Bedienung eines Maschinengewehrs hervorgetan zu haben, dessen Feuer zwei Regierungssoldaten tötete und einen verwundete. Er wurde am 3. Mai 1919 von unbekannt gebliebenen Soldaten verhaftet und am folgenden Tag an der Warngauer Straße erschossen. Das Ermittelungsverfahren wurde am 9. Januar 1922 vom Staatsanwalt bei dem Landgericht München I eingestellt. Kraus wurde am 3. Mai 1919 in seiner Wohnung, Sandstr. 33, von nicht ermittelten Regierungssoldaten verhaftet und kurz darauf von ihnen vor dem Anwesen Barerstraße 24 erschossen. Bei der Festnahme gab einer der Soldaten einer Hausbewohnerin auf deren Frage nach dem Grund der Verhaftung die Auskunft, Kraus habe von seiner Wohnung aus den kämpfenden Rotgardisten Zeichen gegeben. Die nachträglichen Erhebungen haben die Richtigkeit dieser Beschuldigung bestätigt. Kraus hat während der am Nachmittag des 2. Mai in der Sandstraße tobenden heftigen Kämpfe zwischen roten und Regierungstruppen eifrigen Verkehr mit roten Gewehr- und Maschinengewehrschützen unterhalten, die sich bei seiner Wohnung festgesetzt hatten. Auch wurde während dieser Kämpfe aus der Krausschen Wohnung heraus ein Schuß auf die Regierungtruppen abgegeben. Das am 20. November 1919 von dem bayer. Gruppenkommando IV eingeleitete Ermittelungsverfahren wurde am 30. Mai 1921 eingestellt.

Dagegen gelang es, den Sachverhalt der Erschießung des Kaufmanns Josef Sontheimer restlos zu klären. Danach erhielt am 3. Mai 1919 gegen 10 Uhr abends der Leutnant der Reserve Karl Meidert der 1. Kompagnie des Freikorps Oberland den Auftrag, den Bankbeamten Christian Frohner, der die Verteidigung des Karlsplatzes geleitet hatte, in seiner am Paulanerplatz gelegenen Wohnung festzunehmen. Bei seinem Eintreffen war Frohner bereits von anderen Truppen verhaftet worden. Er fand aber bei der Durchsuchung Sontheimer versteckt vor. Sontheimer wurde nach der Bataillonsbefehlsstelle im Franziskanerkeller mitgenommen und sollte nach einer kurzen Vernehmung durch Major Beck, der sich beim Gruppenkommando Weisung für sein ferneres Verhalten geholt hatte, kurz nach 12 Uhr nachts von Meidert mit einer Gruppe nach dem Gruppenkommando gebracht werden. Auf dem Weg dahin stieß Sontheimer in der Hochstraße den rechts von ihm gehenden Unteroffizier Karl Schuster zur Seite und versuchte, obwohl er vorher ausdrücklich darüber belehrt worden war, daß die Begleitmannschaft bei einem Fluchtversuch die Waffe gebrauchen würde, rasch nach rechts in die benachbarten steil nach dem Auermühlbach abfallenden Anlagen zu entfliehen. Schuster eilte ihm nach und feuerte, nachdem es Sontheimer beinahe gelungen war, die Anlagen

zu erreichen, einen Pistolenschuß ab, der Sontheimer in den Kopf traf.
— Im Verlauf des am 15. Mai 1919 vom Gericht der bayer. Schützenbrigade 21 eingeleiteten Ermittelungsverfahrens wurden die Tatzeugen,
die sämtlich ermittelt werden konnten, eidlich vernommen. Das Strafverfahren wurde am 28. Juli 1919 eingestellt. Auf eine Anzeige der
Braut des Sontheimer vom 19. September 1920 hin nahm der Staatsanwalt bei dem Landgericht München I das Ermittelungsverfahren
nochmals auf, gelangte aber gleichfalls zur Einstellung des Verfahrens.
Auch bei Sontheimer ist durch den Sektionsbefund glatt erwiesen, daß
er nicht erschlagen, sondern durch einen einzigen Schuß getötet wurde.

Der am 4. Mai 1919 getötete Wittmer wurde an diesem Tage gegen
10 Uhr abends auf dem Nachhausewege durch die Bavariastraße von
einem Posten der Regierungstruppen angerufen. Wittmer war sehr
schwerhörig. Er überhörte deshalb den Anruf und ging in der Richtung
auf den Posten weiter. Dabei griff er zugleich mit der Hand in die
Rocktasche. In der Meinung, Wittmer wolle ihn angreifen, wie dies
in jenen Tagen häufig nachts gegenüber Posten vorkam, schoß daraufhin der Posten und traf Wittmer tödlich in die Stirne. Diese Feststellungen gründen sich auf die Angabe einer Zeugin, welcher der Vorfall
von dem beteiligten Posten in durchaus glaubwürdiger Weise unter
dem Ausdruck des lebhaften Bedauerns über den unglücklichen Vorfall
geschildert worden war. Die Versuche, nachträglich den Posten oder
den Truppenteil zu ermitteln, blieben erfolglos, weshalb das Verfahren
am 17. Februar 1922 eingestellt wurde.

Am Nachmittag des 4. Mai 1919 erhielt der Major Schulz des Freikorps Lützow den Befehl, Maßnahmen zum Schutze der Gemeinde
Perlach zu ergreifen, weil dort Zusammenrottungen stattgefunden
haben und Ortseinwohner mit Handgranaten bedroht worden sein
sollten. Major Schulz beauftragte seinerseits den Leutnant Pölzing,
der mit zwei Lastkraftwagen nach Perlach fuhr. Pölzing nahm dort
13 Personen fest und verbrachte sie nach München in den Hofbräuhauskeller, wo sie in einem Schuppen untergebracht wurden. Einer
der Verhafteten, Konrad Zeller, Sohn, wurde alsbald wieder entlassen.
Die übrigen Verhafteten, nämlich Albert Dengler, Georg Eichner, Johann Fichtl, Sebastian Hufnagel, Josef Jakob, Georg Jakob, Artur
Koch, Johann Keil, Albert Krebs, Josef Ludwig, Konrad Zeller, Vater
und August Stöber wurden im Laufe des 5. Mai erschossen. Nach
einem von Major Schulz unterzeichneten Bericht vom 21. Juni 1919
soll bei einer am 5. Mai erfolgten Vernehmung, bei der sich Ludwig
als Spartakist mit Leib und Seele bekannt haben soll, Ludwig den
vernehmenden Offizier bedroht haben und nur von einem Vizewachtmeister durch Vorhalten der Pistole zurückgehalten worden
sein. Gleichzeitig sollen auch die anderen Gefangenen den Offizier
umringt haben, auf ihn eingedrungen sein und dabei versucht haben,
das Freie zu gewinnen, so daß sie mit dem Gewehrkolben zurück-

getrieben werden mußten. Trotz Belehrung, daß bei Fluchtversuch und tätlichem Widerstand von der Schußwaffe Gebrauch gemacht werde, hätten sie neuerdings den Posten überrumpeln und fliehen wollen. Dabei seien sie durch herbeigeeilte Mannschaften erschossen worden. Der Bericht stellt nach den Angaben des Verfassers, des Gerichtsoffiziers Denninger, den Niederschlag dienstlicher Ermittelungen über die Erschießung dar, mit denen Denninger Anfang Juni 1919 betraut wurde. Die Erhebungen, die dem Bericht als Unterlage dienten, gingen während des militärgerichtlichen Verfahrens verloren. Durch die nachträgliche Einvernahme Denningers konnte der Sachverhalt nicht mehr in den Einzelheiten aufgeklärt werden. Es ist daher nicht mehr feststellbar, inwieweit der Bericht den Tatsachen entspricht. Nach Bekundungen von Zivilpersonen sollen zuerst Ludwig und dann die übrigen Gefangenen, die in Gruppen zu zwei oder drei Mann aus dem Schuppen geführt wurden, erschossen worden sein. Von der im Bericht erwähnten Meuterei im Innern des Schuppens oder von einem Überrumpelungsversuch auf die Wachtposten haben die Zivilpersonen nichts bemerkt. Die Namen der beteiligten Mannschaften konnten nicht ermittelt werden. Für die Annahme, daß Major von Lützow, Major Schulz oder Leutnant Pölzing von der Erschießung Kenntnis gehabt, sie gefördert oder zum mindesten nicht verhindert haben, hat das Ermittelungsverfahren keine ausreichenden Anhaltspunkte ergeben. Der Staatsanwalt bei dem Landgericht München I hat am 5. Juli 1922 das Verfahren eingestellt, das am 1. September 1919 vom Gericht der Reichswehrbrigade 30 angeordnet und später vom Gericht der Reichswehrbrigade III übernommen worden war.

Am 6. Mai 1919 nahmen Angehörige der 1. Kompanie des preußischen Alexander-Regiments 26 Mitglieder eines katholischen Gesellenvereins fest, die sie für Spartakisten hielten. Auf dem Weg nach dem am Karolinenplatz gelegenen Prinz Georg Palais schlossen sich dem Zuge zahlreiche dienstfreie Soldaten unter lauten Verwünschungen gegen die Verhafteten an. Als nun durch einen von unbekannter Seite abgegebenen Schuß ein Mann der Begleitmannschaft getötet wurde, ließ sich die erbitterte Menge nicht mehr zurückhalten, sondern fiel, ohne daß die Begleitmannschaft es hindern konnte, über die Gefangenen her. Im Laufe der nun folgenden Ausschreitungen wurden im Hofe des Prinz-Georg-Palais sieben Gefangene erschossen, 19 weitere aber in einen Keller verbracht, wo sie bis auf fünf zum Teil unter schweren Mißhandlungen getötet wurden. Ein Teil der Täter konnte in dem zuerst beim Miltärgericht, später aber bei dem Volksgericht München I anhängigen Strafverfahren ermittelt werden. Durch Urteil des Volksgerichts München I wurden am 25. Oktober 1919 zwei Angeklagte (Jakob Müller und Konstantin Makowski) wegen Totschlags zu je 14 Jahren Zuchthaus und ein weiterer Angeklagter (Otto Grabasch) wegen Totschlags zu einem Jahr verurteilt. Ein weiterer Angeklagter wurde freigesprochen. Durch Urteil des gleichen Gerichtes vom 4. November 1921 wurde dann noch der Husar Stefan Latosi, der lange vergeblich gesucht worden war, zu zehn Jahren Zuchthaus verurteilt, weil er die Leichen der Getöteten beraubt hatte; die gleichfalls gegen ihn erhobene Beschuldigung des Totschlags konnte nicht erwiesen werden. Von einem der Überlebenden war im Laufe des Strafverfahrens gegen den Hauptmann von Alt-Stutterheim der Vorwurf erhoben worden, daß er es pflichtwidrig unterlassen habe, gegen die von ihm wahrgenommenen Ausschreitungen einzuschreiten. Das deswegen eingeleitete Ermittelungsverfahren hat diesen Vorwurf widerlegt. Hauptmann von Alt-Stutterheim hatte von Anfang an mit dem Transport nicht das Geringste zu tun. Er eilte aber, als er von seinem in der Briennerstraße gelegenen Quartier aus auf die Mißhandlungen der Gefangenen aufmerksam wurde, herbei und suchte sowohl durch geeignete Weisungen an die Bedeckungsmannschaft, wie dadurch, daß er die andrängenden Soldaten mit gezogener Pistole zurücktrieb, für den Schutz der Gefangenen gegenüber der tobenden Menge zu sorgen. Er hatte mit seinen Maßnahmen zunächst auch Erfolg. Um eine Wiederholung der Ausschreitungen zu verhindern, folgte er, nachdem er sich noch über den Sachverhalt erkundigt hatte, dem Zug von seinem Quartier bis zum Karolinenplatz in kurzer Entfernung nach und begab sich erst, nachdem er sich überzeugt hatte, daß die Gefangenen in den von Husaren bewachten Hof des Prinz-Georg-Palais gebracht worden waren und er sie sonach für geborgen halten konnte, in das gegenüberliegende Törringsche Palais, um dort seinem Bataillonsstab den Vorfall zu melden. Das Ermittelungsverfahren gegen ihn war zuerst vom Gericht der Reichswehrbrigade 26 eingestellt worden. Es wurde später wiederholt, und zwar vom Gericht der Reichswehrbrigade 15, wie nach Aufhebung der Militärgerichtsbarkeit vom Staatsanwalt bei dem Volksgericht München I erneut aufgegriffen, aber jedesmal wieder eingestellt. Auch die Beschwerde zum Oberstaatsanwalt bei dem Oberlandesgericht München gab ebensowenig wie der Antrag auf gerichtliche Entscheidung, der mit Beschluß des Oberlandesgerichts München vom 23. März 1921 zurückgewiesen wurde, Anlaß, die Erhebung der öffentlichen Klage anzuordnen.

Eine größere Anzahl von Erschießungen wurden in den ersten Maitagen 1919 in dem Strafvollstreckungsgefängnis Stadelheim vorgenommen, das vielen der gegen München eingesetzten Regierungstruppen als Gefangenensammelstelle diente. Von den hier einschlägigen Fällen konnte am besten die Erschießung des Schriftstellers Gustav Landauer geklärt werden, der während der ersten Räterepublik Volksbeauftragter für Volksaufklärung gewesen war.

Am Morgen des 2. Mai 1919 erhielt der Vizewachtmeister Ernst Steppe des Freikorps Weilheim den Befehl, mit den Kanonieren Heilbronner, Meichelböck, Insam und Marchand den Landauer nebst drei

Starnberger Arbeiterräten in einem Lastkraftwagen nach Stadelheim
zu verbringen. In Stadelheim befanden sich damals außer einer neu-
tralen, vom Infanterie-Leibregiment gestellten Wache, die Regiments-
befehlsstelle des 1. Bayerischen Schützen-Regiments, eine Wache von
Regierungstruppen unter dem Befehl des zugleich mit dem Nachschub
des 1. Schützen-Regiments betrauten Leutnants Christian Heuser, ferner
sonstige Mannschaften vom Freikorps Epp, eine württembergische
Kavalleriepatrouille unter Leutnant Freiherr v. Cotta, Leute vom Korps
Lützow und Detachement Liftl sowie Kraftfahrer und Nachrichten-
personal. Als Landauer bei seiner Ankunft in Stadelheim von Angehörigen dieser Truppenteile, die in größerer Anzahl vor dem Gefängniseingang standen, erkannt wurde, enstand unter den Soldaten
Unruhe und es fielen Rufe, man solle Landauer erschlagen oder erschießen. Zu Tätlichkeiten kam es aber zunächst nicht. Der Zug
mit den Gefangenen traf im rechten Seiteneingang auf Leutnant Heuser,
der auf die Meldung Steppes hin anordnete, daß die Gefangenen in
den Neubau verbracht werden sollten. Auf dem Weg dahin, der unter
Führung eines Oberaufsehers angetreten wurde, wurden die drei Arbeiterräte von Insam, Meichelböck und Marchand geführt. Ihnen
folgte Landauer von Steppe und Heilbronner begleitet. Obwohl
Leutnant Heuser bei der Entgegennahme der Meldung Steppes auf den
die Gefangenen umdrängenden Soldatenhaufen beruhigend einge-
sprochen hatte, wurden noch im rechten Seitengang erneut Vorwürfe
und Verwünschungen gegen Landauer laut. Als Landauer sich dagegen
zu rechtfertigen suchte und dabei von dem „schweinischen Militarismus" sprach, erhielt er, ohne daß er ausreden konnte, einen Schlag
ins Gesicht. Ob der Schlag von einem Offizier oder einem Mann
geführt wurde, ist zweifelhaft. Leutnant Heuser kommt jedenfalls
als Täter nicht in Betracht. Ohne daß es zu weiteren Tätlichkeiten
der ständig nachdrängenden Soldaten kam, war der Transport schon
nahezu an die in den sogenannten Kirchenhof führende Tür gelangt,
als plötzlich, wie die Begleitmannschaften übereinstimmend bekunden,
ein Offizier von rückwärts nachkam und dem Zug zurief: „Halt, der
Landauer wird sofort erschossen". Der Zug kam daraufhin zum Stehen,
und auf die Frage Landauers, ob er denn nicht verhört werde, gab
der Offizier, der unterdessen nähergekommen war, eine verneinende
Antwort, mit dem Beifügen, er werde sofort erschossen. Um die gleiche
Zeit erschien der durch seine Kleidung (Sportanzug) auffallende Gutsbesitzer und Major a. D. Frhr. v. Gagern, der sich als Führer einer freiwilligen Patrouille an dem Unternehmen gegen München beteiligt hatte.
Er fragte Landauer, wer er sei, und schlug ihm, als dieser seinen Namen
nannte, mit der Reitpeitsche unter gleichzeitigen Beschimpfungen ins
Gesicht. Dies war das Zeichen für eine allgemeine Mißhandlung des
Landauer, in deren Verlauf auch der zur. Patrouille des Freiherrn
von Cotta gehörige Ulan Eugen Digele, der schon vom Gefängniseingang

her Landauer gefolgt war und ihm schon im vorderen Gang bei der Begegnung mit Leutnant Heuser den Hut heruntergenommen hatte, dem Festgenommenen einige Peitschenschläge versetzte. Die Bemühungen Steppes und Heilbronners, Landauer zu schützen, waren angesichts der Übermacht vergeblich. Während dieser Mißhandlungen gab ein Mann, der plötzlich mit angeschlagenem Gewehr aufgetaucht war, unter dem Ruf „jetzt erschieße ich ihn" auf nächste Entfernung einen Schuß in die linke Schläfe Landauers ab. Weil Landauer aber noch Lebenszeichen von sich gab, feuerte Digele mit seiner Armeepistole einen weiteren Schuß in die rechte Schläfe ab. Ein zum Wachkommando des Infanterie-Leib-Regiments gehöriger Sergeant zog nunmehr Landauer den Mantel aus. Dabei kam Landauer auf das Gesicht zu liegen, und, weil man glaubte, er habe nochmals ein Lebenszeichen von sich gegeben, wurde ihm noch ein dritter Schuß mit einem Gewehr oder Karabiner in den Rücken versetzt. Jeder der drei Schüsse war für sich allein tötlich. Nachdem der Tod Landauers eingetreten war, nahm ein unerkannt gebliebener Soldat Uhr und Kette weg, gab aber auf Verlangen des Digele diesem die Uhr. Ein weiterer Mann versuchte Landauer den Ring vom Finger zu streifen, wurde daran aber durch das Eingreifen weiterer Soldaten gehindert. Der Mantel und nach der Ermittelung Digeles auch die Uhr wurden an die Angehörigen Landauers zurückgegeben. Die Persönlichkeit des Offiziers, der die Erschießung angeordnet hatte, konnte, obwohl nahezu 100 Personen im Ermittelungsverfahren vernommen waren, ebensowenig wie die Soldaten, die den ersten und dritten Schuß abgegeben haben, ermittelt werden. Digele hatte sich am 19. März 1920 vor dem Gericht des Auflösungsstabes 56 (29. Division) in Freiburg i. Br. wegen der Anklage eines Verbrechens des Totschlags, eines Vergehens der Körperverletzung und der Hehlerei zu verantworten. Das Gericht hielt für erwiesen, daß ein Offizier die sofortige Erschießung Landauers angeordnet hatte, und Digele daher annehmen durfte, daß der erste Schütze in Ausführung eines rechtmäßigen Befehls gehandelt und die Tötung im Sinne dieses Befehls gelegen habe. Er sprach ihn aber von der Anklage des Totschlags frei, verurteilte ihn aber wegen eines Vergehens der gefährlichen Körperverletzung und eines Vergehens der Hehlerei zur Gesamtgefängnisstrafe von fünf Wochen. Gegen Freiherrn v. Gagern wurde durch Strafbefehl des Amtgerichts München vom 13. September 1919 wegen der an Landauer begangenen Mißhandlung eine Geldstrafe von 500 Mark festgesetzt. Daß er an der Erschießung irgendwie beteiligt gewesen wäre, hat sich nicht nachweisen lassen.

In den übrigen Fällen sind die vom Staatsanwalt bei dem Landgericht München I teilweise im Anschluß an vorherige militärgerichtliche Ermittelungen gepflogenen Erhebungen bis jetzt ergebnislos geblieben. Vielfach konnte nicht einmal zuverlässig der Tag der Erschießung ermittelt werden.

So konnte über die Erschießung des Max Hörl nur festgestellt werden, daß er am 2. oder 3. Mai 1919 in der Wirtschaft seines Bruders in Giesing von Regierungstruppen verhaftet wurde, wie gerüchtweise verlautet, weil unter seiner Mitwirkung Giesinger Spartakisten in dieser Wirtschaft eine Liste bürgerlicher Geiseln aufgestellt haben sollen, sowie, daß er nach seiner Einlieferung in Stadelheim am 3. Mai erschossen wurde.

Otto Kobahn verrichtete während der Kämpfe in Giesing am 2. Mai 1919 für die Rote Armee Sanitätsdienst. Er wurde am gleichen Tage, in dem den Giesinger Rotgardisten als Hauptquartier dienenden Haus, Tegernseer Landstraße Nr. 69, von dem aus auf die Regierungstruppen geschossen worden war, festgenommen, von württembergischen Soldaten nach Stadelheim gebracht und dort Leutnant Heuser vorgeführt, der nach Aufnahme der Personalien die Verbringung des Kobahn in einen Haftraum anordnete. Statt dessen führte die Begleitmannschaft Kobahn in den Hof und erschoß ihn.

Am 1. Mai 1919 war der Redakteur Hans Schlagenhaufer von Unterhaching von Angehörigen des Detachements Liftl festgenommen worden, weil bei einer unter Leitung des Hauptmanns Liftl vorgenommenen Untersuchung ein Gewehr, dessen Besitz Schlagenhaufer wiederholt abgeleugnet hatte, vorgefunden wurde, und weil Schlagenhaufer ein weiteres Gewehr in einer anderen Wohnung versteckt hatte. Schlagenhaufer wurde im Laufe der folgenden Nacht nach Stadelheim verbracht, wo er zunächst in einer Zelle untergebracht, bald darauf aber wieder daraus zurückgeholt und im Gefängnishof erschossen wurde. Ob die Soldaten, die Schlagenhaufer erschossen haben, wie zu vermuten ist, mit denjenigen identisch sind, die ihn nach Stadelheim verbracht haben, läßt sich nicht feststellen. Hauptmann Liftl war bei der Verbringung des Schlagenhaufer nach Stadelheim nicht zugegen.

Gleichzeitig mit Schlagenhaufer sollten der Hilfsarbeiter Karl Fischer, der Schriftsetzer Michael Geigl und Eugen Vitalowitz verhaftet werden. Sie flohen, wurden aber bald darauf in einer Kiesgrube durch Leute des Detachements Liftl aufgegriffen und nach Stadelheim eingeliefert, wo sie unter nicht feststellbaren Umständen am 3. Mai erschossen wurden.

Die gleichfalls am 3. Mai erschossene Maria Kling hatte am gleichen Tage Angehörigen der roten Truppen, die mit einem Maschinengewehr den Regierungstruppen Verluste zufügten, während des Kampfes mit einer Roten-Kreuz-Fahne Winkerzeichen gegeben.

Am Abend des 4. Mai wurden von Leutnant Rank des 1. Bataillons des 1. freiwilligen Regiments mit mehreren Lastkraftwagen etwa 60 Gefangene, die nach und nach im Luitpoldgymnasium eingeliefert waren, nach Stadelheim verbracht. Für jeden Gefangenen waren ihm dabei kurze schriftliche Aufzeichnungen mitgegeben worden. Von diesen Gefangenen waren bei der Übergabe im Luitpoldgymnasium sechs, darunter zwei Frauen, als besonders gefährlich bezeichnet worden. Auf nicht ermittelte Weise kam bei der Ankunft der Transporte in Stadelheim das Gerücht auf, diese sechs Personen hätten am Kampf gegen die Regierungstruppen teilgenommen; insbesondere sollten die Frauen auf der Brust Eierhandgranaten verborgen gehabt und den kämpfenden roten Truppen Munition zugetragen haben. Einer der Gefangenen hatte, wie als feststehend angenommen werden darf, bei der Einlieferung noch Eierhandgranaten bei sich. In größter Erregung forderten daher viele der damals in Stadelheim liegenden Soldaten unter Berufung auf die bestehenden Befehle die sofortige Erschießung. Leutnant Rank und zwei weitere damals in Stadelheim anwesende Offiziere (Dunzinger und Uschold) wiedersetzten sich dem aber mit aller Entschiedenheit. Als sich aber die Erregung nicht legte, erbot sich Leutnant Uschold, ein Feldgericht zusammentreten zu lassen, um dadurch Zeit zu gewinnen. Während er deswegen mit einem der Wortführer der Soldaten verhandelte, wurden die vier männlichen Gefangenen, nachdem sie schon in das Gefängnisgebäude verbracht worden waren, wieder in den Hof zurückgebracht, wo aus den Reihen des ungeordneten Soldatenhaufens ohne irgendwelche Weisung das Feuer auf sie eröffnet wurde. Kurze Zeit darauf wurden gleichfalls ohne Wissen der genannten Offiziere die beiden Frauen aus dem Gefängnisgebäude in den Hof zurückgebracht und erschossen. Bei den Getöteten handelt es sich vermutlich um Johann Trunk, Andreas Buscher, Josef Reichl, Johann Schwarz sowie Anna Ruhland und Maria Aubeck.

Bei dem gleichfalls in Stadelheim erschossenen Pollinger waren noch bei der Einlieferung in Stadelheim Handgranaten gefunden worden. Bei zwei weiteren, unter den Namen Walz und Eisenhut, Erschossenen konnte trotz eingehender Erhebung nicht einmal die Persönlichkeit festgestellt werden, so daß angenommen werden muß, daß sie falsche Namen führten.

Wer die Erschießungen vollzogen hat, konnte im allgemeinen nicht festgestellt werden. Nur in einem Fall konnte ein württembergischer Soldat ermittelt werden, der zugab, gleichzeitig mit anderen Soldaten eine Erschießung vollzogen zu haben. Er beruft sich aber, ohne daß ihm dies widerlegt werden kann, darauf, an der Erschießung im Glauben teilgenommen zu haben, einen ordnungsgemäßen Befehl zu vollziehen. In allen diesen Fällen mußte deshalb das Ermittelungsverfahren eingestellt werden.

Eine Anzahl von Ermittelungsverfahren, die ebenfalls Erschießungen aus jener Zeit zum Gegenstand haben, ist noch im Gange. Die Staatsanwaltschaft verfolgt jede sich bietende Spur, um den Sachverhalt aufzuklären und, soweit sich der Verdacht von einer strafbaren Handlung ergibt, die Schuldigen der verdienten Strafe zuzuführen. Sie hat aber dabei mit ungewöhnlichen Schwierigkeiten zu kämpfen. Denn die Regierungstruppen, welche die Räterepublik in München niederwarfen, waren kein festgefügtes, wohlorganisiertes Heer, sondern setzten sich aus bunt zusammengewürfelten, losen, in aller Eile gebildeten Verbänden zusammen, die sich aus allen deutschen Ländern rekrutierten, einen ständigen, starken Mannschaftswechsel hatten, und über deren Angehörige keine zuverlässigen Listen geführt wurden. Sie wechselten auch häufig, oft mehrmals an einem Tage, ihre Standquartiere und vermischten sich nicht selten. So ist es nicht verwunderlich, wenn vielfach trotz aller Bemühungen der Staatsanwaltschaft, beteiligte Militärpersonen nicht ermittelt werden konnten. Dazu kommt, daß die Strafverfahren zum großen Teil erst nach langer Zeit, nach Monaten, ja nach Jahren bei der Staatsanwaltschaft anhängig wurden. Inzwischen hatten sich die Befreier Münchens längst in alle Windrichtungen zerstreut. Teilweise waren ja militärgerichtliche Untersuchungen vorausgegangen. Allein die Akten über sie konnten vielfach erst nach mühevollem, zeitraubendem Suchen oder gar nicht mehr aufgefunden werden, auch eine Folge der geschilderten Zusamensetzung der Regierungstruppen.

So werden leider einzelne Straftaten ungesühnt bleiben. Deren Zahl ist aber keineswegs so groß, wie es nach den Schriften Gumbels erscheinen könnte. Denn Gumbel übersieht, daß die roten Truppen nicht auf die Stellung einer kriegführenden Macht Anspruch erheben können, sondern Aufrührer waren und als solche behandelt werden mußten. Der Erkenntnis dieser Notwendigkeit konnte sich auch die rein sozialistische Regierung Hoffmann trotz allen Widerstrebens nicht verschließen. Die geschilderten Beweisschwierigkeiten machen natürlich, wie sie die Überführung Schuldiger erschweren, auf der anderen Seite teilweise auch die einwandfreie Feststellung rechtmäßiger Erschießungen unmöglich. Zivilpersonen kommen als Zeugen in den wenigsten Fällen in Betracht, weil die Angehörigen der roten Truppen den offenen Straßenkampf vermieden, vielmehr die Regierungstruppen heimtückisch aus Dachluken, Kaminen, Kanälen mit kaum geöffneten Kanalschachtdeckeln usw. beschossen. Bei der Vernehmung von Zivilpersonen über die Kampftätigkeit von Angehörigen der roten Truppen zeigt es sich überdies vielfach, daß die Zeugen aus Furcht vor den Rotgardisten und ihren Angehörigen in ihren Aussagen stark zurückhielten. Von Angehörigen der roten Truppen wird aber teilweise der in einer Reihe von Verfahren offen zugegebene Grundsatz vertreten, es sei Pflicht jedes Kommunisten, selbst unter Eid vor einem „reaktionären" Gericht niemals die Wahreit zu sagen, wenn dadurch ein Gesinnungsgenosse belastet würde.

Übrigens ist es ein fadenscheiniges und durchsichtiges Manöver, wenn jetzt durch Vorwürfe gegen die Regierungstruppen der Blick von der schweren Blutschuld abgelenkt werden soll, welche die gewissenlosen, ehrgeizigen Machthaber der Räterepublik auf sich luden. Sie allein trifft die Verantwortung für die Menschenverluste, welche die Befreiung Münchens von ihrer Schreckensherrschaft auf Seite der Regierungstruppen wie der roten Truppen und unter der Zivilbevölkerung erforderte, weil sie die Anwendung von Waffengewalt zur Niederwerfung des Aufruhrs unvermeidlich machte. Wenn die Menschenverluste trotz der Stärke der roten Truppen verhältnismäßig gering waren, so ist dies nur dem entschiedenen, tatkräftigen Vorgehen der Regierungstruppen zu danken. Weichliche Schwäche hätte die Zahl der Menschenverluste bedeutend vergrößert. Festgestellt muß auch werden, daß die vorgekommenen bedauerlichen Ausschreitungen ganz überwiegend nicht Offizieren, sondern Mannschaften zur Last fallen.

Der Staatsanwaltschaft kann aber daraus, daß einige Schuldige der verdienten Strafe entgingen, nicht der geringste Vorwurf gemacht werden. Sie hat in treuer Pflichterfüllung, in schwerer und unverdrossener sachlicher und unparteiischer Arbeit alle Kräfte daran gesetzt, die Wahrheit an den Tag zu bringen und der Gerechtigkeit zum Siege zu verhelfen. Wenn ihre Bemühungen teilweise an den tatsächlichen Schwierigkeiten scheiterten, so trifft sie hieran keine Schuld.

Anlage 1

An das

B a y e r i s c h e   V o l k !

Bayerische Truppen, geführt vom General Möhl und Reichswehr unter dem Oberbefehle des Generalleutnants von Oven haben

M ü n c h e n   u m s c h l o s s e n.

Den Truppen ist die Aufgabe gestellt, München und seine von den Spartakusleuten bedrängte Umgebung von dem Terror einer Minderheit zu befreien.
Arbeiter, Soldaten, Bürger, Bauern in München!
Hört die Stimme der Vernunft!

L a ß t   a b   v o m   b e w a f f n e t e n   W i d e r s t a n d !

Meidet die Straßen und Plätze, damit das Blut Unschuldiger nicht vergossen wird! Die Truppen der Regierung brechen schonungslos jeden bewaffneten Widerstand, um der Not aller ein Ende zu machen. Lebensmittel, Kohlen, Rohstoffe stehen zur Einfuhr nach München bereit.

gez. Hoffmann, Ministerpräsident.

B a y e r n!

Bayerische und Reichstruppen haben München von allen Seiten
umringt. Sie werden in die Stadt einrücken, um sie von der ungesetz-
mäßigen Schreckensherrschaft zu befreien. Die Bayerische Regierung
hat den

K r i e g s z u s t a n d und das S t a n d r e c h t

verhängt. Wer den Regierungstruppen mit der Waffe in der Hand
entgegentritt, wird mit dem Tode bestraft. Die Todesstrafe steht ferner
auf Raub, Brandstiftung, Plünderung, Zerstörung von Eisenbahnen und
Telegraphen.

Jeder bewaffnete Widerstand wird rücksichtslos mit Waffengewalt
gebrochen werden. Jeder Angehörige der roten Armee wird als Feind
des bayerischen Volkes und des Deutschen Reiches behandelt.

Darum Mahnung in letzter Stunde: W a f f e n w e g , f r e i e
B a h n d e n R e g i e r u n g s t r u p p e n , d i e e u c h F r i e d e n ,
O r d n u n g u n d F r e i h e i t w i e d e r b r i n g e n!

Für die bayerischen Truppen

gez. Möhl,   *von Oven,*
Generalmajor und Oberbefehlshaber   Generalleutnant und
der bayerischen Truppen   Oberbefehlshaber

Für die bayerische Regierung

gez. Dr. Ewinger

Abschrift zu R. J. M. Nr. IV b 2598 Gr.   München, den 23. Oktober 1923.
Nr. 42987.

Freistaat Bayern.

Staatsministerium der Justiz.

Zu den Schreiben vom 20. September und 17. Oktober 1923 Nr. IV c 2300 L und Nr. IV b 2156 Gr.
Mit 1 Beilage.

Hiermit beehre ich mich Euer Hochwohlgeboren die in Aussicht
gestellte Ergänzung zu meiner mit Schreiben vom 12. Oktober 1922
Nr. 48 965 abgegebenen Äußerung zu der Broschüre „Zwei Jahre Mord"
von E. J. Gumbel und zu Heft 7 des Jahrgangs 1922 der Zeitschrift
„Das Forum"*) zu übersenden.

Soweit bei den einzelnen Fällen nichts anderes bemerkt ist, endete
das Verfahren durch Einstellung seitens der Staatsanwaltschaft. Wegen

---

*) Anm. S. 43—49 des Buches *(E. J. G.).*

der Schwierigkeiten, mit denen die Staatsanwaltschaft bei derAufklärung
der Fälle zu kämpfen hatte, nehme ich auf die Schreiben des Staatsministeriums der Justiz vom 28. September 1921 Nr. 48 381, vom
29. Mai 1922 Nr. 24 126 und vom 12. Oktober 1922 Nr. 48 965 Bezug.
Bei den im 7. Hefte des Jahrgangs 1922 des „Forum" behandelten
Fällen kam zu diesen Schwierigkeiten noch hinzu, daß die Fälle erst
im Juni 1922, also drei Jahre, nachdem sie sich ereignet hatten, zur
Kenntnis der Staatsanwaltschaften gelangten, ein Umstand, der die
Aufklärung noch ganz bedeutend erschwerte.

I. V.
Der Staatsrat.

Unterschrift.

An den Herrn Reichsminister
der Justiz, Berlin W 9, Voßstr. 5.

Beilage zu Nr. 42987.

Die seit Oktober 1922 abgeschlossenen Verfahren mußten zum
weitaus größten Teil deshalb eingestellt werden, weil die Täter nicht
ermittelt werden konnten und weitere verfolgbare Spuren zur Ermittelung der Täter nicht mehr vorhanden sind. Nur in einigen wenigen
Fällen gelang es, die Militärpersonen ausfindig zu machen, welche die
Erschießung vollzogen oder den Befehl hierzu erteilten; in einzelnen
Fällen ließ sich wenigstens mit einiger Sicherheit ermitteln, welchem
Truppenteil die Täter angehörten; vielfach konnten aber nicht einmal
die Truppenteile festgestellt werden, in deren Befehlsbereich die Verhaftungen und Erschießungen erfolgten. In diesen Fällen versagten
auch die militärischen Akten über die Zusammensetzung der an der
Befreiung Münchens beteiligten Truppenverbände und deren Gefechts-
bereich und die polizeilichen Personalakten. Von Hinterbliebenen der
Erschossenen wurden mehrfach beim Ausschuß zur Feststellung von
Entschädigungen für Aufruhrschäden für den Regierungsbezirk Ober-
bayern oder im Wege des Zivilrechtsstreits gegen den Reichsmilitärfiskus Ersatzansprüche geltend gemacht. Auch diese Verfahren
brachten keine weitere Klärung. In vielen Fällen war die Staatsanwaltschaft einzig und allein auf die Behauptung von Angehörigen der Erschossenen angewiesen, die sonst keinerlei Bestätigung fanden und teilweise mit großer Vorsicht zu werten sind. In einer Reihe von Fällen
läßt sich überhaupt nicht feststellen, ob die Erschossenen im Kampfe
gegen die Regierungstruppen gefallen, oder ob sie mit der Waffe in der
Hand betroffen und deshalb oder aus einem anderen Grunde erschossen
worden sind.

Über das Ergebnis der Ermittelungen ist im einzelnen folgendes
zu bemerken:

7*

I

Josef S i e g l wurde anscheinend mit der Waffe in der Hand betroffen und am 3. Mai 1919 nach vorausgegangener Vernehmung durch mehrere Offiziere von den Soldaten Rothenhöfer und Grabasch auf Befehl eines Offiziers erschossen. Dieser Offizier konnte nicht ermittelt werden, möglicherweise könnte Leutnant Dinglreiter in Frage kommen. Dieser gibt die Möglichkeit, einen solchen Befehl gegeben zu haben, zu, behauptet aber glaubwürdig und unwiderlegbar, daß er den Befehl nur dann gegeben habe und nach den bestehenden Korpsbefehlen (vgl. unter Nr. III sowie die Beilage zum Schreiben vom 12. Oktober 1922 Nr. 48965 unter Nr. III) habe geben müssen, wenn der Verhaftete mit der Waffe in der Hand betroffen worden sei Das Verfahren wurde eingestellt, weil die Erschießung nicht rechtswidrig war, weil zum mindesten sowohl dem Offizier, der den Befehl gab, wie den beiden Soldaten, die den Befehl vollzogen, das Bewußtsein der Rechtswidrigkeit fehlte.

Johann S t e l z e r : Am 1. Mai 1919 wurde der prakt. Arzt Dr. Hofmann von Rotgardisten in der Steinsdorfstraße in München erschossen. Am 3. Mai 1919, vormittags, ging Stelzer über die Ludwigsbrücke; er wurde auf die Angabe eines unbekannten Zivilisten von einer vorübergehenden Patrouille der Regierungstruppen wegen Verdachts der Beteiligung an der Ermordung des Dr. Hofmann festgenommen und zur Kommandostelle des Freikorps Regensburg verbracht. Bei seiner Vernehmung dort benahm er sich äußerst frech, gab zu, bei der Ermordung Hofmanns anwesend gewesen zu sein, und äußerte, es sei bedauerlich, daß nicht alle Leute vom Schlage Hofmanns totgemacht werden könnten, und es sei eine Brutalität sondersgleichen, gegen ihn die Waffe zu erheben. Abends sollte Stelzer zur Gefangenensammelstelle verbracht werden; mit dem Transport waren der Gefreite Anton Nirschl und der Pionier Hans Männer beauftragt. Nachts zwischen 12 und 1 Uhr auf dem Wege den Auermühlbach entlang beim Kabelsteg ergriff Stelzer im raschesten Laufe die Flucht; da er auf den dreimaligen Haltruf Männers nicht stehenblieb, sandte ihm dieser drei Schüsse nach. Stelzer wurde tötlich getroffen und fiel in den Auermühlbach; am 8. Mai 1919 wurde seine Leiche bei der Ludwigsbrücke geborgen. Der Staatsanwalt hat das Verfahren, das schon die Militärbehörden eingeleitet hatten, eingestellt, weil die Tötung nicht rechtswidrig war.

Josephine S c h ä f f e r war als eifrige Spartakistin bekannt; es wurden bei ihr am 5. Mai 1919 gelegentlich einer militärischen Haussuchung mehrere Gewehre und Revolver gefunden; außerdem trug sie in ihrem Mantel einen geladenen Revolver bei sich. Sie wurde in die Elisabethschule verbracht und sollte von dort aus durch Leutnant Bachmann dem Gerichtsoffizier vorgeführt werden. Kaum hatte sie die Schule verlassen, machte sie einen Fluchtversuch; da sie auf den Haltruf Bachmanns nicht stehen blieb, schoß ihr dieser nach und traf sie tödlich. Bachmann, der hei einer späteren Vernehmung den Vorfall in dieser Weise schilderte, ist am 27. Februar 1922 gestorben.

Johann D e m a n n und Jacob E w a l d hielten sich am 2. Mai 1919 in Giesing auf, während dort gekämpft wurde. Bei den Kämpfen wurde der Schreiner Faust durch einen unglücklichen Zufall verwundet. Angeblich sahen die beiden dies, beschlossen den Verwundeten zu bergen und holten sich zu diesem Zweck im Kloster der Armen Schulschwestern zwei Sanitäterarmbinden. Bald darauf wurden sie von nicht ermittelten Soldaten festgenommen und dem Oberleutnant Wimmer vorgeführt. Die Soldaten machten die Meldung, sie hätten beide kämpfend aufgegriffen, beide hätten, um ihre Zugehörigkeit zur weißen Armee vorzutäuschen, Sanitäterarmbinden in der Tasche gehabt. Oberleutnant Wimmer hatte keinen Grund, an der Richtigkeit dieser Meldung zu zweifeln, er erteilte deshalb den Befehl, die beiden Festgenommenen zu erschießen. Der Befehl wurde sofort vollzogen. Oberleutnant Wimmer hielt sich mit Rücksicht auf die bestehenden Befehle zu seinem Vorgehen berechtigt und verpflichtet. Das Verfahren gegen ihn wurde eingestellt.

Johann G e l t l war ein Bruder des durch Selbstmord im Strafvollstreckungsgefängnis Stadelheim im Juni 1919 aus dem Leben geschiedenen Kriegsinvaliden Franz Geltl. Dieser Franz Geltl lief am 2. Mai 1919, als Rotgardisten einen gefangenen Regierungssoldaten vorbeiführten, aus seiner Wohnung heraus und stieß dem Gefangenen sein Messer in den Kopf. Johann Geltl begleitete zunächst den Transport des schwerverletzten Soldaten und begab sich sodann zu einer Zeit, als die Kämpfe in Giesing am heftigsten tobten, in die von seiner Wohnung aus ungefähr eine halbe Stunde entfernte Wirtschaft von Hörl in der Weinbauernstraße in Giesing; hier war noch während der Kämpfe in Giesing das Stammquartier einer Spartakistengruppe. Bezeichnend für den Betrieb dieser Wirtschaft war u. a. die Tatsache, daß aus ihr am 1. Mai 1919, als ein Regierungssoldat vorüberging, ein Rotgardist herausstürmte und den Soldaten mit dem Revolver niederstreckte. Als am 2. Mai 1919 Regierungstruppen eine Durchsuchung der Wirtschaft vornahmen, fanden sie dort eine größere Anzahl von Personen, die nicht in das Haus gehörten, darunter Johann Geltl, der erwiesenermaßen bis Ende April der Roten Armee angehört hatte; auch Waffen und Munition wurden entdeckt, darunter ein Infanteriegewehr, aus dem kurz vorher geschossen worden war. Geltl wurde mit vier oder fünf anderen Männern abgeführt und zur Gefangenensammelstelle in der Tegernseerlandstraße gebracht; dort wurde er alsbald mit zwei anderen Gefangenen erschossen. Wer den Befehl zur Erschießung gab und wer die Erschießung vornahm, konnte nicht festgestellt werden. Major Vogl und Leutnant Dinglreiter waren ursprünglich verdächtig, den Befehl zur Erschießung gegeben zu haben; die Erhebungen konnten diesen Verdacht nicht bestätigen. Gegen Major Vogl wurde nach vorbereitenden Erhebungen am 5. September 1919 vom Gericht der Bayerischen Schützenbrigade 21 ein Ermittelungsverfahren eingeleitet; von der Staatsanwaltschaft bei dem Landgerichte München I wurde am 1. April 1920 das Verfahren übernommen und gegen Vogl wegen eines Vergehens der fahrlässigen Tötung öffentliche Klage durch Antrag auf Eröffnung der Voruntersuchung erhoben. Durch den Beschluß das Landgerichts München I vom 7. Juni 1920 wurde Vogl außer Verfolgung gesetzt; die Einleitung eines Ermittelungsverfahrens gegen Leutnant Dinglreiter wurde vom Gericht der Bayerischen Schützenbrigade 21 am 11. August 1920 abgelehnt, weil keine Anhaltspunkte dafür vorlagen, daß Dinglreiter den Befehl zum Erschießen erteilt hatte.

Anton K ö n i g war der Führer der äußerst gewaltätig auftretenden Kommunisten in Mehring bei Augsburg; er verständigte u. a. sofort die Leitung der Augsburger Roten Armee, als in der Osterwoche 1919 eine etwa 25 Mann starke württembergische Truppenabteilung den Bahnhof Mehring besetzte, und bewirkte dadurch, daß noch in der Nacht der wegen Hochverrats verurteilte Leutnant Olschewski persönlich auf Lastautos Rotgardisten aus Augsburg heranführte und durch Verhandlungen in drohender Form den Abzug der Regierungstruppen erzwang. Als dann Ende April eine größere Abteilung von Regierungstruppen Mehring besetzte, flüchtete König nach München und fand bei einem Freunde in der Nähe des Schlachthofes Unterschlupf; dort wurde er am 2. Mai 1919 abends festgenommen. In dem von ihm benützten Bett fand man eine Armeepistole, in seinen Schuhen 16 Stück Munition dazu, ferner trug er eine zu einem Dum-Dum-Geschoß umgeänderte Pistolenpatrone und zwei Montagezangen bei sich, welche sich zur Herstellung solcher Geschosse eigneten. Er wurde in den Schlachthof verbracht und dort mehreren Offizieren vorgeführt; unter ihnen soll sich Major Probstmayer befunden haben, der dann nach Beratung mit anderen Offizieren den Befehl zur sofortigen Erschießung des König gegeben haben soll. König wurde abgeführt, machte im Hof einen Fluchtversuch und wurde dabei erschossen. Ein Nachweis dafür, daß Major Probstmayer die behauptete Anordnung traf, ist nicht erbracht; übrigens wäre es mit Rücksicht auf die bestehenden Korpsbefehle ausgeschlossen, nachzuweisen, daß er und die Soldaten, die den Befehl vollzogen, das Bewußtsein der Rechtswidrigkeit hatten oder fahrlässig handelten. Das eingeleitete Ermittelungsverfahren wurde deshalb eingestellt. Die Witwe und die Kinder des Erschossenen haben im Wege eines Zivilrechtsstreits Ansprüche auf Unterhalt gegen den Reichsmilitärfiskus erhoben. Die Klage wurde durch das inzwischen rechtskräftig gewordene Urteil des Landgerichts München I vom 10. Juli 1922 abgewiesen.

Johann E n z e n s b e r g e r wurde nach dem Ergebnis der Ermittelungen am 3. Mai 1919 in seiner Wohnung von mehreren unbekannten Soldaten verhaftet und kurz danach am Harlachinger-Weg
erschossen. Durch die Erhebungen konnte nicht aufgeklärt werden,
weshalb Enzensberger festgenommen und erschossen wurde. Nach
einem Vermerk in den polizeilichen Personalakten soll Enzensberger
auf Grund des Eingeständnisses erschossen worden sein, daß er an
den Kämpfen gegen die Regierungstruppen in Dachau teilgenommen
habe. Die Quelle dieser Behauptung ist nicht feststellbar. Die Witwe
des Erschossenen hat erklärt, ein Leutnant Brückner habe die Erschießung befohlen. Dies entspricht nicht der Wahrheit, es steht vielmehr fest, daß Leutnant Brückner an dem Vorfall überhaupt nicht
beteiligt war.

Peter L o h m a r und Johann B u l a c h: Der Bankbeamte Bulach
und dessen Untermieter Lohmar, der für die „Rote Fahne" schrieb,
und während der Räteherrschaft wiederholt mit einem Gewehr bewaffnet gesehen wurde, wurden am 3. Mai 1919 von drei Regierungssoldaten festgenommen, weil bei der Durchsuchung der Wohnung jeder
von ihnen den Besitz von Waffen bestritten hatte, bei jedem aber
ein Infanteriegewehr und eine größere Anzahl Dum-Dum-Geschosse
gefunden worden waren. Es sind auch Anhaltspunkte dafür vorhanden,
daß aus der Wohnung des Bulach auf Flieger der Regierungstruppen
geschossen worden war. Am Tage der Festnahme, abends nach Einbruch der Dunkelheit, erhielten der Gefreite Walter Försterling, der
dem Freikorps Lützow angehörte, und der Jäger Wilk den Auftrag,
die Gefangenen zum Korpsstab zu verbringen. Dabei führte sie der
Weg durch die innere Wienerstraße an den Gasteiganlagen beim
Nikolaikirchlein vorbei. Försterling, der in der Sache wiederholt verhaftet, aber wieder auf freien Fuß gesetzt worden ist, hat bei seinen
früheren Vernehmungen die Vorgänge, die sich dort abspielten,
folgendermaßen geschildert: Bulach habe sich plötzlich im Laufschritt
entfernt, er habe ihm nachlaufen wollen, Lohmar habe sich ihm jedoch
in den Weg gestellt und ihn an der Verfolgung gehindert, darauf habe
er auf Bulach und Wilk auf Lohmar geschossen. Lohmar erhielt einen
Kopfschuß, Bulach je einen Schuß in den Kopf und in die Brust
(Herzschuß). Bei seiner letzten Vernehmung am 20. August 1923 gab
Försterling eine abweichende Schilderung der Vorgänge, es liegt die
Vermutung nahe, daß er mehrere Vorfälle, bewußt oder unbewußt,
vermengt. Wilk konnte bisher nicht ermittelt werden. Die Forschungen
nach seinem Aufenthalt scheinen neuerdings einen Erfolg zu versprechen, dabei hat sich ergeben, daß der richtige Name nicht Wilk,
sondern Wilcke ist. Ob die Angaben des Försterling widerlegt werden
können und ob ihm eine strafbare Handlung nachzuweisen ist, hängt
von den Angaben des Wilcke ab. Unbeteiligte Tatzeugen der Erschießung sind nicht vorhanden. Bereits am 3. Mai 1919 wurden von

der zuständigen Militärbehörde Ermittelungen eingeleitet. Das militärgerichtliche Verfahren, das sich gegen den Gefreiten Försterling richtete,
wurde bei dem Gericht der Reichswehrbrigade 30 geführt und am
12. Januar 1921 an die Staatsanwaltschaft bei dem Landgericht
München I abgegeben. Das Verfahren ist zurzeit noch nicht abgeschlossen.

Försterling und Wilcke sind auch verdächtig, den Joseph
P l a t z e r erschossen zu haben. Platzer wurde nach dem Ergebnis
der Ermittelungen am 2. Mai 1919 in der Ohlmüllerstraße von Regierungstruppen, vermutlich von Angehörigen des Freikorps Lützow,
festgenommen und in dieser Straße oder im Lehrerinnenseminar an
der Frühlingstraße alsbald erschossen. Försterling bestreitet, von der
Sache überhaupt etwas zu wissen. Ob eine Klärung des Sachverhalts
gelingt, läßt sich jetzt noch nicht sagen.

Joseph Anton L e i b wurde am 2. Mai 1919 verhaftet und erschossen. Hierwegen wurde nach vorbereitenden Erhebungen durch
die Stadtkommandantur München am 22. März 1920 vom Gericht der
Württembergischen Reichswehrbrigade 13 ein Ermittelungsverfahren
gegen den Major Freiherr von Lindenfels eingeleitet und am 2. August
1920 die Anklage wegen fahrlässiger Tötung verfügt; vor der Hauptverhandlung wurden die Akten gemäß § 28 des Gesetzes, betreffend
die Aufhebung der Militärgerichtsbarkeit, vom 17. August 1920
(RGBl. S. 1579) an die Staatsanwaltschaft in Stuttgart abgegeben. Mit
Beschluß vom 18. September 1920 stellt das Landgericht Stuttgart das
Verfahren ein.

Michael A s c h e n b r e n n e r wurde am 7. Mai 1919 früh in
seiner Wohnung in München gelegentlich einer militärischen Hausdurchsuchung festgenommen, weil er als Spartakist bekannt war, und
in die Hohenzollernschule verbracht. Dort unternahm er abends einen
Fluchtversuch und wurde dabei von unbekannten Angehörigen des
Freikorps Lützow erschossen.

Leo H a i n wurde am 7. Mai 1919 abends in seiner Wohnung
von Angehörigen des Freikorps Lützow verhaftet, weil er als Angehöriger der Roten Armee in verschiedenen russischen Gefangenenlagern Russen für den Eintritt in die Rote Armee geworben hatte:
er wurde zunächst in das Maxgymnasium verbracht und am 8. Mai
1919 abends von dort weggeführt, um in die Polizeidirektion eingeliefert zu werden. Auf dem Wege wurde er von nichtermittelten
Soldaten erschossen. Es wurde behauptet, Hain habe auf dem Wege
einen Fluchtversuch gemacht und sei dabei erschossen worden; ob
dies richtig ist, ließ sich nicht feststellen. In einem noch nicht rechtskräftig erledigten Zivilrechtsstreit der Witwe Hain gegen den Reichsmilitärfiskus wegen Unterhalts u. a. erließ das Landgericht München I
am 8. November 1922 ein inzwischen rechtskräftig gewordenes
Zwischenurteil, in dem das Gericht den Klageanspruch, soweit er eine

Unterhaltsrente betrifft, dem Grunde nach für gerechtfertigt erklärte, weil es für erwiesen hielt, „daß Hain nicht wegen Fluchtversuchs, sondern rechtswidrig von den transportierenden Mannschaften des Freikorps Lützow erschossen worden sei". Wer diese Mannschaften waren, dafür hat sich auch in dem Zivilrechtsstreit keinerlei Anhaltspunkt ergeben.

Oskar B r u c k e r wurde am 3. Mai 1919 früh von Angehörigen des Freikorps Lützow verhaftet und wenige Stunden darauf im Salvatorkeller erschossen. Es ist festgestellt, daß er im Besitz eines Gewehres war. Die näheren Umstände der Verhaftung und Erschießung und die beteiligten Personen ließen sich nicht feststellen. Der Einzige, der darüber etwas Genaueres sagen könnte, der Gefreite Joseph Gottesleben, ist am 19. März 1920 bei den Kämpfen im Ruhrgebiet in Remscheid gefallen.

Johann H i l l e n b r a n d wurde am 2. Mai 1919 von Regierungstruppen in seiner Wohnung verhaftet, weil angeblich aus dem Hause geschossen worden war und er selbst im Besitz eines Gewehrs betroffen wurde. Noch am gleichen Tage wurde er in der Sieboldschule, vermutlich von Angehörigen des Freikorps Lützow, erschossen.

Johann F i s c h e r (nicht T i s c h e r) war Rotgardist, trieb sich oft im Luitpoldgymnasium herum und war nach hartnäckig sich aufrecht erhaltenden Gerüchten an der Geiselermordung dort (vgl. Beilage zum Schreiben vom 12. Oktober 1922 unter Nr. II) beteiligt. Er wurde am 3. Mai 1919 in seiner Wohnung, wo sich viele militäreigene Ausrüstungsgegenstände vorfanden, angeblich von Angehörigen des Freikorps Lützow, festgenommen, in die Lehrerinnenbildungsanstalt an der Frühlingstraße verbracht und dort erschossen. Näheres konnte nicht festgestellt werden.

Soweit angebliche oder wirkliche Angehörige des Freikorps Lützow beteiligt waren, sind die Ermittelungen deshalb besonders erschwert, weil die Akten dieses Freikorps im Jahre 1920, als das Korps bei den Kämpfen im Ruhrgebiet eingesetzt wurde, in Remscheid den Aufständischen in die Hände fielen und von ihnen vernichtet wurden.

Leonhard D o r s c h war bis 30. April 1919 als Rotgardist auf der Polizeiwache an der Entenbachstraße tätig. Am 4. Mai 1919 wurde er von Angehörigen des Freikorps Landsberg verhaftet, weil er im Verdacht stand, aus seiner Wohnung auf Regierungstruppen geschossen zu haben; er sollte zur Gefangenensammelstelle geschafft werden; auf dem Wege dorthin machte er einen Fluchtversuch, wurde aber wieder festgenommen; es wurde ihm bedeutet, daß bei der Wiederholung eines Fluchtversuchs auf ihn geschossen würde. Bald darauf entfloh er wieder; aus dem Kreise der Begleitmannschaft wurde ihm nachgeschossen; hierbei wurde er getötet. Wer geschossen hat, ist nicht festzustellen.

Theodor D i e t z , der sich während der Räteherrschaft an Plünderungen beteiligt hatte, erschoß am 2. Mai 1919 von seiner Wohnung aus einen Regierungssoldaten und gab, als hierauf das Haus von Regierungstruppen, die angeblich der Heeresgruppe Denk angehörten, umstellt wurde, noch mehrere Schüsse ab. Er wurde sofort festgenommen und im Sterneckerbräukeller erschossen.

Max E c k e r t wurde am 2. Mai 1919 von württembergischen Truppen verhaftet und nach Stadelheim überführt, am 3. Mai 1919 aber wieder entlassen. Am gleichen Tage wurde er neuerdings von unbekannten Angehörigen des Freikorps Werdenfels festgenommen kurze Zeit hernach in einem Hofe erschossen. Alle Bemühungen, über den Grund der Verhaftung und Erschießung Näheres zu ermitteln, bleiben ergebnislos.

Julius H e i m k i r c h n e r war während der Räteherrschaft bei der Roten Armee. Am 2. Mai 1919 wurde er in einer Wirtschaft an der Straubinger Straße von unbekannten Soldaten verhaftet. Bei seiner Verhaftung soll er zwischen Hose und Unterhose versteckt einen Revolver getragen haben. Er wurde in den Ausstellungspark geführt und dort von nicht ermittelten Soldaten eigenmächtig und ohne Befehl eines Offiziers erschossen. Im Ausstellungspark waren damals neben dem Detachement Bogendörfer noch andere, heute nicht mehr feststellbare Truppenteile untergebracht.

Ernst N o a c k : Am 1. Mai 1919 rückte eine württembergische Freiwilligen-Abteilung unter Hauptmann Zickwolff gegen den Wald bei Großhadern vor und nahm eine dort stehende Batterie der Roten Armee weg. Bald darauf wurde Noack, der eine Offiziersjacke trug, von der die Achselstücke abgerissen waren, in der Nähe der weggenommenen Stellung aufgegriffen; er hatte sich dadurch verdächtig gemacht, daß er ohne ersichtlichen Grund vor der Truppe floh. Auf dem Wege zur Wache versuchte er eine Selbstladepistole wegzuwerfen. Während seines Verhörs fing er plötzlich an aus Leibeskräften davonzulaufen. Es wurde ihm von unermittelten Mannschaften nachgeschossen, wobei er tödlich getroffen wurde. In seiner Westentasche fand man nachträglich eine Karte, in der die Stellung der von den Regierungstruppen weggenommenen Geschütze der Roten Armee eingezeichnet war.

Joseph S t r e i c h n e r wurde nach Angabe seiner Witwe auf Anzeige des Joseph Rieger (vgl. unter Nr. VI) am 2. Mai 1919 von württembergischen Truppen festgenommen. Rieger bezeichnete den Streichner als gefährlichen Spartakisten, der gemeinschaftlich mit ihm das bei ihm selbst gefundene Waffenlager besessen habe. Streichner wurde alsbald in Stadelheim erschossen. Nähere Feststellungen waren nicht möglich.

Joseph Z u l l , der angeblich nicht bei der Roten Armee war, wurde am 3. Mai 1919 gelegentlich einer Haussuchung von nicht ermittelten württembergischen Soldaten verhaftet, weil bei ihm ein abgeschlagener Karabiner gefunden wurde; er wurde unmittelbar darauf am Hans-Mielichplatz erschossen. Diese Feststellungen gründen sich auf Angaben der Eltern des Zull, die weder bestätigt noch widerlegt werden konnten.

August R a i n e r bewachte als Rotgardist beim Anrücken der Regierungstruppen eine von der Roten Armee bei Neufriedenheim in Kampfstellung gebrachte Haubitzenbatterie. Bei dieser wurde er, weil er sich auf Aufforderung der Truppe nicht von den Geschützen entfernte, von unermittelt gebliebenen, wahrscheinlich württembergischen Soldaten erschossen.

Heinrich S c h e r m e r wurde am 1. Mai 1919 von nicht ermittelten württembergischen Soldaten beobachtet, wie er im Walde bei Kreuzhof mit einem Feldstecher den Anmarsch der Regierungstruppen beobachtete; er wurde ergriffen und sofort wegen Spionage erschossen.

Theodor K i r c h n e r hatte sich als Angehöriger der Roten Armee Mitte April 1919 an der Entwaffnung einer Polizeiwache beteiligt; er wurde am 3. Mai 1919 von nicht ermittelten württembergischen Truppen verhaftet und bald darauf in der Kühbachstraße erschossen.

Rupert K i n i n g e r überfiel am 1. oder 2. Mai 1919 nach eigener Angabe seiner Witwe einen mit zwei Regierungssoldaten besetzten Kraftwagen mit der Waffe in der Hand; er wurde deshalb bald darauf in seiner Wohnung festgenommen und am 3. Mai 1919 im Schlachthof von nicht zu ermittelnden Angehörigen einer württembergischen Truppe aus Erregung über die bekanntgewordene Tat gleich nach seiner Einlieferung erschossen.

Georg S c h n e l l b ö g l, der der Roten Armee angehörte, wurde am 3. Mai 1919 von Regierungssoldaten, angeblich Württembergern, in seiner Wohnung verhaftet und am gleichen Tage erschossen. Über den Grund der Erschießung und die daran beteiligten Militärpersonen war nichts zu ermitteln.

Max S t e i d l e r (nicht S t e i d l e) war als Rotgardist Wachtposten am aufgelassenen Gaswerk an der Thalkirchnerstraße (damals Lebensmittelverteilungsstelle). Am 3. Mai 1919 wurde er in einer Gastwirtschaft von Regierungstruppen verhaftet und im Hofe der aufgelassenen Gasfabrik erschossen. Der Grund der Verhaftung und Erschießung ist nicht bekannt. Auch die beteiligten Militärpersonen konnten nicht ermittelt werden; angeblich sollen es Württemberger gewesen sein.

Georg S e i d l : Am 1. Mai 1919 nachmittags tobte an der Donnersberger Brücke und in der Nähe des Hauses Donnersbergerstraße 69, in dem sich die Gastwirtschaft Niedermaier befindet, ein heftiger Kampf; es wurde dort ein Panzerzug der Regierungstruppen durch Rotgardisten beschossen. Niedermaier hatte während des Kampfes einen von Regierungstruppen erschossenen Rotgardisten und dessen

Gewehr in das Haus getragen. Seidl kam gegen Abend in das Gast-lokal, wo sich bereits mehrere Gäste befanden. Als die Regierungs-truppen Herr der Lage geworden waren, ergriffen die auf der Straße kämpfenden Rotgardisten die Flucht; einige flüchteten durch das An-wesen Donnersbergerstraße 69 über einen rückwärts gelegenen Hof. Vor dem Anwesen waren noch kurz vorher zwei Regierungssoldaten von den Rotgardisten erschossen worden. Die Regierungssoldaten drangen alsbald in das Gastlokal ein und forderten die anwesenden Gäste zum Hochheben der Hände auf; Seidl hob die Hände hoch, machte aber dann, bewußt oder unbewußt, eine Bewegung gegen die Bierschenke zu und wurde daraufhin von einem unbekannten Soldaten niedergeschossen. Die eingedrungenen Soldaten gehörten angeblich dem Freikorps Görlitz an; doch blieben alle Ermittelungen in dieser und anderer Richtung vollständig ergebnislos.

Franz W a f f l e r wurde am 2. Mai 1919 angeblich von An-gehörigen des Freikorps Epp in seiner Wohnung verhaftet und sodann in der Landesanstalt für krüppelhafte Kinder erschossen. Die be-teiligten Militärpersonen konnten nicht festgestellt werden; es konnte nicht einmal festgestellt werden, ob sie überhaupt dem Freikorps Epp angehörten. Vermutet wird, daß sich Waffler am Kampfe gegen die Regierungstruppen beteiligte und hierwegen nachträglich von einem inzwischen verstorbenen Polizeibeamten den Regierungstruppen nam-haft gemacht wurde.

Karl W a g n e r wurde am 2. Mai 1919 in seiner Wohnung ver-haftet und unmittelbar darauf im Hofbräuhauskeller erschossen. Anhaltspunkte für die Richtigkeit der Behauptung der Witwe, es seien Angehörige der Heeresgruppe Schaaf (Freikorps Regensburg) an der Erschießung beteiligt gewesen, haben sich nicht ergeben, wohl aber dafür, daß Wagner aus dem Hinterhalt auf Regierungstruppen ge-schossen hatte und deshalb erschossen wurde.

III

Joseph D a l - S a s s o war während der Räteherrschaft Obmann der KPD., Sektion Obergiesing, und verfügte als solcher die Abstellung von Rotgardisten an die Kampffront nach Grünwald und Dachau. Am 2. Mai 1919 wurden von Regierungstruppen in seiner Wohnung zwei Armeepistolen, mehrere Handgranaten und 125 Schuß Infanterie-munition gefunden; daraufhin wurde er am nächsten Tage verhaftet, sofort einer in Giesing im Freien amtierenden Gerichtsabteilung einer nicht zu ermittelnden württembergischen Formation vorgeführt und unmittelbar hernach erschossen.

Richard H ä u s l e r, Joseph M a i r i e d l und Alois W o h l m u t h wurden am 1. Mai 1919 durch ein feldgerichtliches Urteil der württem-bergischen Heeresgruppe Haas in Großhadern zum Tode durch Er-schießen verurteilt, weil sie nach der Urteilsbegründung in Großhadern im Dienste der Münchener Roten Garde standen und durch Hetzreden gegen die Regierung gearbeitet hatten. Das Urteil wurde sofort voll-streckt. Näheres war nicht festzustellen.

Sebastian H o f wurde am 2. Mai 1919 von zwei Soldaten und einem Offizier, die nicht zu ermitteln sind, in seiner Wohnung ver-haftet und einem Feldgericht vorgeführt. Das Feldgericht, bestehend aus dem Leutnant Kicherer als Vorsitzenden und den Soldaten Wachholz und Feiler als Beisitzern, verurteilte Hof zum Tode, weil er nachgewiesenermaßen zum bewaffneten Widerstand gegen die Regierungstruppen aufgefordert, hetzerische Reden gehalten, Plünde-rungen veranlaßt und bei solchen mitgewirkt und sich insbesondere an der Festnahme von Geiseln beteiligt hatte; nach der Urteilsbegründung soll er auch zur Erschießung von Geiseln beigetragen haben. Abgesehen von dem letzteren Verdacht sind die übrigen belastenden Tatsachen durch Zeugen nachgewiesen. Das Urteil wurde sofort vollstreckt.

Johann K o l l m a n n und Emeran R ö t z e r waren Mitglieder der KPD., sie wohnten beim genossenschaftlichen Häuserblock beim Schlacht- und Viehhof. Dem Magistratsrat Käsehage wurde nach seiner Angabe von Augenzeugen mitgeteilt, daß Rötzer sich am 2. Mai 1919 mittags in der Thalkirchnerstraße am Kampf gegen die Regierungs-truppen beteiligte. Ob dies richtig ist, konnte nicht zuverlässig fest-gestellt werden; doch steht fest, daß am gleichen Tage mittags in der Wohnung Rötzers eine Zusammenkunft von Leuten stattfand, die den Regierungstruppen entgegentreten sollten und daß sich unter den Teilnehmern an dieser Besprechung auch Kollmann befand. Käsehage bat Rötzer noch vorher, aus dem Häuserblock nicht auf Regierungs-truppen zu schießen, erhielt aber von Rötzer die Antwort: „Für die Sicherheit hier drinnen sorgen wir, hier kommt uns keiner rein!" Im Laufe des Nachmittags wurde aus dem Häuserblock, in dem Rötzer und Kollmann wohnten, auf die Regierungstruppen geschossen. Dem Führer der anrückenden Abteilung, dem Rittmeister Krause d'Aires des 1. Württembergischen Freiwilligen-Regiments, waren schon vorher von einigen nicht mehr zu ermittelnden Zivilisten u. a. auch Rötzer und Kollmann als Teilnehmer am Kampfe gegen die Regierungstruppen bezeichnet worden. Eine sofortige Durchsuchung der Wohnung beider förderten bei Kollmann in einem Ofenrohr versteckt ein neues ge-schliffenes Seitengewehr, eine Pistole und scharfe Infanteriemunition, bei Rötzer ein Gewehr mit Munition zutage. Dabei hatte Rötzer erst eine halbe Stunde vorher dem Magistratsrat Käsehage, der sich zur Sammlung und Ablieferung von Waffen an die Regierungstruppen bei den Bewohnern des Häuserblocks erboten hatte, bereits vier Infanterie-gewehre abgeliefert. Rötzer und Kollmann wurden verhaftet, in den Schlachthof geführt, von einem Feldgericht, bestehend aus einem Offizier (Leutnant Kicherer) und zwei Mann, zum Tode verurteilt und sofort erschossen. Die Akten über das Feldgericht sind nicht mehr vorhanden. Die Witwe Kollmann verlangte vom Reichsmilitärfiskus im Wege der Klage für sich und ihre Kinder die Gewährung einer Unterhaltsrente wegen der Tötung ihres Mannes. Die Klage wurde vom Landgericht München I durch rechtskräftiges Urteil vom 17. November 1922 abgewiesen.

Karl R u s s e r, der während der Rätezeit die Führung bei der Entwaffnung der Polizeiwache an der Tegernseer Landstraße hatte, wurde am 3. Mai 1919 auf Grund eines feldgerichtlichen Urteils erschossen, weil er Regierungstruppen mit der Waffe in der Hand gegenübergetreten war. Akten des Feldgerichts sind nicht auffindbar; wer die Erschießung vollzog, war nicht zu ermitteln.

Joseph S e d l m a y e r wurde am 3. Mai 1919 in seiner Wohnung von mehreren Soldaten auf Veranlassung des Leutnants Möller verhaftet, weil er in Verdacht stand, ein Gewehr zu besitzen; er wurde sodann zusammen mit den im gleichen Hause verhafteten beiden Brüdern Altmann einem in der Nähe tagenden Feldgericht vorgeführt und zum Tode durch Erschießen verurteilt. Er wurde mit den beiden anderen zusammen zur Vollstreckung des Urteils in einen Hof geführt. Beim Betreten des Hofes unternahmen die drei Verurteilten einen Fluchtversuch, die Soldaten schossen auf die Fliehenden, dabei traf der Vizefeldwebel Hammerl den Sedlmayer tödlich. Leutnant Möller war nach den Erhebungen weder beim Feldgericht noch bei der Erschießung beteiligt.

F e l d g e r i c h t e traten nur bei einem Teil der „Gruppe West", und zwar, soweit bekannt, nur bei der Württembergischen Freiwilligen-Abteilung Haas in einer nicht feststellbaren Zahl von Fällen in Tätigkeit. Die Errichtung dieser Feldgerichte gründete sich auf folgenden Tagesbefehl des Gruppenkommandos West vom 1. Mai 1919:

„Zur Klärung der Befugnisse der Truppe gegenüber der Bevölkerung wird bekannt gegeben:

1. Wer den Regierungstruppen mit der Waffe in der Hand gegenübertritt, wird ohne weiteres erschossen.

2. Für Gefangene, die sonst während des Kampfes gemacht werden und nicht unter Ziffer 1 fallen, hat der Gruppenkommandeur wie im Feld ein Feldgericht zu bilden, das über die standrechtliche Erschießung zu bestimmen hat.

Das Urteil ist sofort zu vollstrecken unter Aufnahme einer Niederschrift.

3. In allen übrigen Fällen und, wenn im Falle 2 nicht auf Erschießung erkannt ist, ist Überweisung der Festgenommenen an das standrechtliche Gericht nötig.

gez. Haas."

Nähere Erläuterungen zu diesem Befehl wurden nicht gegeben, sie konnten auch gar nicht gegeben werden, weil ein mit den einschlägigen gesetzlichen Bestimmungen vertrauter Militär-Justizbeamter

bei der Gruppe West damals nicht vorhanden und bei den gegebenen
Verhältnissen auch nicht zu erreichen war. Die Truppen der Gruppe
West wußten deshalb mit dem Befehl, Feldgerichte zu bilden, nichts
anzufangen, sie erhielten auf Erkundigung über die nähere Gestaltung
des gedachten feldgerichtlichen Verfahrens keine Auskunft und unterließen es deshalb in der Hauptsache überhaupt, Feldgerichte einzurichten. Nur der stellv. Kommandeur der Freiwilligen-Abteilung, Haß,
hielt es mit Rücksicht auf die besonderen Verhältnisse, unter denen
seine Truppe eingesetzt werden mußte, für notwendig, Feldgerichte
einzurichten; auf seine Bitte um nähere Weisungen wurde ihm
schließlich bedeutet, selbständig zu handeln. Er bestimmte zum Vorsitzenden des Feldgerichts den Leutnant Kicherer, Beisitzer waren
jeweils zwei Mann aus der Truppe.

Verantwortlich für den Befehl vom 1. Mai 1919 war der Führer
der Gruppe West, der württembergische Generalmajor Haas. Sobald
der Befehl bekannt geworden war, wurde vom Generalkommando
Oven auf die Unzulässigkeit hingewiesen und die Einleitung des Ermittelungsverfahrens gegen Generalmajor Haas, beim zuständigen württembergischen Gericht der 27. Division in Ulm veranlaßt. Das Verfahren wurde am 29. August 1919 eingestellt, auf Weisung des Wehrkreiskommandos V später wieder aufgenommen, am 16. März 1920
vom Gerichtsherrn der württembergischen 27. Divison aber neuerdings
eingestellt, weil ein strafrechtliches Verschulden nicht festgestellt
werden konnte. Aus den Gründen, die zur Einstellung führten, ist
folgendes hervorzuheben:

Das Feldgericht hatte in den bestehenden Gesetzen keine Grundlage. Das feldgerichtliche Verfahren nach der Verordnung II vom
28. Dezember 1899 und § 3 EG. z. MStPO., das den Verfassern des
Befehls offensichtlich vorschwebte, kann nur gegen Ausländer angewendet werden. Bei der Beurteilung der Frage, ob Generalmajor
Haas und seine Berater bei Erlaß des Befehls schuldhaft gehandelt
haben, müssen aber die ganzen damaligen Verhältnisse berücksichtigt
werden. Am 16. April 1919 wurde in Ulm ein württembergisches
Gruppenkommando gegründet. Schon am folgenden Tage übernahm
über die als „Gruppenkommando West" vereinigten württembergischen
und bayerischen Truppen der bayerische Major Seißer den Oberbefehl.
Zu den unterstellten Truppen gehörte auch die von Generalmajor Haas
geführte württembergische Freiwilligen-Abteilung Haas. Auf Befehl des
Reichswehrministers Noske übernahm am 28. April 1919 Generalmajor
Haas die Führung der Gruppe West. Der neue Kommandeur übernahm
ohne Vorbereitung den Befehl und hatte nicht Zeit, sich erst einzurichten; die militärischen Operationen gegen München waren in vollem
Gange und forderten volle Aufmerksamkeit; dabei waren einzelne
Formationen, wie z. B. gerade die Freiwilligen-Abteilung Haas, noch
mitten in der Aufstellung begriffen und mußten trotzdem alarmiert

und sofort eingesetzt werden. Die Truppe war durch das feige, heimtückische Verhalten der Roten Armee aufs äußerste erbittert. Überall wurde die Truppe aus dem Hinterhalt angeschossen und erlitt Verluste, die Rotgardisten aber warfen im letzten Augenblick die Waffen fort und erschienen dann als unbeteiligte harmlose Bürger auf der Straße. Es bestand die Gefahr, daß die Regierungstruppen, dem Beispiel der Rotgardisten folgend, ausgiebig Selbstjustiz üben würden. Dem wollte Generalmajor Haas durch seinen Befehl einen Riegel vorschieben. Er mußte rasch handeln und auf eigene Verantwortung das tun, was ihm am zweckmäßigsten erschien, er hatte keine Zeit und keine Möglichkeit, sich über die maßgebenden gesetzlichen Vorschriften zu unterrichten, denn irgendwelche Vorschriften- und Verordnungsblätter waren nicht vorhanden, ein Militärjustizbeamter konnte trotz wiederholter dringender Aufforderung nicht zur Verfügung gestellt werden. Haß und seine Berater waren im Anschluß an Erfahrungen im Feldzug der Auffassung, daß ein Feldgericht mit einem abgekürzten Verfahren auch gegen deutsche Staatsangehörige, besonders gegen Rebellen, die sich selbst außerhalb der Gesetze stellen und sich im Kampfe gegen die Regierungstruppen an keinerlei Regeln hielten, gesetzlich zulässig sei. Aus dieser an sich falschen Rechtsauffassung kann man dem Befehlshaber um so weniger einen Vorwurf machen, als diese Meinung damals sehr weit verbreitet war. Übrigens hat der Befehl seinen eigentlichen Zweck, auf die Truppe beruhigend zu wirken und sie vor einer möglicherweise in Lynchjustiz ausartenden Selbsthilfe zurückzuhalten, tatsächlich erreicht. Die Teilnehmer an der feldgerichtlichen Verhandlung und die Vollstrecker feldgerichtlicher Urteile haben sich nur an den Befehl ihres Vorgesetzten gehalten, sie sind deshalb durch § 47 MSTGB. geschützt; es fehlte diesen Personen das Bewußtsein der Rechtswidrigkeit ihrer Handlung vollkommen.

IV

Peter B o n g r a t z, der sich schon vor der Zeit der Münchener Räteherrschaft in Leipzig, Berlin, Dresden und Hamburg herumgetrieben hatte, als dort Spartakistenunruhen waren, gehörte der Roten Armee an; er war an deren Ostfront und an der Dachauer Front tätig und zählte zu den Vertrauten Tollers. Am 2. Mai 1919 wurde er mit einem geladenen Revolver bewaffnet in der Thalkirchenerstraße von Regierungssoldaten aufgegriffen und in den Schlacht- und Viehhof eingeliefert. Bei den dort untergebrachten Truppen verschiedener Kontingente entstand in den nächsten Tagen eine äußerst große Erbitterung über die Spartakisten, denn es war bekannt geworden, daß Ulanen von Rotgardisten vom Pferde geschossen, zwei Mann am Abend von einem Zivilisten bei Prüfung seines Ausweises niedergeschossen und ein Soldat niedergestochen worden war, als er auf der Straße dem Mörder auf dessen Bitte um Feuer für seine Zigarre willfahrte. Am Abend des 5. Mai 1919 stürmte in Abwesenheit von Offizieren eine große Menge über diese Untaten grenzenlos erregter Soldaten den Raum, in welchem die Gefangenen untergebracht waren, und schoß drei Mann, darunter Bongartz, nieder, ohne daß ein erfolgreiches Einschreiten der Wachmannschaft möglich gewesen wäre. Die in dieser Sache besonders eingehend gepflogenen Ermittelungen führten nicht zur Feststellung der Täter.

Johann W i t t m a n n, der während der Räteherrschaft Führer der Sektion Haidhausen der KPD. und Befehlshaber der Rotgardisten in der Kirchenschule war, wurde am 5. Mai 1919 im Schlacht- und Viehhof erschossen. Nähere Feststellungen waren nicht möglich.

Anton O s w a l d beteiligte sich während der Räteherrschaft an der Entwaffnung der Polizeistation an der Tegernseer Landstraße und war dann kommunistischer Leiter dieser Station. Über den Grund seiner Verhaftung und Erschießung und die daran beteiligten Personen konnte nichts Näheres festgestellt werden. Kriminalwachtmeister Keidler, der sich am 3. Mai 1919 auf der von den Regierungstruppen besetzten Polizeiwache an der Tegernseer Landstraße befand, kann nur folgendes angeben: Er habe am 3. Mai 1919 Oswald wegen Verdachts der Beihilfe zum Hochverrat den Regierungstruppen auf der Polizeiwache vorgeführt, was weiter mit Oswald geschehen sei, wisse er nur gerüchtweise. Danach soll Oswald auf dem Transport nach Stadelheim in der Nähe einer Kiesgrube einen Soldaten der Begleitmannschaft um Bleistift und Papier gebeten haben, um an seine Frau ein paar Zeilen zu schreiben. Nach Empfang des Schreibmaterials habe er mit der Erklärung, er könnte vor Aufregung nicht schreiben, den Soldaten gebeten, selbst an seine Frau zu schreiben. Während der Soldat diesem Wunsche nachgekommen sei, habe er plötzlich von Oswald einen kräftigen Stoß auf die Brust bekommen und Oswald sei geflohen. Dem Flüchtling sei nachgeschossen worden, gleichzeitig hätten aber Rotgardisten aus der von ihnen besetzten Sedlbauerschen Fabrik heraus und Regierungstruppen vom Gefängnis Stadelheim aus das Feuer eröffnet. Oswald sei, von einer Kugel getroffen, an einem Zaun zusammengebrochen. Weitere Tatsachen, insbesondere darüber, daß Oswald nur verwundet worden sei, sich in ein Haus geschleppt habe, von Regierungstruppen aber wieder herausgeholt und nun erst von ihnen durch einen Schuß getötet worden sei, seien nicht bekannt geworden.

Alois R a i d l: Am 3. Mai 1919 vormittags erteilte ein Offizier dem Kriminalwachtmeister Keidler den Auftrag, Raidl zu verhaften; gleichzeitig beauftragte er mehrere Soldaten mitzugehen, die Verhaftung vorzunehmen und Raidl sofort zu erschießen. Keidler gelang es, Raidl vor seiner Wohnung anzutreffen. Raidl wurde von einem der Soldaten festgenommen, in den Hof geführt und erschossen. Die Ermittelung des Offizers, der den Befehl zur Verhaftung und Erschießung gab, und des Soldaten, der diesen Befehl vollzog, gelang nicht, ebensowenig eine Klärung, warum die Erschießung erfolgte. Raidl war Führer der Kommunistengruppe, die Mitte April 1919 die Mannschaft der Polizeiwache an der Tegernseer Landstraße entwaffnete; er besaß eine Browningpistole, die angeblich seine Frau vergraben hatte und erst nach der Erschießung ihres Mannes wieder ausgrub und ablieferte.

V

Joseph L o h e r (nicht L o h m a r) fiel nach Angabe seiner Witwe am 2. Mai 1919 im Kampfe gegen die Regierungstruppen.

Joseph Z i m m e r m a n n und Michael B i s c h l gerieten am 2. Mai 1919 während des Kampfes zwischen Regierungstruppen und Rotgardisten in die Kampflinie und wurden hier tödlich getroffen.

Jakob S c h w a i g e r ging am 1. Mai 1919 nachmittags über den Sendlingertorplatz in München und wurde hierbei von einer aus dem Hinterhalt kommenden Kugel so schwer verletzt, daß er bald darauf im Krankenhaus starb.

VI

Martin F e l s e r, Johann G o l d b r u n n e r, Karl G e r h a r d, Anton H e i m e r e r, Joseph H e i n r i t z i, Joseph N a g l, Joseph P e l l e r, Joseph R i e g e r, Friedrich T h u r i n g e r und Xaver W o p p m a n n beteiligten sich festgestelltermaßen am 2. Mai 1919 auf Seite der Roten Armee an den schweren Kämpfen gegen die Regierungstruppen, wurden im unmittelbaren Anschluß daran hierwegen festgenommen und erschossen.

Nach dem Ergebnis der Ermittelungen ist wohl kein Zweifel, daß auch Ludwig F e i g l, Anton F i s c h a l l (nicht F i s c h a l k), Max H e c k s t e i g e r und Joseph P o s c h (nicht P a s c h) an Kampfhandlungen gegen die Regierungstruppen teilgenommen haben und im unmittelbaren Anschluß daran hierwegen festgenommen und erschossen wurden.

Johann B a u e r, Vater und Sohn: Am 30. April 1919 wurde in Unterföhring von der Wohnung Bauers aus auf eine anrückende Kavalleriepatrouille der Regierungstruppen geschossen, wobei ein Pferd getroffen wurde. Von der nachfolgenden Infanterie wurde deshalb der junge Bauer verhaftet und abgeführt, weil wohl mit Sicherheit feststand, daß er es war, der auf die Patrouille geschossen hatte. Der Vater schloß sich dem Transport an. Auf dem Weg gerieten die beiden Bauer mit den Soldaten in Streit. In dessen Verlauf wurden beide erschossen, wahrscheinlich deshalb, weil sie Widerstand leisteten. Näheres ist nicht bekannt. Fest steht aber auch, das der junge Bauer in seiner Wohnung Waffen und Munition hatte.

Ludwig C r u s i u s und Joseph R a f f n e r wurden am 2. und

3. Mai 1919 im Besitze von Waffen betroffen, deshalb festgenommen und erschossen.

Joseph P r o b s t, Wilhelm S a m i s c h, Georg B a r t h und Alfons S a m m e r wurden am 2. und 3. Mai wegen Teilnahme an Kampfhandlungen und wegen Waffenbesitzes an verschiedenen Orten von verschiedenen nicht festgestellten Truppenteilen festgenommen. Sie versuchten, sich der Festnahme durch die Flucht zu entziehen und wurden hierbei erschossen.

Viktor R e i n h a r d t wurde am 2. Mai 1919 im Starnberger Bahnhof erschossen, weil er einem Unteroffizier der Regierungstruppen mit der Waffe in der Hand entgegentrat.

Joseph S t e t t n e r : Am 2. Mai 1919 vormittags war der Gärtnerplatz für den Durchgangsverkehr durch militärische Posten gesperrt. Stettner beachtete diese Absperrung absichtlich nicht, wurde aber von einem Posten zurückgehalten und nahm sofort gegen diesen eine drohende Haltung ein. Darauf hielt ihn der Posten das Gewehr entgegen, Stettner packte das Gewehr an der Mündung und schlug mit seinem Stock auf den Posten ein. Im Verlauf des entstehenden Geraufes wurde er von dem Posten niedergeschossen. Der Sachverhalt ist durch einwandfreie Augenzeugen festgestellt. Auf Seiten des Postens liegt Notwehr vor. Bei der Heimtücke, mit der damals in vielen Fällen von Zivilpersonen gegen Soldaten vorgegangen wurde, mußte der Posten damit rechnen, daß er plötzlich von Stettner mit einer versteckt gehaltenen Waffe niedergestochen oder niedergeschossen werde.

Joseph K o y e r trieb sich am 2. Mai 1919 im Hofraum des von ihm bewohnten Anwesens an der Frauenstraße in Soldatenuniform mit roter Armbinde umher, wurde von Regierungstruppen hierbei gesehen, festgenommen und bald darauf am Marienplatz erschossen. Näheres über den Grund der Erschießung und die dabei beteiligten Militärpersonen war nicht zu ermitteln.

VII

Joseph N i e d e r r e i t h e r wurde am 3. Mai 1919 von unermittelten württembergischen Truppen in seiner Wohnung festgenommen, vermutlich deshalb, weil bekannt geworden war, daß er beim Einmarsch der Regierungstruppen ein Gewehr in seinem Garten versteckt hatte. Daß er erschossen wurde, erfuhren seine Angehörigen erst, als sie seine Leiche am 5. Mai 1919 im Ostfriedhof fanden. Näheres ließ sich nicht ermitteln.

Ludwig W o o c k (nicht W a o c k) wurde am 4. Mai 1919 vormittags in seiner Wohnung festgenommen und bald darauf erschossen. Die Festnahme erfolgte, weil tags vorher aus seinem Hause geschossen worden war und weil bei der Hausdurchsuchung im Keller ein Gewehr mit abgeschlagenem Schaft gefunden wurde. Ein Nachweis dafür, daß

Woock aus dem Hause geschossen hat, ist heute nicht mehr zu erbringen. Anhaltspunkte, die zur Ermittlung der verantwortlichen Personen führen könnten, sind nicht vorhanden.

Lorenz E f f h a u s e r gehörte der Roten Armee an. Er wurde am 2. Mai 1919 abends von nicht ermittelten Regierungssoldaten in der Angertorstraße festgenommen, weil er dort einen Bekannten auf offener Straße wegen seiner kirchentreuen Gesinnung beschimpfte; er wurde zunächst ins Luitpoldgymnasium, von da am 4. Mai 1919 nach Stadelheim gebracht und hier am gleichen Tage erschossen. Die Täter und die näheren Umstände der Tat sind nicht bekannt.

Otto F a l t e r m a i e r , einer der gewalttätigen spartakistischen Beherrscher des Polizeiwesens in Obergiesing, wurde ebenfalls am 4. Mai 1919 in Stadelheim erschossen. Tags vorher wurde hier auch Joseph S t e i n g r ö b l erschossen. Die Täter sind nicht festgestellt. Ebenso ist nicht aufzuklären, wann, wo, von wem und aus welchem Grunde die Festnahme erfolgte.

Ignaz K o l l e r wurde am 2. Mai 1919 von Regierungssoldaten in seiner Wohnung verhaftet und bald darauf im südlichen Friedhof erschossen. Über den Grund seiner Verhaftung und Erschießung und die daran beteiligten Militärpersonen konnte nichts Näheres ermittelt werden. Fest steht, daß Koller während der Räteherrschaft häufig in der Implerschule, einem Hauptquartier der Roten Armee, sich aufhielt.

Peter H u h n und Georg K i s t l e r wurden zusammen mit Jakob M ü n c h am 1. Mai 1919 im Wachlokal des revolutionären Arbeiterrats in Pullach von Regierungstruppen verhaftet, weil sie während der Räteherrschaft den bürgerlichen Einwohnern in terroristischer Weise entgegengetreten waren. Sie mußten sich unter Bewachung einer gegen München anmarschierenden Truppenabteilung anschließen. In der Nähe der Großhesselloherbrücke verlangten alle drei, austreten zu dürfen, was ihnen auch gestattet wurde. Plötzlich ertönte das Kommando „Feuer" und alle drei wurden von rückwärts niedergeschossen. Huhn und Kistler waren tot, Münch wurde durch einen Schuß, der vor dem linken Ohr an der Schläfe in den Kopf eindrang, das linke Auge zerstörte und durch die linke Augenhöhle wieder heraustrat, schwer verletzt; er wurde bewußtlos oder stellte sich tot und schleppte sich später nach Hause. Bei der Feststellung des Vorgangs ist man einzig und allein auf die Aussage des Münch angewiesen, andere Zeugen stehen nicht zur Verfügung. Alle Versuche, wenigstens den in Betracht kommenden Truppenteil zu ermitteln, waren erfolglos. Auch das von Münch angestrengte Entschädigungsverfahren hat keine Klärung gebracht. Die Angaben des Münch sind schon deshalb nicht unbedingt zuverlässig, weil Münch seine ersten Angaben in wesentlichen Punkten später geändert hat.

Karl L i n k hielt sich am 2. Mai 1919, während in der Mittagszeit heftige Kämpfe zwischen Rotgardisten und Regierungstruppen in der äußeren Westendstraße tobten, in der Pförtnerstube der Fabrik von Ertl und Sohn an der Barthstraße auf; er hatte einen Rucksack bei sich. Wohl aus Neugierde verließ er für kurze Zeit die Stube und begab sich auf die Straße, um zu sehen, wie weit die Regierungstruppen schon vorgerückt seien; alsbald lief er wieder zurück. Unmittelbar darauf kamen zwei Regierungssoldaten in die Stube und erkundigten sich, wer soeben in die Fabrik zurückgelaufen sei, ein Soldat erkannte Link sofort wieder und sagte, das sei derjenige, der auf den Zuruf „Hände hoch" nicht geachtet habe, es sei Befehl gegeben, ihn deshalb sofort zu erschießen. Link wurde ergriffen, in den Fabrikhof geführt und dort sofort erschossen. Die Erschießung scheint objektiv zu Unrecht erfolgt zu sein. Ausgedehnte Ermittelungen nach den Tätern sind erfolglos geblieben.

Jakob S c h l a g i n t w e i t, über dessen politische Betätigung nichts Nachteiliges bekannt geworden ist, erhielt während der Rätezeit von der Arbeiterwehr ein Militärgewehr; am 2. Mai 1919 wurde dieses, das er bis dahin angeblich noch nicht hatte abliefern können, anläßlich einer militärischen Haussuchung in seiner Wohnung gefunden. Er wurde daraufhin verhaftet und sofort auf einer nahegelegenen Wiese erschossen. Die Täter konnten trotz der ausgedehnten Ermittelungen nicht festgestellt werden, auch nicht der Truppenteil, dem sie angehörten.

Joseph B a u e r wurde am 2. Mai 1919 auf der Wittelsbacher Brücke von Angehörigen des Freikorps Werdenfels festgenommen und am folgenden Tage in Giesing erschossen. Wer die Erschießung vorgenommen hat, ist nicht zu ermitteln, ebensowenig konnte der Grund der Verhaftung und Erschießung aufgeklärt werden.

Rupert M e i s s e n h a l t e r wurde am 3. Mai 1919 in der Tegernseer Landstraße, unbekannt von wem und unter welchen Umständen erschossen.

Der Rotgardist Baptist W a l t h e r wurde am 4. Mai 1919 von nicht ermittelten Soldaten in seiner Wohnung verhaftet und noch am gleichen Tage, unbekannt wo, erschossen.

VIII

Wann und unter welchen Umständen R. Anton B a r t h, Max K a p f h a m m e r, Georg M a g e s, Hans N e u m e i e r, Johann O b e r m a i e r, Georg R a b l, Joseph R u i t h e r und Ludwig S t i e g l e r ums Leben gekommen sind, läßt sich nicht mehr feststellen; ihre Leichen wurden zwischen dem 2. und 5. Mai 1919 aufgefunden.

Kommentar zur bayerischen Denkschrift

Die bayerische Denkschrift besteht, wie man sieht, aus drei Teilen. Der erste Teil ist rein formal. Er beschränkt sich auf die lakonische Feststellung, daß die Verfahren gegen die Mörder eingestellt sind und daß damit alles in Ordnung sei, geht jedoch mit keinem Wort auf die zugrunde liegenden Tatbestände ein. Es folgte dann scheinbar eine weitere Aufforderung des Reichsjustizministeriums, worauf die beiden anderen Teile verfaßt wurden. Sie behandeln beinahe alle im Buch dargestellten Fälle. Einen großen Teil davon ziemlich eingehend. Acht dort angeführte Morde, nämlich: die beiden Brüder Altmann, Karl Fischer, Wilhelm Hausmann, Karl Huber, Blasius Kollmeder, Xaver Köstelmaier und der Matrose Vogel sind in der bayerischen Antwort nicht enthalten. Dies hängt wohl damit zusammen, daß, wie einleitend bemerkt ist, nur diejenigen Fälle dargestellt sind, in denen die Verfahren zum Abschlusse gelangten.

An sich ist diese Beschränkung keinesfalls zu billigen, denn auch der Verlauf eines noch schwebenden Verfahrens ist für die Öffentlichkeit interessant, vor allem die Feststellung des Zeitpunkts, wann die Anklage erhoben worden ist. In den meisten Fällen erfolgte diese nämlich so spät, daß eine Aufklärung nicht mehr möglich war. Außerdem ist es auch von Wichtigkeit, zu wissen, welche Fragestellung der Anklage zugrunde liegt, welche Zeugen vernommen worden sind usw. Da aber immerhin der allergrößte Teil der im Buch behandelten Fälle auch in der Denkschrift behandelt worden sind, soll auf diesen Punkt nicht näher eingegangen werden.

Die bayerische Denkschrift nimmt gegenüber der preußischen und mecklenburgischen eine Sonderstellung ein. Die preußische Denkschrift geht auf die juristischen Fragen mit Gründlichkeit ein, die mecklenburgische sogar sehr intensiv. Man mag den dort vertretenen Standpunkt mißbilligen, aber man muß die Tatsache anerkennen, daß hier eine juristische Begründung der freisprechenden Urteile wenigstens versucht wird. Dies hat Bayern nicht nötig. Hier werden die gesamten Rechtsmorde einfach registriert, jeder bekommt ein paar Zeilen, und immer heißt es einfach: „das Verfahren wurde eingestellt" oder noch kürzer: „die Täter waren nicht zu ermitteln". Nur bei den 21 katholischen Gesellen wird der Gang des Verfahrens geschildert. Bei keinem anderen Rechtsmord wird näher auf den Gang des Verfahrens eingegangen oder etwas über den speziellen Einstellungsgrund gesagt. Diese Verachtung für juristische Details zeigt sich auch in ganz äußerlichen Dingen. Zwölf Linksmorde werden auf neun Seiten, etwa 200 Rechtsmorde auf 40 Seiten behandelt. Acht im Buch dargestellte Fälle sind in der Denkschrift nicht behandelt. Dagegen enthält sie neun neue Fälle, die zweifelsohne als als politische Morde zu betrachten und die im Buch nicht behandelt sind. Nämlich: Marie Aubeck, Egelhofer, Eisenhut, Pollinger, Anna Ruhland, Joseph Taschinger, Joseph Steiner, Eugen Vitalowicz und Walz. Insgesamt schildert sie also 193 Ermordungen von rechts.

Daneben enthält die Denkschrift eine eingehende Darstellung der 12 Morde von links, welche während der bayerischen Räterepublik vorgekommen sind. Die Darstellungen im Buch und in der Denkschrift stimmen in beiden Kategorien bis auf unbedeutende Einzelheiten überein. Neu ist meistens nur die Angabe, daß ein Verfahren geschwebt hat, das dann wieder eingestellt wurde.

Dies verändert zwar das juristische Bild, hat aber keine tatsächliche Bedeutung, da all diese Verfahren wieder eingestellt wurden. Es erübrigt sich, hierauf näher einzugehen. Angaben über bisher unbekannte Morde von links, wie z. B. die Ermordung des Arztes Hoffmann und einiger Regierungssoldaten, finden sich, zum Teil in Nebensätzen, an manchen Stellen schattenhaft angedeutet. Dies macht es wahrscheinlich, daß es sich in diesen Fällen nicht um zweifelsfreie Ermordungen von links gehandelt hat. Denn da der Verfasser an mehreren Stellen die schwere politische Schuld der Räterepublik betont, wäre es unwahrscheinlich, anzunehmen, daß er sicher festgestellte Fälle von Linksmorden nicht aufgenommen hätte. Dies um so mehr, als sich die Denkschrift ja nicht sklavisch an das Buch anzulehnen brauchte und dies ja auch nicht getan hat. Doch wird kein einziger neuer Fall eines Mordes von links dargestellt.

Man wird also annehmen dürfen, daß die hier und im Buch übereinstimmend gegebene Liste der Linksmorde vollständig ist. Ihr Zahlenverhältnis ist zwölf Linksmorde auf mindestens 193 Rechtsmorde. Und die Linksmorde sind hier weit eingehender dargestellt, als die von rechts begangenen, obwohl nach der sozialen Position mancher Ermordeten eine nähere Darstellung, z. B. bei Professor Horn oder bei Gustav Landauer, auch vom Standpunkt des Verfassers der Denkschrift angemessen gewesen wäre.

Die Darstellung der Linksmorde selbst ist übrigens ziemlich objektiv. Neue Momente gegenüber dem Buch werden jedoch nicht gebracht. Auch bei den Rechtsmorden bestätigt die bayerische Denkschrift im allgemeinen meine Behauptungen, entweder indem sie dieselben reproduziert oder ihnen nicht widerspricht. In einigen Fällen wird darauf hingewiesen, daß die betreffenden Erschießungen von einem Feldgericht angeordnet seien, worauf meistens die Bemerkung folgt, daß die Teilnehmer dieses Feldgerichts unbekannt geblieben sind

und daß auch die Exekution von unbekannt gebliebenen Soldaten vorgenommen wurde. Dies widerspricht der Behauptung, daß man es
hier mit einem politischen Mord zu tun hat, keineswegs. Denn man
muß beachten, was ja die Denkschrift ausdrücklich beweist, daß diese
Feldgerichte illegal waren, daß sie nicht befugt waren, Recht zu
sprechen, daß die von ihnen vorgenommenen Erschießungen also nichts
anderes als vorbedachte, gesetzwidrige Tötungen waren. Die Denkschrift ist sich dieser Tatsache durchaus bewußt, wenn sie sie auch
mit der Eile, der Unordnung, die damals herrschte, und anderen,
juristisch betrachtet, sekundären Momenten zu entschuldigen und zu
beschönigen bestrebt ist.

Dazu paßt natürlich die Tatsache, daß das Verfahren gegen den
General Haas, der diese Standgerichte einsetzte, eingestellt worden ist,
und daß gegen seinen juristischen Mitarbeiter, den späteren deutschnationalen Justizminister Roth, ein Verfahren überhaupt nicht eingeleitet wurde. 186 Menschen sind nach den eigenen Angaben der
Münchener Polizei durch diese illegalen Standgerichte zum Tode verurteilt worden. Da die militärischen Standgerichte ungesetzlich waren,
war die Erschießung eines Gefangenen durch ein ungesetzliches Standgericht auch in den Fällen, wo eine Beteiligung am Kampfe auf Seiten
der Roten Armee nachgewiesen war, eine rechtswidrige Tötung. Die
angebliche Beteiligung am Kampf muß übrigens auch in einer Reihe
von Fällen, wo dies behauptet wurde, tatsächlich als unbewiesen betrachtet werden. Die Rechtswidrigkeit dieser Tötungen ergibt sich aber
weiterhin auch aus der Judikatur der später eingesetzten offiziellen
Standgerichte und bayerischen Volksgerichte, welche die Beteiligung
an der Roten Armee und sogar die Beteiligung am Kampfe zum Teil
mit ganz kurzen Haftstrafen zu sühnen pflegten. Da nun ein Beweis
der Legalität dieser „standrechtlichen" Tötungen gar nicht geführt wird,
im Gegenteil, ihre Illegalität ausdrücklich zugegeben wird, so ist man
berechtigt, in der vorliegenden Denkschrift den Beweis für die Behauptung zu sehen, daß es sich auch in diesen Fällen um politische Morde
handelt.

Die von mir aus juristischen Gründen versuchte Unterscheidung
zwischen den von der Polizei als tödliche Unglücksfälle maskierten,
anerkannt politischen Morden und den angeblichen standrechtlichen
Erschießungen läßt sich danach nicht mehr aufrecht erhalten. Beide
fallen unter die Kategorie der politischen Morde.

Durch diese implizierte Feststellung hat sich der Verfasser der
Denkschrift ein großes Verdienst um die Klarstellung der politischen
Zustände unserer Zeit erworben.

Im besonderen ergibt sich aus dieser Feststellung, daß auch die
von einem „auf Grund der Anordnung des Gruppenkommandos West
ordnungsgemäß gebildeten Feldgerichts" verfügte Erschießung der
52 Russen illegal war, so daß auch sie als Opfer politischer Morde

zu betrachten sind. Durch das Wort „ordnungsgemäß gebildet" versucht die Denkschrift zwar den Eindruck zu erwecken, als wenn es sich hier um ein wirkliches Gericht gehandelt hätte. Aber durch die gerade für die Gerichte des Gruppenkommandos West gemachte Feststellung „diese Gerichte hatten in den bestehenden Gesetzen keine Grundlage", entzieht sie dieser Legalitätsbehauptung selbst den Boden. Damit erkennt sie ausdrücklich die Illegalität dieser Gerichte an und stempelt die von ihnen ausgeführten Exekutionen zu politischen Morden. Trotzdem versucht sie, die Täter zu entschuldigen, indem sie darauf hinweist, daß ihnen die Rechtswidrigkeit dieser Erschießungen nicht bewußt war. Mit dieser Begründung sind denn auch die vielen Verfahren eingestellt worden. Aber diese Auffassung, wonach das Fehlen des Bewußtseins der Rechtswidrigkeit der Handlung allein zur Einstellung des Verfahrens genügt, hätte dann auch der anderen Seite zugebilligt werden müssen. Auch die Täter von links glaubten sowohl im Fall Lacher wie im Fall der sogenannten Geiselerschießung, ein rechtmäßiges Urteil zu vollziehen. Gerade von diesem Standpunkt aus wurde bei den Erschießungen im Luitpoldgymnasium ausdrücklich gewartet, bis der schriftliche Befehl des damaligen Kommandanten Egelhofer da war. Und im Fall Lacher war dieses Bewußtsein, eine rechtmäßige Exekution vorzunehmen, noch besonders dadurch gestärkt, daß zwei höhere Justizbeamte, ein Oberamtsrichter und ein Oberamtssekretär, an den Beratungen des Gerichts teilgenommen hatten. Diesen wichtigen Punkt verschweigt allerdings die Denkschrift. Die ausführenden Organe der bayerischen Räterepublik konnten nämlich sehr wohl der Meinung sein, den Befehlen einer rechtmäßigen Regierung zu gehorchen. Zunächst war die Tatsache der Fortexistenz der Regierung Hoffmann in München gar nicht bekannt und, selbst wenn sie bekannt gewesen wäre, so hätte man den guten Glauben den Räterepublikanern durchaus zubilligen müssen, da die Räterepublik von derselben Körperschaft, dem Zentralrat, eingesetzt worden war, die auch die Regierung Hoffmann berufen hatten. Es ist daher durchaus einseitig, wenn das Fehlen des Bewußtseins einer rechtswidrigen Handlung nur den Soldaten der Regierung Hoffmann, nicht aber den Angehörigen der Roten Armee zugebilligt wird.

Diese einseitige Stellungnahme ist um so merkwürdiger, als es sich bei den Tätern von rechts regelmäßig um Offiziere oder um Mannschaften einer rechtmäßigen Armee, also um Angehörige der sogenannten gebildeten Stände oder ihre direkten Untergebenen handelt. Wenn ihnen regelmäßig bei den politischen Morden der gute Glaube an eine rechtmäßige Handlung zugebilligt wird, so imputiert die Denkschrift ihnen ein erstaunliches Maß von Unwissenheit, das sie gleichzeitig bei den den niedrigen Schichten angehörigen Soldaten der Roten Armee, ausdrücklich leugnet. Diese Fiktion läßt sich aber gerade vom Standpunkt der Denkschrift keineswegs aufrechterhalten, denn sie setzt die Annahme voraus, daß ein einfacher Mann ohne weiteres juristisch besser vorgebildet sei als die sogenannten Gebildeten. Eine Auffassung, die sicher den Verfassern der Denkschrift vollkommen fern liegt. Aus diesem Grunde muß man in der Zubilligung der bona fides bei den Offizieren und der gleichzeitigen Fiktion eines Bewußtseins der Rechtswidrigkeit der Handlung bei den Rotgardisten eine schwere Ungerechtigkeit erblicken.

Selbst die lächerlichsten Entschuldigungen und Behauptungen finden bei Rechtsmorden beim Richter ein offenes Ohr. Dagegen begegnen selbst durchaus glaubwürdige Angaben der Täter und Zeugen bei Linksmorden einer ausgesprochenen Skepsis. Hier wird sogar die Bereitschaft zum Erschießen mit langjährigen Zuchthausstrafen geahndet, während bei Rechtsmorden selbst die vollendete Tat straflos bleibt.

Man beachte auch die Gründlichkeit, mit der die 12 kommunistischen Morde untersucht und in der Denkschrift dargestellt worden sind. Sieben dicke Aktenbände mit mehr als 1000 Blatt häufen sich wegen eines kommunistischen Mordes an. Eingehend werden in der Denkschrift alle Schritte des Staatsanwalts geschildert. Durchgreifend sind seine Bemühungen um Ermittlung der Zeugen, um Aufklärung der kleinsten Einzelheiten, die vielleicht ein neues Licht auf den Täter oder die Tat werfen können. Dagegen wird das Verfahren wegen Hunderten von Morden, welche die Offiziere und Soldaten der Regierungsarmee begangen haben, ohne weiteres eingestellt und mit einigen wenigen Worten in der Denkschrift abgetan.

Selbst die Gründe, welche zur Verhaftung führen, die ja regelmäßig der Ausgangspunkt der Morde waren, werden in der Denkschrift nicht näher untersucht. Und inhaltsleere Behauptungen wie „gerüchtweise verlautet", ganz unspezifizierte Angaben wie „Hetzer" oder Angaben unbekannt gebliebener Polizeiorgane werden ohne ein Wort der Kritik wiedergegeben.

Trotzdem versucht die Denkschrift mehrfach die bayerischen Gerichte vor dem Verdacht der Untätigkeit zu schützen. Zu diesem Zweck wird immer wieder ausdrücklich darauf hingewiesen, wie schwierig die Erhebungen gewesen sind, besonders, da von der Tat bis zu ihrem Bekanntwerden beim Gericht so lange Zeit verflossen sei. Der Verfasser der Denkschrift übersieht hierbei, daß diese Tatsache gerade das stärkste Argument gegen die bayerischen Gerichte ist. Sie waren jahrelang untätig und haben mit ihren Erhebungen gewartet, bis ein Privater diese Tatsachen veröffentlichte, die doch alle Spatzen Münchens von den Dächern pfiffen. Die Erhebungen wären, wenn rechtzeitig unternommen, gar nicht so schwierig gewesen. Zum Beweis dessen braucht man nur anzuführen, daß es mir in relativ kurzer Zeit gelungen ist, diese Fälle zu sammeln, wobei mir, wie die Denkschrift zeigt, nur in ganz wenigen Fällen wirkliche Fehler unterlaufen sind. Wenn einem Einzelnen ohne Aufwand größerer Mittel und ohne irgendwelchen Apparat dies möglich war, um wieviel leichter wäre dies für die bayerische Staatsanwaltschaft gewesen, der doch der ganze Staatsbetrieb zur Verfügung stand. Manchmal klingt es sogar wie ein Vorwurf gegen mich durch, daß ich bis zur Publikation so lange gewartet hätte. So daß das Schweigen des „Hetzers“ daran schuld wäre, daß die bayerischen Gerichte nicht rascher arbeiten konnten. Aber selbst wenn man die behaupteten Schwierigkeiten als wahr unterstellt, kommt man zu demselben Vorwurf der Untätigkeit, denn selbst in stadtbekannten Fällen ist das Verfahren eingestellt worden. Von den zwölf Fällen von links ist nur einer unaufgeklärt und unbestraft geblieben. Von den 215 dargestellten Fällen von rechts kommen zunächst wahrscheinlich 22 in Wegfall, bei denen es sich nicht um Morde handelt, so daß 193 behandelte Morde übrigbleiben, und hiervon sind 172 unbestraft geblieben. Diese Tatsache, die sich aus der Denkschrift klar ergibt, stellt wohl die schärfste Anklage gegen die bayerische Justiz dar, die sich überhaupt denken läßt. Der einzige Fall unter diesen vielen Morden, bei dem eine Bestrafung stattgefunden hat, bei der Ermordung der 21 katholischen Gesellen, verdient natürlich eine besondere Beachtung. Eine Bestrafung hat hier stattgefunden, nicht etwa weil Unschuldige oder politisch Unbeteiligte ermordet worden sind — hierin bietet der Fall keine Besonderheit, denn die andern Fälle lagen genau so, — sondern ausschließlich deswegen, weil hier eine mächtige auf dem Boden der bürgerlichen Gesellschaft stehende Partei schwer gekränkt worden war. Arbeiter mögen gemordet werden zu Hunderten, sie mögen schreien. Ihr Wort verhallt, denn die Zeit ihrer Macht ist vorüber. Aber das Zentrum ist in Bayern die mächtigste Partei. Keine Regierung kann ohne sie bestehen. Und die Schmach, die ihm angetan wurde, indem seine Anhänger als Spartakisten umgebracht wurden, dieses unschuldig vergossene Blut schreit nach Rache zum Himmel. Eine Bestrafung mußte eintreten. Und schwere Kerkerstrafe trifft die schuldigen Soldaten. Aber die Offiziere, die durch grobe Verletzung ihrer Dienstvorschriften oder durch stillschweigende Billigung ein gehäuftes Maß Mitschuld tragen, gehen straflos aus.

Nicht nur bei der Betrachtung dieses Falles, vielmehr ganz allgemein darf man sich nicht allzusehr auf die dem Soldatenstand angehörigen Täter konzentrieren. Nicht ihre durch den Krieg an sich aufgestachelte Mordlust ist allein schuld. Die militärische Disziplin wäre an sich viel zu stark, als daß diese Instinkte sich restlos auswirken könnten. Und diese „Ordnung“ ist ja der Stolz des Offiziers. Aber im geeigneten Moment, vor allem im Bürgerkrieg, wird dieser Zwang entsprechend gelockert. Ohne viele Befehle oder ausdrückliche Nennung des Namens weiß der Soldat, wo er Mordfreiheit hat. Und in dieser bewußten Lockerung der Disziplin ist die schwere Mitschuld der Offiziere zu erblicken. Denn diese Lockerung zerstört die einzige

Rechtfertigung, die das Militär überhaupt hat, den Begriff der unbedingten Verantwortlichkeit, und setzt an ihre Stelle die verantwortungslose ungehemmte Mordlust. Dieser Wandlung ist sich die Denkschrift durchaus bewußt.

Denn sie läßt sich über den Charakter der bei der Einnahme von München beteiligten Truppen in sehr abfälliger Weise aus. Wer ihre Taten mit den Aufrufen vergleicht, mit denen ihr Einmarsch begleitet war, wird über diese Diskrepanz zwischen Ziel und Mittel außerordentlich erstaunen. Was soll man sich darunter vorstellen, wenn es an mehreren Stellen der Denkschrift heißt, daß die Soldaten von den Offizieren „nur mit Mühe von Ausschreitungen zurückgehalten werden konnten," so daß die Offiziere, um Zeit zu gewinnen, mit den mordlustigen Soldaten sich in fruchtlose V e r h a n d l u n g e n einlassen mußten. Von Disziplin ist hier also gar keine Rede mehr. Hier handelt es sich um Gehorsamsverweigerung im Felde, also unter erschwerenden Umständen, ein Verbrechen, auf dem unter Umständen die Todesstrafe steht. Und es wäre von einer für ihren guten Ruf bedachten Truppe ohne weiteres zu erwarten gewesen, daß solche Vorfälle mit den schärfsten Mitteln unterdrückt, zum mindesten aber späterhin bestraft worden wären. Aber nichts dergleichen ist geschehen. Die Einleitung eines solchen Verfahrens, sofort an Ort und Stelle, wäre auch die Voraussetzung gewesen, hätte die Grundlage geschaffen, auf der aufgebaut eine Bestrafung der Morde möglich gewesen wäre. Denn in allen Fällen, in denen man liest, daß die Soldaten nur mit Mühe von Ausschreitungen abgehalten werden konnten, liest man einige Zeilen später, daß diese Ausschreitungen dann doch, wenn auch vielleicht nach einiger Zeit und unter vielleicht etwas veränderten Umständen vorgefallen sind. Daß die Rote Armee Anspruch auf ein ordnungsgemäßes Gericht hatte, dies wird auch von der Denkschrift keineswegs bestritten.

Auch im Fall der 21 katholischen Gesellen sieht man die militärische Insubordination in reinster Blüte. Man bedenke, daß der Hauptmann v. Stutterheim angeblich mit gezogener Pistole die andrängenden Soldaten zurückdrängte. Es wäre selbstverständlich gewesen, daß dieses schwere militärische Vergehen durch ein sofortiges Verfahren gegen die betreffenden Soldaten hätte gesühnt werden müssen. Aber nichts dergleichen geschah. Falls man also den Angaben der Denkschrift Glauben schenken will, und dies scheint mir in diesem Punkt durchaus berechtigt, so ist man zu der Annahme gezwungen, daß Insubordination die Regel war, daß man es also hier mit einer durchaus zügellosen Truppe zu tun hatte. Es fällt übrigens hier auf, daß in der Denkschrift im selben Satz von „andrängenden Soldaten" und „tobender Menge" gesprochen wird. Es ist also anzunehmen, daß beide identisch sind. Man versteht auch nicht, wieso sich das Gericht mit der Feststellung beruhigt, daß Herr v. Stutterheim für die Sicherheit der Gefangenen nicht zuständig gewesen sei. Für die in das Prinz Arco Palais eingelieferten Gefangenen waren doch dann andere Offiziere zuständig, denn es ist nicht anzunehmen, daß es hier keinen Offizier vom Tagesdienst gegeben hat. Ist überhaupt ein Verfahren gegen diese Offiziere eingeleitet worden und was ist aus diesem Verfahren geworden? Wenn die militärische Disziplin irgendeinen Sinn hat, so kann es doch nur der sein, daß in einem solchen Sitz eines Stabes ein verantwortlicher Offizier vorhanden war.

Genau dieselbe militärische Insubordination, die ungesühnt bleibt, sieht man auch in den „ständig nachdrängenden Soldaten" im Fall Landauer. Geradezu grotesk aber liest sich die Behauptung, daß dieser Fall immerhin am besten aufgeklärt wurde, wenn man beachtet, daß trotz der vielen Beteiligten weder über die Persönlichkeit des Offiziers, der den Befehl zur Erschießung gegeben hat, noch über die sonstigen Beteiligten irgendwelche Klarheit geschaffen worden ist.

Diesen schweren Verstoß gegen die Militärdisziplin kennt und tadelt die Denkschrift; zieht jedoch hieraus keine der notwendigen Konsequenzen, die hier kurz angedeutet waren.

Übrigens geht die Denkschrift mit keinem Wort auf die zahlreichen Beraubungen der Leichen durch die Mörder ein. Diese Tatsache war aber wohl den Militärbehörden bekannt. Der folgende Korpstagebefehl des Freikorps Lützow vom 31. Mai 1919 macht dies wenigstens wahrscheinlich:

„Es ist zur Kenntnis gekommen, daß durch Angehörige von Regierungstruppen zu U n r e c h t e r w o r b e n e s H e e r e s g u t (Lederzeug, Bekleidungs- und Wäschestücke, Schuhwerk usw.) durch Postpakete an Angehörige und andere Personen versendet wurde.

Die Truppenteile sorgen für wiederholte eingehende Belehrung aller unterstellter Militärpersonen, daß alle Postsendungen nach auswärts postamtlich geprüft werden. Versendung von Heeresgut bleibt daher nicht geheim.

Alle Heeresangehörigen sind eindringlichst vor der Begehung von Unterschlagungen zu warnen, da letztere strenge gerichtliche Strafen nach sich ziehen."

In diesem Befehl ist natürlich von Beraubungen von Leichen nicht die Rede. Ein solches Vorgehen ist militärisch undenkbar und die Tatsache seiner Existenz darf durch eine offizielle Erwähnung nicht publik gemacht werden. Aber wer diese Vorgänge kannte, wußte, was unter diesem Befehl zu verstehen war, besonders wenn man beachtet, daß ein großer Teil der Ermordeten militärisch bekleidet war.

Neben diesen prinzipiellen Bemerkungen verdienen auch die Vorgänge bei den einzelnen Morden eine besondere Betrachtung. Durchaus unglaubwürdig klingt z. B. die Darstellung der Erschießung Egelhofers, wonach dieser um 6 Uhr morgens von einer um das Wachtlokal angesammelten Menschenmenge getötet worden sei. Die Menschenmenge, die um 6 Uhr morgens vor dem Wachtlokal war, kann, falls sie überhaupt objektiv vorhanden war, doch nur aus Soldaten der betreffenden Regimenter bestanden haben, über welche die Offiziere kraft ihrer Dienstgewalt die Herrschaft hätten gewinnen müssen. Es besteht daher der Verdacht, daß diese Menschenmenge, genau wie im Fall Rosa Luxemburg, überhaupt nicht vorhanden war.

Unglaubwürdig erscheint auch die Behauptung, daß der Redakteur Mandel die drei Offiziere gleichzeitig hätte angreifen können. Geradezu grotesk klingt der durch eidliche Vernehmung geführte Beweis eines Fluchtversuchs im Fall Sontheimer. Die Behauptung des Täters ist durchaus unglaubwürdig, und zwar aus denselben Gründen, die im Kommentar zur preußischen Denkschrift in den analogen Fällen angeführt sind. Daß man einen solchen Mann überhaupt zum Eid zuläßt, ist eine ungeheuerliche Groteske. Überhaupt wird man gegenüber diesen zahlreichen Fluchtversuchen eine gesunde Skepsis bewahren müssen. Ein Fluchtversuch hätte nämlich in den meisten Fällen ein geradezu ungewöhnliches Maß von Mut vorausgesetzt. Und wenn Fluchtversuche tatsächlich so häufig gewesen wären, so hätte sich dies doch auch dahin auswirken müssen, daß einmal ein Fluchtversuch gelungen wäre. Aber niemals ist dies der Fall. Den positivsten Anhalt für diese Unglaubwürdigkeit der Fluchtversuche gewinnt man jedoch im Fall der Perlacher Arbeiter. Denn hier zeigt sich eine bezeichnende Diskrepanz in den Aussagen der beteiligten Offiziere und der unbeteiligten Zeugen. Während der Leutnant Denninger eingehend von einem Fluchtversuch, ja sogar von einer Überrumpelung des Postens spricht, haben, wie die Denkschrift selbst schreibt, die Zivilpersonen ausdrücklich gesagt, daß die Arbeiter einzeln herausgeführt und an die Wand gestellt worden sind. Mir vorliegende Zeugenaussagen bekräftigen diese Angaben. Danach haben die Arbeiter sogar flehentlich um ihr Leben gebettelt. Es bedarf keiner längeren Untersuchung, welche Aussage glaubwürdiger ist, die des beteiligten Offiziers oder die der vielen unbeteiligten Zeugen. Selbst die Denkschrift läßt die Aussagen Denningers keineswegs in besonders glaubwürdigem Lichte erscheinen.

Man sieht also, wie wenig den Angaben über solche Fluchtversuche Glauben zu schenken ist.

Der Fall Horn macht es übrigens wahrscheinlich, daß diese Erschießungen auf der Flucht mit der stillschweigenden Erlaubnis der Offiziere veranstaltet worden sind. Auch ohne weitere Befehle wußten die Soldaten, wann ihnen ein solcher Fluchtversuch passieren sollte.

Im allgemeinen wird man annehmen können, daß die Angaben der Denkschrift den Tatsachen entsprechen. Dies hat umsomehr Wahrscheinlichkeit, als sie ja in den meisten Fällen mit meinen auf Grund der Aussagen der Hinterbliebenen gemachten Aussagen übereinstimmen. Manche der Abweichungen sind ohne weiteres erklärlich, da die Gerichte ja mehr Zeugen vernehmen konnten, und auch die Angaben der Täter wohl anders einschätzten, als ich es getan hätte. Trotzdem scheint es mir, als ob man auch die Richtigkeit der Denkschrift nicht in allen Fällen vorbehaltlos annehmen dürfte. So wird zum Beispiel behauptet, daß Marie Kling den roten Truppen Zeichen gegeben habe, während dies von den Angehörigen mit aller Entschiedenheit bestritten wird. Und im Fall Horn wird behauptet, daß Georg Gruber, der den Mord mit ansah, bei der Konfrontierung den Unteroffizier Rannetsperger nicht wiedererkannt habe. In Wirklichkeit wurde Rannetsperger dem Gruber in hoher blauer Mütze und blauer Friedensbluse vorgeführt. Darauf erklärte Gruber: „So wie er vor mir steht, war es nicht", und verlangte, Rannetsperger solle ihm in Felduniform mit Stahlhelm vorgeführt werden. Dies geschah jedoch nicht, da Rannetsperger erklärte, am kritischen 2. Mai die Friedensuniform getragen zu haben. Diese Behauptung ist vollkommen unglaubwürdig, da alle Soldaten damals Felduniform und Stahlhelm zu tragen hatten. Danach war also eine Identität Rannetspergers mit dem Täter auch nach der Konfrontation nicht ausgeschlossen, während die Denkschrift das Gegenteil behauptet.

Nimmt man die Angaben der Denkschrift für richtig, so stellt sich der normale bayerische Fall demnach etwa folgendermaßen dar: N. N. wurde am soundsovielten Mai aus seiner Wohnung auf Grund der Denunziation einer unerkannt gebliebenen Zivilperson von unbekannt gebliebenen Soldaten auf Befehl eines unbekannt gebliebenen Offiziers geholt und auf unbekannt gebliebene Weise umgebracht. Das ist das gesamte Resultat der langwierigen Erhebungen, der „treuen Pflichterfüllung, der schweren, sachlichen und unverdrossenen Arbeit der bayerischen Staatsanwaltschaft, die alle Kräfte daran gesetzt hat, die Wahrheit an den Tag zu bringen und der Gerechtigkeit zum Sieg zu verhelfen," wie die Staatsanwaltschaft von sich selbst so schön schreibt. Es sind nicht etwa einzelne Straftaten ungesühnt geblieben, alle sind es. Immer wieder heißt es, der Täter ist nicht ermittelt, nicht festgestellt, die Gegenüberstellung verlief ergebnislos usw. Das Verfahren mußte eingestellt werden.

Wegen dieses geradezu unwahrscheinlich gleichförmigen Verlaufs der bayerischen Morde lohnt es sich einfach nicht, sie einzeln näher zu behandeln. Es fehlt ihnen alles Individualistische, sie sind nur Massenerscheinungen, Auswirkungen eines Systems, und nur als solche können sie gewertet werden. Von der wahnsinnigen Brutalität, von dem Zynismus, mit dem diese Morde geschehen, und von dem namenlosen Unglück der Hinterbliebenen geben natürlich die kurzen, nur formaljuristisch orientierten Darstellungen der Denkschrift gar keinen Begriff. Es mag daher die Schilderung folgen, wie sie die Frau eines Ermordeten selbst gegeben hat, die hier mit allen ihren Schreibfehlern im Original wiedergegeben werden soll.

„Ein Erlebnis von der Revolution 1919

Ich stand morgens ½6 Uhr auf. Da kamen durch den Hof sechs
Weißgardisten nebst Kriminalwachtmeister Keidler, welcher die Leute
alle denunziert hat. Sie läuteten an der Türe, mein Schwager Willy
Oßwald machte auf, sie fragten, ob A n t o n O ß w a l d hier sei; vor
Schreck sagte er „nein". Er mußte mit einem Hände hoch vor der
Türe stehen bleiben; und sie kamen in das Schlafzimmer, da mein
Mann noch im Bett lag. Er mußte mit einer Eile schauen, das er fertig
wurde, so mußte er von Frau und Kind gehen. Beide wurden zur
Wache geführt. Mein Schwager wurde wieder freigelaßen, da er Beweise bei sich trug, daß er militärisch angestellt war. Mein guter
Gatte, wurde gleich mit noch 3 Mann, denen das gleiche geschah, in
eine Sandgrube geführt. Es wurde ihnen zuvor alles abgenommen,
mein Mann hatte 300 M. Bargeld bei sich, sowie Uhr und Kette,
Zigarren, Zigaretten, Lederetvie, Weste und Rock, das hat die Bande
alles gestohlen. Er wurde gefragt, ob er noch einen Wunsch hätte,
sagte mein Mann, meiner Frau möchte ich einen Brief noch schreiben,
kam aber nicht mehr dazu. Als sie sich aufstellen mußten, bekamen
sie ein Gegenfeuer, mein armer Mann erhielt von den Weißen einen
Lungenschuß und einen Streifschuß. Er flüchtete dann, in der Nähe
in einem Heuschupfen, welcher einem Gärtnermeister gehörte. Die
Gärtnerin fand ihn auf, natürlich schon halb verblutet. Sie holte
ihn ins Bett, verband ihn mit Bettücher, er schlief dann 1 Std. Es
kam eine Patrolle, und fragte, was hier los sei, die Frau sagte, ein
Verwundeter liege herin. Sie wollten ihn sehen, sagten aber, der
hat seinen Teil schon, der reicht schon; nach einer ¼ Std. kam die
zweite Patrolle, ein Offizier dabei, und schauten nach, die wollten ihn
gleich im Bett erschießen. Die Frau konnte es nicht mit ansehen,
und sagte, herin dürfen sie es nicht machen. Sie trugen ihn zu vier
Mann vor einem Zaun, dann gaben sie 3 Schüsse auf ihn ab. Als letztes
Wort „schießt nur zu, ich sterbe für die rote Armee" bekam er noch
einen Kopfschuß. Und somit endete sein junges Leben. Ich habe es
erst am 3. Tage erfahren, daß mein Mann am 3. Mai schon mittags
am Ostfriedhof lag, am 6. Mai wurde ich es inne und somit konnte
ich mir meinen braven Gatten und den Ernährer meines fünf monat
alten Kindes heraussuchen. Ich kam aber nicht weit, als ich die
vielen jungen Leute so ermordet liegen sah, wurde ich ohnmächtig.
Ich ging zur Wache und schimpfte vor Aufregung. Da gab mir
Keidler zur Antwort, „sind Sie ruhig, sonst geht es Ihnen ebenso wie
Ihrem Mann. Mein Mann durfte kein Wort mehr sprechen, als er
fortgeführt wurde. Dies bezeugt Frau Amalie Oßwald, München,
Keßelbergstr. 2/O."
Auch die Erschießungen wegen Waffenbesitz sind vollkommen
illegal, denn bei einer so weit verbreiteten Bewegung, wie sie die Räte-

republik darstellte, waren sehr viele Arbeiter in den Besitz von Waffen gelangt. Nach dem Einmarsch der Truppen bestand vielfach noch gar keine Möglichkeit, die Waffen abzuliefern, schon deswegen, weil jeder, der mit einer Waffe über die Straße ging, ja Gefahr lief, nach den bekannten Befehlen erschossen zu werden.

Auch der Fall Sedelmaier, der erschossen wurde, weil er nicht beweisen konnte, daß er sein Gewehr schon abgeliefert hatte, wird in der Denkschrift nicht widerlegt. Interessant ist auch der Fall Schermer. Er wurde wegen Spionage erschossen, weil er mit einem Feldstecher den Anzug der Regierungstruppen beobachtete. Man kann daraus schließen, was wohl unter „Spionage" in anderen Fällen zu verstehen gewesen sein mag.

Von den in der Denkschrift fehlenden Fällen ist wohl der interessanteste der des Matrosen Vogel. Dieser hielt sich, von Kiel entlassen, am 30. April 1919 bei seinen Angehörigen in Fürstenfeldbruck auf. Er ging, Zigaretten rauchend, ruhig seines Weges, vollständig unbewaffnet, was alle Zeugen, die ihn gehen sahen, bestätigten. Von den anrückenden Württembergern wurde er auf Grund einer Denunziation gefangen genommen und mehrmals ergebnislos nach Waffen durchsucht. Sie führten ihn zum Gasthof „Zum Hirschen", wo er einer anderen Abteilung übergeben wurde, ohne daß diese verständigt wurde. Als nun erstere abmarschierte, wollte er sich ihr anschließen. Da fielen einige Soldaten über ihn her und schlugen in unmenschlicher Weise mit dem Gewehrkolben auf ihn ein, so daß ein Gewehr sogar abbrach. So wurde er den ganzen Weg vom Bezirksamt bis Marthabräu getrieben, mehrmals stürzte er zu Boden, immer wieder wurde er durch Kolbenstöße und Hiebe vorwärtsgetrieben.

Augenzeugen, welche 4½ Jahre im Felde waren, erklärten, sie hätten während dieser Zeit so etwas Barbarisches noch nicht gesehen. Beim Marthabräu wurde er in das dort befindliche Wachlokal gebracht und ein Offizier verständigt. Dieser, ein monokeltragender Baron Lindenfels (identisch mit demjenigen, welcher den Redakteur Leib erschießen ließ), riß den Matrosen vom Stuhle, auf dem er saß, auf, warf ihn durch das Zimmer zur Türe und schrie: „So, das ist der Schuft! Sofort erschießen!" worauf er an die Mauer gestellt und erschossen wurde. Ein Verhör hatte überhaupt nicht stattgefunden.

Der Matrose war noch nicht einmal tot, als er von seinen Mördern der Schuhe, Gamaschen, Brieftasche mit etwa 300 Mark Inhalt, Handschuhe und verschiedener Artikel beraubt wurde. („Der Kampf", 15. Januar 1920.)

In 22 Fällen behauptet die Denkschrift, es sei einwandfrei erwiesen, daß die Betreffenden entweder im Kampfe gefallen oder, weil sie mit der Waffe in der Hand gegen die Regierungstruppen kämpften, erschossen wurden. Aber selbst bei diesen Fällen muß die Kritik einsetzen, denn es klingt doch seltsam, wenn auf Seite 106 Rieger als Denunziant des Streichner angeführt wird, während er auf Seite 114 als im Kampf gegen die Regierungstruppen gefallen bezeichnet wird. Aus diesem Grund wird man sogar den Angaben, daß die 22 so dargestellten Fälle nicht als Morde zu betrachten sind, Zweifel entgegenstellen müssen. An sich wären natürlich diese wenigen Fälle, bei denen die Denkschrift behauptet, daß die Getöteten mit der Waffe in der Hand den Regierungstruppen entgegengetreten sind, nicht als politische Morde zu betrachten, unter der Voraussetzung, daß diese Behauptung auch glaubwürdig erscheint. Obwohl meine Nachrichten mit den Angaben der Denkschrift in diesen Fällen zum Teil nicht übereinstimmen, mag man um des Vorzugs willen, den eine amtliche Denkschrift vor einer privaten verdient, die Darstellung in der Denkschrift für den Tatsachen entsprechender halten. Ohne auf die Frage der Legalität dieser Erschießungen eingehen zu wollen, erhält man also folgende definitive Zahlen: 215 Fälle sind dargestellt, in 22 Fällen wird behauptet, daß es sich um rechtmäßige Tötungen handelt, so daß 193 Morde übrig bleiben.

Abgesehen vom Fall der 21 katholischen Gesellen ist keine einzige Bestrafung erfolgt. 172 Morde sind ungesühnt geblieben, und da wagt die Denkschrift zu schreiben, einzelne Morde seien ungesühnt geblieben. Für jedes gesunde rechtliche Empfinden stellt sich dieses Fehlen jeder Sühne als eine positive Aufforderung zu weiteren politischen Morden dar und dieser Aufforderung ist denn auch entsprochen worden. Denn Bayern stellt den Sammelplatz dar, von wo aus die ganzen organisierten politischen Morde der letzten Jahre ausgegangen sind. Wohl um diese Tatsache auch der Öffentlichkeit gegenüber ausdrücklich zu dokumentieren, hat die bayerische Regierung den Mörder Eisners, den Grafen Arco, am 14. April aus der Haft entlassen.

Denkschrift des mecklenburgischen Justizministers

Anlage zu R. J. M. Nr. IV b 2598 Gr.

Mecklenburg-Schwerinisches Justizministerium

Schwerin i. M., den 21. Januar 1922.

Gr. Nr. 3. J. 1569.
Zu den Schreiben vom 17./21. November 1921 und
7./10. Januar 1922. G. Nr. II c 6446 W und IV c 57 W.

Hierneben übersendet das unterzeichnete Ministerium die gewünschte Darstellung der Tatbestände und der Strafverfahren, betreffend die in der vierten Auflage der Broschüre „Zwei Jahre Mord" von E. J. Gumbel erörterten Fälle, soweit dafür die Zuständigkeit Mecklenburg-Schweriner Behörden begründet ist.

Unterschrift.

An den Herrn Reichsminister der Justiz in Berlin W 9.

D a r s t e l l u n g der Tatbestände und der Strafverfahren, betreffend:

1. Die Erschießung der Arbeiter Wilhelm Wittge und Johann Steinfurth in Niendorf bei Wismar am 18. März 1920;
2. die Erschießung des Arbeiters Slomsky in Dorf Mecklenburg am 18. März 1920;
3. die Erschießung des Arbeiters Litzendorf in Schmachthagen am 19. März 1920;
4. die Erschießung des Arbeiters Paul Jahncke in Hungerstorf am 20. März 1920;
5. die Erschießung des Maurers Karl Graepler in Gnoien im März 1920;
6. die Beschießung der Stadt Waren am 18. März 1920;
7. die Erschießung des Zimmermanns August Seidel in Stavenhagen im März 1920.

(Seite 53—55 und Seite 49 des Buches „Vier Jahre politischer Mord" von E. J. Gumbel.)

I. Die Erschießung der Arbeiter Wilhelm Wittge und Johann Steinfurth in Niendorf bei Wismar und des Arbeiters Slomsky in Dorf Mecklenburg (Seite 53/54 des Buches).

Am 18. März hat die Sturmabteilung Roßbach, die damals dem Reichswehrbrigade-Kommando Nr. 9 unterstellt war, die Arbeiter Wittge und Steinfurth in Niendorf bei Wismar festgenommen. Die beiden Verhafteten sind von einem sofort gebildeten Standgericht zum Tode des Erschießens verurteilt. Das zu den Akten der Staatsanwaltschaft zu Schwerin i. M. in Urschrift liegende Protokoll des Standgerichts lautet:

Freiw. Sturm-Abtlg. Roßbach   O. U. Groß-Stieten, d. 18. 3. 20.
     Gericht.

Protokoll.

Vor das Standgericht der Freiwilligen Sturmabteilung Roßbach, bestehend aus Ltn. Linzenmeier, Gerichtsoffizier, Ltn. Bender, Richter, Vzfldw. Billerbeck, Richter, Gefr. Zimmermann, Richter, werden vorgeführt die Arbeiter W i d t k e und S t e i n f o r d. Sie wurden bei der Besetzung von Gut Stieten als Anführer der Rätebewegung festgenommen und forderten zum Widerstand gegen die Truppe auf. Das Standgericht fällte nach Anhören der Tatzeugen das Urteil.

Urteil

Gemäß Verfügung des Militäroberbefehlshabers Frh. v. Lüttwitz Nr. 15 (I a Nr. 16313) werden die Arbeiter W i d t k e und S t e i n - f o r d, da sie als Rädelsführer und mit der Waffe in der Hand zum Widerstand gegen die Truppe aufgehetzt haben, m i t d e m T o d e d e s E r s c h i e ß e n s bestraft.

gez. Bender, Leutn.

gez. Billerbeck, Vizf.   *gez. Gefr. Zimmermann*
v. g. u.
      gez. Linzenmeier, Leutnant, Ger.-Offz.

Am selben Tage hat die Sturmabteilung Roßbach den Arbeiter Slomsky in Dorf Mecklenburg festgenommen, und ein sofort eingesetztes Standgericht hat auch ihn zum Tode des Erschießens verurteilt. Das Protokoll des Standgerichts liegt ebenfalls in Urschrift zu den Akten der Staatsanwaltschaft in Schwerin i. M. und lautet:

Freiw. Sturm-Abtlg. Roßbach
     Gericht

Protokoll.

Vor das Standgericht der Freiw. Sturm-Abtlg. Roßbach, bestehend aus Leutn. Linzenmeier, Gerichtsoffz., Leutn. Bender, Richter, Vizefldw. Billerbeck, Richter, Gefr. Zimmermann, Richter, wird der Arbeiter

Slomsky vorgeführt. Er ist lt. Meldung des Komagnieführers Leutn. Meincke angeklagt, in spartakistischen Versammlungen Hetzreden und Aufreizung zum Streik sowie zum bewaffneten Widerstand gegen die Truppe aufgefordert zu haben. Es wurden bei ihm Waffen gefunden. Nach Anhören von elf Zeugen, die einheitlich den Sachverhalt bestätigen und der Aussage des Frhr. v. Brandenstein, den Slomsky mit der Waffe bedroht hatte, fällt das Standgericht das Urteil:

Urteil

Gemäß der Verfügung des Militäroberbefehlshabers Frhr. v. Lüttwitz Nr. 15 (I a Nr. 16313) wird der Arbeiter S l o m s k y , da er als Rädelsführer und mit der Waffe in der Hand zum Widerstand gegen die Truppe aufgefordert hat, mit dem T o d e d e s' E r - s c h i e ß e n s bestraft.

gez. Bender, Leutnant

gez. Billerbeck, Vizf.   *gez. Gefr. Zimmermann*

v. g. u.

gez. Linzenmeier, Leutn., Gerichts-Offz.

Leutnant Roßbach hat als Befehlshaber der Freiwilligen Sturmabteilung Roßbach die Vollstreckung dieser beiden Todesurteile befohlen, und die drei genannten Arbeiter sind dann auch vom Militär erschossen worden. Die später vernommenen Mitglieder des Standgerichts haben erklärt, sie hätten gemäß den Befehlen des Reichswehrbrigade-Kommandos 9, unterzeichnet „von Lettow" — die betreffenden Befehle liegen in Abschrift an — die drei erschossenen Arbeiter festgenommen, da sie durch Vernehmungen an Ort und Stelle festgestellt hätten, daß die drei Arbeiter als Rädelsführer und mit der Waffe in der Hand zum Widerstand gegen die Truppen aufgehetzt hätten. Wittge und Steinfurth seien als Anführer der Rätebewegung festgestellt und Slomsky habe in spartakistischen Versammlungen Hetzreden gehalten und zum Widerstand gegen die Truppen aufgefordert, auch seien bei ihm Waffen vorgefunden.

Auf Grund dieser Sachlage hat die Staatsanwaltschaft in Schwerin i. M. am 7. Oktober 1920 das Strafverfahren eingestellt mit der Begründung, daß der Tatbestand einer vorsätzlichen, bewußt rechtswidrigen Tötung nach Lage der Sache ausgeschlossen sei und eine fahrlässige Tötung unter dem Amnestieerlaß vom 4. August 1920 (Reichsgesetzblatt Nr. 163) falle. Ein Verfahren gegen den Generalmajor a. D. von Lettow-Vorbeck wegen Hochverrats ist durch Beschluß des Reichsgerichts vom 20. September eingestellt worden, „da nach dem Gesetze vom 4. August 1920 (Reichsgesetzblatt S. 1487) Straffreiheit gewährt ist".

II. Die Erschießung des Arbeiters Litzendorf in Schmachthagen (Seite 55 des Buches).

Am 18. März 1920 hatten sich in Schmachthagen eine Reihe dort ansässiger Zivilpersonen bewaffnet, um einen Plünderertrupp, dessen Anmarsch auf Schmachthagen gemeldet war, entgegenzutreten. Es erschien dann auch ein Trupp von 40 bis 50 Mann, der aber vor Schmachthagen abbog. Zwei zu diesem Trupp gehörige Radfahrer, nämlich der Arbeiter Litzendorf und ein Arbeiter Ernst Pochmüller, waren dem Trupp vorausgefahren und wurden in Schmachthagen festgenommen. Am nächsten Tage, am 19. März 1920, haben die beiden Gefangenen einen Fluchtversuch gemacht. Dabei ist Litzendorf durch einen Schuß schwerverwundet, an dessen Folgen er am 26. März 1920 im Krankenhause zu Grevesmühlen gestorben ist. An dem Schießen auf die beiden Flüchtlinge hatten sich beteiligt:

1. der Wirtschaftslehrling Jürgen Bade,
2. der Wirtschaftslehrling Felix Wimarn,
3. der Sattler Josef Bender,
4. der Landwirt Otto Bobzien.

Gegen diese vier Personen hat die Staatsanwaltschaft in Schwerin i. M. die Voruntersuchung wegen Verbrechens gegen § 212 St.-G.-B. bzw. Anstiftung dazu beantragt. Nach Abschluß der Voruntersuchung ist jedoch der Antrag auf Außerverfolgsetzung der vier Angeschuldigten gestellt worden und die hiesige Strafkammer hat durch Beschluß vom 10. September 1920 diesem Antrage auch stattgegeben.

Der Beschluß lautet:

Beschluß:

in der Untersuchungssache gegen den Wirtschaftslehrling Jürgen Bade in Grevenstein und Gen. wegen Totschlags.

Auf Antrag der Staatsanwaltschaft werden die Angeschuldigten:

1. Wirtschaftslehrling Jürgen Bade in Grevenstein,
2. Wirtschaftslehrling Felix Wiman in Greschendorf,
3. Sattler Joseph Bender in Roggenstorf,
4. Landwirt Otto Bobsien in Dölitz

außer Verfolgung gesetzt.

Die Kosten des Verfahrens einschließlich der notwendigen Auslagen der Angeschuldigten trägt die Staatskasse.

Gegen die Angeschuldigten ist die Voruntersuchung eröffnet, und zwar:

1. gegen Bade wegen der Anschuldigung:

am 19. März 1920 zu Schmachthagen vorsätzlich den Arbeiter Wilhelm Litzendorf aus Bahrendorf getötet zu haben. Verbrechen gegen § 212 St.-G.-B.

2. Gegen Wimarn wegen der Anschuldigung:

den Mitangeschuldigten Bade durch die Aufforderung auf den fliehenden Litzendorf zu schießen, zu dessen Tötung vorsätzlich bestimmt zu haben. Verbrechen gegen § 212, 48 St.-G.-B.

3. Gegen Bender und Bobsien wegen der Anschuldigung:

am 19. März 1920 zu Schmachthagen vorsätzlich und gemeinschaftlich den Arbeiter Wilhelm Litzendorf aus Bahrendorf getötet zu haben. Verbrechen gegen § 212, 47 St.-G.-B.

Die Voruntersuchung hat keinen zur Eröffnung des Hauptverfahrens hinreichenden Verdacht ergeben, daß einer der Angeschuldigten durch die zur Anklage gezogenen Begangenschaften sich des ihm zur Last gelegten Verbrechens oder einer anderen strafbaren Handlung schuldig gemacht hat.

Es ist mit größter Wahrscheinlichkeit anzunehmen, daß der Tod des Arbeiters Litzendorf durch den von dem Angeschuldigten Bender abgegebenen Schuß herbeigeführt ist, und es entfällt dadurch schon hinsichtlich der Angeschuldigten Bade und Bobsien der Verdacht der vollendeten vorsätzlichen oder fahrlässigen Tötung oder etwa eines Verbrechens gegen § 226 St.-G.-B.

Was den Angeschuldigten Bender anbetrifft, so besteht kein hinreichender Verdacht des Verbrechens gegen § 212 oder 226 oder des Vergehens gegen § 222 St.-G.-B. gegen ihn, da er seiner glaubhaften Angabe nach sich infolge der ihm über die von der Reichswehrbrigade in Schwerin erteilten Anweisung gemachten Mitteilungen zum Schießen auf den fliehenden Litzendorf und zu dessen Tötung für berechtigt gehalten hat, und da ihm nicht vorgeworfen werden kann, daß er bei genügender Überlegung die Unrichtigkeit dieser Annahme hätte erkennen müssen.

Der Angeschuldigte Bade ist auch eines Verbrechens gegen §§ 212, 43 St.-G.-B. nicht genügend verdächtig, da er seiner nicht zu widerlegenden Behauptung nach nicht mit dem Vorsatz gehandelt hat, den Litzendorf zu töten oder überhaupt nur zu treffen, ihn vielmehr nur hat schrecken wollen.

Gegen den Angeschuldigten Wimarn besteht kein Verdacht des ihm zur Last gelegten Verbrechens gegen §§ 212, 48 St.-G.-B., da der Verdacht der Haupttat, zu der er angestiftet haben soll, entfällt. Ebenso liegt gegen ihn kein Verdacht eines Verbrechens gegen § 49a St.-G.-B. vor, da einmal die Voraussetzungen des Absatz 3 dieses Paragraphen nicht gegeben sind, er weiter auch den Angeschuldigten Bade seiner glaubhaften Angabe nach für berechtigt hielt, auf Litzendorf zu schießen, also nicht das Bewußtsein hatte, zur Begehung eines Verbrechens aufzufordern.

Auch gegen den Angeschuldigten Bobsien liegt kein hinreichender Verdacht eines Verbrechens gegen §§ 212, 43 St.-G.-B. vor, da er in gleicher Weise, wie Bender, sich seiner glaubhaften Angabe nach zu seiner Tat berechtigt hielt.

Endlich sind auch die Angeschuldigten nicht etwa einer vorsätzlichen oder fahrlässigen Verletzung der §§ 367,8, 367,10 oder 368,7 St.-G.-B. verdächtig, da sie, wie mehrfach erwähnt, von ihrer Berechtigung zum Schießen ohne Fahrlässigkeit nicht zweifelten.

Schwerin, den 10. September 1920.

Mecklenburgisches Landgericht.
Ferien-Strafkammer.

gez. H. Heuck.　　　*Ziel.*　　　*Buschmann.*

III. Die Erschießung des Arbeiters Paul Jahncke in Hungerstorf (Seite 55 des Buches).

Der Arbeiter Paul Jahncke in Hungerstorf ist am 20. März 1920 von einer aus Wismar stammenden Patrouille Zeitfreiwilliger festgenommen und, während er nach Grevesmühlen überführt werden sollte, in einer Sandgrube bei Hungerstorf von einem Angehörigen der Patrouille erschossen worden. Wegen dieser Erschießung hat die Staatsanwaltschaft in Schwerin i. M. gegen vier Personen die öffentliche Klage erhoben. Drei davon, namens Thormann, Wegner und Dieckmann, sind vom Schwurgericht in Schwerin i. M. auf Grund des Spruches der Geschworenen freigesprochen worden; daß sie im Mecklenburg-Schwerinschen Landtage am 11. Januar 1921 von dem damaligen Mecklenburgisch-Schwerinschen Justizminister als „Heldenjünglinge" bezeichnet worden sind, trifft nach der stenographischen Niederschrift über jene Landtagssitzung nicht zu. Gegen den vierten Angeschuldigten, den Wirtschaftslehrling Hans Harlinghausen, ist das Strafverfahren noch nicht beendigt. Er erschien der Staatsanwaltschaft zunächst nicht als einer der Hauptschuldigen, wurde daher nicht alsbald festgenommen, und flüchtete nach Österreich. Jetzt ist er aber des Verbrechens dringend verdächtig und befindet sich, nachdem er von der österreichischen Regierung ausgeliefert worden ist, in Schwerin i. M. in Haft. Wäre nicht die Erfüllung der an seine Auslieferung von Österreich geknüpften Bedingungen beim Auswärtigen Amt auf Schwierigkeiten gestoßen, die sich erst im Januar 1922 beheben ließen, so hätte er möglicherweise schon vom Schwurgericht abgeurteilt werden können.

IV. Die Erschießung des Maurers Karl Graepler in Gnoien usw. (Seite 54 des Buches).

Der Maurer Karl Graepler in Gnoien, der am 18. März 1920 in einem Kampfe mit aus Demmin stammenden Truppen verwundet worden war, ist am 22. März 1920 anscheinend in seiner Wohnung festgenommen und sodann durch ein Kommando von Baltikum-Truppen auf Weisung eines Offiziers erschossen worden. Das Ermittelungsverfahren, das wegen dieser Erschießung seit Anfang Juni 1920 bei der Staatsanwaltschaft in Rostock schwebt, hat noch nicht abgeschlossen werden können, da alle Nachforschungen nach dem unbekannten Schuldigen bisher ergebnislos verlaufen sind. Im Dezember 1921 ist jedoch die Staatsanwaltschaft auf eine neue Spur aufmerksam geworden. Diese wird zurzeit von ihr verfolgt. Nähere Mitteilungen darüber verbietet augenblicklich noch der Zweck der Untersuchung.

Wegen der blutigen Vorfälle, die sich im März 1920 in Stutenhof und Demmin abgespielt haben, hat die Staatsanwaltschaft in Rostock die bei ihr darüber erwachsenen Akten im Dezember 1920 zum weiteren Verfahren an die dafür zuständige Staatsanwaltschaft in Greifswald abgegeben.

V. Die Beschießung der Stadt Waren am 18. März 1920.

Nachdem der derzeitige Garnisonälteste in Neustrelitz, Hauptmann Freitag, schon am Sonntag, dem 13. März 1920, von allen Seiten von Gütern der Umgegend um miltärischen Schutz gebeten war und diese Gesuche am Montag dringlicher wurden, auch Meldungen von Plünderungen einliefen, sandte er nach einer Reihe von Ortschaften der Umgegend kleinere Patrouillen ab, unter anderem den Leutnant Peter Alexander le Fort mit sechs Reitern nach Boeck, von wo aus der Onkel des Leutnants, Freiherr Stephan le Fort, ebenfalls dringlich um militärischen Schutz gebeten hatte. Dem Leutnant le Fort wurde der Befehl mitgegeben, militärischen Schutz für die Umgegend von Boeck zu gewähren. In den folgenden Tagen forderte Leutnant le Fort von dem Hauptmann Freitag noch Verstärkung an, insbesondere ein Geschütz, das ihm auch mit vier Kanonieren zugewiesen wurde. Es liefen in Boeck weitere beunruhigende Meldungen über Erscheinen bewaffneter Arbeiter in der Umgegend ein. Auch in Boeck selbst stellten sich solche ein. Da in Boeck die — ohne Frage zutreffende — Ansicht herrschte, daß diese bewaffneten Arbeiter aus Waren stammten, entschloß sich der Leutnant le Fort am Donnerstag, dem 18. März 1920, vor die Stadt Waren zu rücken und die Herausgabe der Waffen zu erzwingen. Er rückte daher mit dem Geschütz mit Bedienungsmannschaft, einem Maschinengewehr und den Reitern aus; es schlossen sich ihm einige Zeitfreiwillige an, u. a. sein Onkel, der Freiherr Stephan le Fort. Die militärische Leitung lag aber in den Händen des Leutnants. Leutnant le Fort ließ das Geschütz in der Nähe von Waren auffahren, stellte Sicherungsposten aus und ritt mit drei Reitern in die Stadt ein. Er traf mit dem Bürgermeister der Stadt Waren zusammen und forderte die Ablieferung der in der Stadt Waren befindlichen Waffen innerhalb einer Stunde und zog sich dann vor die Stadt Waren zurück. Alsbald fuhren Vertreter der Stadt und Mitglieder des Exekutivkomitees, das sich in der Stadt Waren gebildet hatte, in mehreren Kraftwagen zu erneuten Verhandlungen hinaus. In Verfolg dieser Verhandlungen begaben sich die Stadtvertreter und Mitglieder des Exekutivkomitees in ihren Kraftwagen in Begleitung des Leutnants le Fort mit einigen Reitern in die Stadt zurück. Während sie durch die mit erregten Menschen gefüllten Straßen dem Rathause zustrebten, fielen einige Schüsse. Darauf machten le Fort und seine Begleiter kehrt und jagten zur Stadt hinaus. Woher die Schüsse abgegeben sind, hat sich nicht feststellen lassen, die Begleiter sind in der Meinung, daß von Leuten auf der Straße auf sie geschossen sei, es ist jedoch auch sehr wohl möglich, daß es sich um Schüsse gehandelt hat, die irregegangen waren. Inzwischen war es bei dem nicht weit abgelegenen Judenkirchhof zwischen den dort aufgestellten, zum Teil aus Zeitfreiwilligen bestehenden Sicherungsposten und der erregten Menschenmenge die sich dort angesammelt hatte, zu Tätlichkeiten gekommen, die Posten wurden angegriffen und überwältigt, wobei von beiden Seiten geschossen wurde, so daß möglicherweise einige dieser Schüsse irregegangen und an den Reitern, die die Kraftwagen und den Leutnant le Fort begleiteten, vorbeigepfiffen sein können. Die Menge drängte nun auf das Geschütz zu und kam bis auf kurze Entfernung heran. Auf Befehl des Freiherrn le Fort, der während der Abwesenheit des Leutnants le Fort den Befehl führte, wurden nun zwei Kanonenschüsse abgegeben, jedoch richtete der Geschützführer absichtlich das Geschütz nicht auf die Menge oder die Stadt, sondern so, daß sie keinen Schaden anrichteten. Inzwischen kam Leutnant le Fort zurückgesprengt, auf seinen Befehl wurde das Geschütz zunächst in eine rückwärts gelegene Stellung gebracht und von dort aus ein dritter Schuß abgegeben, der auf das Rathaus gerichtet war, und dieses traf. Die Granate prallte ab, krepierte in der Straße und verletzte fünf Personen tötlich, zehn weitere mehr oder minder schwer. Einige weitere abgegebene Schüsse richteten keinen Schaden mehr an.

Die militärischen Sachverständigen haben sich übereinstimmend dahin ausgesprochen, daß Leutnant le Fort auf Grund des ihm von Hauptmann Freitag erteilten Befehls sich habe zu der Unternehmung gegen die Stadt Waren berechtigt halten dürfen, ein bewußtes Abweichen von dem ihm gegebenen Befehl sei in seinem Vorgehen nicht zu erblicken, er sei auch nach den Vorschriften über den Waffengebrauch des Militärs vom 19. Februar 1914 berechtigt gewesen, von der Waffe Gebrauch zu machen.

Der Freiherr Stephan le Fort ist durch Beschluß der Strafkammer zu Güstrow vom 20. Mai 1921 außer Verfolgung gesetzt, da die Voruntersuchung keinerlei Beweis dafür erbracht hat, daß er zu der Abgabe des Schusses, der die Verletzung an Leib und Leben zur Folge gehabt hat, in irgendeiner Weise mitgewirkt hat, geschweige denn den Befehl dazu erteilt hat. Dieser Beschluß ist auf die Beschwerde der Staatsanwaltschaft durch Beschluß des Oberlandesgerichts Rostock vom 1. Juni 1921 bestätigt worden.

Gegen den Leutnant le Fort ist die Voruntersuchung noch nicht geschlossen, da derselbe flüchtig und bisher nicht ergriffen ist.

VI. Die Erschießung des Zimmermanns August S e i d e l zu Stavenhagen.

Dem derzeitigen Garnisonältesten von Demmin, Major von Auer, ging Meldung zu, daß in der Umgegend von Stavenhagen auf den Gütern geplündert sei und Gutsbesitzer verschleppt seien, und insbesondere in Stavenhagen selbst besonderer Terror herrsche. Er beauftragte daher den Leutnant Johann Meincke, der als Zeitfreiwilliger bei dem Bataillon Jarmen Dienst leistete, mit einer Anzahl Zeitfreiwilliger in Stavenhagen für Ruhe und Ordnung zu sorgen, und zwar mit dem speziellen Befehle, die Stadt zu säubern, den Leuten die Waffen abzunehmen und die Hauptträdelsführer zu verhaften. Diesem Befehl entsprechend setzte sich Meincke mit etwa 50 Mann Zeitfreiwilligen, zwei leichten und einem schweren Maschinengewehr in Richtung Stavenhagen in Marsch. Er benutzte die Kleinbahn. In Grammentin, dem letzten Dorf vor Stavenhagen, wurden in Händen der Arbeiter Waffen gefunden, wobei diese erklärten, daß sie den größten Teil davon in Stavenhagen erhalten hätten und daß der Truppe in Stavenhagen ein blutiger Empfang bevorstehe. Hinter Grammentin ordnete Meincke eine Gruppe seiner Leute mit einem leichten Maschinengewehr ab, um die Stadt Stavenhagen zu umgehen und von der Ivenackerstraße her in die Stadt einzurücken. Er selbst verließ mit zehn Mann und dem schweren Maschinengewehr kurz vor der Station den Zug, um von dieser Seite in die Stadt einzurücken, während eine dritte Gruppe mit dem zweiten leichten Maschinengewehr über die Station hinausfuhr, um von der Neubrandenburgerstraße her in die Stadt zu gelangen. Als Treffpunkt der Abteilungen war der Markt bezeichnet. Auf der Station trat ihm der Bürgermeister entgegen und ersuchte ihn, von einem Einrücken in die Stadt abzusehen. Meincke lehnte dies ab mit Rücksicht auf den ihm gewordenen Befehl sowie darauf, daß sich schon ein Teil seiner Mannschaft von anderer Seite in Marsch auf die Stadt gesetzt habe, und verlangte, den Kommandeur der Abwicklungsstelle, Hauptmann Fleck, und den Streikleiter, Zimmermann August Seidel, zu sprechen. Er rückte dann, nachdem er noch vier Mann am Ausgange der Stadt zur Sicherung zurückgelassen hatte, mit sechs Mann und dem schweren Maschinengewehr durch die Malchinerstraße, die dicht mit Menschen besetzt war, auf den Markt, der ebenfalls voller Menschen war. Dort brachte er das Maschinengewehr so in Stellung, daß der Rücken durch das Fritz-Reuter-Denkmal gedeckt war. Gegenüber, an der Ecke des Marktes, in dem Hotel „Fritz Reuter", befand sich der Sitz der Streikleitung. Der Stadtsekretär Jahncke suchte auf Veranlassung des Bürgermeisters den Zimmermann Seidel auf, um ihn zu der gewünschten Besprechung zu Meincke zu bringen. Seidel, der vorher in aufreizender Weise zu der namentlich in der Gegend des Hotels „Fritz Reuter" versammelten Menge geredet hatte, schickte sich an, mit dem Stadtsekretär über den Markt auf den Leutnant Meincke zuzugehen, ihnen schloß sich trotz Widerspruchs des Stadtsekretärs ein Arbeiter Reimers an und weiter folgte ihnen eine große Menge der dort versammelten Arbeiter. Als sich diese ganze Menschenmenge in sichtbarer Erregung auf den Standort des Maschinengewehrs und der Truppe zubewegte, rief Meincke Halt, die Menge sollte zurückbleiben, nur einer solle kommen, und wiederholte diese Aufforderung mehrmals mit dem Zusatz, daß er sonst schießen lasse, doch wurde der Aufforderung nicht Folge geleistet, die Menge ging weiter gegen die Truppe vor; Seidel rief nun dem Leutnant zu, er verlange Garantie, daß er nicht verhaftet werde, dieser antwortete: „Garantie gebe er nicht, wenn er ein reines Gewissen habe, solle er getrost kommen, dann geschehe ihm nichts". Dadurch war die Menge einen Augenblick ins Stocken gekommen, nun aber drängte sie wiederum, und zwar in schnellerem Tempo wie bisher, und, wie von völlig unbeteiligten Zeugen aus verschiedenen Ständen bezeugt wird, bedrohlicherweise auf die Truppe zu. Als sie auf 15 Schritte herangekommen war, gab Meincke den Befehl, zu schießen. Es wurden nun etwa fünf Schuß aus dem Maschinengewehr abgegeben, worauf sich die Menge flüchtend entfernte. Ein Schuß hat den Zimmermann August Seidel getroffen, aller Wahrscheinlichkeit nach jedoch nicht direkt, sondern als Querschläger. Seidel ist an der Verletzung alsbald gestorben.

Der militärische Sachverständige hat erachtet, daß Meincke sich bei der Unternehmung gegen die Stadt Stavenhagen in rechtmäßiger Ausübung des ihm erteilten Dienstbefehls befunden habe, und daß er, als er mit dem Maschinengewehr schießen ließ, der für den Waffengebrauch des Militärs gegebenen Vorschrift entsprechend gehandelt habe.

Durch Beschluß der Strafkammer zu Güstrow vom 1. August 1921 ist Meincke außer Verfolgung gesetzt, da die Voruntersuchung ergeben habe, daß er rechtmäßig von der Schußwaffe Gebrauch gemacht habe.

Abschrift aus den Akten J. 2556/20 Anlage zu II Bl. 3.

Reichswehrbrigadekommando 9.

Ta. Nr. 157/20 Pers.   Brg. St. Qu., 16. März 1920.

1. Nach eingegangenen Meldungen hat die Arbeiterbevölkerung Wismars den Generalstreik erklärt, der nach allen hier vorliegenden Anzeichen über die Grenzen eines wirtschaftlichen oder politischen Streiks weit hinausgeht und gleichbedeutend dem Rätesystem ist. Auch nach Angabe des Oberbürgermeisters von Wismar. Banken sind geschlossen worden.

Auf dem Lande um Wismar herum sind auf zahlreichen Gütern die Besitzer festgenommen, die Güter selbst als Besitztum der Arbeiter erklärt, also rein kommunistische Verhältnisse eingetreten.

2. Mit der Wiederherstellung gesetzlicher Zustände und der Ordnung in und um Wismar wird Generalmajor Ribbentrop beauftragt. Es ist in schärfster Weise durchzugreifen.

3. Hierzu werden ihm unterstellt:

Stab Art. Führer-Kdo. 9.
Stab I. Abtlg. Art.-Rgt. 9 mit 1. und 2. Battr. M. G. A.
III. Rw. I. R. 17 in Lankow.
Detachement Roßbach in Görries.
1. Komp. Jäg. 17 (schon jetzt in Wismar).

Zwei Unteroffiziere, zehn Meldereiter der 2. Esk. Rw. Kav. Rgt. 9. 16 Fahrzeuge der III. Abteilung Rw. Art. Rgt. 9 als Lebensmittelkolonne unter geeignetem Führer. Zugeteilte Last- und Personenkraftwagen, Anzahl wird noch bestimmt. Die Heranziehung dieser Truppen durch Generalmajor Ribbentrop unmittelbar.

4. Zunächst ist in der Stadt Wismar Ordnung zu schaffen und die Entwaffnung der Bevölkerung Wismars durchzuführen, demnächst auf dem Lande um Wismar.

Gegen die auf dem Lande umherstreifenden Banden ist in schärfster Weise einzuschreiten. Die Ruhe und Ordnung ist mit allen Mitteln aufrechtzuerhalten. Werden Banden angetroffen, so ist mit ihnen nicht zu verhandeln, sondern sofort mit der Waffe gegen sie vorzugehen.

Außerordentliche Kriegsgerichte werden von der Brigade eingerichtet. Bei den Truppenteilen sind Standgerichte einzusetzen, bestehend aus einem Offizier, einer Charge und einem Mann. Aburteilung durch Erschießen hat innerhalb 24 Stunden nach dem Urteilsspruch zu erfolgen. Die Standgerichte treten in Tätigkeit, falls Persönlichkeiten auf frischer Tat bei Raub, Plünderung, Brandstiftung, Widerstand mit der Waffe in der Hand angetroffen werden.

5. Die Absichten des Generals Ribbentrop sind der Brigade täglich zu melden, über den Gang der Handlungen ist die Brigade auf dem Laufenden zu halten.

gez. v. Lettow.

Verteiler:

Art. Führer-Kdo. 9.
Rw. I. R. 17.
III. Rw. I. R. 17.
Garn.-Kdo. Schwerin.
1. Rw. Jäg. Btal. 17.
Detachement Roßbach.
I a. I b. I c.
III. Rw. Art.-Regt. 9.
2. Esk. Reiter-Regt. 14.
Brig. Kraftw. Abtlg. 9.

Ziffer 6. Die sechstägige Verpflegungsreserve des Detachements ist nur im äußersten Notfalle anzugreifen.

Die Truppen sind möglichst mit Verpflegung einzuquartieren. Die Quartierbescheinigungen sind durch die zuständigen Gemeinden der Rw. Brig. 9 einzureichen.

Abschrift aus den Akten J. 2556/20.   Anlage zu II Bl. 5

Detachement „Ribbentrop"

Br. B. Nr.   O. U., den 28. März 1920.

Abschrift der Verordnung Nr. 19

Die Rädelsführer, die sich in der Verordnung zur Sicherung volkswirtschaftlicher Betriebe und in der Verordnung zum Schutze des Arbeitswesens unter Strafe gestellten Handlungen schuldig machen, desgleichen die Streikposten werden mit dem Tode bestraft. Diese Verordnung tritt am 17. März 1920, 4 Uhr nachmittags, in Kraft.

Der Reichskanzler.

gez. Kapp.

Z u s a t z. Die Verordnung des Herrn Reichskanzlers über Bestrafung der Rädelsführer und Streikposten mit dem Tode wird nochmals in Erinnerung gebracht. Die Aburteilung erfolgt durch die von mir eingesetzten Standgerichte.

Der Militärbefehlshaber.
gez. v. Lüttwitz.
Ia Nr. 16313.

Abschrift zur Kenntnis.

Der Militärbefehlshaber.
gez. v. Lettow,
Generalmajor.
Rw. Brig. 9 (I a Nr. 34).

Schwerin, den 16. März 1920.

Anlage zu R. J. M. Nr. IV b 2598 Gr.

Mecklenburg-Schwerinsches
Justizministerium

Gr. Nr. 3. J. 26·844.
Zum Schreiben vom 12./13. Dezember 1922,
Nr. IV c 2767.

Schwerin i. M., den 23. Dezember 1922.

Hierneben übersendet das unterzeichnete Ministerium ergebenst die gewünschte Ergänzung der Darstellung des Strafverfahrens, betreffend die Erschießung der Arbeiter Wilhelm Wittge und Johann

Steinfurth in Niendorf bei Wismar und des Arbeiters Slomsky in Dorf Mecklenburg. Die Ergänzung wird in die mit dem hiesigen Schreiben vom 21. Januar 1922 3 J 1569 dorthin mitgeteilte Darstellung auf Seite . . . hinter Absatz 3 vor Ziffer II einzurücken sein.

Unterschrift.

An den Herrn Reichsminister der Justiz in Berlin.

Ergänzung der Darstellung des Strafverfahrens betreffend die Erschießung der Arbeiter Wilhelm Wittge und Johann Steinfurth in Niendorf bei Wismar und des Arbeiters Slomsky in Dorf Mecklenburg.

Im März 1922 ist das Verfahren gegen die vier Mitglieder des Standgerichts und den Leutnant Roßbach wieder aufgenommen worden. Nach Verhandlungen mit dem Oberreichsanwalt über die Frage der Zuständigkeit hat die Staatsanwaltschaft in Schwerin am 5. Mai 1922 gegen die fünf erwähnten Beschuldigten und den Leutnant Meincke, der den erschossenen Arbeiter Slomsky der Aufforderung zum Streik und zum bewaffneten Widerstand gegen die Truppe bezichtigt hatte, die Eröffnung der Voruntersuchung wegen Mordes bei dem Untersuchungsrichter des Landgerichts in Schwerin beantragt. Der Untersuchungsrichter hat gemäß § 178 der Strafprozeßordnung, da er Bedenken gegen die Zulässigkeit der Strafverfolgung und gegen seine Zuständigkeit hegte, die Entscheidung der Strafkammer des Landgerichts in Schwerin angerufen, und die Strafkammer hat durch Beschluß vom 11. Juli 1922 zur weiteren Aufklärung des Sachverhalts neue Beweiserhebungen durch einen beauftragten Richter angeordnet. Eine weitere Entscheidung der Strafkammer ist noch nicht ergangen.

Abschrift zu R. J. M. Nr. IV b 2598 Gr.

Mecklenburg-Schwerinsches
Justizministerium.

G. Nr. 3 J. 1713.
Zum Schreiben vom 12./13. Dezember 1922.
Nr. IV c 2767, im Nachgange zum hiesigen Schreiben
vom 23. Dezember 1922, 3 J. 26 152.

Schwerin i. M., den 23. Januar 1923.

Hierneben übersendet das unterzeichnete Ministerium ergebenst eine Abschrift des in dem Strafverfahren, betreffend die Erschießung der Arbeiter Wilhelm Wittge und Johann Steinfurth in Niendorf bei Wismar und des Arbeiters Slomsky in Dorf Mecklenburg, am 19. Januar 1923 erlassenen weiteren Beschlusses der Strafkammer I des hiesigen Landgerichts.

Der Erste Staatsanwalt hier hat gegen diesen Beschluß die sofortige Beschwerde eingelegt. Er prüft zur Zeit, ob sich diese Beschwerde begründen läßt.

Auch die weitere Behandlung der Strafsache wird dorthin mitgeteilt werden.

gez. Brückner

An den Herrn Reichsminister der Justiz in Berlin.

Abschrift. J. 2556/20. 77.

B e s c h l u ß

In der Strafsache gegen den früheren Leutnant Meincke und Genossen wegen Mordes.

Auf die Vorlage der Akten seitens des Untersuchungsrichters bei diesem Landgericht gemäß § 178 StPrO. wird entschieden, daß die Voruntersuchung gegen die Leutnants a. D. Meincke, Ernst Linzenmeier, Gerhard Roßbach und Walter Bender, den ehemaligen Vizefeldwebel Wilhelm Billerbeck und den ehemaligen Gefreiten Georg Zimmermann wegen Unzulässigkeit der Strafverfolgung nicht zu eröffnen ist.

Das gegen die genannten Angeschuldigten wegen Mordes eingeleitete Strafverfahren ist durch das Gesetz vom 4. August 1920 § 1 Absatz 3 über die Gewährung von Straffreiheit niedergeschlagen, weshalb seine Einstellung erfolgt.

Die Kosten dieses Verfahrens fallen der Staatskasse zur Last.

Die sämtlichen Angeschuldigten haben in den Tagen des sogen. Kapp-Putsches im März 1920 an einem gegen den Freistaat Mecklenburg-Schwerin und damit mittelbar gegen das Deutsche Reich gerichteten hochverräterischen Unternehmen mitgewirkt, indem sie es unternommen haben, der Umwälzungsbewegung in ihrem Bestreben, die verfassungsmäßigen Einrichtungen des Freistaates Mecklenburg-Schwerin gewaltsam zu ändern, ihre militärische Hilfe angedeihen zu lassen, um den Anordnungen der neuen Regierung Geltung zu verschaffen. Urheber und Führer des Unternehmens sind sie dagegen nicht gewesen. Es findet daher auf diese Straftat der Angeschuldigten § 1 Abs. 2 des Gesetzes vom 4. August 1920, betreffend die Gewährung von Straffreiheit Anwendung, weshalb auch wegen dieses hochverräterischen Unternehmens keine Anklage erhoben ist.

Gegen die Angeschuldigten ist die Eröffnung der Voruntersuchung beantragt, wegen der Beschuldigung, am 18. März 1920 in Niendorf und Dorf Mecklenburg gemeinschaftlich durch drei selbständige Handlungen die Landarbeiter Wittge, Steinfurth und Slomsky vorsätzlich und mit Überlegung getötet zu haben, indem sie, die damals Angehörige der Sturmabteilung Roßbach waren, in gewolltem und bewußtem Zusammenwirken, und zwar die Angeschuldigten Linzenmeier, Bender, Billerbeck und Zimmermann auf Grund der bewußt wahrheitswidrigen Meldung des Angeschuldigten Meincke, der Arbeiter Slomsky sei bewaffnet festgenommen und die Arbeiter Wittge und Steinfurth hätten mit der Waffe in der Hand zum Widerstand gegen die Truppe aufgehetzt, obwohl auch den Angeschuldigten Linzenmeier, Bender, Billerbeck und Zimmermann die Unwahrheit dieser Meldung bekannt war, ein Standgericht bildeten und entgegen den von ihren höheren militärischen Vorgesetzten erteilten Anweisungen die vorgenannten drei Landarbeiter zum Tode des Erschießens verurteilten, welche Urteile der Angeschuldigte Roßbach auch bestätigt und vollstrecken ließ — §§ 211, 47, 74 StPrO.. Die Ermittelungen haben k e i n e Anhaltspunkte dafür ergeben, daß die Angeschuldigten einen Mord oder ein ähnliches Verbrechen, d. h. eine überlegte, jedenfalls vorsätzliche, bewußt rechtswidrige Tötung an den drei erschossenen Arbeitern begangen hätten.

Aufgabe der Angeschuldigten, die einer militärischen Organisation, und zwar dem der Reichswehr angegliederten freiwilligen Sturmbataillon Roßbach angehörten, war es damals, den Widerstand, welcher den neuen politischen Machthabern des Kapp-Putsches bei Durchführung ihrer Anordnungen zum Schutze der vorher bestehenden staatlichen Zustände entgegengesetzt wurde, zu brechen, wie auch die in jenen unruhigen Zeiten verfolgten und damit im Zusammenhang stehenden Sonderbestrebungen gewisser radikaler Gruppen niederzuhalten und die gestörte äußere öffentliche Ordnung nach Möglichkeit wiederherzustellen. Demgemäß lag ihnen auch ob, die von der neuen sogenannten Kappregierung für strafbar erklärten Handlungen der widerstrebenden Elemente gegebenenfalls mittels gerichtlichen Verfahrens, sogenannten Standgerichts, zu ahnden. Die Erschießung der Arbeiter Wittge, Steinfurth und Slomsky geschah auf Grund von standgerichtlichen Erkenntnissen, welche die Genannten für schuldig befunden hatten. Die Berufung der Standgerichte seitens des Angeschuldigten Roßbach als Bataillonsführers in Niendorf — nicht Gr. Stieten — und Mecklenburg lagen Meldungen des zuständigen Kompagnieführers, des Angeschuldigten Meincke, zugrunde, wonach die genannten Arbeiter der Verletzung und Aufwiegelung der Landarbeiter der ganzen Gegend beschuldigt worden sind. Anklagevertreter war der Angeschuldigte Leutnant Linzenmeier, Mitglieder des Gerichts waren die Angeschuldigten Leutnant Bender, Vizefeldwebel Billerbeck und Gefreiter Zimmermann. Die Standgerichte haben nach zuvoriger Beweisaufnahme durch Vernehmung von Tatzeugen ihr Urteil gefällt. Der Angeschuldigte Roßbach hat später als Befehlshaber der Truppe die Vollstreckung angeordnet.

Die rechtliche Grundlage für die Einsetzung und Zuständigkeit der Standgerichte am 18. März 1920 bildete der Zusatz des damaligen Militäroberbefehlshabers von Lüttwitz zu der Verordnung Nr. 19 des damaligen Reichskanzlers und der bekanntgegebene Befehl des Führers der Reichswehrbrigade 9 als auch für das Detachement Roßbach zuständigen höheren Militärbefehlshabers von Lettow vom 16. März 1920 — vergl. Anl. zu II Bl. 5 und 3 —.

Eine Bestätigung der binnen 24 Stunden durch Erschießen zu vollstreckenden Urteilssprüche durch einen höheren militärischen Befehlshaber war nicht vorgeschrieben.

Die Arbeiter Wittge und Steinfurth sind nach dem Protokoll des Standgerichts in Niendorf zum Tode verurteilt, weil sie „als Rädelsführer und mit der Waffe in der Hand zum Widerstand gegen die Truppe aufgehetzt haben".

Eine entsprechende Begründung enthält auch das gegen den Arbeiter Slomsky in Mecklenburg gefällte standgerichtliche Urteil. Beide Erkenntnisse nehmen Bezug auf die Verfügung des Militäroberbefehlshabers von Lüttwitz Nr. 15 I a Nr. 16 313, und leiten daraus die Zulässigkeit der Todesstrafe her.

Das standgerichtliche Urteil bezüglich Wittge und Steinfurth sieht als festgestellt an, daß „beide bei der Besetzung des Gutes Stieten, als Anführer der Rätebewegung festgenommen und zum Widerstand gegen die Truppe aufgefordert haben". Was Slomsky anlangt, so führt die standgerichtliche Erkenntnis aus, er sei „laut Meldung des Kompagnieführers, Leutnant Meincke, angeklagt, in spartakistischen Versammlungen Hetzreden und Aufreizungen zum Streik, sowie zum bewaffneten Widerstand gegen die Truppe aufgefordert zu haben; es wurden bei ihm Waffen gefunden".

Allerdings werden die Urteilsbegründungen, soweit sie von einem Aufhetzen gegen die Truppe mit den Waffen in der Hand sprechen, von der in den Gründen angezogenen Verfügung des Militäroberbefehlshabers I a Nr. 16 313 nicht ohne weiteres getragen, und die Anweisung des Militäroberbefehlshabers von Lettow an die Truppenführer u. a. auch des Detachements Roßbach vom 16. März 1920 besagt ebenfalls nur, daß die bei direktem Widerstand mit der Waffe angetroffenen Personen standgerichtlich abzuurteilen und mit dem Tode zu bestrafen seien, woraus sich eine entsprechende Anwendung dieses Grundsatzes auch auf diejenigen, welche zum Widerstand gegen die Truppe aufgehetzt haben, an sich noch nicht ergibt. Aber die Angeschuldigten Linzenmeier, Roßbach und Zimmermann haben dazu erklärt, des Glaubens gewesen zu sein, daß die scharfen Strafbestimmungen in erhöhtem Maße auch auf diejenigen Anwendung zu finden hätten, die zum bewaffneten Widerstande, der, wie die Angeschuldigten behaupten und auch sonst feststeht, den Reichswehrtruppen in jenen Tagen der Kappwirren tatsächlich von Arbeitern geleitet worden ist, die Bevölkerung aufgewiegelt hätten. Diese Schutzbehauptung der Angeschuldigten klingt um so glaubhafter, als auch sonst derjenige, welcher einen andern zur Begehung einer strafbaren Handlung bringt, strafrechtlich dem

Täter gleichgeachtet wird. Wenn der Angeschuldigte Billerbeck auch eine gleiche Schutzbehauptung nicht hat aufstellen können, weil er sich der Vorgänge insofern wegen der Länge der inzwischen verstrichenen Zeit nicht mehr hinreichend entsinnen zu können angegeben hat, so kann unter den obwaltenden Umständen der gleiche Gedankengang aber auch bei ihm unbedenklich unterstellt werden.

Die Angeschuldigten, soweit sie durch den beauftragten Richter dieses Gerichts haben vernommen werden können, nämlich Linzenmeier, Roßbach, Zimmermann und Billerbeck haben übereinstimmend, entsprechend ihren bereits bei ihrer Vernehmung am 28. März 1920 gemachten Angaben — vergl. Anl. zu II — erklärt, daß die Todesstrafe gegen Wittge, Steinfurth und Slomsky aber auch um deswillen erkannt sei, weil sie in dem damaligen Generalstreik der Landarbeiter in der weiteren Umgegend von Wismar eine führende Rolle gespielt, insbesondere zur Niederlegung und Verweigerung der Arbeit aufgewiegelt hätten. Auch der Angeschuldigte, Leutnant Bender, dessen Aufenthalt nicht zu ermitteln war, und der deshalb durch den beauftragten Richter nicht hat vernommen werden können, hat sich bei seiner bereits am 28. März 1920 erfolgten Vernehmung in gleicher Weise — vergl. Anl. zu II — ausgesprochen. In dem standgerichtlichen Urteile gegen Slomsky ist die ihm zur Last gelegte Aufreizung zum Streik ausdrücklich erwähnt, einen Hinweis hierauf enthält aber auch das Urteil gegen Wittge und Steinfurth, indem auch hier beide als „Rädelsführer" bezeichnet werden. Hierunter sollten offenbar die Führer in der Streikbewegung verstanden werden, was schon um deswillen noch wahrscheinlicher wird, als die in den Urteilen angeführte Verfügung des Militäroberbefehlshabers von Lüttwitz I a Nr. 16 313 eben bezüglich der Rädelsführer bei Zuwiderhandlungen gegen die Verordnungen der Kappregierung zur Sicherung volkswirtschaftlicher Betriebe und zum Schutze des Arbeitsfriedens, die sich in erster Linie gerade auf die Streikbewegung bzw. Gefahr beziehen und die Todesstrafe androhen — vergl. auch Verordnung Nr. 19 zu 39 —, das standgerichtliche Verfahren und damit die Todesstrafe angewendet wissen will. Es bedarf mithin keines besonderen Zwanges, um die Begründung der standgerichtlichen Urteile mit den betreffenden Verordnungen der Kappregierung bzw. Anordnungen der zuständigen militärischen Befehlshaber in Übereinstimmung zu bringen, wogegen die Mängel und Ungereimtheiten in der Fassung der Urteile neben Sachunkenntnis offenbar auf die Hast und Unruhe der damaligen Zustände zurückzuführen sind.

Die standgerichtlichen Erkenntnisse werden im übrigen auch in tatsächlicher Beziehung durch das Ergebnis der bisherigen Ermittelungen getragen. Nach den Bekundungen von Zeugen und dem Ergebnis sonstiger vorliegender Beweismomente kamen die Verurteilten sämtlich als Vertrauensleute der Streikleitung und Förderer der Streikbewegung, die auch sonst die arbeitende Bevölkerung auf dem Lande in der Widersetzlichkeit gegen die neuen Machthaber und ihre ausführenden Organe bestärken sollten, in Betracht, so daß eine große Wahrscheinlichkeit dafür spricht, daß die in den Standgerichten Mitwirkenden, nämlich Linzenmeier als Anklagevertreter, und Bender, Billerbeck und Zimmermann als Richter, in der Tat den den Urteilssprüchen zugrunde gelegten Sachverhalt auch für wahr gehalten haben, um so mehr, als nach dem Ermittelungsergebnis offenbar auch förmliche standgerichtliche Verhandlungen mit Beweisaufnahme durch Vernehmung von Tatzeugen stattgefunden haben. Ist dies aber der Fall, so liegen auch keinerlei hinreichende Anhaltspunkte mehr dafür vor, daß einmal der Angeschuldigte Leutnant Meincke als damaliger Kompagnieführer, der, da er vermutlich in seiner Heimat, einem an Polen abgetretenen Gebietsteil, aufhältlich ist, nicht hat vernommen werden können, seine Meldungen bezüglich der Arbeiter Wittge, Steinfurth und Slomsky wider besseres Wissen erstattet hätte, zum anderen aber der Leutnant Roßbach als Detachementsführer die Berufung der Standgerichte und spätere Urteilsvollstreckung unter ähnlichen Umständen veranlaßt hätte.

Die Angeschuldigten, die, soweit ihre Vernehmung durch den beauftragten Richter des unterzeichneten Gerichts ausführbar war, einen durchaus freimütigen und keineswegs schuldbewußten Eindruck gemacht, auch ihre Erklärungen durchweg in sehr bestimmter Form abgegeben haben, haben sich weiter darauf berufen, daß sie sich zu ihren Maßnahmen durch die Weisungen und Befehle ihrer militärischen Vorgesetzten verpflichtet gefühlt hätten. Auch in ihrem damit bekundeten guten Glauben sind die Angeschuldigten bei ihrem damaligen militärischen Unterordnungsverhältnis schwerlich zu widerlegen, mögen auch die Anordnungen ihrer vorgesetzten Dienststellen auf noch so ungesetzlichem und widerrechtlichem Boden gestanden haben. Unter den gegebenen Verhältnissen wird aber auch Gleiches bezüglich der Angeschuldigten Meincke und Bender, welch letzterer sich bei seiner Vernehmung durch den Kriegsgerichtsrat ebenso unwiderlegt auf seinen guten Glauben hinsichtlich der Anordnungen der militärischen Befehlshaber und seiner Verpflichtung zu ihrer Befolgung berufen hat, angenommen werden müssen.

Demnach liegen Anhaltspunkte und Verdachtsgründe dafür, daß die Angeschuldigten sich vorsätzlicher Tötungsverbrechen, geschweige denn mit Überlegung — §§ 211, 212 StGB. — schuldig gemacht hätten, und gegen sie dieserhalb die beantragte Voruntersuchung zu eröffnen wäre, nicht vor. Ob die Angeschuldigten etwa darüber hinaus die Anordnungen der höheren Dienststellen irrtümlich ausgelegt bzw. deren Rechtmäßig- und Verbindlichkeit für sich selbst angenommen haben und ob sie etwa zu dieser Auffassung schuldhaft, d. h. fahrlässig gekommen sind, bedarf einer weiteren Nachprüfung nicht, da, selbst wenn den Angeschuldigten Vergehen gegen § 222 StGB. zur Last zu legen wäre, diese, da sie zweifellos nicht lediglich auf Roheit, Eigennutz oder sonstigen nicht politischen Beweggründen beruht haben würden, nach § 1 Abs. 3 des Gesetzes vom 4. August 1920 über die Gewährung von Straffreiheit straffrei wären, und es würde die Strafverfolgung dieser Vergehen und demnach auch die Eröffnung der Untersuchung wegen ihrer unzulässig sein.

Die beantragte Voruntersuchung ist daher wegen Unzulässigkeit der Strafverfolgung nicht zu eröffnen, das gegen die Angeschuldigten wegen Mordes eingeleitete Strafverfahren vielmehr auf Grund des § 1 Abs. 3 des Gesetzes vom 4. August 1920 einzustellen.

Wenn der Untersuchungsrichter auch durch Vorlage der Akten nur die Zuständigkeitsfrage zur Entscheidung des Gerichts gestellt hat, so vermag dieser Umstand die Befugnis der Strafkammer, die sämtlichen mit § 178 StPO. genannten Hinderungsgründe nachzuprüfen, nicht zu beeinträchtigen — vergl. auch Löwe Anm. zu 178 a. a. O. Hier stand wegen des Amnestie-Gesetzes vom 4. August 1920 insbesondere die Frage der Zulässigkeit der Strafverfolgung zur Frage. Die Voraussetzungen des genannten Gesetzes hat die Strafkammer nachzuprüfen, sobald sie aus irgendeinem gesetzlichen Grunde mit der Sache befaßt wird, denn die Nachprüfung hat in jeder Lage des Verfahrens zu geschehen — vergl. Entsch. R. G. 53, S. 39 f.

Schwerin, den 19. Januar 1923.

Mecklenburgisches Landgericht,
Strafkammer I.

gez. H. Heuck.   *Grimm.*   *Krafft.*

Abschrift zu R. J. M. Nr. IV b 2598 Gr.

Schwerin i. M., den 1. Februar 1923.

Mecklenburg-Schwerinisches
Justizministerium.
G. Nr. 3 J. 2508 a.
An
den Herrn Reichsminister der Justiz
Berlin.
Zum Schreiben vom 12./13. Dezember 1922,
Nr. IV e 2767, im Nachgange zum hiesigen Schreiben
vom 23. Januar 1923, 3 J. 1713.

Der Erste Staatsanwalt hier hat die sofortige Beschwerde, die er in der Strafsache, betreffend die Erschießung der Arbeiter Wittge und Steinfurth in Niendorf und Slomsky in Dorf Mecklenburg, gegen den die Unzulässigkeit der Strafverfolgung aussprechenden Beschluß der Strafkammer I des hiesigen Landgerichts vom 19. Januar 1923 erhoben hat, wie aus der Anlage ersichtlich, begründet.

Das unterzeichnete Ministerium wird auch die Entscheidung des Beschwerdegerichts — des Oberlandesgerichts in Rostock — dorthin mitteilen.

I. A. gez. Siegfried.

J. 2556/20. 80.

Schwerin, den 30. Januar 1923.

An
die Strafkammer
hierselbst.

Zur Begründung der von mir in 79 eingelegten sofortigen Beschwerde, trage ich folgendes vor:

Rechtlich halte ich es für unzulässig, zugunsten der Angeschuldigten dem bewaffneten Widerstande gegen die Truppe die Aufforderung dazu gleichzustellen. Denn wird auch derjenige, welcher einen andern zu der von diesem begangenen Straftat angestiftet hat, dem Täter gleich bestraft, so gilt dies nicht auch von demjenigen, welcher zu einer Straftat auffordert. Solche Aufforderung kann vielmehr nur insoweit bestraft werden, als der Gesetzgeber sie selbst ausdrücklich zum Tatbestande einer besonderen Straftat erklärt hat.

In tatsächlicher Hinsicht scheinen mir gegenüber dem Inhalt der standgerichtlichen Urteile und den Angaben der Angeschuldigten die Aussagen der von der Staatsanwaltschaft in 2, 3, 15 vernommenen Zeugen nicht ausreichend berücksichtigt zu sein. Diese Aussagen bestätigen nicht die von den Angeschuldigten Linzenmeier, Billerbeck, Roßbach und Zimmermann in 66, 67, 74, 75 aufrechterhaltenen Feststellungen der Urteile, daß die erschossenen Arbeiter Wittge, Steinfurth und Slomsky Waffen in der Hand gehabt haben. Sie lassen auch nicht Wittge und Steinfurth, sondern andere, vermutlich Wismaraner Arbeiter, als Rädelsführer der Streikbewegung erkennen (vergl. 2 S. 13, 14, 17). Slomsky hat nach der Aussage des Zeugen Pehlemann in 3 S. 7 allerdings zu den von Wismar nach Hof Mecklenburg gekommenen Personen gehört, welche die Häuser nach Waffen durchsucht und die Niederlegung der Arbeit verlangt haben. Ihn allein um deswillen als Rädelsführer anzusprechen, erscheint aber bedenklich, da der Zeuge Mundt in 15 S. 8 bekundet hat, daß Slomsky bei den Durchsuchungen draußen geblieben sei. Entgegen dem Inhalte des standgerichtlichen Urteils und den Angaben der Angeschuldigten Linzenmeier und Zimmermann sind ferner nach der Aussage des Zeugen Pehlemann in 3 S. 8 vor der Verurteilung Slomskys vom Standgericht keine Zeugen vernommen worden. Ich weise noch auf die Tatsache hin, daß die Zeugen Micheel, Rietentiet, Mundt, Bliemeister und Prüter in 3 S. 11 und 15 S. 4, 9, 13 und 14 bezeugt haben, der Name Slomsky habe auf einer von der Truppe mitgeführten Liste gestanden.

Der Erste Staatsanwalt.

gez. Hennings.

Abschrift zu R. J. M. Nr. IV b 2598 Gr.

Mecklenburg-Schwerinisches
Justizministerium.

G. Nr. 3 J. 5359 a.

An   Schwerin i. M., den 8. März 1923.
den Herrn Reichsminister der Justiz
                Berlin.
Zum Schreiben vom 12./13. Dezember 1922,
Nr. IV c 2767, im Nachgange zum hiesigen Schreiben
vom 1. Februar 1923. 3 J. 2508 a.

In der Strafsache, betreffend die Erschießung der Arbeiter Wittge
und Steinfurth in Niendorf und Slomsky in Dorf Mecklenburg, hat das
Oberlandesgericht in Rostock durch den abschriftlich anliegenden Beschluß die Voruntersuchung gegen den früheren Leutnant Meincke und
Genossen wegen Mordes für zulässig erklärt.

Das unterzeichnete Ministerium wird auch den weiteren Gang des
Verfahrens dorthin mitteilen.   I. A. gez. Siegfried.

Abschrift aus J. 2556/20. 81. 13 b S. A. 1/23 — 162.

Beglaubigte Abschrift

Beschluß

In der Strafsache gegen den früheren Leutnant Meincke und Genossen wegen Mordes ist die sofortige Beschwerde der Staatsanwaltschaft gegen den Beschluß der ersten Strafkammer des Landgerichts
in Schwerin vom 19. Januar 1923 begründet.

Der angefochtene Beschluß wird aufgehoben. Dem Antrage der
Staatsanwaltschaft auf Eröffnung der Voruntersuchung hat der Untersuchungsrichter stattzugeben.

Die Kosten der Beschwerde gehen zu denen der Hauptsache.

Unter dem 5. Mai 1922 — 45 — hat der Staatsanwalt gegen die
früheren Leutnants Meincke, Linzenmeier, Bender und Roßbach, den
früheren Vizefeldwebel Billerbeck und den früheren Gefreiten Zimmermann die Eröffnung der Voruntersuchung beantragt wegen der Beschuldigung,

am 18. März 1920 während der Tage des Kapp-Putsches in Groß
Stieten bzw. Dorf Mecklenburg gemeinschaftlich durch drei selbständige Handlungen vorsätzlich und mit Überlegung einen Menschen
getötet zu haben, indem sie, die damals Angehörige der Sturmabteilung
Roßbach waren, in gewolltem und bewußtem Zusammenwirken, und
zwar die Angeschuldigten Linzenmeier, Bender, Billerbeck und Zimmermann auf Grund der bewußt wahrheitswidrigen Meldung des Angeschuldigten Meincke, der Arbeiter Slomsky sei bewaffnet festgenommen
und die Arbeiter Wittge und Steinfurth hätten mit der Waffe in der
Hand zum Widerstand gegen die Truppe aufgehetzt, obwohl auch den

Angeschuldigten Linzenmeier, Bender, Billerbeck, Zimmermann und Roßbach die Unwahrheit dieser Meldung bekannt war, ein Standgericht bildeten und entgegen den von ihren militärischen Vorgesetzten erteilten Befehl, 1. den Arbeiter Slomsky, 2. den Arbeiter Wittge, 3. den Arbeiter Steinfurth zum Tode des Erschießens verurteilten, welches Urteil der Angeschuldigte Roßbach bestätigte, worauf die drei genannten Arbeiter erschossen wurden; Verbrechen gegen § 211, 47 StGB.

Der Untersuchungsrichter hat gegen die Eröffnung der Voruntersuchung zwei Bedenken gehabt, nämlich: 1. ob nicht der Mord, weil er in Tateinheit mit einem hochverräterischen Unternehmen (Kapp-Putsch), das sich gegen das Reich richtete, begangen war, von der Amnestie, die für den Hochverrat durch Gesetz vom 4. August 1920 gewährt ist, umfaßt werde; 2. ob nicht die für die einheitliche Tat wegen des darin enthaltenen Hochverrats gegebene Zuständigkeit des Reichsgerichts auch bei Bestand geblieben sei, nachdem wegen des Hochverrats Amnestie erfolgt sei. Der Untersuchungsrichter hat deshalb gemäß § 178 StPO. die Akten der Strafkammer vorgelegt. Diese hat durch den Beschluß vom 11. Juli 1922 die Vernehmung der Angeschuldigten durch einen beauftragten Richter zur weiteren Aufklärung des Sachverhalts angeordnet, um eine Entscheidung darüber zu gewinnen, ob die Voraussetzungen des Gesetzes über die Gewährung von Straffreiheit vom 4. August 1920 entsprechend der Mecklenburg. Ausführungsbekanntmachung vom 16. August 1920 vorlägen. Nachdem die Angeschuldigten, soweit ihr Aufenthalt ermittelt, vernommen waren, hat die Strafkammer gemäß § 178 StPO. durch Beschluß vom 19. Januar 1923 entschieden,

daß die Voruntersuchung wegen Unzulässigkeit der Strafverfolgung nicht zu eröffnen ist. Das gegen die genannten Angeschuldigten wegen Mordes eingeleitete Strafverfahren ist durch das Gesetz vom 4. August 1920, § 1 Abs. 3 über die Gewährung von Straffreiheit niedergeschlagen, weshalb seine Einstellung erfolgt.

In den Gründen des Beschlusses heißt es, die Ermittelungen hätten keine Anhaltspunkte dafür ergeben, daß die Angeschuldigten einen Mord oder ein ähnliches Verbrechen, d. h. eine überlegte, jedenfalls vorsätzliche, bewußt rechtswidrige Tötung an den drei erschossenen Arbeitern begangen hätten. Ob ihnen etwa Fahrlässigkeit zur Last falle, bedürfe keiner weiteren Nachprüfung, da insoweit die Amnestie Platz greife.

Die hiergegen gerichtete sofortige Beschwerde der Staatsanwaltschaft ist begründet.

Die Entscheidung der Strafkammer gliedert sich inhaltlich in zwei Teile: 1. Die Eröffnung der Voruntersuchung wegen M o r d e s wird abgelehnt, weil Mord mangels erforderlichen Vorsatzes nicht vorliege. 2. Wegen etwaiger fahrlässiger Straftaten wird eingestellt, weil das Amnestiegesetz Platz greife. Zu der Entscheidung unter 1. war die

Strafkammer in der gegenwärtigen Lage des Prozesses nicht befugt. Bei der Prüfung, ob der Antrag auf Eröffnung der Voruntersuchung nach § 178 StPO. abzulehnen ist, hat das Gericht diejenigen Merkmale der Tat, welche in dem Antrage der Staatsanwaltschaft hervorgehoben sind, als vorhanden vorauszusetzen. Die Ablehnung darf also nicht deshalb erfolgen, weil es an Beweisen für die Tat oder für eins der wesentlichen Merkmale derselben fehle. Die Ermittelung und Sammlung der Beweise ist eben Aufgabe der Voruntersuchung. Die Beanstandungen des Gerichts können also nur den vom Staatsanwalt als Gegenstand der Beschuldigung aufgestellten Tatbestand zugrunde legen. (Löwe, § 178 StPO. N. 2, 5; Stenglein, § 178 StPO. N. 6.) Der ablehnende Beschluß beruht auf einer t a t s ä c h l i c h e n Begründung, während die Ablehnung nur aus r e c h t l i c h e n Gründen erfolgen durfte. Nach dem Antrag der Staatsanwaltschaft fällt den Angeschuldigten der Vorsatz rechtswidriger Tötung zur Last; sie werden des Verbrechens gegen § 211 StGB. beschuldigt. Dies fällt nicht unter die Amnestie, wie auch die Strafkammer nicht verkennt. Das Bedenken des Untersuchungsrichters, daß bei der Tateinheit des Verbrechens gegen § 211 mit Hochverrat die Amnestierung des letzteren auch Straffreiheit für das erstere zur Folge haben könne, ist nicht begründet. Dem widerspricht der Abs. 4 des § 1 des Gesetzes vom 4. August 1920, durch den das Verbrechen gegen § 211 ausdrücklich von der Straffreiheit ausgeschlossen wird.

Durch die Bekanntmachung vom 16. August 1920 zur Ausführung des Gesetzes über die Gewährung von Straffreiheit vom 4. August 1920, auf die sich die Strafkammer stützt, wird an den Grundsätzen des § 178 StPO. nichts geändert. Die Voruntersuchung ist daher nur dann wegen Amnestierung abzulehnen, weil die weitere Strafverfolgung und damit die Voruntersuchung unzulässig ist, wenn der vom Staatsanwalt behauptete Tatbestand unter die Amnestie fällt. Das ist hier nicht der Fall.

Endlich ist das angerufene Gericht zuständig. Da der Hochverrat amnestiert ist und nur noch das Verbrechen gegen § 211 zur Anklage steht, so kann die Zuständigkeit des Reichsgerichts, die zu einer Zeit, als noch nicht Anklage erhoben, gegeben war, nicht mehr in Frage kommen. Da keiner der Gründe des § 178 StPO. entgegensteht, muß der Untersuchungsrichter daher die Voruntersuchung eröffnen.

Rostock, 24. Februar 1923.

Mecklenburgisches Oberlandesgericht, Strafsenat

Jahn. Kretschmann. Labes. Kurtzwig. W. Bruhns.

Abschrift beglaubigt.

Rostock, den 28. Februar 1923.

(L. S.)   *gez. Bruckhoff,*
Gerichtsschreiber des Meckl. Oberlandesgerichts.

Auszugsweise. Abschrift zu R. J. M. Nr. IV b 2598 Gr.
_____

Schwerin, den 17. November 1923.

Mecklenburg-Schwerinisches
Justizministerium.

G. Nr. 3 J. 26 907.
usw.

Die Strafsache gegen den Leutnant Meincke und Genossen wegen Mordes befindet sich noch in der Voruntersuchung. Das unterzeichnete Ministerium wird auch über den weiteren Gang des Verfahrens dorthin Mitteilung machen, insbesondere darüber, welcher Antrag nach Schluß der Voruntersuchung auf Grund ihrer Ergebnisse von dem Ersten Staatsanwalt gestellt werden wird.

gez. Brückner.

An den Herrn Reichsminister der Justiz in Berlin W 9.

Kommentar zur mecklenburgischen Denkschrift

Die mecklenburgische Denkschrift ist aus zwei Gründen besonders interessant. Zunächst weil sie sich ausschließlich mit dem Kapp-Putsch, den blutigen Methoden seiner Durchführung und den erfolglosen Versuchen beschäftigt, die einfachsten Bestimmungen des aus der Kaiserzeit übernommenen Strafgesetzbuchs gegenüber diesen Rebellen zur Durchführung zu bringen. Dann, weil man hier die Ansätze zu den Geheimbünden am Werk sieht, welche die Ursachen von so vielen weiteren politischen Morden geworden sind. Einige der hier behandelten Morde sind auf den unheilvollen Einfluß des Oberleutnants Roßbach zurückzuführen.

Der Kapp-Putsch ist bekanntlich an dem entschlossenen Widerstand der Arbeiter gescheitert. Der von den Gewerkschaften propagierte und restlos durchgeführte Generalstreik beruhte auf einer Aufforderung der rechtmäßigen Regierung. Er war also eine gesetzmäßige Handlung, ein legaler Kampf gegen die Aufrührer und eine Auswirkung einer staatstreuen Gesinnung. Kapp versuchte ihn durch seine Erlässe, in denen die Todesstrafe angedroht war, zu unterdrücken. Seine ausführenden Organe waren wie er selbst Hochverräter. Selbstverständlich wäre es die Pflicht der Regierung gewesen, nach ihrem Sieg ihrerseits diejenigen zu schützen, denen sie es verdankte, daß sie ihre Macht wiedergewann. Wer aber den Befehlen Kapps gehorchte, wie die mecklenburgischen Gutsbesitzer, hat sich zum mindesten der Beihilfe zum Hochverrat schuldig gemacht. Es wäre das einfachste Gebot der Selbsterhaltung gewesen, daß die Kappisten, die die Befehle Kapps ausführten, nicht die Macht behalten und die Arbeiter ungestraft ermorden durften.

Den hier behandelten Morden ist es eigentümlich, daß sich die Mörder gleichzeitig eines anderen Verbrechens, des Hochverrats schuldig gemacht hatten. So seltsam es klingt, gerade die Tatsache, daß es sich hier nicht um einfache politische Morde handelte, sondern um politische Morde in Verbindung mit einem andern schweren politischen Verbrechen, wurde hier für die Täter das Mittel, sich der Strafe zu entziehen. Während man in den früheren Fällen durch an Rechtsbeugung grenzende Handlungen, durch Verschleppung bis zu einem Zeitpunkt, wo eine Aufklärung nicht mehr möglich war, durch Nichteröffnung eines Hauptverfahrens, durch spezifisch militärische Untersuchungsmethoden, wie die Nichtvernehmung wichtiger Belastungszeugen oder Aktenvernichtung Mittel fand, um die Mörder der

Bestrafung zu entziehen, hatte man hier noch eine weitere wichtige
Waffe, die Amnestie. Nach dem Kapp-Putsch war nämlich eine
Amnestie erlassen worden, welche die Tausende, die gedankenlos oder
bewußt mitgemacht hatten, vor Bestrafung schützen sollte. Dagegen
sollte die Führer die ganze Schärfe des Gesetzes treffen. Aber durch
eine vollkommen einseitige Auslegung des Führerbegriffs, welche selbst
leitende Generale zu einfachen Mitläufern stempelte, gelang es, alle
Verantwortlichen einer Bestrafung zu entziehen. Es ist interessant, daß
das Wort Kapp-Putsch in der mecklenburgischen Denkschrift überhaupt erst da auftaucht, wo die Gerichte gleichzeitig die rettende
Amnestie zugunsten des Angeklagten anführen.

Und da die Mörder alle in Ausführung der Befehle von Kapp,
Lüttwitz und· Lettow-Vorbeck handelten und da sie sämtlich nicht
Führer waren, sind sie sämtlich straflos geblieben.

In diesen Morden sieht man die Ansätze zu dem späteren Wirken
der Geheimorganisation Roßbachs. Die Mörder sind nicht etwa
unbekannte und belanglose Leute. Sie sind prominente Persönlichkeiten. Roßbach ist vom Reichskanzler Cuno offiziell empfangen
worden. Der Baron Brandenstein, welcher durch seine Angabe: „Das
sind die Richtigen!" zur Ermordung von Steinfurth und Wittge beigetragen hat, ist ein früherer Gesandter. Seine Rolle verdient eine eingehende Betrachtung, um so mehr, als die Denkschrift auf seine Beteiligung überhaupt nicht eingeht. Als die Arbeiter vor ihn geführt
wurden, versuchten sie mit ihm zu reden und ihn um Gnade zu bitten.
Brandenstein aber sagte: „Ich habe genug von euch", worauf die Soldaten noch in seiner Anwesenheit die beiden mißhandelten. Brandenstein mußte wissen, welches Los die beiden erwartete. Durch seine
Aussprüche trägt er eine schwere intellektuelle Mitschuld an diesem
Mord.

Baron Brandenstein hat nun damals erklärt, diese Verurteilung
sei „auf Grund der erlassenen Gesetze" erfolgt. Ein solches Maß von
Unwissenheit, wie sie diese Erklärung darstellt, kann aber bei einem
Gesandten a. D. unmöglich vorausgesetzt werden. Denn selbst dem
einfachsten Menschen war es klar, daß Kapp keine gültigen Gesetze
erlassen konnte. Das schlechte Gewissen des Herrn v. Brandenstein
zeigt sich auch in seiner Erklärung, er habe sich gegen dieses Todesurteil ausgesprochen. Ferner behauptet Brandenstein, der Name des verantwortlichen Offiziers sei ihm unbekannt gewesen. Dies ist vollkommen unglaubwürdig. Denn Brandenstein hat selbst die Truppen
kommen lassen und es ist selbstverständlich, daß die Offiziere, die doch
derselben sozialen Schicht entstammen, sich ihm auch vorgestellt haben.
Dies um so mehr, als in der Mordnacht ein großes Abendessen der
Offiziere im Schlosse stattfand.

Obwohl die moralische Mitschuld des Herrn von Brandenstein vollkommen klar ist, ist überhaupt kein Verfahren gegen ihn eingeleitet

worden. Das Verfahren gegen die Täter befand sich am 17. November 1923 noch im Stadium der Voruntersuchung. Brandenstein wurde im März 1924 zum Ministerpräsidenten des Freistaats Mecklenburg gewählt. Die Linke begleitete seine Wahl mit stürmischen Rufen: Arbeitermörder! Trotzdem wird er mecklenburgischer Ministerpräsident bleiben, und es ist anzunehmen, daß dies dazu beitragen wird, daß das gesamte Verfahren eingestellt wird.

Die wichtige Tatsache, daß die sogenannte Urteilsbegründung in den Fällen Wittge und Steinfurth objektiv falsch ist, wird meines Erachtens in der Denkschrift nicht genügend gewürdigt. Dieser Wisch von vier Zeilen, in dem noch dazu die beiden Namen falsch geschrieben sind, behauptet, daß beide mit der Waffe in der Hand zum Widerstand gehetzt hätten, während sich aus den Zeugenaussagen einwandfrei ergibt, daß beide überhaupt keine Waffen besaßen. Auch die Haussuchung ist ja ergebnislos verlaufen. Diese Tatsache ist auch in dem Verfahren scheinbar übersehen worden. An sich verschärft dies noch das Verbrechen.

Im Gegensatz zu den früher behandelten Morden stehen die Täter hier in intimem Zusammenhang. Die Mörder sind Angehörige weitverzweigter Organisationen. Diese sind zwar heute zum Teil offiziell verboten, aber sie bestehen vor allem in Bayern lustig weiter und spielen innerhalb der rechtsradikalen Opposition die größte Rolle. Aus diesem Grunde ist die Denkschrift für die heute noch schwebenden Prozesse gegen die Geheimbünde eine unschätzbare Hilfe.

Denn diese freisprechenden Urteile sind eine starke moralische Stütze für die Geheimbünde gewesen. Wenn selbst in solch klaren Fällen eine systematische Verachtung der Gesetze ungeahndet bleibt, so muß selbstverständlich bei den Angehörigen dieser Verbände der tiefe Eindruck entstehen, als wenn die Behörden ihre Betätigung in Wirklichkeit unterstützen, wenn sie auch aus rein formalistischen Gründen vielleicht äußerlich der Entente gegenüber den Eindruck erwecken, als wenn diese Organisationen zu unterdrücken seien. Aus solchen straflosen Morden entsteht die ungeheure persönliche Macht, welche Bandenführer wie Roßbach über ihre Anhänger ausüben. Denn nach langem Sieben der als unbedingt zuverlässig Erkannten entstehen aus diesen Freikorps die heutigen Geheimbünde.

Die mecklenburgische Denkschrift hat gegenüber der bayerischen und preußischen den großen Vorzug, daß sie, abgesehen von den von mir als nicht aufgeklärt bezeichneten Fällen alle im Buch behandelten Fälle darstellt. Gerade die seit 1920 schwebenden Fälle verdienen nämlich eine eingehende Betrachtung. Denn hier sieht man das lange Hin und Her der Akten, den vergeblichen Kampf, den einzelne republikanisch gesinnte Beamte um das Recht führen. Ich kann zwar einen so schweren Vorwurf, wie den der republikanischen Gesinnung nicht mit aller Bestimmtheit gegen einzelne hier auftretende Juristen

erheben. Sicher aber ist, daß in dem langen Kampf bis zur endgültigen Einstellung einzelne Beamte so gehandelt haben, als wenn
sie Republikaner wären. Aber ihr Widerstand gegen die andern ist
vergeblich.

In der Darstellung des Verlaufs dieser noch schwebenden Verfahren liegt ein großes Verdienst der Denkschrift. Noch größer aber
ist das Verdienst, das der Verfasser sich durch die Klarlegung der
einwandfrei rechtsradikalen Einstellung der Mecklenburger Richter
erworben hat. Selbst manche Teile der bayerischen Denkschrift wirken
objektiv gegenüber dem ausgesprochenen Zynismus, der uns hier entgegentritt. So wird die entscheidende Tatsache, daß die von diesen
illegalen Standgerichten zum Tode verurteilten Hetzer tatsächlich in
Ausübung ihres verfassungs- und regierungstreuen Widerstands gegen
die Kapprebellen erschossen worden sind, mit keinem Wort erwähnt,
und die Schweriner Strafkammer wagt es sogar, auf Seite 146 von
dem „damaligen Reichskanzler Kapp" zu reden. Man stelle sich ein
Münchener Volksgericht vor, das von dem damaligen Ministerpräsidenten Leviné gesprochen hätte.

Dieser mangelnde Wille zur Objektivität tritt ganz deutlich hervor,
wenn andauernd ganz unkontrollierbare Behauptungen und Be-
zeichnungen wie „Hetzer, Plünderungen, Bedrohungen, Rädelsführer"
reproduziert werden, gleichzeitig aber mit keinem Wort erwähnt wird,
daß die Einwohner der Stadt Waren sich in einem verfassungstreuen
Kampf für die Republik gegen die meuternden Generäle befanden.
Übrigens folgt die Darstellung dieses Falles durchaus den Behauptungen
des Angeklagten und der mit ihm aus beruflichen Gründen natürlich
sympathisierenden „militärischen Sachverständigen". Mit keinem Wort
geht die skandalöse Entscheidung der Schweriner Strafkammer vom
19. Januar 1923 auf die fundamentale Tatsache ein, daß die von
Lettow-Vorbeck eingesetzten „Standgerichte" illegal waren, also kein
Recht sprechen konnten, und daß daher ihre Urteile Morde sind. Rein
juristisch betrachtet sind diese Erschießungen vollständig homolog zu
den von der bayerischen Roten Armee durchgeführten Morden. In
beiden Fällen handelt es sich um angebliche Standgerichte, in beiden
Fällen sind sie von Aufrührern eingesetzt und daher illegal. In beiden
Fällen konnten sich die Aufrührer nicht durchsetzen, so daß sie kein
neues Recht schufen. In beiden Fällen glaubten die Täter in ihrem
Sinne Recht zu sprechen und eine legale Erschießung durchzuführen.
Roßbachs Befehl, die Urteile zu vollstrecken, entspricht etwa dem Befehl durch den Oberbefehlshaber Egelhofer. In beiden Fällen wurde
gewartet, bis diese Bestätigung ankam. Dieser Parallelismus geht noch
weiter. Genau wie im Kapp-Putsch Teile der Reichswehr sich den
Aufrührern anschlossen, so sind auch in der Münchner Räterepublik
einzelne Truppenteile, vor allem das Leibregiment, zu der aufrührerischen Roten Armee übergetreten. Für diesen Glauben an die

Legalität der Räterepublik spricht übrigens auch der Umstand, daß dieselben vom Zentralrat, der auch das Ministerium Hoffmann eingesetzt hatte, ausgerufen worden war, während eine ähnliche pseudolegale Grundlage beim Kapp-Putsch fehlte. Dieser evidente Parallelismus wird natürlich nicht anerkannt. Im Gegenteil, das Vorgehen gegen die Stadt Waren wird sogar durch die Vorschriften über den Waffengebrauch des Militärs vom 19. Februar 1914 begründet, als wenn man es hier mit einer rechtmäßigen Truppe zu tun gehabt hätte. Entsprechend wird sogar dem Leutnant Meincke bei seinem Unternehmen gegen die Stadt Stavenhagen, das natürlich eine direkte Auswirkung des Kapp-Putsches darstellte, zugebilligt, daß er sich in „rechtmäßiger Ausübung eines Dienstbefehles" befunden habe. Um diese Groteske voll zu verstehen, stelle man sich vor, einer der Unterführer der bayerischen Roten Armee hätte auf eine ähnliche Argumentation zurückgegriffen. Und hier ist es nicht einmal der Angeklagte, sondern das Gericht, daß sich diese Behauptung zu eigen macht.

Vom rein menschlichen Standpunkt ist es übrigens auch interessant, daß die Räterepublikaner ihre Morde offen, ohne irgendwelche Fiktion begangen haben, während bei den Kappisten die Erschießung auf der Flucht eine wesentliche Rolle spielt. Aber während die bayerischen Räterepublikaner zu insgesamt 5000 Jahren Einsperrung verurteilt worden sind, laufen die Kappisten frei herum, ja, was noch ärger ist, sie bedrohen durch ihre Tätigkeit noch heute die Existenz der Republik.

In der Denkschrift fehlende Morde

Schon die bisherigen Ausführungen haben gezeigt, daß die Denkschrift nicht allen Anforderungen genügt, welche an eine amtliche
Arbeit zu stellen sind. Vor allem ist es ein großes Manko, daß prinzipiell
nur diejenigen Fälle dargestellt sind, in denen die Verfahren bereits
zum Abschluß gelangt sind. Es fehlen also alle Fälle, in denen das
Verfahren noch schwebt, und das ist bei der Langsamkeit unserer
juristischen Behörden immerhin ein beträchtlicher Anteil. Durch diesen
Einwand gegen die Güte der Denkschrift soll das große Verdienst, das
diese sich um die Aufklärung der politischen Morde erworben hat,
keinesfalls geschmälert werden. Ohne Zweifel ist sie durch ihre mar-
kante Schärfe, ihre ruhige Sachlichkeit und durch das Zurückdrängen
jeder agitatorischen Einstellung das beste Dokument, das uns über
diese Ereignisse zur Verfügung steht. Aber es muß doch darauf hingewiesen werden, daß die vorliegende amtliche Arbeit genau wie das
Buch unvollständig ist. Bei einem privaten Werk ist dies nicht anders
zu erwarten.

An eine amtliche Arbeit aber sind natürlich viel höhere Ansprüche
zu stellen. Zunächst ist die Denkschrift auf alle diejenigen Fälle nicht
eingegangen, die in dem Buch als unaufgeklärt bezeichnet sind, und
dies ist eine stattliche Anzahl, beinahe hundert. Endlich hat die Denkschrift alle diejenigen Fälle nicht behandelt, welche seit dem Erscheinen
des Buches vorgefallen sind. Es kann aber keinem Zweifel unterliegen,
daß sie die Aufgabe gehabt hätte, a l l e politischen Morde darzustellen,
welche in Deutschland seit 1919, dem Jahre, in dem die politischen
Morde überhaupt erst begannen, vorgefallen sind.

Als Beweis für diese Unvollständigkeit werden in folgendem einige
dort fehlenden Fälle angeführt. Es handelt sich dabei um eine Auswahl aus einem großen Material. Die folgenden Fälle sind wohl die
markantesten und politisch interessantesten, welche in der Denkschrift
fehlen.

Zwei Erschießungen auf der Flucht

Nach dem Kapp-Putsch kam es bekanntlich zu Kämpfen zwischen
den ursprünglich zu Kapp übergegangenen Truppen, die später wieder
regierungstreu sein wollten, und den Arbeitern. So hatte die 1. Kompagnie der 1. Landjäger-Abteilung des freiwilligen Landjägerkorps
mehrere Gefechte in Mitteldeutschland, wobei am 24. März 1920 das
Dorf Wörmlitz bei Halle eingenommen wurde. Oberleutnant Vallier

hielt vor dem Einmarsch eine Instruktionsrede, worin es hieß, man
solle bei der Eroberung des Dorfes so wenig wie möglich Schonung
üben. Von einem Denunzianten wurde den Soldaten eine Liste der
Aufrührer und „Spartakisten" übergeben. Darauf standen unter anderm
die Namen O t t o Gölicke und O t t o K o p p s i e k e r. Daraufhin
wurde der der unabhängigen Sozialdemokratie angehörige Arbeiter
E m i l G ö l i c k e halb angekleidet aus seiner Wohnung geholt und
von dem Gefreiten Fedor Pohl zu dem 23jährigen Leutnant d. R. Kurt
Hoppe geführt. Von dort ging der Weg an die Saale. Den weiteren
Verlauf beschrieb Pohl vor Gericht folgendermaßen:

„Etwa 100 Meter hinter dem Dorfe habe ich den mit hochgehobenen
Händen vor uns hergehenden Gölicke mit meinem Karabiner von hinten
erschossen. Einen Fluchtversuch hat Gölicke nicht unternommen. Ich
habe ihn erschossen, weil ich den Befehl von Leutnant Hoppe bekommen habe.

Nach der Erschießung bin ich dann zurückgegangen und habe dem
Leutnant Hoppe gemeldet, da noch andere Leute bei ihm waren, daß
ich Gölicke ‚auf der Flucht' erschossen hätte. Ich bin dann mit dem
Leutnant weitergegangen. Dabei hat er mir gesagt, daß noch einer da
sei, der erschossen werden müsse. Während ich nun draußen vor dem
Koppsiekerschen Hause stand, ist der Leutnant Hoppe mit einigen
Leuten in die Wohnung eingedrungen und hat mir dann Otto Koppsieker mit den Worten übergeben: ‚Da ist er!' Ich fragte Hoppe dann,
ob ich auch Koppsieker erschießen solle, worauf Hoppe mit dem Kopf
nickte. Der Gefreite Schütz ist mir durch Leutnant Hoppe noch zugeteilt worden. Wir sind dann gemeinsam nach dem Ausgang des
Dorfes gegangen. In der Nähe der Bahn habe ich dann auch den
Koppsieker von hinten erschossen, der ebenfalls mit hocherhobenen
Händen und notdürftig bekleidet vor uns herging. Ob ich nur ein
oder zwei Schüsse abgefeuert habe, weiß ich nicht mehr. Einen Fluchtversuch aber hat auch Koppsieker nicht unternommen.

Ich bin dann später mit Leutnant Hoppe zusammengekommen.
Hierbei redete er mir zu, daß ich angeben soll, die Leute seien auf
der Flucht erschossen worden. Auf meine Einwendungen, daß ich
sie nicht auf der Flucht erschossen habe, hat der Leutnant erwidert,
ich (Pohl) solle überall nur aussagen, daß ich die beiden auf der
Flucht erschossen habe. Das übrige wolle er (Hoppe) schon veran-
lassen. Er werde schon dafür sorgen, daß ich nicht danach gefragt
werde. Ich solle nur keine Angst haben."

Gölicke und Koppsieker hatten an den Kämpfen überhaupt nicht
teilgenommen. Vor ihrem Tode wurden sie noch von Pohl mißhandelt,
wobei die anderen Soldaten, Zigaretten rauchend, zusahen. Auch eine
Reihe von Einwohnern von Wörmlitz, darunter die alte Mutter Gö-
lickes, wurden von Hoppe mißhandelt.

Bei einem Bierabend der Kompagnie am gleichen Tage ließ sich Hoppe als der Held des Tages feiern.

Pohl bekam später Gewissensbisse und wollte seine falschen Angaben zurücknehmen. Er wandte sich brieflich an seinen ehemaligen Bataillonsführer Major Held in Paderborn. Darauf gab ihm Oberleutnant Hammer den guten Rat, sich an nichts zu erinnern und sich dumm zu stellen. Eine Reihe militärischer Untersuchungen ergaben dann entsprechend, daß beide Arbeiter auf der Flucht erschossen worden waren.

Am 30. November 1922 begann vor dem Schwurgericht in Halle der Prozeß gegen Hoppe und Pohl wegen Anstiftung zum Mord und wegen Mord. Die Anklage führt Staatsanwaltschaftsrat Dr. Luther.

Der Verteidiger beantragte Freisprechung, weil Pohl auf Befehl gehandelt habe. Seine Bestrafung würde die Disziplin bei der Reichswehr und bei der Schupo untergraben. Die Geschworenen folgten dieser Argumentation, verneinten alle Schuldfragen und sprachen Pohl wegen beider Morde frei. Es konnte nämlich nicht mit Bestimmtheit festgestellt werden, ob Pohl den tödlichen Schuß auf Koppsieker abgegeben hatte. Als Pohl ihn verließ, lebte er noch, und auf sein Gestöhn kam ein anderer Reichswehrsoldat herbei und gab ihm einen Gnadenschuß. Die Leiche wies aber nur einen tödlichen Schuß auf. Ein Verfahren gegen diesen anderen Soldaten fand nicht statt. Im Fall Gölicke wurde Hoppe freigesprochen, im Fall Koppsieker wegen mittelbarer Täterschaft bei versuchtem Totschlag unter Zubilligung mildernder Umstände zu zwei Jahren Gefängnis verurteilt. Fünf Monate und zwei Wochen Untersuchungshaft wurden ihm angerechnet. („Volksblatt für Halle und Merseburg", 4. Dezember 1922, „Berliner Tageblatt", 4. Dezember 1922.)

Kein Arbeiter hatte auf der Geschworenenbank gesessen. Das Gericht war insofern konsequent, als es ausnahmsweise wenigstens den Anstifter bestrafte. Aber in dem ganz klaren Fall Gölicke wurde er freigesprochen, im anderen Fall zu einer minimalen Strafe verurteilt. Der Ausführende ist vollkommen straflos geblieben. Man vergleiche dies mit den Prozessen gegen die Rotgardisten, wo sowohl die Anstifter wie die Ausführenden mit den schwersten Strafen belegt wurden.

Spartakisten werden erschossen

Hülsbusch (Mitglied der USP.) war nach dem Kapp-Putsch Vollzugsrat des Amtes Recklinghausen, hatte sich aber an den Kämpfen nicht beteiligt. Als die Reichswehr im April einrückte, war Hülsbusch, weil auf der Straße geschossen wurde, zu dem Hilfspolizeibeamten Hachmeier aus Speckhorn gegangen. Als die Soldaten eindrangen und nach Spartakisten fragten, sagte dieser: „Unter meinem Diensteid erkläre ich, daß sich unter den Anwesenden kein Spartakist befindet, mit Ausnahme von dem da" (auf Hülsbusch zeigend). Ohne weiteres schoß darauf ein Feldwebel den Hülsbusch nieder. Der Parteisekretär der USP., Albert Herwig, hatte im November 1920 Hachmeier öffentlich bezichtigt, schuld am Tode des Hülsbusch zu sein. Darauf wurde gegen ihn ein Verfahren wegen Beleidigung eröffnet. Im April 1921 wurde er zu 100 Mark (10 Goldmark) Geldstrafe und zur Tragung der Kosten verurteilt. Der Schutz des § 193 (Wahrung berechtigter Interessen) wurde ihm nicht gewährt. Hachmeier wurde als Zeuge vernommen: Er habe im Kriege einen Kopfschuß erhalten und könne sich an Einzelheiten nicht mehr erinnern. Er tut weiter Dienst. („Freiheit", 24. April 1921.)

Der Täter als Zeuge

„Der Amerikaner Paul R. Demott, geb. 8. November 1898, wurde zusammen mit den Kommunisten Paul Morscheck und Hans Himler von der Feldwache der 1. Komp. Inf. R. 61 verhaftet, als sie im Auto von Essen in Richtung auf die Feldwache fuhren. Im Auto wurden mehrere Schußwaffen und Munition vorgefunden, bei Demott selbst ein Revolver, ferner verschiedene Papiere, aus denen hervorgeht, daß Demott als internationaler Kurier im Dienste des Bolschewismus und bei der Zentralleitung der Roten Armee tätig war. Ein Brief an Trotzki war im Hemd eingenäht.

Noch am selben Tage wurde Demott standgerichtlich zum Tode verurteilt. Das Urteil wurde auf Grund des inzwischen eingegangenen Befehls, keine standgerichtlichen Todesurteile zu vollstrecken, nicht zur Vollstreckung gebracht. Vielmehr sollte Demott mit einigen anderen Aufrührern nach Wesel transportiert werden. Das hierzu bestimmte Lastauto traf jedoch erst am 8. April 1920 morgens in Mülheim ein.

Die Lokalbesichtigung und die eidlich bekräftigte Aussage des Gefr. Getischorek, der Demott erschossen hat sowie des Gefr. Kapuzinski und des Füsiliers Krokmann ergab:

Demott war in der Nacht vom 7. zum 8. April 1920 in einem kleinen Wirtschaftsraum im Erdgeschoß der Augenklinik Mühlheim untergebracht und wurde hier von Posten, die vor der Tür genannten Raumes Posten standen und sich alle zwei Stunden ablösten, bewacht. Der Füsilier K., der von 1 bis 3 Uhr nachts Posten gestanden hatte, teilte dem ihn ablösenden Gefreiten G. mit, daß Demott auf seinen Wunsch zwischen 1 und 3 Uhr viermal zu dem im ersten Stock liegenden Klosett geführt worden sei. Dieser Umstand und sein ganzes Verhalten erweckten den Anschein, daß Demott flüchten wolle.

Zwischen 3 und 4 Uhr wurde Demott von G. wieder zum Klosett hinaufgeleitet, nach Verlassen desselben sprang ersterer eilends die

Treppe hinab und gelangte durch die offene Haustür in den Garten
der Augenklinik, der mit einem leicht übersteigbaren Drahtzaun um-
friedet ist. G. eilte dem Flüchtling nach und schoß auf ihn, da derselbe
auf dreimaliges ‚Halt' nicht stehen blieb. Demott fiel etwa 10 Meter
von der Haustür entfernt zu Boden und war sofort tot.

Die Leichenschau auf dem neuen Friedhof in M ü l h e i m (Ruhr), zu
der die Herren Major Friedrich, Gewerkschaftssekretär Schmidt, Kreis-
arzt Med.-Rat Dr. Castere und Stadtassistenzarzt Dr. Redeker erschienen waren, ergab, daß Demott an der erhaltenen Schußverletzung
gestorben ist. Der Schuß ist vom Rücken nach vorn durchgegangen.

Es kann nach dem aufgenommenen Tatbestand kein Zweifel bestehen, daß Demott einen Fluchtversuch gemacht hat und dabei von
dem für ihn verantwortlichen Posten erschossen worden ist."

So lautet nach Mitteilung des Wehrkreiskommandos VI der
Bericht der auf Anordnung der Reichsregierung gebildeten Kommission,
der u. a. Major Friedrich vom Abschnittskommando I in Wesel und Gewerkschaftssekretär Schmidt aus Essen angehörten. („Vorwärts",
21. April 1920.) Der Täter ist also eidlich vernommen worden und die
Untersuchung hat auf Grund dieser glaubwürdigen Zeugenaussage ergeben, daß ein Fluchtversuch vorlag. Ein Verfahren fand nicht statt.

Das Standrecht des Freikorps Oberland

Der Besitzer des Hotels „Deutsches Haus" in Krappitz, V a -
l e n t z y k, hatte sich während der französischen Besatzung Oberschlesiens verhaßt gemacht, weil die französische Intendantur in seinem
Hause untergebracht war. Außerdem lag er in Streit mit seiner Frau.
Diese äußerte ihrem Geliebten, dem Kriminalleutnant Dressel aus
Augsburg gegenüber, es liege ihr nichts an Tausenden von Mark,
wenn ihr Mann beseitigt würde.

Valentzyk wurde im Mai 1921 auf Grund verschiedener Anschuldigungen ins Gefängnis in Krappitz gebracht. Dort wurde er
Ende Mai 1921 auf Befehl des Leiters der Kriminalabteilung der Nachrichtenzentrale Oberland, Kriminalinspektor Friedrich (alias Fischer)
aus Bernburg in Anhalt, von dem Pferdewärter Eduard Seirer aus
Pasing, Gräfstraße 5 und dem Kriminalwachtmeister Joseph Gump aus
Karlskron bei Garmisch abgeholt und in der Richtung Leschnitz in
einen Wald gebracht. Dort warteten Friedrich und Dressel. Gump
und Dressel gingen, nachdem sie einen Spaten unter dem Kutschersitz
vorgezogen hatten, in den Wald. Seirer bewachte den Gefangenen.
Friedrich blieb mit dem Motorrad in einiger Entfernung zurück.
Valentzyk wurde dann in den Wald hinter eine kleine Anhöhe geführt
und dort von Gump erschossen.

Am 30. Juni 1921 rückte die Nachrichtenzentrale Oberland nach
Leobschütz ab. In der Kolonne wurden K a r l   G ö r l i t z aus Görlitz

in Schlesien, Apothekerlehrling in Gogolin und der Gemeindevorsteher
S t e p h a n   S t e l l m a c h aus Bismarckhütte in Oberschlesien als
Gefangene mitgeführt. Sie wurden dann von Gump in einem Bagage-
wagen über Schönau nach Kleinbergau gebracht und mußten dort in
einem Pferdestall übernachten. Am andern Morgen früh wurden sie
auf der Straße nach Kasimir zu Fuß von Gump und einem gewissen
Mußweiler (alias Weiland) aus Hamburg weitertransportiert. Nach
etwa 10 Minuten wurden die Gefangenen links ab in den Wald geführt,
von Mußweiler erschossen und an der Mordstelle vergraben.

Görlitz verfügte vor seiner Ermordung, daß seine Braut sein Vermögen von 10 000 M. sowie das silberne Zigarettenetui, das er bei
sich trug, erben sollte. Das Zigarettenetui hat sich jedoch Mußweiler
angeeignet. („Münchener Post", 19. Oktober 1921.)

Major Horadam vom Oberland behauptete in seiner Berichtigung
an die „Münchener Post": „Wenn Plünderer erschossen wurden, so
geschah das auf Grund des vom Kommando verhängten Standrechts."
Nach seiner Auffassung war also Oberland berechtigt, das Standrecht
zu verhängen und als Richter und Strafvollstrecker zugleich zu fun-
gieren.

Ein früheres Mitglied des Freikorps Oberland, ein gewisser Baer,
der Sohn eines Berliner Kaufmanns, hat zusammen mit dem Leutnant
Maywald (vergl. S. 16) im Walde bei Ziegenhals in Schlesien den
Feldwebel S a m s-o n auf Befehl eines Femegerichts ermordet. Baer,
der im Kriege Frontsoldat gewesen war, meldete sich bei der Aufstellung des Freikorps Oberland dortselbst und nahm an den Kämpfen
gegen die Polen als Gemeiner mit Auszeichnung teil, so daß er zum
Leutnant befördert und mit dem Nachrichtendienst betraut wurde.
Wie alle anderen Offiziere, wurde Baer in den Listen des Freikorps
unter falschem Namen geführt. Seine Ausweise lauteten auf den Namen
Bergert. Sein Kompagnieführer nannte sich Hauptmann v. Kessel,
hieß aber in Wirklichkeit Wilhelm Kiefer. Weiter war im Freikorps
der Privatdozent Dr. Ruge tätig, der unter dem Namen Geheimrat
Berger geführt wurde (vergl. Seite 169). In der Kompagnie des Hauptmanns Kiefer war auch ein Funker-Feldwebel Samson tätig, dessen
wirklicher Name nicht ermittelt worden ist. Eines Tages weigerte
sich Samson auf dem Kasernenhof mit den Mannschaften Griffe zu
üben und sollte infolgedessen wegen Gehorsamsverweigerung bestraft
werden. Samson stand unter dem Verdacht, kommunistischer Spitzel
im Freikorps zu sein und man beschuldigte ihn weiter, daß er insgeheim
an die Polen und an die interaliierte Kommission in Beuthen Nachrichten über das Korps Oberland verkauft habe. Infolgedessen entfernte man Samson eines Tages aus seiner Wohnung, indem man ihm
ein Theaterbillett schenkte und dann eine Haussuchung abhielt. Dabei
wurde als belastendes Material lediglich eine Mitgliedskarte eines west-
fälischen Knappschaftsvereins gefunden. Das „Standgericht" des Frei-

korps unter dem Vorsitz des Hauptmanns v. Kessel mit Ruge und Oberleutnant Bongarts als Beisitzern hielt die angebliche Schuld des Feldwebels Samson aber für erbracht und „verurteilte" ihn zum Tode.
Baer erhielt von seinem Vorgesetzten, Hauptmann Fischer, Leiter der
Kriminalabteilung den Befehl, Samson zu erschießen.

Zu diesem Zweck ging Baer mit dem Leutnant Maywald und vier
Mann der Kompagnie am folgenden Tage mit dem Feldwebel Samson
in den Wald bei Ziegenhals, angeblich, um einen Platz für die Funk-
station zu suchen. Auf einer Anhöhe machte man Halt und kam in ein
politisches Gespräch. Im Verlauf dieser Unterredung erklärte Baer,
Samson sei des Verrats an die Polen überführt und deshalb zum Tode
verurteilt. Nach der Schilderung Baers, die mit den Zeugenangaben
übereinstimmt, hat er zwei Schüsse auf Samson abgefeuert, dieser
stürzte zu Boden, da ihn die eine Kugel in die Schulter getroffen hatte.
Darauf sei Leutnant Maywald hinzugetreten und habe durch zwei
Revolverschüsse in die Brust den Feldwebel getötet. Die Leiche wurde
dann an Ort und Stelle vergraben. Die Vollstreckung des Urteils wurde
dem Hauptmann Fischer gemeldet.

Baer behauptet, eine Weigerung sei unmöglich gewesen, da die
Mitglieder des Grenzschutzes sich beim Eintritt hätten verpflichten
müssen, alle Dienstbefehle bei Todesstrafe durchzuführen.

Bald darauf wurden die Kämpfe gegen die Polen eingestellt, und
das Freikorps kehrte nach Bayern zurück. Nach der Tat war Baer
der Aufenthalt bei dem Korps verleidet, einmal, weil die außerordentlich
undisziplinierten Mitglieder sich Übergriffe gegen deutsche Landsleute
zuschulden kommen ließen. So sei — immer nach seinen Behauptungen — von einem Offizier eine alte Frau grundlos erschossen worden.
Im Freikorps habe sich aber auch eine starke antisemitische Strömung
bemerkbar gemacht und er selbst habe als Jude befürchtet, daß man
ihn als Mitwisser des Mordes an Samson beseitigen wolle. In einer
Sitzung des Offizierkorps sei dann beschlossen worden, politisch links-
stehende Führer zu beseitigen. Er selbst habe den Auftrag erhalten,
den seinerzeit, im Sommer 1921, in Bad Flinsberg weilenden Reichs-
tagsabgeordneten Dr. Paul Levi unauffällig aus der Welt zu schaffen.
Er sei mit reichlichen Geldmitteln ausgerüstet worden und sei mit zwei
Kurieren des Freikorps nach Flinsberg gefahren. Dort ist Baer dann
in einer Pension abgestiegen, wo er zwei Herren kennen lernte, denen
gegenüber er aus der Schule plauderte. Beide drangen in ihn ein, die
Tat unter keinen Umständen zu begehen, und sie erreichten, daß Baer
mit ihnen nach Breslau fuhr, wo er dem Polizeipräsidenten und einem
anderen Beamten seine Erlebnisse im Freikorps schilderte und sich
selbst des Mordes an dem Feldwebel Samson bezichtigte. Baer übergab
dem Beamten auch die Ausweise, die er vom Korps erhalten hatte und
die, wie im Breslauer Polizeipräsidium festgestellt wurde, so wichtiger
Natur waren, daß man annahm, sie seien bei Behörden gestohlen

worden. Merkwürdigerweise wurde Baer nicht verhaftet, sondern auf freiem Fuß gelassen.

Er hielt sich dann in Breslau auf und wurde eines Tages aus seiner dortigen Wohnung von sieben früheren Kameraden unter Führung eines Oberleutnants Stenger abgeholt, in ein Auto gesetzt, man fuhr mit ihm in der Richtung nach Glatz davon. Unterwegs, in Neustadt, mußte die Fahrt wegen einer Panne unterbrochen werden, und man sperrte Baer in ein Zimmer ein, nachdem ihm unterwegs schon eröffnet worden war, daß er wegen seines Verrats sterben müsse. Zufälligerweise kamen zwei Gendarmen in das Lokal und befreiten den Gefangenen auf seine Hilferufe. Die Oberländer entflohen und Baer wurde von der Polizei in Neustadt eingehend vernommen und schließlich nach Breslau unter Bedeckung von Polizeibeamten wieder zurückgebracht. Das Polizeipräsidium Breslau sandte die gesamten Akten an den Staatskommissar für die öffentliche Ordnung und an das Justizministerium. Zunächst erfolgte eine Verhaftung Baers noch immer nicht, vielmehr hielt er sich eine Zeitlang in Berlin und Hamburg auf, wo er auch eine Stellung annahm. Erst einige Monate später, als die Untersuchung der Angelegenheit den zuständigen Gerichten in Neiße übergeben worden war, wurde dann Baer verhaftet und in das Gefängnis zu Neiße überführt. Die Untersuchung des Falles ist zur Zeit immer noch nicht abgeschlossen. Bisher sind zahlreiche Vernehmungen erfolgt: Kiefer, Dr. Ruge, die als Gerichtsoffiziere des Korps bezeichnet werden, sind in München, ebenso wie andere Offiziere des Freikorps Oberland vernommen worden. Sie bezeichnen die Erzählungen des Angeklagten Baer als Phantasien, behaupten, daß Samson nicht auf ihren Befehl erschossen worden sei. Einen Juden hätte man doch unmöglich in einer solchen Sache ins Vertrauen gezogen. Auch die beabsichtigte Beseitigung des Abgeordneten Levi sei niemals von ihnen befohlen worden. Der Aufenthalt des Leutnants Maywald konnte nicht ermittelt werden. Sein Selbstmord ist wahrscheinlich nur vorgetäuscht. Die Akten dieses Strafprozesses sind auch nach München gesandt worden, doch ist eine Verhaftung der von Baer beschuldigten Personen nicht erfolgt. („Germania", 3. Januar 1924.)

Der Reichswehrsoldat Otto Dreusicke vom Infanterieregiment 8 vom alten Lager in Jüterbog hat am 25. Mai 1922 den Arbeiter W i l l i B o r c h a r d in Treuenbrietzen erschossen. Am 1. Juli 1922 wurde gegen ihn vor dem Potsdamer Schwurgericht wegen Körperverletzung mit Todesfolge verhandelt. Den Vorsitz führte Landgerichtsdirektor Heller. Die Anklage vertrat Staatsanwaltschaftsrat Dr. Gysae. Als Verteidiger fungierte der Leutnant Lieber. Der Angeklagte wurde freigesprochen, da die Geschworenen sämtliche Schuldfragen verneinten.

Ermordung eines Münchener Verräters

K a r l B a u e r , aus Wismar, angeblich Student der Rechte, war
schon 1922 als ganz junger Mann Mitglied der Organisation C,
des Bundes nationalgesinnter Soldaten, des Deutschvölkischen Schutz-
und Trutzbundes, später auch der Deutschvölkischen Freiheitspartei und des Roßbachbundes. Seine erste politische Betätigung
bestand darin, daß er den Rathenaumördern bei ihrer aben-
teuerlichen Flucht half. Deswegen schwebte gegen ihn ein Verfahren wegen Begünstigung beim Landgericht Schwerin. Der
Kapitänleutnant Mende von der Organisation C verpflanzte ihn Ende
Dezember 1922 nach München. Dort wurde er sofort Mitglied der
20. Hundertschaft der Nationalsozialistischen Arbeiterpartei (Hitler).
Mit dem ganzen Eifer eines Neophyten betätigte er, der Norddeutsche,
sich an den spezifisch bayerischen Geheimbünden. Das Ansehen, das
er als Helfer der Rathenaumörder als Freund der Kern und Fischer
genoß, nützte ihm dabei. Aber seine Geldmittel sind gering. Er bezieht
von zu Hause fast keine Unterstützung, er muß also für die Organisation
und von der Organisation leben. Mittellos schläft er morgens bis tief
in den Tag hinein. Seine größte Sorge ist Geld zu borgen, um essen
zu können. Abends findet er sich im Standquartier der Roßbachleute
ein, bleibt die Zeche schuldig in der Erwartung, daß schon einer seiner
Brüder zahlen wird. Aber er hat noch nicht genügend Kredit. Also
beschließt er selbst ein Ding zu drehen: er will Scheidemann ermorden.
Bald fällt er in den nationalistischen und nationalen Kreisen durch seine
blutrünstigen Reden auf. In Versammlungen der Organisation Roßbach
forderte Bauer zum Mord an Ebert, Scheidemann und den andern
„Novemberlumpen" auf. Den ermordeten Erzberger und Rathenau sollte
man wieder ausgraben und ihnen die Augen ausstechen. Scheidemanns
Leiche wollte er alsdann die Ohren abschneiden und sie als Trophäe
umhängen. Sein Plan spricht sich herum. Der Journalist Franz von
Puttkammer, Korrespondent des „Vorwärts", zweifellos ein treuer
Republikaner, hört davon und beschließt, dieses Attentat zu ver-
hindern. Zu diesem Behufe wählt er ein keineswegs einwandfreies
Verfahren. Er nähert sich Bauer, was wegen der ständigen Geldnöte
Bauers nicht schwierig ist und läßt sich von ihm des öfteren anpumpen.
Er verspricht ihm einen Revolver und sagt ihm zu, daß er ihn nach
der Tat in seiner Wohnung verbergen werde. Gleichzeitig aber berichtet
Puttkammer an den Reichskommissar für die öffentliche Sicherheit über
jeden der Schritte, den Bauer unternimmt. Puttkammer hatte recht,
der bayerischen Polizei zu mißtrauen, aber das wurde ihm zum Ver-
hängnis. Die Geschichte von Bauer sprach sich so herum, daß sogar
die Münchener Polizei aufmerksam wurde. Am 19. Januar wurde
Bauer von der Münchener Polizei vernommen, gab zu, daß er die Absicht gehabt habe, Scheidemann zu ermorden, und daß er darüber mit

dem Oberleutnant Roßbach gesprochen habe; Roßbach habe ihm jedoch energisch dieses Unternehmen verboten. Deswegen habe er die Sache aufgegeben. Obwohl Verabredungen zu Morden auch in Bayern strafbar sind, setzte ihn die Münchener Polizeidirektion sofort auf freien Fuß. Keiner von den Roßbachleuten und Nationalsozialisten, mit denen Bauer seine Absicht besprochen hatte, wurde beheligt. Puttkammer aber, der dafür sorgte, daß diese Absicht zur Kenntnis amtlicher Stellen kam, wurde in Haft gesetzt, Bauer wurde nicht nicht etwa dem Landgericht Schwerin zur Verfügung gestellt, sondern am 5. Februar aus München ausgewiesen. Diesem Ausweisungsbefehl folgte er natürlich nicht, blieb vielmehr in München bei seinen Bekannten und wurde Mitglied des Bundes Treu-Oberland. Gegen Puttkammer wurde am 26. Juli ein Prozeß vor dem Münchener Volksgericht (Vorsitzender Oberlandesgerichtsrat Horwitz) gehalten. Obwohl Bauer wegen des Attentatsplanes gegen Scheidemann von der Polizei freigelassen war, wurde Puttkammer wegen Aufforderung zum Mord in Tateinheit mit einer Aufforderung zur Gewalttätigkeit gegen ein früheres Mitglied der Reichsregierung zu acht Monate Gefängnis und 500 000 Mark Geldstrafe (20 Goldmark) und den Kosten verurteilt. Denn seine Tätigkeit sei eine objektive Gefährdung der Person Scheidemanns gewesen.

Bauer wurde am 18. Februar 1923 von Angehörigen des Bundes Treu-Oberland, also seiner eigenen Mitverschworenen, umgebracht. Dies aus folgenden Gründen: In seinen Geldnöten betrachtete er die nationalen Verbände in erster Linie als Geldquelle. Er rechnete damit, daß die vaterländischen Verbände ihm nach dem Attentat eine gutbezahlte Stelle verschaffen würden. Am 20. Januar trat er in den Bund Treu-Oberland, der sich später „Blücher-Bund" nannte. Ein gewisser Zwengauer, Student der Forstwissenschaft, wurde durch Bauer am 13. Februar ebenfalls Mitglied des Blücher-Bundes. „Wir haben Wichtiges miteinander zu reden" war das erste Wort Bauers an Zwengauer, und dann pumpte er ihn an. Bei der Aufnahme übergab ihm Bauer einen Revolver, mit dem Zwengauer später Bauer ermordet hat.

Einige Worte zur Charakterisierung dieses Bundes: Das geistige Oberhaupt des Bundes ist der frühere Privatdozent Dr. Arnold Ruge. Seine politische Laufbahn begann er im Bund „Oberland". Wegen seiner Tätigkeit in Oberschlesien schwebte gegen ihn ein Verfahren wegen Mord. „Jeder Nationalgesinnte", so predigte er, „muß sich einen Juden aufs Korn nehmen und bald kommt die Stunde, wo jeder seinen Mann zur Erledigung zugeteilt bekommt." Er will eine altgermanische Blutsbrüderschaft gründen, um seine ehrgeizigen Mordpläne auszuführen. Eine Tscheka soll das Mittel dazu sein. Die Blutsbrüderschaft endete, indem jeder der Brüder den anderen vor Gericht den größten Lumpen, Schuft und Schweinehund nannte. Auch mit den Geheimverbänden selbst war Ruge unzufrieden. Aus dem Blücher-Bund sollte ein Geheimbund gegründet werden, geleitet von einem politischen Kopf — damit meinte er sich selbst —, unter ihm müsse ein Führer einer Abteilung sein und sechs bis acht handkräftige Leute, die die Befehle des Führers ausführen. Dieser Geheimbund muß es unter Umständen auf sich nehmen, die Führer des Blücher-Bundes „umzulegen". Als Unterführer dachte sich Ruge zuerst den unglücklicher Bauer, der bei ihm Privatsekretär war, später seinen Mörder Zwengauer. Man muß nämlich das politische Milieu, in dem die Sache spielt, näher kennen. In diesen Tagen hatte Machhaus, der Redakteur des „Völkischen Beobachter", und Professor F u c h s , der frühere Redakteur der „Münchener Neuesten Nachrichten" mit Hilfe der 100 Millionen (ca. 100 000 Goldmark) des Oberstleutnant R i c h e r t , eine vaterländische Aktion vor. Die Regierung sollte gestürzt und eine Diktatur der Freischaren eingesetzt werden. Der Blücher-Bund spielte in diesen Vorbereitungen die größte Rolle. Die Aktion sollte in den nächsten Tagen steigen und wurde von Woche zu Woche verschoben. Bauer fuhr mit mehreren anderen Mitgliedern, u. a. Zwengauer, nach Regensburg, um die dortigen Nationalsozialisten für die vom Blücher-Bund geplante und von Frankreich finanzierte Aktion zu gewinnen. Aber während die anderen sich nun wirklich ihrer Aufgabe widmeten, zog Bauer es vor, das ihm zur Verfügung gestellte Geld in einem Bordell auszugeben. Schon das gefiel seinen Brüdern sehr wenig. Dazu kam, daß sich bald herausstellte, daß Bauer unzuverlässig war. Ruge äußerte auch Bauer müsse umgelegt werden. Bauer ruft Ruge mehrmals telephonisch an, verlangt von ihm Geld. Ruge kann sich nicht anders helfen, als daß er Bauers Anwesenheit in München der Polizei mitteilt. Auch aus andern Mitgliedern des Blücher-Bundes hat Bauer mehrmals Geld herauszuholen versucht. So drohte er den beiden Brüdern Berger noch am 17. Februar offen mit Verrat ihrer Putschvorbereitung. Am 18. Februar halten die beiden Berger, Ruge und Zwengauer eine Versammlung, eine Art Kriegsgericht ab. Bauer wird am nächsten Tage abgeholt, zunächst in das Geschäftszimmer des Blücher-Bundes mitgenommen, dort wird ihm gesagt, man brauche ihn zu einer geheimen nationalen Aktion im Norden, ein gefährliches Unternehmen. Ein Automobil soll sie nach Norddeutschland bringen, niemand soll Ausweispapiere mitnehmen. Zwengauer und Bauer gehen fort, angeblich zu dem Automobil. An die Isar geführt, schießt Zwengauer dem Bauer eine Kugel durch den Kopf und wirft den Bewußtlosen in die Isar. Einige Wochen später wird seine Leiche gefunden.

Der Getötete wie der Mörder gehörte den nationalistischen Geheimbünden an. Beide waren bereit, den von Frankreich finanzierten Putsch mitzumachen. Tiefe Differenzen bestanden zwischen beiden nicht, aber Ruge und die Gebrüder Berger hatten Angst vor Bauer. Schon in der Attentatsgeschichte hatte sich herausgestellt, daß Bauer nicht schweigen konnte. Er hatte von den Bundesgeldern gelebt (das hatten alle), aber er hatte nichts getan. Er hatte renommiert, und es bestand die Gefahr, daß er zuviel verraten würde. Seine Ermordung erfolgte in der Zeit, wo man den nationalen Putsch jeden Tag erwartete, wo die ganzen Mitglieder der Geheimbünde glaubten, bereits morgen als Minister aufzuwachen. Da man morgen bereits die Macht besaß, so war es ein kleines, unangenehme Mitglieder heute noch zu beseitigen. Aber die Geschichte ist anders gekommen. Ruge, Berger und Zwengauer zierten die Anklagebank. Zwengauer behauptete, in Notwehr gehandelt zu haben. Das Gericht verurteilte ihn zum Tode. Doch wurde er zu lebenslänglichem Zuchthaus begnadigt. Wegen Aufforderung zum Mord aber wurde Ruge zu ein Jahr Gefängnis, Berger zu sechs Monaten verurteilt. Wenn auch durch den Prozeß und durch die Verurteilung ein klares Licht auf die Tätigkeit der bayerischen Geheimbünde geworfen ist, so sind diese unheilvollen Verbände dadurch nicht beseitigt. Gerade die milde Behandlung, welche Ruge vor Gericht erfahren hat, dürfte die intellektuellen Urheber dieser Taten vor weiteren Handlungen nicht zurückhalten.

Ein Fememord

W a l t e r C a d o w , 23 Jahre alt, war im Krieg Oberleutnant, nach dem Krieg ohne Existenz. Zunächst war er Arbeiter, dann Wirtschaftseleve auf einem Gut bei Wismar in Mecklenburg, zuletzt Lehrer in einem Dorf bei Parchim. Im Frühjahr 1923 wurde er Mitglied der Deutschvölkischen Freiheitspartei. Es entstand der Verdacht, daß er für die Kommunisten oder für die Franzosen spitzele, oder — was noch ärger war — daß er in dem gegen Roßbach schwebenden Verfahren vor dem Staatsgerichtshof Angaben machen wollte. Auch hatte er an einer sozialdemokratischen Zeitung „Das freie Wort" mitgearbeitet. Am 31. Mai 1923 war er nach vorübergehender Abwesenheit bei dem Parchimer Sekretär der deutschvölkischen Ortsgruppe Masolle. Dieser versammelte eine Anzahl Leute. Cadow wurde in einer Kneipe Luisenhof betrunken gemacht. Seine Papiere wurden von Masolle und einem Fabrikanten Theo von Harz, Kassierer der Deutschvölkischen Freiheitspartei, untersucht und verbrannt. Cadow sollte wegen einer Unterschlagung von 5000 Mark (5 G.-M.) einen Denkzettel bekommen. Um die nötige Stimmung zu erreichen, wurde heftig getrunken, Jurisch allein trank zehn Glas Bier und zehn Schnäpse. Die Kosten der Zeche zahlten Masolle und Harz. Ein Motorradfahrer holte einen Jagdwagen, auf dem die ganze Gesellschaft Bernhard Jurisch, Karl Zabel, Georg Pfeiffer, Emil Wiemeier, Zenß und Hößt halb betrunken, um 12 Uhr nachts fortfuhr. Cadow wurde mit vorgehaltenem Revolver in Schach gehalten. Anführer dieses Rollkommandos war der Fähnrich Hößt. Als dann der Wagen in einen Wald, nahe der Ziegelei Neuhof, gelangt war, wurde Cadow von Hößt und Zabel mit Gummiknüppel und Holzscheiten solange auf den Kopf geschlagen, bis er blutüberströmt zusammenbrach. Man beschloß, da er schon halbtot war, ihm noch einen Gnadenschuß zu geben, lud ihn wieder auf den Wagen und fuhr eineinhalb Kilometer weit in eine Waldschonung. Dort wurde er vom Wagen geworfen, mit den Stiefeln getreten, Wiemeier schnitt ihm mit einem Jagdmesser die Kehle durch. Hößt und Zabel jagten ihm von hinten eine Kugel als Gnadenschuß durch den Kopf. Am andern Morgen verscharrten ihn diese beiden. Die Sache kam nur dadurch auf, daß ein Teilnehmer des Gelages, Jurisch, dem „Vorwärts" aus Gewissensbedenken heraus Mitteilung machte. Der Angeber wurde zunächst verhaftet. Offenbar, weil er die Sache in die Öffentlichkeit hatte kommen lasen. Dagegen wurden Masolle und von Harz nach kurzem Verhör wieder freigelassen. Die sämtlichen Täter gehörten der Organisation Roßbach an. Angeblich wollten sie Cadow nur einen „Denkzettel" geben. Den Gnadenstoß wollen sie ihm lediglich aus Furcht vor Entdeckung gegeben haben.

Die Organisation Roßbach nennt sich in Mecklenburg „Verein für landwirtschaftliche Berufsausbildung". Die sämtlichen Teilnehmer waren auch Mitglieder der Deutschvölkischen Freiheitspartei. Die Roßbachformation ist in diesen landwirtschaftlichen Bezirken auf Gütern in Trupps von 50 Mann untergebracht und rein militärisch organisiert. Bezirksleiter für Parchim war der Oberleutnant v. Lewis. Unter ihm stand Bormann. Die Verbindung mit der Roßbachzentrale in Wannsee stellte Leutnant Bruno Fricke her. Nach der Tat brachten Fricke und Lewis die Beteiligten rasch auf andere Güter, zum Teil nach Oberschlesien, zum Teil nach Hannover, um die Sache zu vertuschen. Dem Anführer der Mordbande, dem Fähnrich Hößt, machte er heftige Vorwürfe, weil er die Tat ungeschickt ausgeführt habe. Es seien zu viel Leute beteiligt gewesen. „Wenn Sie länger in der Organisation Roßbach gewesen wären, würden Sie wissen, wie man so etwas auszuführen hat. Zwei Mann und ein Schuß des Nachts im Walde genügt vollkommen." Fricke wurde vorläufig auf freiem Fuße gelassen. Er hängt mit dem Bankhaus Fricke, Berlin, Küstriner Straße 23, zusammen, war zur Zeit der Tat erst 23 Jahre alt und früheres Mitglied der Organisation C. Er war auch als Detektiv für Ehestandsgeschichten und Waffenschiebungen in Roßbachs Detektei beschäftigt. Der Mord wird verständlich, wenn man folgenden Femebefehl Roßbachs vom Mai 1923 beachtet: „Im Namen des Chefs. Die Leitung hat sich angesichts des überhandnehmenden Spitzeltums entschlossen, eine sogenannte Feme zu bilden. Diese besteht aus nur zuverlässigen und im Waffengebrauch ausgebildeten Leuten und steht unter dem Befehl der Leitung. Die Aufgabe der Feme ist es, der Leitung Verdächtige zu beobachten, Verräter und politisch mißliebige Personen zu beseitigen. Bei der Schwierigkeit der Aufgabe und den hohen Anforderungen, die gestellt werden, müssen die zuverlässigsten und vertrauenswürdigsten Leute ausgesucht werden."

Als Opfer dieser Feme ist Cadow zu betrachten. In Verfolgung dieses Mordes wurden zunächst die Leiter der Roßbachzentrale in Wannsee, Oltwig Richter und Rudolf Bernhard, verhaftet. Man legte ihnen zur Last, daß sie einem der Mörder nach der Tat Unterkunft vermittelt und ihm 30 000 Mark (2 G.-M.) gegeben hätten. Zur Entgegennahme des Geldes bestellte Richter den Mann in das Bureau der Deutschvölkischen Freiheitspartei, Dessauer Straße 6, und verwies ihn wegen seines weiteren Fortkommens an den Führer der Partei in Hannover Quindel. Doch werden beide Angaben Richters von der Deutschvölkischen Freiheitspartei bestritten. Richter war früher Angestellter der Organisationsabteilung II der Deutschvölkischen Freiheitspartei, in der die Turnerschaften organisatorisch zusammengefaßt wurden. Früher hatte er auch in der „Deutschen Auskunftei" Roßbachs in Wannsee gearbeitet.

Die Hauptverhandlung in der Mordsache fand vor dem Staatsgerichtshof statt, da die Tätigkeit der Roßbachleute als Geheimbündelei angesehen wurde. Gegen vier der Haupttäter wurde Anklage wegen Mordes, gegen Fricke, Richter, Bernhard und v. Mackensen wegen Mordbegünstigung erhoben. Als Begünstiger wurden auch die Leiter der Wannseezentrale, die beiden Parteisekretäre Richter und Bernhard, verhaftet. Um das soziale Milieu, das diesem Morde zugrunde liegt, zu verstehen, muß man beachten, daß die mecklenburgischen Gutsbesitzer eine Hauptstütze der Deutschvölkischen Freiheitspartei sind. Auch der Amtshauptmann Bötefuhr in Parchim, der die Untersuchung zunächst leitete, ist gleichzeitig Vorsitzender der Deutschvölkischen Freiheitspartei. Schon in dem Rathenau-Prozeß sind die Zusammenhänge zwischen München und Mecklenburg eingehend zutage getreten. Die Maschinenpistole, mit der Rathenau ermordet wurde, stammte aus Schwerin, die Koffer Fischers und Kerns wurden nach dem Rathenau-Mord in Mecklenburg versteckt. Übrigens stammt auch der in München ermordete Karl Bauer aus Wismar.

Die eigentlich Schuldigen sind natürlich nicht die Täter, sondern die hinter ihnen stehende Deutschvölkische Freiheitspartei. Sie und ihre Presse schaffen die zugehörige Mordatmosphäre. Der Prozeß vor dem Staatsgerichtshof wurde vom 12. bis 14. März 1924 gehalten (Oberreichsanwalt Dr. Ebermeyer, Vorsitzender Reichsgerichtsrat Niedner).

Man sah, aus welch nichtigen Gründen heraus die Deutschvölkischen zu Morden geneigt sind. Wie wenig ein Menschenleben bei diesen Leuten zählt, die ständig den linken Parteien gegenüber ihr höheres Ethos betonen. Angeblich hat Cadow gespitzelt, d. h. Nachrichten über die Organisation Roßbach kommunistischen oder sozialistischen Stellen übermittelt. Aber kein irgendwie geartete Beweis ist in der Verhandlung dafür gegeben worden. Angeblich sind die sämtlichen Papiere verbrannt worden. Andererseits stellte sich der ermordete Cadow auch keineswegs als besonderer Ehrenmann heraus. Er renommiert, macht sich wichtig, begeht kleine Unterschlagungen, Erpressungen, säuft, kurz, er bleibt im Niveau seiner Bundesbrüder, in jenem Niveau, das uns den Neubau Deutschlands, auf völkische Reinheit gegründet, bringen soll.

Eine wesentliche Rolle bei diesem Neubau scheint der A l k o h o l zu spielen. Nicht nur, weil, wie bekannt, das Alkoholkapital auf streng nationaler Grundlage beruht, sondern weil die einzelnen Mitglieder den Alkohol zu ihren Befreiungstaten brauchen. Grauenhaft wirken die Zeugenberichte von der betrunkenen Gesellschaft die fortzieht, um einen Verräter zu bestrafen, mit den Stiefeln auf ihm herumtrampelt, ihn mit Baumstämmen totschlägt, ihm metzgermäßig die Gurgel abschneidet und der Sicherheit halber noch einen Gnadenschuß verabreicht. Der Schädel des Ermordeten wurde vor Gericht gezeigt; er wies vier Löcher auf von den zwei Schüssen, die das Gehirn vollständig durchquert hatten. Der Kiefer war zweimal gebrochen. Außerdem hatten die Schläge die Knochen zersplittert. Der Halsschnitt ging bis zum Kehlkopf. Nach der Ermordung wurde, wie üblich, die Leiche geplündert. Uhr, Geld und Wertsachen wurden unter die Beteiligten verteilt.

Bei der Gerichtsverhandlung trat das soziale Milieu der Täter deutlich in Erscheinung. Da ist die Organisation Roßbach, früher ein Freikorps, dann mehrfach verboten, die trotz aller Verbote weiterlebt, um sich für den kommenden Putsch vorzubereiten. Rollkommandos und schwarze Listen spielen bei ihr eine große Rolle. Aber das Gericht hat sich für diese Grundlage, für die tieferen Zusammenhänge, für die den sogenannten besseren Ständen angehörigen Anstifter gar nicht interessiert. Es hat nicht daran gedacht, etwa das geistige Haupt der ganzen Bande, den Oberleutnant R o ß b a c h , zum mindesten anzuklagen. Freilich: eine solche Anklage wäre natürlich nur platonisch gewesen, denn Roßbach war nach Bayern geflohen, nachdem er aus der Untersuchungshaft, in der er wegen einer andern Sache saß, wegen mangelnden Fluchtverdachts entlassen worden war. Aber sein Femebefehl gehört doch zu den Ursachen dieser Tat, und hierauf einzugehen wäre Aufgabe des Gerichtes gewesen.

Aber nicht nur an dieser Aufgabe ist das Gericht vorbeigegangen. Die Führer der Parchimer Ortsgruppe sind nicht als Beteiligte betrachtet, sondern als Zeugen vernommen worden. Die ganze Weltfremdheit der Gerichte aber zeigt sich in einer Frage des Vorsitzenden: „Als Cadow nach der Prügelei halb tot am Boden lag, warum wurde er da nicht in ein Krankenhaus gebracht?", so fragt der naive Präsident die Mörder. Und als ein sozialdemokratischer Beisitzer sich die Anfrage erlaubte, ob nicht die Einstellung Cadows gegen seine Bundesbrüder gerade aus seiner Abneigung gegen deutschvölkische Morde erwachsen sein könnte, entstand über die Zulassung dieser Frage eine längere

Debatte, die damit endigte, daß der neugierige Beisitzer seine Frage zurückziehen mußte. In wohlgespielter Naivität verlangte auch einer der Verteidiger, politische Momente müßten bei diesem politischen Prozeß selbstverständlich ausgeschaltet werden.

Wesentlich ist die Fragestellung bei solchen Prozessen. Das Strafgesetzbuch unterscheidet bekanntlich zwischen fahrlässiger Tötung, Totschlag und Mord, je nachdem kein Vorsatz, Vorsatz allein oder Vorsatz und Überlegung vorhanden sind. Im vorliegenden Fall lautete die Fragestellung auf Totschlag, während man m. E., da sowohl Vorsatz wie Überlegung vorlag, auf Mord hätte plädieren müssen. Entsprechend dieser Fragestellung konnten natürlich gegen die nur indirekt als Anstifter Beteiligten nicht die schweren Strafen verhängt werden, die sie verdient hätten. Schon während der Verhandlung zeigte sich diese soziale Differenzierung zwischen den dem gewöhnlichen Volk angehörenden Tätern und den nur wegen Begünstigung und Beihilfe angeklagten Offizieren. Harz und Masolle, die das verhängnisvolle Gelage arrangiert hatten, wurden überhaupt nicht angeklagt, sondern als Zeugen vernommen. Bormann wurde während der Verhandlung, da keine Verdunkelungsgefahr mehr bestand, aus der Haft entlassen. Entsprechend war auch das Urteil gegen die Täter bemerkenswert streng, das Urteil gegen die Anstifter bemerkenswert milde. Natürlich die Täter sind einfache Landsknechte, landwirtschaftliche · Arbeiter, mißglückte Existenzen. Die Anstifter aber sind einflußreiche Persönlichkeiten, frühere Offiziere, kurz anständige Menschen im Sinne der bürgerlichen Gesellschaft. So werden denn auch die Täter zu langjährigen Zuchthausstrafen, die Anstifter aber wegen Beihilfe und Begünstigung nur zu kurzfristigen Gefängnisstrafen verurteilt. Hößt wurde wegen schwerer Körperverletzung und Totschlags zu zehn Jahren sechs Monaten Zuchthaus verurteilt. Ferner erhielten der Kaufmann Bernhard Jurisch fünf Jahre sechs Monate, der Arbeiter Karl Zabel neun Jahre sechs Monate, Georg Pfeiffer sechs Jahre sechs Monate, Zenß sechs Jahre sechs Monate. Wegen Beihilfe und Begünstigung erhielten der Geschäftsführer Bormann ein Jahr Gefängnis, wegen Begünstigung Leutnant Bruno Fricke zehn Monate Gefängnis, Oberleutnant Rudolf Hoffmann, Leutnant der Reserve v. Tomsen, Oberleutnant Rudolf Mackensen, Gutssekretär Walter Wulbrede und Oltwig Richter je sechs Monate Gefängnis. Außerdem wurden ihnen die Kosten des Verfahrens auferlegt. Sämtlichen Verurteilten wird die erlittene Untersuchungshaft angerechnet.

Das Gericht nahm nicht an, daß die Tat mit Überlegung ausgeführt wurde, ja, es erkannte an, daß „die Motive der Tat nicht ganz unehrenhaft waren". Bei Jurisch wurde gewürdigt, daß er geistig minderwertig war.

In diesen Urteilen ist zweifellos ein Fortschritt der Justiz gegen früher zu sehen. Denn bekanntlich sind die früheren politischen Morde meistens vollständig unbestraft geblieben. Damals rang die Reaktion noch um ihre Herrschaft. Sie konnte es sich nicht leisten, daß ihre Anhänger wegen Verteidigung ihrer Ideale bestraft würden. Heute ist die Reaktion gefestigt. Sie ist ihrer Macht sicher, und sie kann es sich leisten, daß allzu forsche Anhänger bestraft werden. Aber selbstverständlich kann das Urteil gegen die Anstifter nicht von derselben Strenge sein, wie gegen die Täter. Und ein Hauptanstifter, der Oberleutnant v. Lewis, konnte nicht gefunden werden. In der Urteilsbegründung wird ausdrücklich die Tatsache der Existenz der verbotenen Organisation Roßbach zugegeben. Früher hat man regelmäßig selbst die Existenz von solchen verbotenen Organisationen zu leugnen versucht. Aber diese Feststellung genügt nicht. In der in alle Einzelheiten gehenden Aufdeckung dieser verbotenen Organisation und in der restlosen Zerstörung dieser Wurzel politischer Morde hätte der Staatsgerichtshof seine Aufgabe erblicken müssen. Und hierin hat er versagt.

Ermordung eines Verräters

Am 5. September 1923 wurde in einem Kesselbruch in Dalgow bei Döberitz die Leiche des 25jährigen Leutnant S a n d gefunden. Er war durch zwei Schüsse in den Kopf getötet worden. Aus Briefen und Aufzeichnungen wurde festgestellt, daß politische Motive bei dem Verbrechen mitgespielt haben. Sand hatte Verbindungen mit rechtsradikalen Verbänden, und die so erworbenen Kenntnisse anderen Stellen verraten. Es ist anzunehmen, daß Mitglieder dieser Kreise ihn seines Verrates wegen umgebracht haben. Auf die Ergreifung der Täter hat die Staatsanwaltschaft III eine Belohnung von 50 Millionen Mark (4 Goldmark) ausgesetzt. („Vorwärts", 22. September 1923.)

Dies sind einige der markantesten Fälle, welche in der Denkschrift fehlen. Im Gegensatz zu den bereits bekannten Erschießungen politischer Gegner bei Gelegenheit eines Putsches zeigt sich in diesen Morden eine neue, früher unbekannte soziale Komponente. Während früher die extremen Parteien diese Waffe nur gegen konträr gegenüberstehende politische Gegner richteten (allerdings die Kommunisten weit seltener als die Rechtsradikalen), ist der neuentstandene Typus der politischen Morde die Bestrafung eines angeblichen oder wirklichen Verräters. Dies hängt intim mit dem Hochkommen der geheimen Organisationen zusammen, die heute Deutschland überfluten.

Der hier herrschende politische Fanatismus wirkt sich dahin aus, daß man den ärgsten Feind nicht im politischen Gegner sieht, dem man mit souveräner Verachtung, ja sogar mit kühler Nichtachtung gegenübersteht, sondern in dem Sympathisierenden, der aber um ein Haar breit von der als einzig richtig betrachteten Linie abweicht.

Ohne behaupten zu wollen, daß alle unter diesen Vorwänden Ermordeten nun wirklich Verräter waren, muß man zugeben, daß in
diesen geheimen Bünden die Möglichkeit und die Anregung zum Verrat
außerordentlich naheliegt. Denn die Existenz dieser Verschwörer
schafft den Spitzeln, die aus solchen Erkundigungen ihr Leben auf-
bauen, ein reiches Feld der Tätigkeit. Viele persönlich Vermögenslose in
den Geheimbünden leben geradezu davon, daß sie für die Extremisten
beider Parteien gleichzeitig arbeiten, und sie sind so verstrickt in diesen
Apparat, daß nach der Erkenntnis dieses zwiespältigen Lebens dem
Rechtgesinnten zu ihrer Ausschaltung als einzige Möglichkeit der politische Mord übrigbleibt. Denn stets müssen die Geheimbünde den Verrat
befürchten. Die Ansätze zu dieser Entwicklung zeigten sich schon
früh, aber erst um die Mitte des Jahres 1923 begann dieser Typus des
politischen Mordes seine Entwicklung.

Die hier dargestellten Fälle reichen nur bis zum Zeitpunkt des
Abschlusses der Denkschrift. Auch das Jahr 1924 hat uns weitere politische Morde gebracht, doch überschreitet ihre Darstellung die Ziel-
setzung, die wir uns hier im Anschluß an die Denkschrift gegeben haben.

Würdigung der Denkschrift

Die Denkschrift schließt sich eng an das Buch „Vier Jahre politischer Mord" an in dem Sinne, daß nur die dort erwähnten Fälle dargestellt sind. Sie umfaßt aber tatsächlich weit weniger Material als das Buch, weil nur die Fälle dargestellt sind, in denen das juristische Verfahren zum Abschluß gelangt ist, d. h., um die Sache ein für allemal klar auszusprechen, in denen die M ö r d e r bereits r e c h t s k r ä f t i g f r e i g e s p r o c h e n bzw. zu einer im Vergleich zur Schwere der Tat l ä c h e r l i c h   g e r i n g e n   S t r a f e verurteilt worden sind. Es ist sehr beschämend, daß die einzelnen Justizminister, denen doch alle Quellen zur Verfügung standen, sich nur auf diese e i n f a c h s t e n Fälle beschränkt haben.

Diese Beschränkung hat nun eine interessante Konsequenz. Es wäre an sich zu erwarten gewesen, daß die Denkschrift sozusagen zur Entschuldigung der 400 Morde von rechts einige in der Öffentlichkeit weniger bekannte Morde von links ausführlich behandeln würde. Aber kein Wort hiervon. Und dies hat eine einfache Ursache: es gibt eben keine Morde von links, die nicht bereits bekannt wären. Zweifellos hätten die Verfasser der Denkschrift die Gelegenheit benutzt, um die ihnen psychologisch näher stehenden Rechtskreise zu entschuldigen und die ihnen verhaßten Linken anzuklagen, — wenn es ihnen möglich gewesen wäre. Die Bestätigung der in der Öffentlichkeit erhobenen Anklagen durch die Denkschrift hauptsächlich dadurch zu erklären, daß die t a t s ä c h l i c h e Z a h l d e r R e c h t s m o r d e v e r m u t l i c h w e i t g r ö ß e r ist, als bekannt geworden ist.

Der Inhalt der Denkschrift, das muß auch der schärfste Kritiker zugestehen, ist ziemlich einwandfrei und zwar aus dem einfachen Grunde, weil er im wesentlichen mit allen Anklagen übereinstimmt, die in den letzten Jahren gegen die Justiz erhoben worden sind. Immer und immer wieder wird mit eintöniger Einheitlichkeit die Geschichte von dem „Fluchtversuch" erzählt, von den mißverstandenen Befehlen, von dem guten Glauben des Mörders, einen Dienstbefehl vor sich zu haben. Jahrelang wird regelmäßig das V e r f a h r e n v e r z ö g e r t, bis dann endlich der Mörder f r e i g e s p r o c h e n wird. Die Denkschrift legt nur auf das F o r m a l e Wert: Ob dieses Verfahren j u -

r i s t i s c h gerechtfertigt werden konnte. Und hierfür findet sich immer irgendein Weg. Die ganzen Fehlurteile und Justizskandale werden in interessanten Einzelheiten vorgetragen, ja — und dies muß für die Verfasser der Denkschrift als lobend angeführt werden — sie versuchen nicht einmal die geringste Verschleierung oder Beschönigung. Mit keinem Wort versuchen sie eine Rechtfertigung dieser Klassenjustiz, die sorgfältig jede, auch die dümmste Entschuldigung der Täter glaubt, auch das kleinste den Ermordeten belastende Material an die Öffentlichkeit zerrt, bis zuletzt nicht der Mörder, sondern der Ermordete vor dem Gericht steht.

Diese allgemeine Übereinstimmung mit den Anschuldigungen und der sachliche Ton, in dem die Denkschrift gehalten ist, bringt es mit sich, daß nirgends gegen den Verfasser dieser Zeilen polemisiert wird. Nur in Kleinigkeiten weicht die Denkschrift von dem Buch ab. Zunächst enthält die Denkschrift natürlich vielmehr juristische Details, wann die einzelnen Verfahren eingeleitet, wo sie geschwebt und — was die Hauptsache ist — wann und von welchem Gericht sie eingestellt worden sind. Dann wertet sie auch die einzelnen Aussagen zum Teil anders. Denn das Gericht hat ja auch mit den Mördern verhandelt, während der Verfasser des Buches natürlich nur auf die Aussagen der Angehörigen der Ermordeten angewiesen war.

B e s t r a f u n g e n s i n d , w i e m a n s i e h t , f a s t g a r n i c h t e r f o l g t. Dies ist um so bemerkenswerter, als nicht in allen Fällen die Gerichte untätig geblieben sind. Im Gegenteil, die Akten häufen sich bergehoch, die Gerichte arbeiten fieberhaft, ein Verfahren nach dem andern wird eingeleitet. Jedes hat eine andere Struktur. Nur der Ausgang ist immer derselbe, die wirklichen Mörder bleiben unbestraft. Denn auch in manchen der wenigen Fälle, in denen eine Verurteilung erfolgte, ist dieselbe auf dem Papier geblieben. So konnte der aus dem Fall Rosa Luxemburg bekannte Oberleutnant Vogel sehr bequem fliehen, obwohl sogar die Einzelheiten seines Fluchtplanes bereits vorher in der Presse bekanntgegeben waren. Hierüber schweigt die Denkschrift, das gehört nicht zur Sache. Von einem Verfahren wegen der Flucht Vogels wird auch kein Wort gesagt. Zuletzt ist übrigens auch der Leutnant Krull (vermutlich der Mörder Rosa Luxemburgs) wegen mangelnden Fluchtverdachts entlassen worden und benutzt diese ihm so gebotene Gelegenheit natürlich zur Flucht. Genau wie seinerzeit Roßbach und Ehrhardt in ein den Verfassungsfreunden feindliches Inland, so wird er wohl in ein den Verfassungsfeinden freundliches Ausland geflohen sein, wo er mit den Kappisten zusammen am Aufbau weiterarbeiten mag.

Auch in dem grauenhaften Fall der Erschießung im Lehrter Gefängnis ist es nicht bei der in der Denkschrift dargestellten Verurteilung
geblieben. Schneiders Rechtsanwalt hat nämlich auch gegen die Verurteilung wegen gefährlicher Körperverletzung das Wiederaufnahmeverfahren beantragt, und das Landgericht I hat dem stattgegeben. Der
Fall wird nunmehr erneut vor das Schwurgericht kommen. Es ist
dabei sehr wohl mit der Möglichkeit zu rechnen, daß Schneider auch
in diesem Fall freigesprochen wird, obwohl erwiesen ist, daß die beiden
Russen von Arndt und Schneider mißhandelt und erschossen worden
sind („Berliner Tageblatt", 7. September 1923).

Während alle Linksmorde in der Denkschrift eingehend behandelt
sind, ist sie bei manchen Rechtsmorden auffällig s c h w e i g s a m.
Über die 29 in der Französischen Straße ermordeten Matrosen schreibt
sie nur: „Wegen der Matrosenerschießung ist Marloh vom zuständigen Militärgericht freigesprochen worden. Hauptmann v. Kessel
hat das Schwurgericht von der Anklage des Meineids entgegen dem
Antrag der Staatsanwaltschaft ebenfalls freigesprochen." Das ist alles,
was über diesen grauenhaften Mord gesagt wird. Aber gerade dieser
Fall hätte eine nähere Betrachtung verdient. Denn hier treten die für
den Freispruch von rechtsstehenden politischen Mördern typischen
Fiktionen, Konstruktionen, und Ideologien auf. Marloh glaubte Aufrührer vor sich zu haben, er glaubte in Notwehr zu handeln, er glaubte
einem Dienstbefehl zu folgen. Lauter Gründe, die diesen Freispruch
rechtfertigen, da dieser Glaube das Bewußtsein der Rechtswidrigkeit
der Handlung ausschloß. Bei Linksmorden gibt es solche irrtümlichen
Annahmen der Täter natürlich nicht. Die Täter sind sich hier der
Rechtswidrigkeit ihrer Handlungen stets bewußt. Da sie einfache Leute
sind, während die Rechtsmörder den sogenannten besseren Kreisen
angehören, stehen sie nämlich intellektuell viel höher und sind vor allem
besser juristisch vorgebildet. Entsprechend werden Offiziere, welche
in illegalen Feldgerichten Unschuldige zum Tod „verurteilen", freigesprochen, Rotgardisten zum Tod oder langjährigen Zuchthausstrafen
verurteilt.

Ein besonders trübes, in der Denkschrift leider gar nicht behan-
deltes Kapitel ist das Schicksal der Hinterbliebenen. In den Fällen,
wo die Tatsache eines politischen Mordes offiziell nicht anerkannt
wurde, wie bei den Erschießungen auf der Flucht, ist es den Angehörigen selbstverständlich nicht gelungen, mit ihren Ersatzansprüchen
gegen den Fiskus durchzudringen. Bei den offiziell als rechtswidrige
Tötung anerkannten Fällen ist dies nach langwierigen Prozessen in
manchen Fällen gelungen.

Durch eine neuerliche, nach Abschluß der Denkschrift erlassene Verkündung wurden jedoch die Angehörigen auch in den Fällen, wo der politische Mord offenbar war, selbst nach einem dem Grunde nach gewonnenen Prozeß gegen den Fiskus um ihre Ansprüche gebracht. Denn auf Grund des Ermächtigungsgesetzes hat die Reichsregierung im Wege der Verordnung bestimmt, daß alle Ansprüche gegen den Fiskus aus der Kriegs- und Nachkriegszeit unter Ausschluß der Zuständigkeit der ordentlichen Gerichte durch eine vom Reichsfinanzminister zu bestellende Drei-Männer-Kommission selbständig und endgültig abgegolten werden können. Auch soweit derartige Ansprüche bereits dem Grunde nach entschieden waren, werden sie auf Antrag des Reichs ohne mündliche Verhandlung und ohne Anhörung des Gegners ausgesetzt. („Berliner Tageblatt, 10. Januar 1924.)

Das bedeutet nun, daß alle Hinterbliebenen von Ermordeten mit ihren zuungunsten des Fiskus entschiedenen Prozessen nichts anfangen können. Auch eine dem Grunde nach getroffene Entscheidung, daß die Erschießung rechtwidrig war, welche den Fiskus zur Zahlung einer Unterhaltsrente verpflichtet, ist wertlos. Die in der Verordnung zu bestimmende Kommission trat überhaupt lange Zeit nicht zusammen. Die positive Wirkung der Verordnung ist also einfach die einer Rentenquetsche.

Nirgends versucht die Denkschrift eine Entschuldigung der Morde, sie gibt sie restlos zu. Hierin zeigt sich ein bemerkenswerter Unterschied gegenüber dem Verhalten der Behörden in den früheren Jahren.

Als der durch die Ereignisse von 1918 erschütterte Kapitalismus um seine Macht rang, konnte er es sich nicht leisten, daß seine moralischen Prätentionen durch die Bekanntgabe der Untaten seiner Anhänger geschädigt würde. Daher mußten die Morde vertuscht, beschönigt oder zum mindesten ihre Bekanntgabe in der Öffentlichkeit verhindert werden. Die heute herrschenden Kräfte dagegen sind ihres Sieges und ihrer Macht so gewiß, daß sie dies nicht mehr nötig haben. Sie können es sich leisten, wenigstens teilweise die Wahrheit zu sagen, besonders wenn sie annehmen, daß ihre Meinungsäußerung doch der breiten Öffentlichkeit nicht bekannt werden; denn zweifellos haben die Verfasser der Denkschrift nicht mit der Publikation gerechnet, sonst wären sie mit manchen Äußerungen vorsichtiger gewesen.

Es ist ein außerordentliches Verdienst von Prof. Radbruch, als Abgeordneter diese Denkschrift angeregt und als Minister ihre Fertigstellung durchgesetzt zu haben, wenn auch der endgültige Erfolg, daß die Denkschrift amtlich erschien, ausgeblieben ist. Nach ihrer Lektüre wird jeder unvoreingenommene Leser eine klare Erkenntnis von den Rechtszuständen im heutigen Deutschland haben. Sie gibt den Beweis für das vollkommene Versagen der Justiz, oder besser gesagt für die positive Bejahung, der sich heute die politischen Morde in Deutschland erfreuen.

Das Gesamturteil über die Denkschrift ist folgendes: Es besteht gar kein Grund zu einer prinzipiell eingestellten Polemik gegen sie. Wenn ich auch in einzelnen Punkten, wie oben gezeigt, zu einer von ihr abweichenden Meinung und wohl auch zu von ihr abweichenden Folgerungen komme, so muß ich ihrem wesentlichen Inhalt doch zustimmen. Denn Wort für Wort bestätigen die Justizminister meine Behauptungen, rückhaltslos werden die Morde zugegeben, straflos laufen die Täter herum.

Um ihren Inhalt noch einmal zu rekapitulieren: es ist amtlich bestätigt, daß in Deutschland seit 1919 mindestens 400 politische Morde vorgekommen sind. Es ist amtlich bestätigt, daß fast alle von rechtsradikaler Seite begangen wurden, und es ist amtlich bestätigt, daß die überwältigende Zahl dieser Morde unbestraft geblieben ist.

INHALT

Vom selben Autor:

Emil Julius Gumbel
VERSCHWÖRER
Zur Geschichte und Soziologie der deutschen nationalistischen Geheimbünde 1918–1924

Mit einem Vorwort von Karin Buselmeier
Reprint, 264 Seiten, 24 Mark

Eine detaillierte Darstellung der nationalistischen halblegalen und illegalen Organisationen in den ersten Jahren der Weimarer Republik.
Was Gumbel im Abschnitt „Zur Soziologie der politischen Morde" von „Vier Jahre politischer Mord" andeutet, ist hier Thema einer ausführlichen Dokumentation. Die Mordorganisationen. Hervorgegangen aus den 1918 und 1919 gebildeten Freicorps und Einwohnerwehren, entzogen sie sich späteren halbherzigen Auflösungsversuchen durch Neugründung oder Tarnung hinter Sport- und Wanderklubs, Regiments- und Kleinkalibervereinen, hinter honorigen Firmennamen und sogenannten Arbeitsgemeinschaften: als Dreschkommandos, Flurschützen, Wald- und Feldarbeiter.
Ein Briefwechsel schildert die Vorbereitung des Kapp-Putsches. Nahezu die Hälfte des Buches nimmt die Schilderung und Analyse der besonderen bayrischen Verhältnisse nach Zerschlagung der Räterepublik ein. Denn was in Bayern möglich war, das war sozusagen die Verschwörung in Permanenz, der sogenannte Hitler-Ludendorff-Putsch von 1923 nur ein Glied in einer Kette gleichgelagerter Entwicklungen.

„Eine umfangreiche Einleitung von Karin Buselmeier gibt die Neuausgabe als Wiedergutmachung an dem 1966 in New York verstorbenen Wissenschaftler zu erkennen . . . Gumbels Buch, das in weiten Teilen den Verhältnissen in Bayern, dem Dorado der anti-weimarischen Agitation gewidmet ist, wirkt aus historischem Abstand wie eine Blitzlicht-Aufnahme von der tödlichen inneren Bedrohung der ersten Deutschen Republik."   *Harald Steffahn, DIE ZEIT*

„Aber auch die von Gumbel schon 1924 . . . klarsichtig formulierte Einschätzung der NSDAP — die breite Schilderung der politischen Szene in Bayern und im Reich . . . und seine brillante Reportage über den lächerlichen Prozeß gegen Hitler, Ludendorff u.a. . . . rechtfertigen den Neudruck gerade dieses Werkes."   *Heinrich Hannover, Tageszeitung*

VERLAG DAS WUNDERHORN

Félix Guattari
Wunsch und Revolution
Ein Gespräch
mit Franco Berardi (Bifo)
und Paolo Bertetto

Aus dem Italienischen von Gerhard Brodt

Mit einem Vorwort von Gerhard Brodt, Mario Damolin, Dorothea Lang, Robert Willet

89 Seiten, 8 Mark

Das vorliegende Gespräch zwischen Felix Guattari, Paolo Bertetto und Bifo zeigt exemplarisch, welche Möglichkeiten in dem Konzept der Montage stecken: scheinbar auseinanderliegende Themenkomplexe wie Eurokommunismus, Schizoanalyse, Literaturproduktion, Begriff der Arbeit oder Politik der Minderheiten sind innerhalb einer Diskussion zusammenmontiert, als zusammengehörig dargestellt. Dabei bleibt die Montage offen und fordert die Assoziationsfähigkeit des Einzelnen heraus, sie beantwortet Fragen, stellt aber wieder neue.

Wo Guattari fordert, die eigenen widersprüchlichen Wunschverkettungen, den eigenen Mikrofaschismus sichtbar zu machen, da reden Negt/Kluge von Eigenschaften und Lebenszusammenhängen, die dadurch gegeneinander organisiert werden, daß sich die imperialistische Entwicklungsenergie nach innen wendet, die Menschen selbst und ihre Lebenszusammenhänge in intensivierter Form zu Ausbeutungsobjekten macht.

FELIX GUATTARI gehört zu den französischen Psychiatern der „Freud-Schule" die Lacans Seminare besucht haben. Er arbeitet seit 1953 in Cour-Cheverny bei Paris in der Reformklinik „de la Borde"; dort werden neue Methoden der Schizophreniebehandlung erprobt und das Recht auf Wahnsinn gefordert. Guattari war lange in der kommunistischen Linksopposition aktiv.

FRANCO BERARDI („BIFO") arbeitet bei der Zeitschrift "A/traverso" und bei Radio Alice. Er wurde als Wortführer der Unruhen vom März 1977 in Bologna angeklagt und entzog sich einer drohenden Verurteilung durch die Flucht nach Frankreich. Lebte in Paris bei Guattari.

„Guattari („Anti-Ödipus", Antipsychiatrie und Wunschökonomie) denkt interdisziplinär, er versucht Subjektivität und Gesellschaft mit neuen Begriffen zu fassen."
Sozialmagazin

VERLAG DAS WUNDERHORN

Jean Carriere

DER SPERBER VON MAHEUX

Roman
Aus dem Französischen übersetzt von Elke Wehr
Mit einem Nachwort von Lothar Baier und Manfred Metzner
350 Seiten, engl. Broschur, 29 Mark

Für diesen Roman hat Jean Carriere 1972 den PRIX GONCOURT, die höchste literarische Auszeichnung Frankreichs erhalten. „Der Sperber von Maheux" wurde in 20 Sprachen übersetzt.

Carriere kennt die Region, die er beschreibt sehr genau. In Naturbeschreibungen von außerordentlicher poetischer Kraft gelingt es ihm, die rauschhafte Naturverbundenheit seiner Hauptpersonen zu vergegenwärtigen. Aber er ist auch sensibel für die eigentlichen Opfer einer archaischen Lebensform: die Frauen. Als Gionos Schüler versteht sich Carriere in der literarischen Tradition des französischen Südens: „Der Sperber von Maheux" ist auch Artikulation einer neugewonenen Identität der Bewohner einer beinahe vergessenen Region: Okzitanien.

JEAN CARRIERE wurde 1932 als Sohn eines Dirigenten in Nimes geboren. 1953 Musikkritiker in Paris, nach drei Monaten Rückkehr in den Süden. 1954-1960 lebt Carriere bei Giono in Manosques als dessen Sekretär. Erste Veröffentlichungen in den „Cahiers de l'Artisan". Arbeitet an einer unveröffentlichten Giono-Biographie. 1965 „Entretiens avec Giono" für den Rundfunk und der Fernsehfilm „L'Itineraire du Hussard". 1967 sein erster Roman „Retour a Uzes" für den er mit dem Prix de l'Academie Francaise" ausgezeichnet wird. 1972 „l'Epervier de Maheux" (Der Sperber von Maheux), für den Carriere den Prix Goncourt erhält. 1978 „La Caverne des Pestiferes". Heute lebt Carriere als Fernsehjournalist und Schriftsteller in Domessargues bei Nimes.

„ ... Seine Beschreibungen dringen genauso ein, wie diese niemals gekannte Kälte, die ihn fasziniert und man kann sich beim Lesen dieses Land vorstellen, von dem Michele sagte: das ist der armseligste Landstrich Frankreichs, und er beschrieb seine Bewohner ebenso, die Abkömmlinge derer, die die Dragoner des Königs, heute noch in schändlicher Erinnerung, verfolgten ..."

Yves Berger, Le Monde

VERLAG DAS WUNDERHORN

Jörg Burkhard

JULIFIEBER

Gedichte

95 Seiten, 14,80 Mark

Das Julifieber entstand 1978 nach einem schnellen Sturz vom Rennrad, es hat sich 2 Sommer & durch 2 Winter gehalten, hier ist der Thermometerstand: Innentemperatur 18 Grad Celsius, Außentemperatur 17 Grad Celsius, Luftfeuchtigkeit 70%, Luftdruck 753 mb, fallend.

Michael Buselmeier

DIE RÜCKKEHR DER SCHWÄNE

Neue Gedichte

71 Seiten, 14,80 Mark

Anknüpfend an die abschließenden Gedichte seines ersten Bandes „Nichts soll sich ändern" (1978) legt Michael Buselmeier neue Gedichte vor, in denen Wahrnehmungsprozesse von Erinnerungen und Phantasien durchbrochen werden. Der kurze politische Text und die trauernde Reflexion der Studentenbewegung sind zurückgetreten zugunsten einer genaueren Selbst- und Außenwahrnehmung. So finden sich im 1. Teil Innenlandschaften (etwa „Mein 40. Geburtstag"), Portraits der Eltern, der Familie, der Freunde, toter Genossen; Fieberträume. Der 2. Teil enthält Landschaftsgedichte. Vor allem die Pfalz wird als enger geografischer Raum in ruhigen, oft fast idyllischen Bildern dargestellt, aus denen aber auch der Schmerz über den Verlust von Heimat und Natur spricht und das Bedürfnis nach Rebellion. In dieser „Archäologie des Heimatgefühls" hat auch das wiedererwachte Interesse an der lyrischen Tradition seinen Grund.

VERLAG DAS WUNDERHORN

außerdem sind erschienen

Herbert Achternbusch
DER KOMANTSCHE
64 Seiten, 12 Mark

„Weniger als ‚Servus Bayern' ist jedoch der ‚Komantsche' eine explizite Auseinandersetzung mit dem ‚Freistaat', den Achternbusch gleich jedem als Zwangsstaat empfindet. Wie alle seine Filme kann auch dieser als eine fortgesetzte Selbstreflexion gelesen werden, als ein sehr persönliches, intimes Werk, gezeichnet von individuellen Besessenheiten, Wünschen, Leiden und Utopien, durchsetzt mit mehr oder minder bissigen Zeitkommentaren ...''
Wolfram Schütte, Frankfurter Rundschau

Arnfrid Astel
DIE FAUST MEINES GROSSVATERS
Neue Gedichte
124 Seiten, 15 Mark

„Im Gegensatz zu den vielen Epigrammen früherer Jahre ... erscheinen diese Augenblicksformulierungen ganz unprätentiös, sie geben nie mehr vor, als sie wirklich sind, und laden den Leser ein, Empfindungen und gedankliche Reflexe ihres Autors nachzuprüfen und gegebenenfalls nachzuvollziehen ... Lesenswert allein deshalb, weil ein Autor hier ohne literarisches Netz, oft hingegen mit doppeltem Boden, immer aber sympathisch ungeschützt die eigene Subjektivität zum Stilprinzip gemacht hat.''
Michael Beckert, Saarbrücker Zeitung

Jörg Burkhard
IN GAUGUINS ALTEN BASKETBALLSCHUHEN
Gedichte und Fotos
68 Seiten, 11 Mark

„Es gibt Literatur, die vermittelt plötzliche Lust, zu Fuß zu gehen oder sich an einer weißen Wolke zu erfreuen. Dazu zähle ich die Gedichte Jörg Burkhards.''
Hugo Dittberner, Frankfurter Rundschau

Michael Buselmeier
NICHTS SOLL SICH ÄNDERN
Gedichte
77 Seiten, 11 Mark

„In den Heidelberg-Gedichten Buselmeiers findet man eine Archäologie des Heimatgefühls. Sie sind nicht beschaulich, doch sie machen einen engen geographischen Raum so sehr als Geborgenheit stiftende Heimat anschaulich, daß davor alles selbstbewußte Haben, jede erobernde Zuversicht ausgelöscht scheinen...'' *Jürgen Busche, Frankfurter Allgemeine Zeitung*

Jürgen Theobaldy
DRINKS
Gedichte aus Rom
48 Seiten, 7 Mark

„Theobaldys Gedichte kennen und können fast alles: Alltagstrott und leichten Schritt, Stimmungen und Besinnungen, Licht, Schatten und was dazwischen liegt. Ihm glaubt man sogar die Ausrufezeichen und die ganz stillen Metaphern.'' *Roman Ritter, Literaturkonkret*